債権譲渡と電子化・国際化

債権譲渡の研究 第4巻

池田真朗著

弘文堂

まえがき

　ここに、私の債権譲渡に関する4冊目の研究論文集を世に送ることになった。本書では、21世紀の債権譲渡にとって大きな課題となった、電子化と国際化の流れに焦点をあてる。
　20世紀末に、国内では、資金調達のために債権譲渡を使う取引の増大が、債権譲渡特例法の誕生につながり、また決済における手形離れの傾向も顕著になって、一括決済方式の案出・定着につながった。一方、同時期に国連では、UNCITRALにおける国際債権譲渡に関する統一ルール作りが進展し、国際債権譲渡条約が成立した。しかしその後わが国の債権譲渡に関連する立法活動は、（これは日本にとって非常に珍しいことなのだが）国連条約の発想のさらに上を行く、世界の最先端に向かい、指名債権でも手形でもない、第三の新類型を創出する電子記録債権法の制定（2008年12月施行）に結実する。その上、平成21（2009）年11月からは、債権法分野を中心とした民法改正の検討作業が法制審議会の部会において実際に開始されることになり、債権譲渡はその中でも屈指の重要課題として、学界からも実務界からも大変な注目を集めることになった。
　本書は、ここ10年ばかりの間の、これらのめまぐるしいほどの流れを、すべて把握・検討の対象としようとするものである（その他、20世紀末のフランスにおける債権流動化や電子化の流れを一瞥し、また詐害行為や債権準占有など、債権譲渡と絡みあう周辺問題も若干考察する）。そしてそれは、国連条約制定や電子記録債権法立法に参画した私自身の仕事に、容赦のない自己評価を迫る作業にもなっている。
　なお、本書の表題は、当初『債権譲渡と電子記録債権』とするつもりであったが、収録論文を配列してみた結果、もう少し広いタイトルがより適切であろうと思い直して、『債権譲渡と電子化・国際化』とすることにした。
　私が最初に第1巻にあたる『債権譲渡の研究』（弘文堂）を出版したのは

平成5（1993）年のことである（同書はその後1997年に増補版、2004年にさらに1章を加えて増補2版を刊行している。ちなみに同書に収録した最初の論文は、昭和52（1977）年に発表したものである）。次いで、債権譲渡の研究第2巻として、『債権譲渡法理の展開』を平成13（2001）年に上梓した。それから大分間隔が空いたが、第3巻『債権譲渡の発展と特例法』を今年平成22（2010）年4月に出版することができた。ただ、第3巻のまえがきに書いたように、同書では第2巻以降の研究のほぼ半分を収録するにとどまり、私は、間を置かずに残りの部分を第4巻として出版することを宣言していたのである。そしてそこでは、「とりあえず第1巻からの合計4冊で、20世紀から21世紀にかけての債権譲渡の学理上・実務上の大発展を把握し検証する作業に、ひとつの区切りをつけたい」と書いた。

　区切りをつける作業をするというのは、自らの残された時間を考えるようになったからである。不本意ながら迎えてしまった「還暦」の身祝いという理由づけもしたが、時の流れに押されるように書き続けてきた論稿の量は、もはや気力と体力の十分なうちでなければ整理しきれないところまで来ていたのも事実である。落ちかかろうとする夕陽を背に、日のあるうちに目的地に着かなければならない宿命を負って疾駆する馬車――1992年の冬、INALCO（旧パリ大学東洋語学校）の招聘教授として滞在していたその地で見た映画の1シーンが、最近はまざまざと脳裏に浮かんでいた。

　私にとってもっとも幸いなことは、「本書をもって一応の区切りとする」とは言っても、この「債権譲渡」という「相棒」が、まだまだ増殖を止めないということである。かつてある作家は、4部作の最後の最後に、しんとして物音のしない白昼の庭を書いた。それは書くことがなくなったときに見える光景なのか、いや、自ら書くことを止めるということを意味するエンディングなのかと、当時それを読んで考えたものである。しかし今の私には、そんな透明な（そして空虚な）静謐はどこにも感じられない。債権譲渡を活用する取引は、ABLにしても電子記録債権にしても、まだまだこれから発展するものである。その上、債権法の改正作業の開始という、（おそらく多くの人々がこの時期とは必ずしも予測しなかった）問題まで現実となった。しかも債権譲渡はその議論の中でも最重要の課題にランクされる状況である。

「起承転結」ではなく「序破急」と、2巻目を書いたときにまえがきで予告をした。第3巻と第4巻は、2つ合わせてその「急」にあたるのかもしれないが、それならば、この「急」はまだまだ続く。本当のクライマックスはこれからかもしれない。体力の続く限り、その「高み」を探検し続けたいものと思う。

さて、私は、債権譲渡の研究第1巻の扉に、献呈する3人の先生方のお名前を記した。内池慶四郎先生、林脇（高鳥）トシ子先生、そして手塚豊先生である。お三方は、それぞれ、私の研究上の父、母、祖父にあたる。手塚先生は亡くなられたが、内池先生と林脇先生は、お二人とも大変お元気にしておられる。お二人に第3巻と第4巻を読んでいただけるのが、私にとって最大の喜びである。

私は慶應義塾大学の経済学部に籍を置いたまま法律学を志し、2年次の法学を担当してくださった林脇先生の授業で民法に目を開かれ、3年次から法学部法律学科の内池ゼミに入れていただいた。履修は卒業単位にならない自由科目の扱いだったが、4年生の1月には、卒業論文を懸命に書き上げて、内池先生のご自宅まで届けに行った。提出が遅れたお詫びということで、もちろん玄関先で辞するつもりだったのだが、先生は私を応接間に招き入れ、しかも、手近にあった雑誌を私に手渡すと、ご自分はそのまま書斎に入って、私の卒論を読み始めてくださったのである。それからの小一時間が、私にとってどれだけ至福の時間であったか、筆を加えるまでもない。

ドイツ法を専攻しながらボアソナード旧民法の研究を重視された内池先生のご示唆で、債権譲渡というテーマにごく自然に導かれた私は、大学院時代、フランス法の部分は林脇先生に、法制史の関係は手塚先生にご指導いただくという、本当に恵まれた、幸福な研究生活を送った。しかも師匠の内池先生は、助手に残った以上はもう君は私の同僚だから、とおっしゃって、私にいわゆる雑用を一切させなかった。師匠に唯一頼まれたのは、ご趣味の模型飛行機を飛ばす際の、ゴムを巻く手伝いである。こんな師弟関係が、楽しい思い出にならないわけがない。

そんな次第で、還暦の弟子が、喜寿を過ぎた師匠に改めて届ける「一区切りの論文集」である。「いや、ご苦労なこった」とでもおっしゃって受け取

っていただければ、何よりも有難いと思う。

　本書の出版にあたっては、第3巻に引き続き、弘文堂法律書編集長北川陽子さんにひとかたならぬお世話になった。北川さんが同社に入られてすぐ、『分析と展開民法Ⅱ』でご一緒して以来のご縁である。休日までお仕事をさせてしまったことをお詫びし、心からの謝意を表したい。また、校正に協力してくれたゼミ生の活躍にも、感謝の気持ちで一杯である。

　　平成22（2010）年5月　　60歳の残り少ない日々を楽しみつつ

池　田　真　朗

目　次

まえがき　*i*

序　説　債権譲渡の実務と法理に関する国際的動向と電子化の要請
 I　はじめに ………………………………………………………………… *1*
 II　債権流動化と国際化の流れの端緒 ………………………………… *2*
 III　わが国の判例・立法の立ち遅れとその取り戻し ……………… *3*
  1　判例法理の形成 (3)　　2　立法の進展 (3)
 IV　債権譲渡から動産債権譲渡へ …………………………………… *5*
  1　動産債権譲渡特例法の成立 (5)
  2　複合スキームの中の債権譲渡へ──ABL の展開 (6)
 V　電子化の要請と債権譲渡法理への影響 ………………………… *6*
 VI　電子記録債権法の成立と世界の動向 …………………………… *7*
 VII　その他の周辺問題 ………………………………………………… *9*
 VIII　世界的な債権法改正の動きと債権譲渡法理の将来 ………… *9*
  1　国際的な統一の動き (9)
  2　わが国の債権法改正の動向 (10)
 IX　小括と状況の確認 ………………………………………………… *11*

第1部　一括決済方式の進展──手形レス取引の模索

 第1部の概要 …………………………………………………………… *14*

 第1章　一括支払システム契約（譲渡担保方式）の問題点 … *16*
  第1節　一括支払システム契約における国税徴収法による告知書
    発出時点で譲渡担保権を実行する合意の効力──最二小判
    平成15年12月19日民集57巻11号2292頁 ……………… *16*
   I　問題の所在 ……………………………………………………… *16*

Ⅱ　本件の事案 …………………………………………………………………17
　　Ⅲ　本判決の内容 …………………………………………………………………18
　　　　1　判決要旨（18）　　2　本判決の論理構成（18）
　　Ⅳ　本判決の位置づけ ……………………………………………………………19
　　Ⅴ　私見の評価 ……………………………………………………………………20
　　Ⅵ　今後の実務の対応 ……………………………………………………………22
　　Ⅶ　小括 ……………………………………………………………………………23
　第2節　「一括支払システム契約」の出発点からの誤謬 …………23

第2章　債務引受と債権譲渡・差押の競合──一括決済方式における債権譲渡方式と併存的債務引受方式の比較を契機に …27
　　Ⅰ　問題の所在 ……………………………………………………………………27
　　　　1　問題点の俯瞰（27）　　2　問題設定の背景（28）
　　　　3　一括決済方式のスキームの概要（29）
　　　　4　債権譲渡担保方式の除外（30）
　　Ⅱ　併存的債務引受方式の問題点──債権譲渡や差押との競合 ……32
　　　　1　問題となる状況（32）
　　　　2　併存的債務引受と債権譲渡が競合する場合（33）
　　　　3　ケース別の帰結の考察（34）
　　　　4　個別的考察のまとめ（45）
　　Ⅲ　債権譲渡と債務引受の競合から派生する新論点 …………………47
　　　　1　弁済による代位と債権譲渡の関係（47）
　　　　2　債権譲渡の対抗要件における「債務者以外の第三者」の概念（49）
　　　　3　将来債務引受契約の有効性と第三者対抗力（52）
　　　　4　債務引受立法論（55）
　　　　5　フランス民法における délégation との比較（56）
　　Ⅳ　まとめ …………………………………………………………………………62
　　　　1　本章の考察の実務への示唆（62）
　　　　2　一括決済方式への期待と将来展望（63）
　　　　3　「債務引受論」の本流に向けて（64）

第2部　国連国際債権譲渡条約の検討
　第2部の概要 ………………………………………………………………………66
　第3章　UNCITRAL国際債権譲渡条約の行方と国内の立法…68

第4章　国連国際債権譲渡条約の完成
──論点分析と今後の展望 …………………… 72
- I　はじめに ………………………………………………………… 72
- II　本条約の目的と成立までの経緯 ………………………………… 73
  - 1　目的（73）　2　成立までの経緯（74）
- III　本条約の対象範囲 ……………………………………………… 75
  - 1　適用範囲と適用除外規定（75）　2　定義規定（76）
- IV　本条約の論点 …………………………………………………… 76
  - 1　proceeds の概念（76）　2　将来債権の譲渡について（78）
  - 3　undivided interests の問題（79）
  - 4　譲渡禁止特約の対外効の否定（81）
  - 5　債務者への通知と支払指示（83）
- V　本条約の提起した新問題 ………………………………………… 85
  - 1　後続譲渡（連鎖譲渡）の問題（85）
  - 2　中間省略通知の問題（87）
  - 3　二重譲渡をまたいだ譲渡人の住所変更の問題（88）
- VI　本条約における優先権規定と優先原則 ………………………… 90
  - 1　基本構造（90）　2　優先規則の列挙と選択方法（91）
  - 3　考えられるわが国の選択（92）
- VII　本条約の評価と今後の展望 …………………………………… 93

第5章　債権連鎖譲渡論──UNCITRAL 国際債権譲渡条約草案と民法・債権譲渡特例法 …………………… 95
- I　はじめに ………………………………………………………… 95
- II　UNCITRAL 国際債権譲渡条約草案の規定 …………………… 98
  - 1　本草案における債務者への通知と支払指示（98）
  - 2　後続譲渡（連鎖譲渡）の問題（98）
- III　中間省略通知と中間省略登記 ………………………………… 104
  - 1　問題の所在（104）　2　不動産の中間省略登記（104）
  - 3　指名債権譲渡の中間省略通知（105）
  - 4　指名債権譲渡の中間省略譲渡登記（107）
  - 5　実務上の要請（108）
- IV　国際債権譲渡条約草案の規定が提起する連鎖譲渡の他の問題点 …………………………………… 109
- V　連鎖譲渡における問題の整理と国内法についての若干の分析 …………………………………… 111
  - 1　「通知をしうる者」の再考（111）
  - 2　債務者の免責規定の再考（112）
  - 3　債務者の抗弁事由と抗弁可能時期の問題（113）

　　　　　4　譲渡禁止特約の効力範囲 (113)
　　　　　5　債権譲渡登記における共有（準共有）登記 (114)
　　Ⅵ　結びに代えて ……………………………………………………… 116

第6章　国連債権譲渡条約の進展と国内資金調達法制の整備
　　　　　…………………………………………………………………… 117

第3部　電子記録債権法——立案から立法作業へ
　　第3部の概要 ……………………………………………………… 122

第7章　金融システムの電子化についての法的検討
　　　　　——「電子債権」への新たな取組みを中心に ……… 124
　　Ⅰ　はじめに ………………………………………………………… 124
　　Ⅱ　問題の背景 ……………………………………………………… 124
　　Ⅲ　電子債権とは …………………………………………………… 126
　　Ⅳ　支払手段の電子化 ……………………………………………… 127
　　　　　1　一括決済方式 (127)　　2　電子手形サービス (129)
　　Ⅴ　債権譲渡担保の電子化 ………………………………………… 130
　　Ⅵ　韓国の取組み …………………………………………………… 131
　　Ⅶ　報告書が検討した法的諸問題 ………………………………… 132
　　　　　1　電子債権と原因債権の関係 (132)
　　　　　2　電子債権のもつ法的機能 (133)
　　　　　3　電子債権の方式 (135)
　　Ⅷ　電子債権立法への展望 ………………………………………… 135

第8章　電子債権論序説
　　　　　——産業構造審議会小委員会報告書を契機に ……… 137
　　Ⅰ　はじめに ………………………………………………………… 137
　　Ⅱ　電子債権創設の目的 …………………………………………… 138
　　Ⅲ　電子債権法を構想する場合の基本姿勢 ……………………… 141
　　　　　1　指名債権の電子化 (141)　　2　手形の電子化 (142)
　　　　　3　第3の道——新概念の創設 (143)
　　Ⅳ　電子債権のイメージ …………………………………………… 144
　　Ⅴ　具体的な仕組みの試案と問題点の提示 ……………………… 145
　　　　　1　前置き (145)　　2　各論的試案 (146)
　　　　　3　既存の手形や指名債権と比較してのメリット (147)

　　　　4　従来の他の議論と一線を画すべき点 (147)
　　　　5　今後検討を詰めるべき点 (148)
　　　　6　諸外国の取組みの評価 (151)
　　Ⅵ　結びに代えて 152

第9章　電子債権構想の具体化と立法への展望 154
　　Ⅰ　はじめに——議論の経緯 154
　　Ⅱ　現状の議論の紹介 156
　　Ⅲ　電子債権の法的性質——原因債権との関係 157
　　Ⅳ　現時点での立法プランと、将来的な発想の転換 160
　　Ⅴ　電子債権の機能——決済手段と資金調達手段 161
　　Ⅵ　電子債権の発生 162
　　Ⅶ　電子債権の譲渡——指名債権の脆弱性の解消 164
　　Ⅷ　電子債権の譲渡——譲受人の保護と抗弁の制限 166
　　Ⅸ　電子債権の消滅 166
　　Ⅹ　電子債権管理機関の性格づけ 167
　　Ⅺ　電子債権の活用 168
　　Ⅻ　その他の論点
　　　　1　将来債権の電子債権登録の可否 (169)
　　　　2　IT化立法としての電子債権法 (169)
　　　　3　国際債権や国際譲渡への対応 (170)
　　ⅩⅢ　結びに 170
　　　　1　将来予測と立法にあたっての問題点 (170)
　　　　2　新時代の立法学 (171)

第10章　電子債権法制の立法作業の開始 173
　　Ⅰ　法制審議会への諮問 173
　　Ⅱ　私法学会拡大ワークショップ 174

第11章　電子登録債権法——中間試案の検討と若干の試論 176
　　Ⅰ　はじめに 176
　　Ⅱ　電子登録債権法制の重要性 178
　　　　1　電子登録債権構想の原点 (178)
　　　　2　基本概念に込められた、電子登録債権の利点 (179)
　　Ⅲ　中間試案に見いだされる問題点 181
　　　　1　意見の分かれる根本の理由 (181)
　　　　2　電子登録債権の発生・譲渡に関する登録申請 (181)
　　　　3　電子登録債権の自由譲渡性 (183)

Ⅳ　電子登録債権プロパーの新問題 ……………………………………185
　　　　　1　電子登録債権と原因債権の関係（185）
　　　　　2　電子債権管理機関の性格づけや規制・監督（189）
　　　Ⅴ　具体的立法作業に向けて——統一の理想とⅠ型Ⅱ型論 …………192
　　　Ⅵ　結びに代えて——立法普及学試論 ………………………………194

第12章　電子登録債権法制立法試論
　　　　　——売掛債権活用の観点から …………………………………196

　　　Ⅰ　はじめに ………………………………………………………………197
　　　Ⅱ　手形代替を想定する意見と指名債権電子化を想定する意見 …198
　　　Ⅲ　発生登録の案 …………………………………………………………199
　　　Ⅳ　電子登録債権と原因債権の関係 ……………………………………201
　　　　　1　債権譲渡登記と電子登録債権登録との競合（201）
　　　　　2　二重処分リスク低減のための提案
　　　　　　　——原因債権発生と電子登録債権発生のタイム・ラグの極
　　　　　　　小化等（207）
　　　　　3　将来債権譲渡担保契約への影響（208）
　　　Ⅴ　資金移動のない相殺による支払等登録
　　　　　——電子登録債権管理機関のあり方に関連して …………………214
　　　　　1　問題の所在（214）
　　　　　2　CMSの例に見る、同期性と資金移動のない相殺による支払
　　　　　　　等登録の問題（215）
　　　Ⅵ　譲渡禁止特約の問題その他抗弁事由の問題 ……………………218
　　　　　1　問題の所在（218）
　　　　　2　全面的譲渡禁止特約のみの排除案（219）
　　　　　3　「見えない債権譲渡禁止特約」の排斥（220）
　　　Ⅶ　小括——資金調達取引推進立法の立法哲学 ……………………222

第13章　一括決済方式の展開と電子記録債権法制への対応
　　　　　——最高裁平成15年「一括支払システム契約」判決の
　　　　　影響をふまえつつ ………………………………………………224

　　　Ⅰ　はじめに ………………………………………………………………224
　　　Ⅱ　いわゆる「一括決済方式」と「一括支払システム」……………225
　　　Ⅲ　平成15年判決 …………………………………………………………227
　　　　　1　事案（227）　2　判決の内容（228）
　　　　　3　本判決の位置づけ（229）
　　　Ⅳ　平成15年判決についての私見の評価 ……………………………230

V　平成15年判決後の実務の対応 …………………………………………234
　　　1　譲渡担保方式の終焉（234）
　　　2　債権譲渡方式（信託方式）、債務引受方式の活用の進化（234）
　　VI　一括決済方式についての最新問題──電子記録債権法への対応
　　　　………………………………………………………………………………236
　　　1　電子記録債権法案の成立の経緯（236）
　　　2　一括決済方式の電子記録債権への対応プラン（237）
　　VII　結びに ……………………………………………………………………241

第4部　電子記録債権法──公布・施行から運用へ

　第4部の概要 ……………………………………………………………………246

第14章　電子記録債権法の展望と課題 ……………………………………247
　　I　はじめに ……………………………………………………………………247
　　II　立法の経緯 …………………………………………………………………249
　　III　電子記録債権法自体の特徴──自由度と柔軟性 ……………………250
　　　1　電子記録債権の組成による性格づけの自由度（250）
　　　2　電子債権記録機関にとっての自由度・柔軟性（251）
　　IV　電子記録債権の特徴からみた分析視角 ………………………………252
　　　1　基本的位置づけ（252）　　2　電子記録債権の特徴（252）
　　V　電子記録債権の課題 ………………………………………………………262
　　　1　譲渡禁止特約（262）　　2　将来債権譲渡（264）
　　　3　支払等記録の意味──権利消滅の「対抗（証明）要件」（266）
　　VI　電子債権記録機関の業務──予測を含めて ……………………………269
　　　1　手形代替の決済機関（269）
　　　2　売掛債権活用の資金調達支援機関（271）
　　　3　貸付債権譲渡の支援機関（273）
　　　4　その他の対象限定的電子債権記録機関（273）
　　VII　おわりに …………………………………………………………………274

第15章　電子記録債権における匿名性と可視性・追跡可能性の
　　　　　　バランス ……………………………………………………………276
　　I　はじめに ……………………………………………………………………276
　　II　電子記録債権の可視性と追跡可能性 ……………………………………277
　　　1　債務者からみた可視性（277）
　　　2　譲受人にとっての可視性（279）
　　　3　利害関係を持とうとする者にとっての可視性（279）

Ⅲ　電子記録債権の惹起するであろう問題 …………………………280
　　　Ⅳ　小括 …………………………………………………………………281
　　　Ⅴ　おわりに——まとめと若干の提言 ……………………………282

第16章　資金調達における電子記録債権の利便性・安全性と可能性——担保としての活用法を中心に ………………………284

　　　Ⅰ　はじめに——電子記録債権が性質として持つ利便性・安全性の確認
　　　　 ……………………………………………………………………………284
　　　Ⅱ　本論 ……………………………………………………………………285
　　　　　1　はじめに——電子記録債権の担保活用とその意義（285）
　　　　　2　電子記録債権の担保としての適性（286）
　　　　　3　電子記録債権の担保取得手続上の利便性・安全性（287）
　　　　　4　電子担保スキームの可能性（290）
　　　Ⅲ　結びに代えて——電子担保への期待と展望 …………………292
　　　　　1　中小企業の資金調達の多様化と地域の活性化のために（292）
　　　　　2　事務処理の物理的時間的集約化へ（292）
　　　　　3　公的支援の期待（292）

第5部　フランス金融法の動向——ダイイ法の展開と電子化への接近

　　第5部の概要 ……………………………………………………………296

第17章　ダイイ法の展開 ………………………………………………297

　　第1節　ダイイ法に関する判例の展開Ⅰ …………………………297
　　　Ⅰ　はじめに——問題の概観 …………………………………………297
　　　Ⅱ　被譲債務者の沈黙に民事責任を認めた新判例 ………………299
　　　　　1　破毀院1998年2月13日判決（299）
　　　　　2　被譲債務者の沈黙に対する評価（300）　3　今後の展望（301）
　　第2節　ダイイ法に関する判例の展開Ⅱ …………………………303
　　　Ⅰ　はじめに ……………………………………………………………303
　　　Ⅱ　ダイイ法に関するこの1年の判例の概観 ……………………303
　　　Ⅲ　ダイイ法における債権譲渡の承諾書とファックスの書証性に関する新判例 …………………………………………………………306
　　　　　1　問題の所在（306）　2　事実の概要（306）
　　　　　3　判旨（307）　4　解説（307）

　　　　5　今後の展望――書証の媒体の広がりと「書面」自体の変容（309）
　第3節　ダイイ法に関する判例の展開IIIと通貨・金融法典 …………311
　　I　はじめに ……………………………………………………………311
　　II　ダイイ法に関する2000年度の判例の概観 ……………………312
　　III　2000年度におけるフランス金融法のその他の展開 …………317

第18章　フランスにおける有価証券・流通証券の概念とコマーシャル・ペーパーの券面廃止 …………………………………318

　I　はじめに ………………………………………………………………318
　II　フランスにおける「有価証券」の概念 …………………………319
　　1　有価証券（valeurs mobilières）の概念（319）
　　2　流通証券（titres négociables）の概念（319）
　　3　有価証券（valeurs mobilières）と商業証券（effet de commerce）の区別（320）
　　4　小括（320）
　III　フランスにおける有価証券（valeurs mobilières）の券面廃止 ………………………………………………………………………321
　　1　はじめに（321）
　　2　フランスにおける手形の枚数削減の試み（322）
　　3　フランスのコマーシャル・ペーパーについて（323）
　IV　結びに代えて ………………………………………………………325

第19章　フランスにおける証拠法の情報技術への適合と電子署名とに関する民法改正 …………………………………………327

　I　はじめに ………………………………………………………………327
　II　新法制定の経緯と新法の内容 ……………………………………328
　III　法改正の形態 ………………………………………………………330
　IV　今回の法改正形態のもつ意味 ……………………………………331
　　1　積極面と消極面（331）
　　2　フランスにおける「書証」、「書面」に関する判例法理の蓄積（332）

第6部　債権譲渡と周辺問題

　第6部の概要 ……………………………………………………………336

第20章　債権譲渡通知に対する詐害行為取消の許否
　　　　──最二小判平成10年6月12日民集52巻4号1121頁…337
　Ⅰ　はじめに …337
　Ⅱ　事案の概要と判旨 …337
　　　1　事案の概要（337）　2　判旨（339）
　Ⅲ　先例と学説 …339
　　　1　本判決の位置づけ（339）　2　先例との比較（340）
　　　3　これまでの学説（341）
　Ⅳ　評論 …344
　　　1　結論の評価（344）　2　理論的分析（345）
　　　3　私見の理解（346）　4　小括（349）

第21章　債権譲渡と債権準占有者への弁済（債権譲渡通知到達日に譲渡人に対してした弁済と債権の準占有者への弁済の成否）──東京高判平成11年8月26日判タ1084号197頁
　　　　 …350
　Ⅰ　はじめに …350
　Ⅱ　事案の概要と判旨 …351
　　　1　事案の概要（351）　2　判旨（353）
　Ⅲ　検討 …354
　　　1　評価の概要（354）　2　分析の前提（354）
　　　3　最高裁昭和61年判決（357）
　　　4　第一審判決（および本判決）に対する批判（359）
　　　5　私見による解決（361）
　Ⅳ　小括 …364

第7部　民法（債権法）の改正と債権譲渡

　第7部の概要 …368

第22章　民法（債権法）改正論議と債権譲渡規定のあり方 …370
　Ⅰ　はじめに …370
　Ⅱ　民法改正自体の基本思想 …372
　Ⅲ　民法という法典の性格づけ …373
　Ⅳ　各論1　債権譲渡禁止特約の問題 …375
　Ⅴ　各論2　判例法理の進展を取り込む追加的改正 …379

VI　各論3　特別法や特例法を取り込む改正——動産債権譲渡特例法
　　　　の影響 ……………………………………………………………… 379
　　VII　各論4　理論的な不整合（説明の困難さ）を除去する改正 … 380
　　VIII　各論5　将来債権譲渡についての規定 ………………………… 382
　　IX　各論6　取り込みが遅れている規定の追加——債務引受と契約譲
　　　　渡 ………………………………………………………………… 383
　　X　通知型対抗要件システムの維持か改変か ……………………… 384
　　　　　1　問題提起（384）　　2　フランス・カタラ草案の検討（386）
　　XI　まとめと展望 ……………………………………………………… 389

第23章　民法（債権法）改正論議と学者グループの提案 …… 392
　　I　はじめに——検討委員会案の提示 ……………………………… 392
　　II　学界における他の民法改正論議の動き ………………………… 393
　　III　各グループの比較 ………………………………………………… 394
　　IV　「債権法改正の基本方針」の評価と問題点 …………………… 396
　　　　　1　今なぜ民法改正か（396）
　　　　　2　検討委員会の基本発想（397）
　　　　　3　検討委員会案の若干の各論的評価（400）
　　V　結びに代えて——民法債権法改正の今後の展望 ……………… 405

第24章　債権譲渡規定の改正提案とその問題点 ………………… 407
　　I　はじめに …………………………………………………………… 407
　　II　各論 ………………………………………………………………… 408
　　　　　1　債権譲渡の対抗要件（408）　　2　譲渡禁止特約（411）
　　　　　3　将来債権譲渡（413）　　4　異議をとどめない承諾の廃止（414）
　　III　今後の展望 ………………………………………………………… 416

第25章　民法（債権法）改正のプロセスと法制審議会部会への
　　　　　提言——債権譲渡関係規定による例証とともに ………… 419
　　I　はじめに …………………………………………………………… 419
　　II　筆者の民法観と法改正の「デュープロセス」 ………………… 420
　　III　法務省の対応に対する評価 ……………………………………… 424
　　IV　法制審議会民法（債権関係）部会への提言 …………………… 425
　　V　債権譲渡規定を用いての例証 …………………………………… 426
　　　　　1　問題の所在（426）　　2　債権譲渡の対抗要件（426）
　　　　　3　将来債権譲渡（429）
　　VI　小括 ………………………………………………………………… 432

結　章 ……………………………………………………………… *433*

付　国連国際債権譲渡条約条文対訳 …………………………… *435*

　　初出一覧 …………………………………………………… *471*
　　事項索引 …………………………………………………… *475*
　　判例索引 …………………………………………………… *480*

序　説
債権譲渡の実務と法理に関する
国際的動向と電子化の要請

I　はじめに

　筆者は、平成16（2004）年の民法典の現代語化に際して出版した編著『新しい民法——現代語化の経緯と解説』の中で、民法の変革をいざなう要因として、社会の情報化（電子化）、国際化、高齢化をあげておいた。そして本書は、専ら、債権譲渡の分野における電子化と国際化の影響を扱うことになった。つまりそのことは、この債権譲渡という取引が、まさに変革の必然の中にあることを意味している。

　この序説では、国際規模で債権譲渡実務とその法理の展開を概観しつつ、わが国の現状を分析し、さらに将来にわたる展望を行う中で、本書の概要と、筆者の過去の3冊の論文集と本書との関係を紹介していくこととしたい。それらの論文集とは、『債権譲渡の研究』（弘文堂、1993、増補2版2004、以下本序説では「第1巻」として引用）、『債権譲渡法理の展開』（債権譲渡の研究第2巻）（弘文堂、2001、以下本序説では「第2巻」として引用）、『債権譲渡の発展と特例法』（債権譲渡の研究第3巻）（弘文堂、2010、以下本序説では「第3巻」として引用）である。

　1)　池田真朗編著『新しい民法——現代語化の経緯と解説』（有斐閣ジュリストブックス、2005）7頁以下。

II　債権流動化と国際化の流れの端緒

　まず国際化の観点から始めよう。1980年代にはすでに先進諸国において重要な資金調達手段として確立したと考えられる債権譲渡が、国際的レベルで正面から議論された出来事として、1995年からのUNCITRAL（アンシトラル、国連国際商取引法委員会）での国際債権譲渡条約制定作業の開始を挙げることができよう。この作業が求められたのは、債権者、債務者、譲受人が数か国にわたって存在する債権流動化等、国際的な資金調達取引の増加によって、世界の債権譲渡ルールの統一化をする必要が生じたからにほかならない。

　ただ、この段階では、わが国の債権譲渡法理は、世界の先進国の中ではまだかなり遅れていた。それには、いくつかの理由があげられようが、1つにはわが国では債権譲渡が長く譲渡人の経営危機の段階での苦し紛れの取引と理解されていてなかなか積極的な資金調達の手段と認識されずにきたからであり、さらには、英米のようにファクタリング[2]が発達せず、その種の取引が、債権買取りや取立代行という、かならずしも好感をもたれない形に矮小化されて十分な市民権を得ずにきたことも理由にあげてよいかと思われる。

　欧米では、もちろんわが国と同様に債権譲渡が危機対応型の取引としてなされることもあったが、ファクタリングや債権流動化などの形で、わが国よりも早い段階で、企業の正常業務の中での資金調達取引として認知されていたということができる。これに対して、わが国では、平成5（1993）年頃までの判例にあらわれる事案は、もっぱら債権譲渡が危機対応型取引（紛争形態でいえば二重三重の譲渡と差押えが競合する）としてされていたものであり、ようやく今世紀に入るころから事案が正常業務型資金調達取引として債権譲渡をしていたものに変化してくるのである[3]。

　ただ、わが国の立法や判例は、そこから急速に進展し、欧米各国のレベルに追いつき、現在は、局面によってはさらにそこから一歩先んじようとしている。

　　2）　ファクタリングについては、池田真朗「ファクタリング契約」野村豊弘先生還暦記念論文集『21世紀判例契約法の最前線』313頁以下（判例タイムズ社、2006）

参照。
3) 詳細については、池田真朗「債権譲渡に関する判例法理の展開と債権譲渡取引の変容——危機対応型取引から正常業務型資金調達取引へ」川井健＝田尾桃二編『転換期の取引法——取引法判例10年の軌跡』295頁以下（商事法務、2004）（第3巻16頁以下所収）。

III　わが国の判例・立法の立ち遅れとその取り戻し

1　判例法理の形成

　わが国では、複数年の将来債権譲渡の有効性を認めた最初の最高裁判決は平成11（1999）年に初めて出された。先述の1995年からの国際債権譲渡条約作業部会の開始時点では、すでに他の先進諸国では、プロジェクト・ファイナンス等を考えた場合に、少なくとも5年程度の将来債権譲渡を認めなければ意味がないというのが常識となっており、この段階では日本の将来債権譲渡に関する判例法理の形成は、非常に遅れをとっていたといえる。しかしながらその後、平成12（2000）年、13（2001）年、14（2002）年と、最高裁は毎年のように重要判例を出し、わが国の資金調達取引対応の債権譲渡判例法理は急速に整備された。筆者はこれらの経緯については、第2巻234頁以下と第3巻146頁以下で扱った。

2　立法の進展

　ついで立法についていえば、アメリカは、1962年に作られその後数次の改定を経たUCC第9編において、動産や債権を担保にする際の登録制度（filing system。アメリカにはわが国でいう対抗要件の概念はないがそれよりも大まかなperfectionと呼ばれる機能を果たすもの）を確立し（真正売買も同一のファイリングをすることによって同様の機能を果たすことができる）、債権による資金調達を進展させてきたし、わが国の債権譲渡規定の母法国であるフランスでは、民法典が、日本以上に対抗要件具備の手続が厳格で重いシステムをとっていたため（日本でいう確定日付のある通知が裁判所の執達吏による送達、同じく確定日付ある承諾が公正証書による承諾と規定されている）、これを資金調

達に活用可能なように改善する特別法としてのダイイ法を1981年に制定した（職業債権の金融機関への譲渡に限定して、多数の債権譲渡を書き込んだ譲渡明細書に譲受金融機関が日付を付した場合にそれを確定日付と扱い、債務者への通知も送達ではなく一般の受取通知付書留郵便でよいとした。1984年に改正）[5]。

　これに対してわが国では、資金調達法のパイオニアの登場は、平成5（1993）年制定の特定債権法まで待たなければならない。同法は、リース債権、クレジット債権に限定して、新聞紙上への公告をもって確定日付ある通知に代えることを規定した（現在はすでに廃止）。しかし、業種限定のない包括的な大量債権の譲渡通知を簡略にする法律が求められ、平成10（1998）年に債権譲渡特例法が制定されて、今日の債権譲渡登記が創設されたわけである（この登記が後にわが国初の完全オンライン化登記となった）[6]。この法律は、ちょうど前記の国際債権譲渡条約起草作業中にできたもので、当時、UNCITRALでは、通知型の対抗要件規定をもつ日本が、登録型の登記制度を創設したとして、好感をもって迎えられた（ただし、当時のアメリカの代表からは、第三債務者不特定では登記できないことを批判されたが、この点も平成16（2004）年の動産債権譲渡特例法に増補された段階で修正されている）[7]。なお、この債権譲渡特例法登記は、当時すでにオンライン化した登録制度を保有していたカナダの制度も参考にしている[8]。したがって、結果的には平成10（1998）年の債権譲渡特例法は、世界の趨勢に追いつき、その先端に肩を並べる立法と評価できるものとなったのである。

　この国際債権譲渡条約については、国連UNCITRALの作業部会での検討内容は、すでに第2巻で扱った。したがって、作業部会において条約の最終草案が固まったところから以降が、同書に収録されなかったわけで、本書はその後の経緯を紹介し、今後の展望を試みる。それに充てられているのが、第2部の第3章から第6章である。第3章はこの部の導入の章であり、第4章が中心の分析部分になる。さらに第5章では、本条約の起草過程でかなり詳細に論じられた論点でありながら、わが国の債権譲渡論においてはあまり論じられていない、債権連鎖譲渡の問題も取り上げる。なお、この条約はその後まだ署名国が少なく発効に至っていないが、その点の経緯も、第6章で触れる。そして、同条約の最新の翻訳を本書末尾に掲げる。

4) 角紀代恵「債権流動化と債権譲渡の対抗要件(1)〜(4)――UCC登録制度を参考として」NBL595号（1996）6頁以下、597号（1996）24頁以下、598号（1996）53頁以下、599号（1996）33頁以下参照（後に角紀代恵『受取勘定債権担保金融の生成と発展』（有斐閣、2008）99頁以下に再編成して所収。perfectionについては同書105頁以下、登録制度についての全体的な解説は同書108頁以下を参照）。
5) 山田誠一「金融機関を当事者とする債権の譲渡および質入れ――フランスにおける最近の動向」金融法研究資料編(6)50頁以下、池田真朗「ダイイ法に関するその後の展開」金融法研究14号（1998）144頁以下（本書第17章所収）参照。
6) 債権譲渡特例法の立法作業の経緯については、池田・第2巻74頁以下所収の各論考参照。
7) 制定の経緯については、池田真朗「動産債権譲渡特例法の制定の経緯と概要」銀行法務21・642号（2005）6頁以下参照。立法担当官の解説として、植垣勝裕=小川秀樹『一問一答　動産・債権譲渡特例法〔改訂版〕』（商事法務、2005）がある。
8) 池田・前掲注6) 204頁以下参照。

IV　債権譲渡から動産債権譲渡へ

1　動産債権譲渡特例法の成立

　もっとも、売掛債権や在庫動産という、流動資産にトータルに着目した資金調達は、わが国では2000年代に入ってもまだほとんど進展していなかった。平成16（2004）年に制定され、平成17（2005）年10月から施行された動産債権譲渡特例法は、債権譲渡については第三債務者不特定の債権譲渡でも登記できるようにし、また将来債権譲渡を含む譲渡については債権の総額を記載しなくてもよいことにした。また同法は新たに動産についても動産譲渡登記制度を制定し、これによってこれまで公示力の乏しい占有改定によってしか対抗要件を具備できなかった集合動産譲渡担保等の取引が明瞭な第三者対抗要件を得ることができるようになった。これらの動きについては、第3巻264頁以下所収の諸論考で考察したところである。

　この動産債権譲渡特例法制定も、国際レベルでみれば、世界的趨勢の中の立法であったといえる。つまり、わが国が平成11（1999）年の段階で売掛債権をまだ1％しか流動化していない時代に、アメリカは平成12（2000）年のデータで13％を資金調達に充てていた。前掲のUNCITRALでも、2002年

から担保作業部会を作り、広く動産や債権等の資産担保に関する公示制度や優先ルールに関するガイドラインの取りまとめを意図して、「担保付取引に関する立法指針」作成の作業を始めていた[10]。総合的な資産担保の重要性が注目されていたのである。

2 複合スキームの中の債権譲渡へ——ABL の展開

わが国でも、当初実務上それほど強い連絡性をもたないようにも感じられていた債権譲渡登記と動産譲渡登記は、平成17（2005）年頃からの ABL（Asset Based Lending）取引の導入によって、1つのパッケージとして用いられるようになってきた。ABL は、動産債権担保融資とか、流動資産一体型担保融資などと呼ばれるが、企業の生産活動から生み出される流動資産を担保に、運転資金等を融資する取引であり、在庫動産について集合動産譲渡担保を設定し、売掛債権については従来の将来債権譲渡担保を設定する（さらには、売掛金が入金される預金口座に質権を設定することもある）という形で融資を行うものである。不動産担保融資が行き詰まったあとの運転資金の調達に有効であり、優良な製品を生み出し、優良な売掛先をもちながら、仕入資金の調達に苦労して業務規模の拡大ができなかったような中小企業には、非常に利用価値の高い取引形態であるといえる。この ABL については、拙著第3巻320頁以下所収の諸論考で扱った[11]。

9) 池田・第3巻322頁に引用する、中小企業庁中小企業債権流動化研究会最終報告書（2001）10頁。
10) NBL 編集部編『新しい担保法の動き』別冊 NBL86号（商事法務、2004）所収の諸論考を参照。
11) なお、平成13（2001）年から行われてきた信用保証協会の売掛債権担保融資保証制度（これについても第3巻119頁以下で扱った）に、動産譲渡担保を加えた流動資産担保融資保証制度（いわゆる ABL 保証制度）も、平成19（2007）年8月6日から開始されている。

V 電子化の要請と債権譲渡法理への影響

一方、取引社会においては、同じく21世紀に入る頃から、手形による決済

や割引という取引手法が、敬遠され始める。わが国においては、手形交換のシステムは、世界の各国と比較しても類をみないほどに信頼度の高いものとして安定的に運用されてきたのであるが、債権を手形という紙に化体して譲渡や決済を簡略化し確実にしてきたその「紙」の存在が、取引社会の重荷となってきたのである。各企業は、まず手形レスの決済方法を模索し始める。それが、一括決済方式と、期日指定振込みである。一括決済の方法として最初に始められた「一括決済システム契約」は、債権譲渡担保と当座貸越しを組み合わせたスキームで、これには国税徴収法との関係で問題があり、今日では使われなくなるのであるが、その後に現れた、債権譲渡方式（およびそのヴァリエーションとしての信託方式）と、併存的債務引受方式は、相当のシェアを持つようになり、期日指定振込みによる決済処理とあいまって、手形の利用高は、平成年代に入ってからの10数年で、10分の1ほどに激減することになるのである。

　本書では、一括決済方式について、第1部第1章・第2章で扱う。ただし、これらの手形レス取引方法は、期日指定振込みでは納入企業は手形割引に当たる期日前の資金調達の途を断たれることになり、一括決済方式でも、譲受人や引受人となる金融機関からしか期日前融資を受ける可能性がなくなるという欠点があって、更なる新制度の開拓が望まれていた。そして、「紙の処理からの抜本的な展開」といえば、それは電子化以外の何物でもなかったのである。

VI　電子記録債権法の成立と世界の動向

　わが国では、記録機関の記録原簿への電子的な記録によって発生し、同じく電子的な記録によって移転する「電子記録債権」を創設する電子記録債権法が、平成19（2007）年6月20日に成立し、同月27日に公布された。同法公布の日から1年6カ月を超えない範囲内において施行とされ、平成20（2008）年12月1日に施行となった。この電子記録債権は、指名債権でも手形債権でもない、新たな類型の債権として規定された。この立法は、わが国には珍しく、世界のこの種の立法の最先端を行くものとなった。[12]

この電子記録債権の立案から立法、公布施行から現実の運用開始までを論じるのが、本書の中心部分となる。具体的には、立案から立法作業までを扱うのが第3部の第7章から第13章までである。筆者はこの法律に立案段階から関与したので、第7章から第9章までは、その立案のアイディアから、官公庁での最初の報告書である経済産業省の小委員会の報告書を紹介する部分に充てられている。第10章から第12章は、法務省や金融庁の審議会等での議論の開始とそれに対する筆者の提案等を、金融法学会報告資料等を通じて提示するものである。また第13章は、第1部で扱った一括決済方式と連結する問題を論じている。

　そして公布施行から運用へという段階を扱うのが、第4部の第14章から第16章である。第14章で、成立した電子記録債権法に関するトータルな考察を行い、第15章はことに情報流通と情報保護の観点からこの新法を考察し、第16章では、電子記録債権（運用当初は多く手形の代替として活用される見通しである）のもっとも期待される活用方法としての、担保としての活用（指名債権代替型）について論じている。

　なお、わが国で債権譲渡特例法が制定され、国連で国際債権譲渡条約が成立したその同じ時期に、わが民法の債権譲渡規定の母法国であるフランスで、どのような動きがあったか。つまり、フランスでは、民法それ自体では日本民法よりもさらに重い対抗要件（通知は執達吏による送達、承諾は公正証書承諾）を規定しているので、債権譲渡を資金調達に活用するために特別法たるダイイ法を作成し、この法律は法典化の流れの中で金融・商事法典に組み込まれる。このような、フランスにおける債権流動化と電子化の流れについて、ほんの断片に過ぎないが、いくつかのトピックスを追ったのが第5部の第17章から第19章である（これらの初出はいずれも金融法学会の機関誌『金融法研究』である）。

　　12）　正確にいうと、すでに韓国では、類似の電子化立法が存在するのであるが、韓国では売掛債権の電子化と、手形の電子化をまったく別の法律で行おうとしており、指名債権でも手形でもない新類型の電子的な債権で両者を止揚しようとするのは、日本が世界初なのである。その意味でこの電子記録債権法は、長く法の世界で欧米に範をとってきた日本が、ついに国際基準をリードする立法をしたものということができる（ちなみに欧米諸国では、手形に関しては、わが国で結局採用されなかっ

たチェック・トランケーションを導入して、いわゆる手形の無券面化を図っているところが多いようである）。韓国の立法に関しては、野村総合研究所『海外金融機関等の電子金融取引の先進的事例に関する調査研究報告書』（国際経済交流財団、2004）90頁以下、徐熙錫「韓国電子金融取引法」金融法務事情1786号（2006）80頁以下参照。

Ⅶ　その他の周辺問題

さらに本書では、第6部を「債権譲渡と周辺問題」と題して、これまでの3冊の論文集で十分に論じられなかった、債権譲渡と他の規定の関係に関する判例評釈を収録した。第20章が債権譲渡通知と詐害行為、第21章が債権譲渡と債権準占有者に対する弁済である（後者に関しては、かつて第1巻231頁以下で、この問題のリーディングケースである最判昭和61・4・11民集40巻3号558頁について論じている）。

Ⅷ　世界的な債権法改正の動きと債権譲渡法理の将来

1　国際的な統一の動き

債権法ないし契約法の改正提言はいまや世界的な傾向になっている。たとえば、契約法の一般原則を定める目的で作成され、これまでは時効や対抗要件などの強行規定の問題には言及していなかった、ユニドロワ（UNIDROIT、私法統一国際協会）の国際商事契約原則（1994年公表）においても、新たな2004年版では、債権譲渡・債務引受・契約譲渡などのルール提示に踏み込んでいる。2002年に公表されたヨーロッパ契約法原則第Ⅲ部も、日本民法でいう債権総論の部分（プラス時効）を論じ、もちろん債権譲渡や債務者の交替・契約譲渡もそこに含まれている。

それらの内容の一例として、国際商事契約原則について、本書に関係の深いところでいくつかの点を示せば、将来債権譲渡の権利移転時期に関しては、第9.1.5条において、「その権利が発生したときに、それが譲渡にかかる権利であると判定できるならば、譲渡の合意の時に譲渡されたものとみなす」と

いう規定を置いている。UNIDROIT の解説書によれば、債権が発生することにより、「譲渡の効力は遡及的に発生し」、という表現がされているが、いずれにしても譲渡合意の時に譲渡されていたものと扱われるので、債権発生時ではなく譲渡契約時移転説ということになろう。さらに、譲渡禁止特約については、第9.1.9条で、「金銭の支払に関する権利の譲渡は、譲渡を制限しまたは禁ずる譲渡人と債務者間の合意にかかわらず効力を有する」、つまり譲渡禁止特約は金銭債権については付することができないと規定している。国際的にはこれが主流なのである。国際ファクタリング条約6条も同様であるし、前掲の国連国際債権譲渡条約9条もほぼ同旨である（ファイナンス・サービス、建設契約、不動産の売買または賃貸借の契約から生ずる金銭債権について適用除外とし、その他の債権については譲渡禁止特約の対外的効力を否定する）。

2　わが国の債権法改正の動向

そして第7部は、この時期にわが国でもちょうど生起した債権法改正の問題とそこでの債権譲渡規定のあり方について論じるいくつかの論考を収録した。ただしこのテーマは、まさに議論が始まって現在進行形という状況であり、必ずしも論考を取りまとめて発表するのに適切なタイミングではない。第22章では、諸外国の動きと比較しつつ、国内の立法提案がいまだ固まっていない時期での私見の考え方を提示した。第23章では、民法（債権法）改正検討委員会をはじめとする、いくつかの学者グループの提案を概観し、第24章はことにそれらの債権譲渡規定等に焦点をあてて論じる。第25章は、法制審議会民法（債権関係）部会が検討を開始した段階での論考である。この問題については、筆者は引き続き考究を深め、論文を発表して行きたいと考えている。

13）内田貴「ユニドロワ国際商事契約原則2004——改訂版の解説(1)」NBL811号（2005）38頁以下、ことに41頁参照。以下条文の訳は同論文のものに従う。
14）オーレ・ランドー＝ヒュー・ビール編、潮見佳男＝中田邦博＝松岡久和監訳『ヨーロッパ契約法原則Ⅲ』（法律文化社、2008）6頁以下、51頁以下参照。
15）内田・前掲注13）46〜47頁参照。
16）池田・第3巻204〜205頁参照。

17) 内田貴「ユニドロワ国際商事契約原則2004──改訂版の解説(2)」NBL812号（2005）73頁参照。
18) ただし、ここに掲げたのはあくまでも「国際的な」しかも商業的、職業的な取引に関して提案されているルールである。これらを、そのまま「国内法としての」、しかも「一般法としての」民法典の改正論議に取り込んでよいかどうかは、十分な検討を要することを指摘しておきたい。

IX 小括と状況の確認

　以上の概観からわかることは、わが国の債権譲渡に関する立法や判例法理は、短期間に世界の趨勢に追いつき、一部には、ことに電子化という観点では、追い越しかけている面もあるが、一方でなお真の意味で国際化しきれていない面もあるということである[19]。それは実務の取引自体にもそういう部分があるのであろうし、立法する側の意識も含めて、まさに日本という国の課題を示しているものかもしれない。しかし、いずれにしても、これからも債権譲渡の重要性は増大していくであろう。そして、電子記録債権法の立法は、わが国が世界の中で先駆的な法律を持ったという大きな意味をもつものであり、またその新法の活用から、債権譲渡の将来像が見えてくるようにも思われる。

　以上、本序説は、電子化・国際化の観点から債権譲渡の実務と学理の進展を概観し、それによって本書の内容を紹介するという手法を採った。本書を読み進める読者にとっての、適切なガイドとなりえていれば幸いである。

19) 国際化しきれていない一例をあげれば、平成18（2006）年6月に成立し平成19（2007）年1月から施行された「法の適用に関する通則法」の23条では、債権譲渡の債務者その他の第三者に対する効力の準拠法を、それまでの法例12条での債務者の住所地法から、譲渡対象債権の準拠法に改めた。しかしながら、本文で触れた国際債権譲渡条約30条では、これを譲渡人の所在地法としており、わが国の国際私法はこれと齟齬する規定を置いたことになった。これについて、UNCITRAL事務局からは強い不満が唱えられている（筆者は、同条約起草作業部会の日本政府代表であったことから、担当事務官Bazinas氏から直接の抗議を受けた）。法制審議会の部会では、学者委員から譲渡人の所在地法とする意見も強く主張されたと聞くが、譲渡対象債権準拠法という規律が実務界から支持が多かったのだという（小出邦夫「国際私法の動向」NBL824号（2006）36頁等参照）。しかしながら、譲渡対

象債権準拠法でやれるというのは、対象とする国際債権がたとえば対米関係のものだけでまとめられるというレベルだからであって、たとえばアメリカとEUの諸国とでの国際債権譲渡取引を想定すれば容易にわかるように、多数国の当事者が関係する国際取引ではそれでは不適切であることは自明である。私見は早晩の見直しを期待するものであるが（池田真朗「債権譲渡特例法から動産債権譲渡特例法へ」法曹時報58巻6号（2006）12頁注(14)参照。なお同論文を収録した拙著第3巻第14章では、文脈の関係でこの注を削除しているので、ここに明記しておく）、現時点でわが国の取引の「国際化」が未だその程度であるということであろうか。

第1部

一括決済方式の進展
―― 手形レス取引の模索

第 1 部の概要

　わが国では近年、手形の利用が激減し、平成19（2007）年の段階では、ピーク時と比較するとほぼ10分の1となっている。それに代わる決済方法として急増したのが、一括決済方式と期日指定振込である（さらに、本書第3部・第4部で詳述する電子記録債権が新しい代替手段として登場してきている）。この第1部では、その一括決済方式について論じる。いわゆる一括決済方式には、大きく4種の方式が考案されたが、そのうち、最初（昭和61（1986）年）に始められたのが、①債権譲渡担保方式を採る「一括支払システム契約」であり、その後、②ファクタリング（真正債権譲渡）方式、そのヴァリエーションの③信託方式、および平成11（1999）年から認められた④併存的債務引受方式が登場する。しかし、この最初の「一括支払システム契約」がもつ、国税徴収法による告知書発出時点で譲渡担保権を実行する特約（代物弁済条項。昭和63（1988）年に追加された）は、国税徴収法を潜脱するものとして国との係争を生じ、最二小判平成15・12・19民集57巻11号2292頁（金判1182号13頁）によって無効とされる。この判決についての評釈（初出は平成16（2004）年）が第1章第1節である。さらに、第1章第2節として、国税に対し二重払いを余儀なくされた支払企業が金融機関を訴えた裁判例（東京地判平成17・6・13金判1219号36頁）を契機として記述した短文（初出平成17（2005）年）を加えてある。

　この譲渡担保型の契約形態は、すでに地裁で敗訴した段階から新規取扱いを中止したところも多く、その後はファクタリング（真正債権譲渡）方式（またそのヴァリエーションとしての信託方式）、併存的債務引受方式が広く使われてきた。しかしながら、債権譲渡方式の場合、二重譲渡リスクに注意を払わなければならないところがあり、それに対して実務の一部では、併存的債務引受方式であればそのリスクを免れるという説明がなされていたので、実はそこに存在する別個の法的問題があることを指摘したのが第2章の論文「債務引受と債権譲渡・差押の競合――一括決済方式における債権譲渡方式と併存的債務引受方式の比

較を契機に」(初出平成16 (2004) 年) である。ここでは、将来債務引受の問題や債務引受についての立法論にまで言及している。

　これら一括決済方式についての考究は、手形レスの決済方法の発展形として、来るべき電子記録債権の時代を予測させるものであったが、筆者はさらに、より具体的に一括決済方式と電子記録債権の関係を論じた論考として、「一括決済方式の展開と電子記録債権法制への対応——最高裁平成15年「一括支払システム契約」判決の影響をふまえつつ」(初出平成19 (2007) 年) を発表している。ただ、本書では、電子記録債権の立案から立法までの詳細を扱った論考は、後の第3部と第4部とにまとめて収録しているので、この論考も第3部に収録することにした。その意味で、この第1部は、一括決済という手形レス取引に関する独立した研究であると同時に、第3部・第4部の序奏という位置づけになっている。

第1章
一括支払システム契約（譲渡担保方式）の問題点

第1節　一括支払システム契約における国税徴収法による告知書発出時点で譲渡担保権を実行する合意の効力
　　　——最二小判平成15年12月19日民集57巻11号2292頁

I　問題の所在

　近年（本章初出稿執筆時は平成16（2004）年）、大企業を中心に、手形を廃止し、それに代わる決済方法としていわゆる一括決済方式を採用する企業が増加してきている。もともとわが国では、手形の制度が諸外国に類を見ないほどに発達していたが、大企業では、納入企業に対して毎月数千枚に及ぶ手形を発行するケースもあり、近年ではこの手形発行・受渡しにかかる事務が大きな負担となってきていた。このため、ことに大企業（親事業者）の納入企業（下請事業者）に対する支払を、下請代金支払遅延等防止法などに抵触しない形で、手形レスで行うために案出されたのがこの一括決済方式である（市場規模は、平成15（2003）年9月の経済産業省推計では約2.4兆円に上っている）。これには具体的に4種の方式があるが、そのうち、最初に考案され、昭和61（1986）年に公正取引委員会によって認められたのが、債権譲渡担保方式を取るいわゆる「一括支払システム」である（これ以外には、現在、ファクタリング（真正債権譲渡）方式、信託方式、および平成11（1999）年から認められた併存的債務引受方式の3種類がある。なお昭和61（1986）年段階以前から

一括手形方式というものも開発されていた)。しかし、この譲渡担保方式を取る契約 (以下、「一括支払システム契約」と呼ぶ) が持つ本件特約 (代物弁済条項とも呼ばれる) は国税徴収法との関係で国との係争を生じ、地裁で敗訴した段階から、すでに大手金融機関等では新規取扱いを見合わせたところも多く、最近では他の3種類が多く行われるようになってきていた。本判決は、この一括支払システム契約について出された、ほぼ予測されていた国税側勝訴の最高裁判決である。

II 本件の事案

平成4 (1992) 年12月、X銀行は訴外A社との間で一括支払システム契約を締結した。同契約の中心となるのは、次のような内容であった。①X銀行とA社との間で当座貸越契約を締結する。②A社はB社に対する売掛金債権を①の当座貸越の担保としてX銀行に譲渡する。③①の当座貸越は②の売掛債権残高を貸越極度額とする。④さらに、②の売掛債権を譲渡担保とする条項の中に、次のような約定 (以下、「本件合意」という) が含まれていた。「担保として譲渡された売掛金債権について、国税徴収法24条に基づく告知が発せられたときは、これを担保としたXの当座貸越債権は何らの手続を要せず弁済期が到来するものとし、同時に担保のため譲渡した売掛金債権は当座貸越債権の代物弁済に充てる」というものである (このような本件合意を入れた理由は、本件契約に基づく与信方法によると、納入企業が国税を滞納し、その法定納期限が債権譲渡の確定日付以前に到来している場合には、同法24条により銀行が物的納税責任を負う第二次納税義務者になる可能性があるので、それを回避するためとされる)。その後Aは国税を滞納した上事実上倒産し、平成5 (1993) 年5月に同法24条に基づく「本件一括支払システム契約に基づきX銀行がAから譲り受けた売掛金債権からAの国税を徴収する告知」が発せられ、同日X銀行に到達した。これに対しX銀行が、本件合意により、該当の売掛金債権は確定的にX銀行に帰属しているとして告知の取消しを請求したのが本件である。第一審 (東京地判平成9・3・12金法1478号42頁)、控訴審 (東京高判平成10・2・19金法1512号22頁) とも、問題の本件合意は国税徴収法の適用

を回避しようとするものであって無効であるとし、X銀行が敗訴した。

III　本判決の内容

1　判決要旨

　いわゆる一括支払システムに関する契約において譲渡担保権者と納税者との間でされた国税徴収法24条2項による告知書の発出の時点で譲渡担保権を実行することを内容とする合意は、同条5項の趣旨に反して無効である（補足意見がある）。「同条2項の告知の発出と到達との間の時間的間隔をとらえ、告知書の発出の時点で譲渡担保権者が譲渡担保権を実行することを納税者とあらかじめ合意することは、同条2項の手続が執られたことを契機に譲渡担保権が実行されたという関係があるときにはその財産がなお譲渡担保財産として存続するものとみなすこととする同条5項の適用を回避しようとするものであるから、この合意の効力を認めることはできない」。

2　本判決の論理構成

　上告理由、および本件システムを擁護する論者から、本件合意が適法であることの根拠として主張されたのは、①本件合意は国税徴収法24条5項の例外として許容される場合にあたる、②最大判昭和45・6・24民集24巻6号587頁、金法584号4頁（以下、「昭和45年最判」という）は、差押えができないような財産を作り出す相殺の予約も、その担保的機能を認めるに足りる合理的な事由が存在している限り、契約自由の原則から有効であるという法理を示したものであるから、本件合意が有効であることの先例となる、③一括支払システムは、経済的合理性、相当性があるから、本件合意のような代物弁済条項は許容されるべきである、などである。[1]

　本判決は、それらの主張について格別に理由を示さず原審の判断を是認するとして上告を棄却しているが、原審のいうところからすれば、その理由は、①法附則5条4項は、手形その他政令で定める財産に限って同法24条の適用を除外しているのであり、一括支払システムに基づく債権譲渡担保については、政令で同条の適用を除外していない以上、同条の適用がある、②前記各

判決は相殺に関する法理を判示しているものであって、本件の直接の先例であると言うことはできない、③一括支払システムが合理的な制度であるとしても、本件合意のような代物弁済条項が許容されるかどうかは同条5項の趣旨によって決まるのであり、本件合意が同項の趣旨に反する以上、その効力は否定されることになる、ということになろう。

なお、亀山継夫裁判官の補足意見があり、その論旨は、本件合意はあくまでも無効であるが、一定の要件の揃った場合には、本件合意を無効と主張することは信義則に反するというものである。その要件というのは、①監督官庁への事前の説明と、その官庁の了解があり、②問題の合意後数年間、監督官庁からも国税庁からも、是正させるための措置が取られておらず、③問題の合意後数年間、国税徴収法24条に基づく告知が（そのような告知をすることが可能な事例が実際に生じていたのにあえて）行われていないこと、である。しかしこれらの要件が揃っても、本件合意は有効なものに転換するわけではなく、あくまでも国税当局からの無効主張が信義則で阻まれるということに過ぎない。

 1） 新堂幸司「修正一括支払システムの有効性」金法1183号（1988）12頁、新堂幸司＝田淵智久「一括支払システムと国税滞納処分」金法1435号（1995）6頁等。

Ⅳ　本判決の位置づけ

本判決に関連する先例としては、最三小判平成13・11・27金法1640号37頁がある。これは、法24条2項の告知に先行して滞納処分としての差押通知が発せられていた事案であり、本件合意と同様の代物弁済条項があっても、そこで定める時点である告知発出時以前の差押処分通知時点で代物弁済を受けるものと言うことはできないとしたものである。[2]したがって、この最三小判平成13・11・27は本件合意の有効性自体が直接問われた事案ではなく、今回の本判決に至って、本件合意の効力が初めて正面から否定されたわけである。

 2） 評釈として、松本恒雄「判批」金融判例研究12号（金法1652号）（2002）26頁等。

V 私見の評価

　私見は、本判決の結論自体はもっともであると考える（ただし、この結論が債権譲渡担保契約一般に対する国税債権の優位性に拡張されることには強い懸念を表しておきたい）。自ら権利帰属を曖昧にするような法律構成を取っておきながら、国税徴収法上の告知が発出されたとたんに譲渡担保権が実行されて売掛金債権がXの弁済に充当されるというのは、身勝手な構成との批判を免れまい（国税徴収法の譲渡担保の位置づけには疑問もあるが、当事者が譲渡担保とする以上は国税徴収法の規定に服さざるを得ないとも言える）。そして、そもそもこういう状況の出現を避けるためには、いわゆる譲渡担保ではなく、債権の完全真正な譲渡をして、契約段階で権利を移転し、かつ対抗要件を具備しておけばよいだけの話である。しかも本来このスキームは、先に述べたように大企業等の手形振出の煩雑さを回避するために考え出された決済システムなのであるから、「担保」として構成する必然性はまったくない。端的に、間に入る金融機関が、納入企業の債権をまとめて譲り受けるか、大企業の納入企業に対する債務をまとめて引き受けるかという発想に立てばよいのである（単に形式を債権譲渡に切り替えても被担保債権が残るならば、つまり譲渡担保の実質が変わらないならば、なお国税債権を優先させる国税徴収法の趣旨が働き得る余地があるとの見解があるが[3]、私見は最初から担保の発想をまったく入れるべきでないという見解であり、国税徴収法とは抵触の余地がない）。

　また、昭和45年最判がいわゆる相殺予約を適法と認めているからといって、それを理由に国税徴収法に抵触する本件合意（代物弁済予約）を適法とし得るわけではない。この点、本判決の説示は、「事案を異にし本件に適切でない」と言うのみであるが、原審では、かなり詳細な説示がされている。

　原審は、「昭和45年最判は、（中略）民法511条の解釈として、相殺に関する合意が契約自由の原則上有効とされたものであり、あらゆる場合について、私人間で差押のできない財産を作出する契約を有効とするという趣旨であるとまで解することはできない」、「法は、相殺による担保的効果を他の担保とは同一視せず、租税債権も相殺との関係では一般の私法上の債権と同一の立

場にあるとしたのに対し、譲渡担保については、租税の優先徴収権の確保という観点から、国税債権について特別の地位を定め、譲渡担保の効力を他の担保権並に制限するという考え方を採用したものと解される。したがって、国税徴収に関し、譲渡担保権の効力を制限する規定である法24条との抵触が問題となる本件は、昭和45年最判とは事案を異にするというべきである」と言う。

そもそも相殺には遡及効があるのであって（民法506条）、意思表示は相殺に必要な方法ではあるが、相殺適状後のどこかで意思表示をしさえすればよいというものである（フランスのように、法上当然相殺の規定を持つ国もある）。ここに、相殺予約の効果を広く認める理論的基礎があろう（また、本件合意のような譲渡担保権を実行し代物弁済をするという予約――しかも完結時に意思表示を要しない――との基本的な法的意義の相違がある）。ただし、そのような相殺予約が対第三者効を持ち得るかは別の議論であり、昭和45年最判はそこに公知性の概念を入れて対外効の承認の理由としている。この点についても本件原審判決は、「本件条項が公知であったとしても、国税債権者はそれを前提として取引関係に入るのではないから、本件条項が公知であることは、本件において、国税債権者に対して効力を認める根拠とはならない」としている。これら原審の説示は、一定の説得力を持つと評価できよう。

なお、若干の付言をすれば、昭和45年最判の無制限説という結論自体は法文どおりの当然の判断であるが、同判決が認めた相殺予約の対外的効力は、それ自体に疑問を提示し得ると思われる。ただ、それは別論としても、相殺予約は他の債権者（私人）による執行を一般的に排除する特約であるのに対して、一括支払システムの代物弁済条項は国税当局を排除することのみが目的であるから、物的納税責任の回避を目的とした脱法行為であるとの見方が可能という評価は免れないところであろう。

また、補足意見については、たとえば私人間で、契約上の権利を行使せず逆に相手方の行動を黙認していたような場合と異なり、他の官庁がスキームを了承し国税当局が公権の行使をしなかったということをもって国の信義則違反とまで言うことはいささか困難ではないかと思われる。ただし、補足意見も指摘するように、同一省内でこのような不整合を生じた責任が何も問わ

れないのかという点で、釈然としない思いは残る。

　問題は、本判決の債権譲渡担保契約全般に対する影響である。たとえば、現在の売掛債権担保融資（将来債権を含む）では、条件のない債権譲渡契約時に債権は形式上も実質上も移転している。このようなケースで、法定納期限以前に特例法登記等で対抗要件を具備したものについてまで国税の優先を説く裁判例が現れた場合には、強い疑念を表したい。

　　3）　鳥谷部茂「本件判批」NBL788号（2004）81頁、石田喜久夫「本件第一審判批」判例評論471号（1998）21頁（判時1631号183頁）。
　　4）　石田・前掲注3）21頁。
　　5）　松本恒雄「本件原審判批」判タ973号（1998）70頁等参照。

VI　今後の実務の対応

　今回の判決が出てもなお、一括支払システム（譲渡担保方式）そのものが全体として無効であるとか、売掛金の決済方法としてその有用性を失ったと考えることは早計ではないかとして改善策を考える意見もあるが、本件合意を残した契約を継続させることが不適切であることはもちろんのこと、右の意見も認めるように、当座貸越の要素を持つことの必然性も問題であるし、そもそも売掛金の譲渡担保という基本構成が本件約定の設定に結び付いているのであるから、もはや端的にこの譲渡担保方式は金融機関の商品としては不適切として全面的に放棄し、他の一括決済方式、すなわちファクタリング（真正債権譲渡）方式、信託方式、併存的債務引受方式のいずれかを採用すべきであろう（ファクタリングは、本来単なる債権買取ではなく、そもそも期日前資金化等はファクタリングの主要な金融機能である。また併存的債務引受方式については、筆者は別稿でファクタリング方式等との比較を論じる予定である（第2章参照））。

　　6）　遠山浩之「銀行の新商品開発等における実務上の留意点──一括支払システム最高裁判決を契機として」金法1699号（2004）8頁。
　　7）　池田真朗「ファクタリング契約」野村豊弘先生還暦記念論文集『21世紀判例契約法の最前線』（判例タイムズ社、2006）313頁以下参照。

VII 小　括

　そう遠くない将来に、手形を電子化する法制ができる可能性もあるが、少なくとも現行法のもとでは、紙の負担が重くなった手形取引を、一括決済方式によって代替することには大きな意味がある。本判決が、譲渡担保方式以外の一括決済方式の発展に誤った足かせにならないことを願いたい。

　　8）　池田真朗「金融システムの電子化についての法的検討──「電子債権」への新たな取組みを中心に」銀法634号（2004）24頁以下（本書第7章）。
　　9）　本件評釈として、本文中に掲記のもののほかに、高世三郎「判批」ジュリ1266号（2004）184頁、武川幸嗣「判批」法教285号（2004）82頁がある。

第2節　「一括支払システム契約」の出発点からの誤謬

　近年、手形に代わる決済方法として急増しているいわゆる一括決済方式には、現在4種の方式があるが、そのうち、最初（昭和61（1986）年）に始められたのが、債権譲渡担保方式を取る「一括支払システム契約」である（他には、①ファクタリング（真正債権譲渡）方式、そのヴァリエーションの②信託方式、および平成11年から認められた③併存的債務引受方式がある）。しかし、この一括支払システム契約がもつ、国税徴収法による告知書発出時点で譲渡担保権を実行する特約（代物弁済条項。昭和63（1988）年に追加された）は国税徴収法を潜脱するものとして国との係争を生じ、最二小判平成15・12・19民集57巻11号2292頁（金判1182号13頁）によって無効とされたのは周知のとおりである（本書第1章第1節）。

　この契約形態は、すでに地裁で敗訴した段階から新規取扱いを中止したところも多かったのであるが、このたび、国税に対し二重払いを余儀なくされた支払企業が金融機関を訴えた裁判例が出た（東京地判平成17・6・13金判1219

号36頁、金法1745号43頁）。同判決は、一括支払システム契約における代物弁済条項は当事者間でも無効であるが、支払企業が二重に支払った代金相当額の補塡を金融機関に求めることは、同契約中の瑕疵担保条項により許されないとした。

　同判決は、判決要旨のその１で、一括支払システム契約における代物弁済条項は、国税徴収を排除し、物的納税責任を回避することのみを目的として設けられたもので、国家社会の一般的利益を害するものであるから、公序に反するものとして当事者間においてもその効力を認めることができないとし、その２で、一括支払システム契約における瑕疵担保条項は、一括支払システムの運用にあたって、支払企業が担保債権について瑕疵がないことを担保することを約したものであって、代物弁済条項が無効とされ、金融機関が物的納税責任を負うことになっても、金融機関は瑕疵担保条項に基づいて損害の塡補を受け得る地位にあったのであるから、支払企業が金融機関に対して二重に支払った代金相当額の補塡を求めることはできないとしたのである。

　その２の部分の詳細は、「そもそも、一括支払システムは、手形の発行と交付及びその管理に係る事務の削減を図るべく考案され、納入企業の支払企業に対する債権を担保としてその弁済期前に金融機関から融資を受けることを可能にするものである。金融機関は、代金債権を担保として融資をする場合、当該債権の債務者である支払企業の信用を基礎として融資の可否を判断するのであり、また、一括支払システムに関する契約の締結に当たっても、専ら支払企業に相当程度の信用力があることが契約締結の前提となっているのである。このことは、一括支払システムが手形割引に代わるシステムとして導入されたという経緯や、納入企業の倒産リスクは金融機関よりも支払企業がよりよく把握しうるものであることとも見合っているのである（なお、本件協定書２条において、原告と被告らが納入企業の選定を予め支払企業たる原告において行うこととし、本件基本契約に基づく紛議を原告が責任を持って解決する旨約していることも同様の趣旨に基づくものである。）。本件基本契約書の各規定からすると、本件瑕疵担保条項に端的に現れているように、金融機関は支払に関するリスクを負担しないことになっており、これは本件基本契約の基調をなすものである。これを不当とする見方があり得るが、一括支払シス

テムの趣旨等からすると、これを不当とまでいうことはできない。

　原告は、本件代物弁済条項につき、債権譲渡担保提供時における代金債権について瑕疵のないことを担保しているにすぎない旨主張するが、上記事情からすると、それは、債権の譲渡担保提供時における代金債権の瑕疵について担保することを約したにとどまらず、一括支払システムの運用に当たって、支払企業が譲渡担保債権について瑕疵がないことを担保することを約したものということができる。

　そうすると、本件代物弁済条項が無効であることにより、被告さがみ信用金庫が物的納税責任を負うことになっても、同信用金庫としては、本件瑕疵担保条項に基づいて、原告から本件代金債権1ないし4の合計1333万7375円について損害の填補を受け得る地位にあったのである。

　したがって、原告の被告さがみ信用金庫に対する不当利得返還請求権は成立しないというべきである。」というものである。

　ここでは、この判決の個々の論理についての論評は措き、この機会に、問題の本質と思えるところを論じておきたい（もちろん、議論の焦点は、判決が上記の引用部分の中で、「本件基本契約書の各規定からすると、本件瑕疵担保条項に端的に現れているように、金融機関は支払に関するリスクを負担しないことになっており、これは本件基本契約の基調をなすものである。これを不当とする見方があり得るが、一括支払システムの趣旨等からすると、これを不当とまでいうことはできない。」とする部分の評価にある）。

　かつて上記平成15年判決の評釈（本書第1章第1節）で述べたとおり、本来この一括決済は、手形振出の煩雑さ等、手形の「紙の負担」を回避するために考え出されたシステムなのであるから、債権譲渡担保の形式を採って当座貸越と構成する必然性は実はまったくない。手形を発行せずに（指名債権のままで）決済しようとするのであれば、端的に、間に入る金融機関が、それらの納入企業の債権をまとめて譲り受けるか、支払企業の納入企業に対する債務をまとめて引き受けるかという発想に立てばよいのである（現在行われている他の上記3方式は、いずれもこの発想に立つ。それらの比較分析は、本書第2章参照）。それを、この一括支払システム契約が当座貸越と債権譲渡担保を組み合わせてスキームを作ったのは、ひとえに、金融機関がいわばどう

転んでも損をしないためであろう（本件で問題になっている瑕疵担保条項もその趣旨から置かれているものといえる）。私見は、この点にこそ、問題の発端があったと考える。

およそ、金融スキームにおいて、参加する各当事者のうちに、利益は得つつリスクをまったく負担しない者が一者だけ存在するスキームというものは、やはり、どこか不当とは言わないまでも不合理なのである。たとえば、筆者も創設にかかわった売掛債権担保融資保証制度では、信用保証協会の保証を9割の部分保証として、1割は金融機関のリスクを残しているが（その後部分保証割合は8割に変更）[1]、欧米ではこのような部分保証が主流であるという[2]。

その意味で、筆者は、「一括決済システム契約」は発想の出発点から誤謬を含んでいたと思う。そして、さらに国税徴収法との抵触の回避を図った弥縫策が、代物弁済条項であると位置づけられる。これを判例が否定したのは当然の結果というべきであろう（本判決では、学者による実務の新商品に対する意見書も、証拠として議論の対象になっている。意見書執筆も、鼎の軽重を問われるものと念じる必要がある）。

ただ、筆者がもっとも懸念するのは、この「一括支払システム」の紛争が、前述の、（いわば正しい）一括決済方式に対する否定的評価につながることである。近い将来に電子債権法制が創設される可能性が高まっているが、少なくとも現行法のもとでは、紙の負担が重くなった手形取引を一括決済方式によって代替することには非常に大きな意味がある。かつまた、想定される電子債権法制を活用することによって、一括決済方式はさらに進展する可能性が高いのである。譲渡担保方式以外の一括決済方式の発展に誤った足かせをつけないことを強く願いたい。

1）　池田真朗『債権譲渡の発展と特例法』（債権譲渡の研究第3巻）（弘文堂、2010）136頁以下参照。
2）　池田・前掲注1）137頁参照。

第2章
債務引受と債権譲渡・差押の競合
―― 一括決済方式における債権譲渡方式と
併存的債務引受方式の比較を契機に

Ⅰ 問題の所在

1 問題点の俯瞰

　本章は、大きく図式化していえば、債権譲渡と債務引受の競合という、これまで判例がないことは勿論、学説上もほとんど論じられていない問題を扱うものである。その問題意識の具体的な対象は、今日の実務界で手形に代わる決済方法として取扱いを増やしている「一括決済方式」の法的論点の検討にある。ただしこの問題は、金融取引上の新商品についての優劣を論じるレベルの問題にとどまらない。「対抗要件」をキーワードに、わが民法に規定のない、債務引受、契約譲渡等についての立法論につながり、解釈論のレベルでも、将来債務引受契約の検討に始まり、債権譲渡特例法登記の「盲点」を浮き彫りにして対抗要件における「第三者」の範囲の問題を先鋭に提起し、また、第三者弁済および弁済による代位の部分の解釈論の深化をいざない、さらに、立法論の必要性を再考させ、やはり債務引受の規定を持たないが指図（délégation）についての規定を有するフランス民法との比較に目を開かせる等、民法学上の豊潤な広がりを持つ問題なのである。本章は、それらの各論点にアプローチする序説にすぎない。

　なお、一括決済方式は、最近の金融システムの多様化の議論の中で関心を呼び、さらに最新の「電子債権」の問題（手形の電子化の論点も含まれる）で

もその関係性を認識されている（手形から他の決済手段に移るという意味で電子債権論の一種先駆的な取り組みと位置づけうる）。以下の本章の問題分析の一部は、すでに筆者が委員を務めた経済産業省産業構造審議会産業金融部会の報告書[1]に、筆者の見解を元にしたと明記の上で紹介されていることを述べておく。

2 問題設定の背景

まずは問題設定の背景を少しく紹介する必要があろう。近年、大企業を中心に、手形を廃止し、それに代わる決済方法としていわゆる一括決済方式を採用する企業が増加してきている。周知のように、もともとわが国では、各種取引債権の決済を円滑に行うための手形の制度が諸外国に類を見ないほどに発達していたが、大企業では、納入企業に対して毎月数千枚に及ぶ手形を発行するケースもあり、近年ではこの手形発行・受渡しにかかる事務が大きな負担となってきていた。このため、ことに大企業（親事業者）の納入企業（下請事業者）に対する支払を、下請代金遅延等防止法などに抵触しない形で、手形レスで行うために案出されたのがこの一括決済方式である（市場規模は、平成15（2003）年9月の経済産業省推計では約2.4兆円に上っている）。これには具体的に4種の方式があるが、そのうち、最初に考案され、昭和61（1986）年に公正取引委員会によって認められたのは、「一括支払システム」と称された債権譲渡担保方式である（なお昭和61（1986）年段階以前から一括手形方式というものも開発されていたが、これは手形の発想から抜けていないもので、本章ではこれ以上言及しない）。そしてその後現在までに開発されたのが、ファクタリング（真正債権譲渡）方式、信託方式、および平成11（1999）年から認められた併存的債務引受方式の3種類である。しかし、この最初に商品化された債権譲渡担保方式（以下、「一括支払システム」と呼ぶ）は、その契約中の、国税徴収法による告知書発出時点で譲渡担保権を実行する特約（代物弁済条項とも呼ばれる。昭和63（1988）年に追加された）に国税徴収法との関係で問題があることが判明し、国との係争となって地裁で敗訴した段階から、既に大手金融機関等では新規取扱いを見合わせたところも多く、最近では他の3種類が多く行われるようになってきていた。そして、この一括支払シス

テムについては、次に紹介する最判平成15・12・19が、ほぼ予測されていた国税側勝訴の判断を最終的に下した。したがって本章では、この債権譲渡担保方式の「一括支払システム」は検討対象から除外し、真正債権譲渡方式たるファクタリング方式（信託方式も次に述べるようにこのヴァリエーションと把握できる）と、もっとも後発の併存的債務引受方式とを対象として、それらの比較をすることとしたい。

3　一括決済方式のスキームの概要

　本論に入る前にそれら一括決済方式のスキームのポイントのみを解説しておく。①債権譲渡担保方式（契約名称「一括支払システム」）の場合は、納入企業が、大企業に対する代金債権を金融機関に譲渡担保に供し、金融機関は納入企業に当座貸越貸付の形でこの代金を支払う。そして大企業が納入企業の代金債権に相当する額を金融機関に振り込み、金融機関はそれをもって納入企業への当座貸越貸付金の清算を行う、というものである。これに対し、②ファクタリング（真正債権譲渡）方式の場合は、債権買取、つまり真正債権譲渡を行うもので、納入企業は代金債権をファクタリング会社等に譲渡し、そして大企業が譲受人たるファクタリング会社等にその債権額を支払い、ファクタリング会社等は納入企業に債権の対価を支払う、という形になる。③信託方式は、いわば②のファクタリング方式が一段階複雑になるもので、納入企業は代金債権を信託銀行に信託譲渡することによって信託受益権を取得し、納入企業の要望に応じて信託銀行が当該信託受益権を投資家に販売することによって納入企業が信託銀行から金銭の支払いを受ける、大企業は信託銀行に期日支払いをし、その金銭が信託銀行から投資家に支払われる、という形になる。④併存的債務引受方式は②や③と逆の発想で、大企業の納入企業に対する債務を金融機関が併存的債務引受をし（したがって大企業の債務者たる地位は変わらずに存続する）、金融機関が各納入企業に債権額を弁済し、大企業は金融機関にそれらを一括支払するというものである。

　本章では、これらの各方式の総称として「一括決済方式」という用語を採用し、「一括支払システム」という表現は、「一括決済方式の中の債権譲渡担保方式」という意味で用いることとする。また、一括決済方式を契約する金

融機関は、②のファクタリング（真正債権譲渡）方式なら譲受人、③の信託方式なら受託者、④の併存的債務引受方式ならば引受人、ということになるが、その地位について統一的な表記方法を採ったほうがわかりやすいと思われるので、本章ではこれらを一括して「受託会社」と表記することとする。信託の受託者という限定とは異なることをお断りしておく。

4 債権譲渡担保方式の除外

　以下の考察から債権譲渡担保方式（一括支払システム）を除外する理由を明らかにするために、最二小判平成15・12・19民集57巻11号2292頁（金法1702号68頁、金判1182号13頁）の簡単な紹介と評価をしておこう（詳細は別稿同判決評釈を参照）[2]。一括支払システムに含まれる「担保として譲渡された売掛金債権について、国税徴収法二四条に基づく告知が発せられたときは、これを担保とした当座貸越債権は何らの手続きを要せず弁済期が到来するものとし、同時に担保のために譲渡した売掛金債権は当座貸越債権の代物弁済に充てる」という合意（先述のように昭和63（1988）年に約款に追加された。このような合意を入れた理由は、本件契約に基づく与信方法によると、仕入先の企業が国税を滞納し、その法定納期限が債権譲渡の確定日付以前に到来している場合には、法24条により銀行が物的納税責任を負う第二次納税義務者になる可能性があるので、それを回避するために置かれたとされる）については、係争後すでに第一審、控訴審とも、右合意は国税徴収法の適用を回避しようとするものであって無効であるとし、一括支払システムを受託した銀行側（譲渡担保権者）が敗訴していた（第一審、東京地判平成9・3・12金法1478号42頁、控訴審、東京高判平成10・2・19金法1512号22頁）。そして最高裁の示した判決要旨も、「同条2項の告知の発出と到達との間の時間的間隔をとらえ、告知書の発出の時点で譲渡担保権者が譲渡担保権を実行することを納税者とあらかじめ合意することは、同条2項の手続が執られたことを契機に譲渡担保権が実行されたという関係があるときにはその財産がなお譲渡担保財産として存続するものとみなすこととする同条5項の適用を回避しようとするものであるから、この合意の効力を認めることはできない。」というものであった（補足意見がある）。

　これに対して私見は、本判決の判断を当然のものとし（ただし、本判決の

結論が債権譲渡担保契約一般に対する国税債権の優位性に拡張されることには強い懸念のあることを明示した)、「そもそもこういう状況の出現を避けるためには、いわゆる譲渡担保ではなく、債権の完全真正な売買をして、契約段階で権利を移転し、かつ対抗要件を具備しておけばよいだけの話である。しかも本来このスキームは、先に述べたように大企業等の手形振出の煩雑さを回避するために考え出された決済システムなのであるから、「担保」として構成する必然性は全くない。端的に、間に入る金融機関が、それらの納入企業の債権をまとめて譲り受けるか、大企業の納入企業に対する債務をまとめて引き受けるかという発想に立てばよいのである」と述べた[3]。

そして、今回の判決が出てもなお、一括決済システム（譲渡担保方式）そのものが有用性を失ったと考えることは早計ではないかとして改善策を考える意見も一部にはあったが、私見は、「本件合意を残した契約を継続させる[4]ことが不適切であることは勿論のこと、手形レスの決済システムとして当座貸越の要素を持つことの必然性も問題であるし、そもそも売掛金の譲渡担保という基本構成が本件約定の設定に結びついているのであるから、もはや端的にこの譲渡担保方式は金融機関の商品としては不適切として全面的に放棄し、他の一括決済方式、すなわちファクタリング方式、信託方式、併存的債務引受方式のいずれかを採用すべきであろう」と論じたのである[5]。そして、ファクタリング方式と併存的債務引受方式の比較については、別稿で詳細に論じる予定と予告した[6]。それが本章である。

以上のような観点から、本章では、以下ファクタリング方式・信託方式という債権譲渡型の方式と併存的債務引受方式とを比較する。問題の核心は、その中での相対的な「新商品」である併存的債務引受方式について、債権譲渡や差押と競合した場合における問題点を分析する点にある。なお、本来は信託方式についても独自の分析をするべきであるが、信託方式のスキームの根幹は債権譲渡方式と同様であるため、本章ではファクタリング方式とともに債権譲渡方式として括って論じる扱いに止める[7]。

　1)　産業構造審議会産業金融部会「金融システム化に関する検討小委員会報告書—電子債権について」(2004年4月28日) 59頁（その後「産業構造審議会産業金融部会中間報告——金融サービスの高度化とリスクマネーの供給拡大に向けて」(2004

年6月25日）3159頁に収録）参照（なお電子債権については、後掲Ⅳ2の注参照）。
2）　池田真朗「本件判批」金法1716号（金融法学会編集「金融判例研究」第14号）（2004）41頁以下（本書第1章第1節所収）。
3）　池田・前掲注2）43頁。
4）　遠山浩之「銀行の新商品開発等における実務上の留意点——一括支払システム最高裁判決を契機として」金法1699号（2004）8頁。
5）　池田・前掲注2）44頁。
6）　池田・前掲注2）44頁。
7）　なお、信託設定後の信託受益権譲渡についても、現在の信託法では独自の対抗要件設定等はされておらず、債権譲渡と同一に処理されているのは周知のとおりである（この点、筆者は、今後の信託法改正においては、受益者に関する規定が増設されるべきであり、受益権譲渡については、受益権の法的性質に則した、指名債権譲渡とは異なる対抗要件を定める等のことも考えられてよいはずという見解を持っており、その旨を2004年度の日本私法学会シンポジウム「信託法と民商法の交錯」（報告者、道垣内弘人教授ほか）で発言した）。

Ⅱ　併存的債務引受方式の問題点
——債権譲渡や差押との競合

1　問題となる状況

　以下本論に入る。一括決済方式の観点から見ると、特に併存的債務引受方式についての最大の問題点は、併存的債務引受というものが、債権譲渡や差押と競合した場合に、それらに対抗することができるのかというところにある。
　そのような問題を掲げるのは、一括決済方式の実務の場合、数は多くないが存在する重大なリスク（受託会社にとってのリスク）として、たとえばある中小企業が、ある大企業に対する受託会社について一括決済方式によるべく引受機関と契約している場合に、（おそらくは）債権管理が不十分であったなどの理由で、その一括決済方式の対象となっている債権を、他の商社等からの売掛債権担保融資を受ける際に債権譲渡担保として提供（権利移転）してしまう場合があるからである。債権譲渡方式（ファクタリング型や信託型）の一括決済方式の場合は、その対象となっている債権を譲渡人たる企業が誤って他の銀行やノンバンクからの融資に対する債権譲渡担保に提供する債権に混入させると、勿論まぎれもない二重譲渡になってしまい、これが実務の現[8]

場では重大なリスクとして検討されている。

　この問題が、併存的債務引受方式の場合は、支払企業と引受機関とで一括決済方式の採用が合意されているある中小企業の債権について、その中小企業が他者へ同一債権を譲渡してしまった場合にどうなるかという状況となって現れる。もちろん、こちらはいわゆる「二重譲渡」の問題ではない。しかし、強調しておきたいのは、債権譲渡方式のほうで問題になる二重譲渡ケースが併存的債務引受方式では問題にならない、という言い方は、何ら併存的債務引受方式の優位性を述べるものではないということである。つまりその場合に、本章の問題とする債権譲渡と債務引受の競合の問題が生じるのであって、これを整序しえないうちは、併存的債務引受方式でも問題は同様に残るのである。

　以下には、債権譲渡との競合例を設定して論じるが、併存的債務引受方式では、仮に債権譲渡に対抗できても差押には対抗できない場面が残ることに留意する必要がある。

2　併存的債務引受と債権譲渡が競合する場合

　併存的債務引受と債権譲渡が競合する場合は、以下のように大きく10通りに場合分けして想定することができる。なお、ここでは、場合分けをいたずらに多くしないためと、実務上の対抗要件具備における債権譲渡登記利用の割合を考慮して、債権譲渡側の第三者対抗要件具備は、とりあえず民法上の確定日付ある通知ではなく債権譲渡登記によるものとし、民法上の対抗要件具備をした場合は各ケースの中で対比して論じることとする。

　この場合、周知のように債権譲渡特例法（「債権譲渡の対抗要件に関する民法の特例等に関する法律」、平成10（1998）年10月施行）は、民法467条の通知・承諾と異なり、債務者に知らせずにする登記制度を採用したことから、同法2条1項で、登記は「債務者以外の第三者については、民法467条の規定による確定日付ある証書による通知があったものとみなす」とした。つまり、登記は、債務者を除いた第三者に対する対抗要件なのである（いわば「第三者限定対抗要件」というべきものになる）。したがって、債権譲渡登記だけでは対債務者対抗要件（権利行使要件）とはならないので、債務者に弁済

請求するためには、特例法2条2項に規定する、登記事項証明書を付した通知が必要となる。【補注、債権譲渡特例法は、平成16（2004）年に増補されて動産債権譲渡特例法となり、旧法2条1項は新法4条1項に、旧法2条2項は新法4条2項になっている（詳細は拙著『債権譲渡の発展と特例法』264頁以下参照）。以下本章では、初出時の旧法条文の条文番号を新法のそれに直して引用する。】この場合、第三者対抗要件と債務者対抗要件が分離するという債権譲渡登記の特性から、原債務者および引受人たる受託会社に有利に働く場面が若干あることが重要なポイントになる。しかし、先に述べたように、差押との関係ではそうはならない（逆に劣後する場面を多く残す）ことに注意を要する（以下本章では、説明の便宜に応じて、特例法登記のみ（4条1項）による対抗要件を、単に「第三者対抗要件」という場合と、特に強調して「第三者限定対抗要件」と表現する場合がある。また同法4条2項の規定する、債務者に対する「登記事項証明書を交付して」する通知を「4条2項通知」と呼び、それによって得られる効果（法文では、「当該債務者についても、前項と同様とする」。つまり、確定日付ある通知があったのと同様になる）を、債務者に対しても弁済請求等の権利行使ができるようになるという意味で、「対債務者権利行使要件」または「対債務者対抗要件」と呼ぶこととする）[9]。

3　ケース別の帰結の考察

〔ケース1〕
　① 原債務者、原債権者、受託会社との間で、受託会社を債務引受人とする併存的債務引受契約を締結する。
　② 受託会社は、原債権者に対して、期限前弁済を行う。
　③ ②にもかかわらず、原債権者は原債権を債権譲受人に譲渡する。
　④ 債権譲受人は、債権譲渡特例法に基づく債権譲渡登記を行う。
　⑤ 債権譲受人は、原債務者に対して登記事項証明書を交付して債権譲渡の通知（4条2項通知）を行う。一方、受託会社は原債務者に対して求償権を行使する。

（ケース1の場合の帰結）
　原債権者、原債務者、受託金融機関の間の併存的債務引受契約により、原

債務者と受託会社（引受人）は原債権者に対して（通説によれば）連帯債務を負う形になっている。そして、受託会社（引受人）が債権譲渡に先んじて弁済をしている。この弁済は、連帯債務者による弁済とみても、単に利害関係のある第三者の弁済としてみても有効であり、これによって原債権者と原債務者の間の原債権は適法に消滅する。したがって、その後になされた債権譲渡は、消滅後の存在しない債権の譲渡であって、これについて債権譲渡登記をそなえても、なんら効力はない。したがって、このケースでは債務引受方式には特段の問題は生じない（ただし原債務者が民法468条1項の異議を留めない承諾をすれば、原債務者は債権消滅の抗弁を譲受人に対抗できなくなるが、この抗弁喪失の効力は、連帯債務者には絶対的効力事由ではないので及ばず、また保証類似の関係と見ても異議を留めない承諾の効力は保証人には及ばないとするのが判例であり圧倒的な通説（反対少数説は我妻説）である[10]。したがって、受託会社（引受人）に及ばないという結論は維持できよう）。ただし、注意すべきは、このケース1の場合でも、弁済に至るまでは、たとえ債務引受契約後であっても、原債権が原債権者と原債務者との間で存続している以上、原債権者の債権者から差押を受けた場合は、差押が優先するということである。債務を消滅させる弁済があって初めて差押債権者にも譲受人にも優先できるということである。

〔ケース2―1〕
① 原債務者、原債権者、受託会社との間で、受託会社を債務引受人とする併存的債務引受契約を締結する。
② ①にもかかわらず、原債権者は原債権を債権譲受人に譲渡する。
③ 債権譲受人は、債権譲渡特例法に基づく債権譲渡登記を行う。
④ 債権譲受人は、原債務者に対して登記事項証明書を交付して債権譲渡の通知（4条2項通知）を行う。
⑤ 受託会社は、原債権者に対して、期限前弁済を行う。受託会社は原債務者に対して求償権を行使する。

〔ケース2―2〕
① 原債権者が原債権を債権譲受人に譲渡する。
② 原債務者、原債権者、受託会社との間で、受託会社を債務引受人とす

る併存的債務引受契約を締結する。
③　債権譲受人は、債権譲渡特例法に基づく債権譲渡登記を行う。
④　債権譲受人は、原債務者に対して登記事項証明書を交付して債権譲渡の通知（4条2項通知）を行う。
⑤　受託会社は、原債権者に対して、期限前弁済を行う。受託会社は原債務者に対して求償権を行使する。

〔ケース2－3〕
①　原債権者が原債権を債権譲受人に譲渡する。
②　債権譲受人は、債権譲渡特例法に基づく債権譲渡登記を行う。
③　原債務者、原債権者、受託会社との間で、受託会社を債務引受人とする併存的債務引受契約を締結する。
④　債権譲受人は、原債務者に対して登記事項証明書を交付して債権譲渡の通知（4条2項通知）を行う。
⑤　受託会社は、原債権者に対して、期限前弁済を行う。受託会社は原債務者に対して求償権を行使する。

〔ケース2－4〕
①　原債権者が原債権を債権譲受人に譲渡する。
②　債権譲受人は、債権譲渡特例法に基づく債権譲渡登記を行う。
③　債権譲受人は、原債務者に対して登記事項証明書を交付して債権譲渡の通知（4条2項通知）を行う。
④　原債務者、原債権者、受託会社との間で、受託会社を債務引受人とする併存的債務引受契約を締結する。
⑤　受託会社は、原債権者に対して、期限前弁済を行う。受託会社は原債務者に対して求償権を行使する。

（ケース2－1、2－2、2－3、2－4の場合の帰結）
　これらの場合は、すべて、債権譲渡契約が先か併存的債務引受契約が先かにかかわらず、さらには債権譲受人が、債権譲渡特例法登記によって対第三者対抗要件（除く対債務者対抗要件）を備えたのがいつかにかかわらず、譲受人が同法4条2項の通知によって対債務者対抗要件（権利行使要件）までを備えた後に、引受人が弁済を行っている。この場合、債務者は対債務者対

抗要件たる4条2項通知のあった後は譲受人への弁済を義務付けられ（民法467条2項の確定日付ある証書による通知があった場合と完全に同一になる）、旧債権者たる譲渡人に弁済しても有効な弁済にならない。そのことは、引受人が第三者弁済をした場合にも同様であり、引受人の弁済はなんら譲受人の債権を消滅させるものではない。したがってこれらの場合は、すべて債権譲受人が債務引受人に優先することになり、受託会社が旧債権者に弁済をしても原債権は消滅しない。譲受人は原債務者に弁済請求することができ、原債務者側は二重弁済を強いられる結果になる。受託会社が弁済する前に差押があった場合も同様である。要するに、特例法4条2項通知まであった後には原債務者も受託会社も原債権者に弁済しても有効とならないということである（民法478条の債権準占有者に対する弁済の規定も、普通に2条2項通知があったのであれば、おそらく弁済者に過失ありということになって適用可能性はないということになろう）。

　ただし、2－4（これはいかなる考え方を採っても原債権者への弁済は有効にならない）を除いた2－1、2－2、2－3のケースでは、4条2項通知が原債務者にのみなされた場合、もし原債務者と併存的債務引受人とを完全に連帯債務者と同視することができるのであれば、通知は連帯債務においては相対的効力しかもたない事由であるから、なお併存的債務引受人のほうは通知を受けていないうちに弁済したとして自己の弁済を有効と主張でき、原債務者もそれを抗弁できるのではないかという問題が提示しうるようにみえる。

　しかしながら、この点は今後さらに検討の余地があろう。なぜなら、まず2－3については、後述するように、債権譲渡登記後に参加する引受人が4条1項の「債務者以外の第三者」に該当するとすれば、その段階で引受人の弁済を有効とする主張はなしえなくなる。さらに残るのは2－1と2－2であるが、まず、2－1の場合には、原債権者（A）が譲渡したのが何かが問題になる。譲渡の段階では、併存的債務引受契約があるのであるから、理論的には、原債務者（B）と引受人（C）が連帯債務者の関係にあるとされる。[11]そうすると、連帯債務におけるA・B間の債権とA・C間の債権は、法律上は「同一の給付を目的とする別個の債権」であるから、債務者の1人に対する債権だけを分離して譲渡することが可能である。[12]したがって、この段階

の債権譲渡は、AのB＋Cに対する債権を譲渡することもできれば、AのBに対する債権だけを譲渡することも可能ということになる。そして、このケースではAはおそらく自己のBのみに対する債権として譲受人（D）に譲渡していると思われる。その結果、もしBが、Cは4条2項通知を受けずにAに有効な弁済をしたのだと抗弁しても、Dからは、DはAのBのみに対する債権を譲り受けたのであり、かつBには4条2項通知がされているのであるから、Bは有効な弁済があったという抗弁はできない、という再抗弁がなされてしまう可能性が高い。

さらに2－2では、原債権者AがBに対する債権をDに譲渡をした後にA・B間の債権の残存を前提とする併存的債務引受契約がされて引受人Cが参入するのであるから、Aが譲渡したのはBのみに対する債権であることは明白であり、そのBに対する債権の譲渡を登記で公示した後にCがAに弁済しても、そもそもそれはDの債権を消滅させる弁済にはなっていない、という主張が成り立つ可能性も大きいのである。

実務の処理としては、原債務者に4条2項通知があれば、それ以降の弁済の有効性は（受託会社がした場合も）疑問となると考えて処理したほうがよいであろう。[13]

なお、この問題は、一般に民法467条2項の確定日付ある通知で対抗要件を具備する場合であっても併存的債務引受人にも通知しなければならないのかという問題につながる（民法上の確定日付ある通知は、対債務者対抗要件を含んだ第三者対抗要件であるから、右のケースで考えると2－3と2－4は問題が起こらない。両ケースの②の債権譲渡登記にあたるところで（併存的債務引受前に）民法通知をするのであるから、通知は1個で完全に譲受人が優先するからである。しかし2－1と2－2では同様の問題を生じうる）。

さらに、債務引受側からみて注意すべきは、右のようにして原債務者や引受人が譲受人に弁済を対抗しうる場合があるとしても、弁済前に差押があったときは、すべて差押が優先するということである。併存的債務引受においては、とにかく弁済前は旧債務は存在するのであるから、弁済して消滅させない限り、差押が有効となってしまうのである。なお、この点につきさらにいえば、もし原債務者と併存的債務引受人の関係を完全な連帯債務関係とみ

るのであれば、理論上は、原債権者と原債務者の間の債権を差し押さえることも、原債権者と併存的債務引受人の間の債権を差し押さえることも、可能になりそうである。この問題も、これまで議論が尽くされていない新論点と思われるので、今後の検討を要する。

　もっとも、実務においては、一般には債権譲渡特例法登記をして第三者対抗要件のみを取得しておいて債権回収を譲渡人たる旧債権者に委任し、旧債権者に問題が生じた場合に初めて4条2項通知を行って譲受人自ら回収を行うケースが多いため、債権譲渡登記と4条2項通知の間には時間的には懸隔があることが多い。したがって、2－1から2－4のケースは実際にはそれほど多くなく、以下の3以降のケースが実際にはより発生可能性が大きいということになるかと思われる（ただし当該債権の弁済期が遅い場合で、受託会社が期限前弁済を行わなければ、3以下のケースに比して2のケースが相対的に増える可能性が高くなる）。

〔ケース3－1〕
① 原債務者、原債権者、受託会社との間で、受託会社を債務引受人とする併存的債務引受契約を締結する。
② ①にもかかわらず、原債権者は原債権を債権譲受人に譲渡する。
③ 債権譲受人は、債権譲渡特例法に基づく債権譲渡登記を行う。
④ 受託会社は、原債権者に対して、期限前弁済を行う。
⑤ 債権譲受人は、原債務者に対して登記事項証明書を交付して債権譲渡の通知を行う。一方、受託会社は原債務者に対して求償権を行使する。

〔ケース3－2〕
　ケース3－1において、受託会社が期限前弁済を行った後に、債権譲渡登記を行う（ケース3－1の③と④が逆になる）。

（ケース3－1の場合の帰結）

　問題なのはこのケースである。この点について、債務引受型一括決済方式の受託会社の中には、この場合も債務引受が優先すると単純に説明しているところがあるようだが、これはかなりミスリーディングな説明である。このケースでは、確かに債務引受が先に行われているが、対抗要件主義を採るわが国の法制においては、競合する契約の先後は関係がなく、譲受人と引受人

の関係では、本来は第三者対抗要件を具備した譲受人が優先し、原債務者には二重払いのリスクが生ずるはずなのである（実際に、譲受人の第三者対抗要件具備が債権譲渡特例法登記ではなく民法467条2項の確定日付ある通知・承諾でなされた場合は、間違いなくそうなる）。

　そもそも、併存的債務引受の場合、併存的なのであるから、引受契約がなされた段階では、原債権は当然そのまま存在している。この原債権が消滅するのは、上記ケース1で述べたように、（原債務者自身からでも引受人からでも）有効な弁済があった時点である。したがって、弁済前につまり原債権が存続しているうちに当該債権が譲渡されれば当然その債権は譲受人に移転し、かつその譲渡にその状態で本来の第三者対抗要件（民法467条2項による確定日付ある証書による債務者への通知か確定日付ある証書による債務者の承諾）が具備されれば、譲受人は当然債務者を含んだ他の第三者（債務引受人も当然含まれる）に優先する（もちろん債権譲渡ではなく差押債権者の差押があった場合も同様に差押が優先する）。つまり、この状態（まだ弁済がない段階）で仮に（引受人に地位確認の必要性でもあったとして）譲受人と引受人の紛争になれば、譲受人の権利取得が認められるはずなのである。

　しかしながら、その第三者対抗要件具備が債権譲渡登記を経てなされたケースでは、特例法登記では民法上の確定日付ある通知をした場合と異なり、対第三者対抗要件と対債務者権利行使要件とが分離されているため、この状態では、原債務者はいまだ譲渡について通知されておらず、そのため譲受人は、権利者になってはいるものの、原債務者に権利行使ができない立場である[14]。したがって、この時点で紛争にならないうちに原債務者や引受人が旧債権者たる譲渡人に弁済をすれば、弁済は本旨弁済として有効であり、この弁済によって債務が消滅したという抗弁を原債務者は譲受人に対してなしうる（民法468条2項）ことになる（もちろん、弁済を受領した旧債権者たる譲渡人は、譲受人から不当利得返還請求（通常なら悪意不当利得として民法704条による）を受けることとなろう）。結果的に弁済は有効となり、債務を消滅させる出捐があったので、引受人が弁済した場合であれば引受人は原債務者に対して求償権を持つに至る。したがって、ともかく先に弁済まで終われば引受人は譲受人に対抗できることになる。

つまり、この場合は、たまたま譲受人の対抗要件具備が民法上の確定日付通知ではなく債権譲渡特例法登記であって、しかも4条2項通知が未だないことから債務者ないし引受人に優先の道が開けたのである（ただし、もし引受人が債権譲渡登記後に加入して特例法4条1項にいう「債務者以外の第三者」に該当するとなると、この論法は引受人についてはまったく成り立たなくなることに注意を要する。この点は本章後掲ケース4－1とⅢ2の記述を参照）。けれども、この場合も、先のケース1と同様、弁済までに原債権者・原債務者間の原債権が差し押さえられれば（併存的債務引受の場合、原債権関係は存続しているのだから）差押が有効であり、引受人はその後に弁済しても有効な弁済にならない。[15]

（ケース3－2の場合の帰結）

これに対して、ケース3－2のほうは問題がない。ケース3－2の場合は、まず債務引受がありそれから債権譲渡があったが、当該債権譲渡は契約はなされたもののまだ対抗要件を得ていない（第三者対抗要件もないし、対債務者権利行使要件もない）段階で弁済がなされている。したがってこの段階で原債務者にしろ引受人にしろ、弁済をすればその弁済はケース1と同様に当然に有効であり、その時点で債務は適法に消滅する。債権譲渡登記は実体のない無効の登記ということになる。譲受人から後日弁済の請求があったとしても、原債務者側は、債務引受契約の存在と弁済の事実とをすべての証拠方法を用いて証明すればよいだけのこととなろう（ただ、その立証において債務引受に対抗要件の規定等があれば立証がより容易になるという観点からすれば、契約自治にすぎない債務引受の脆弱性があるとはいえる）。

〔ケース4－1〕
① 原債権者は原債権を債権譲受人に譲渡する。
② 債権譲受人は、債権譲渡特例法に基づく債権譲渡登記を行う。
③ ①②にもかかわらず、原債務者、原債権者、受託会社との間で、受託会社を債務引受人とする併存的債務引受契約を締結する。
④ 受託会社は、原債権者に対して、期限前弁済を行う。
⑤ 債権譲受人は、原債務者に対して登記事項証明書を交付して債権譲渡の通知を行う。一方、受託会社は原債務者に対して求償権を行使する。

〔ケース4－2〕
　ケース4－1において、債務引受契約が締結された後に、債権譲渡登記を行う（ケース4－1の③と②が逆になる）。
〔ケース4－3〕
　ケース4－1において、受託会社が期限前弁済を行った後に、債権譲渡登記を行う（ケース4－1の②が④の後になる）。
（ケース4－1の場合の帰結）
　ケース4－1は、すでにケース3－1で述べた問題が、さらに鮮明な形で現れる。つまり、結論的には、ケース4－1では原債務者や引受人から旧債権者たる譲渡人に対してなされた弁済は基本的に有効にならないというべきである。併存的債務引受の前に債権譲渡が行われ第三者対抗要件具備が済んでいるので、もはや譲渡人（旧債権者と）債務者の間の債権は消滅しており、その後に債務引受契約をしても、存在しない債務の引受契約をしたということになるはずだからである。したがって、債務引受契約の有効な成立自体がまず否定されよう。契約の目的物の存在しない、原始的不能のケースであって、契約は無効となるという構成が考えられるのである。
　しかしながら、そのような構成をとらず、（不動産や債権の一般の二重譲渡事例も想定して）当事者間ではこのような債権契約も有効であるとすべきという主張もあろう。仮にその場合でも、このケース4－1について、譲受人が第三者対抗要件を民法上の確定日付ある通知・承諾で具備すれば、対債務者対抗要件も含まれるので、原債務者には旧債権者たる譲渡人に弁済しても弁済を有効にしうる余地はない（原債務者は通知・承諾のあった後は債務消滅の抗弁はもはやできない）。けれども、譲受人の具備したのが債権譲渡登記による第三者限定対抗要件であった場合、原債務者は、なおその後に自ら譲渡人に弁済すれば、通知前に生じた抗弁事由（民法468条2項）として債務の消滅を譲受人に対抗できることになるのである。これは、後掲Ⅲ2で詳論するように、譲渡を知らされていない債務者を保護するために特例法が採った措置の帰結である。しかしながら、そのことから、同様に、登記後に引受人と債務引受契約をしさらに引受人が弁済まで完了したという場合も、この引受人の弁済による債務消滅を、通知前に生じた抗弁事由として譲受人に抗弁し

うることにはならないであろうと思われる。なぜなら、後にⅢ2で詳論するように、債権譲渡登記をして譲受人が第三者対抗要件を得た段階では、引受人はまだ債務者側に参入していないのであるから、この引受人は動産債権譲渡特例法4条1項の「当該債権の債務者以外の第三者」に該当すると考えられるからである。そうなると、引受人は、債権譲渡登記の完了した時点で、（原債務者への4条2項通知がなくても）譲受人から対抗されてしまう立場になる。

このケース4－1において、引受人のした弁済までをも有効としようとするのであれば、それは、債権譲渡登記が債務者に情報を与えずにできる第三者対抗要件でありそれだけでは対債務者対抗要件にはならないことのいわば盲点を突いた処理を考えることになる。確かに債権譲渡の対抗要件においては、債務者の善意・悪意を問題にしない（対抗要件具備以外の方法による債権者の移転についての情報を債務者が得ていたかどうかを問わない）のが通説であるが、たとえば債権譲渡についてすでに悪意の原債務者が善意の引受人と併存的債務引受契約をして弁済させる場合を想定すると、これはかなり問題のある処理である。さらに、仮に引受人が先行する債権譲渡登記の存在を知って故意にこのような債務引受契約を結んで弁済まで完了したというケースでは、より問題性は強まり、場合によっては引受人の譲受人に対する取引的不法行為（あるいは引受人と原債権者との譲受人に対する共同不法行為）が成立する余地もあるように思われる。もちろん、いずれにしてもこのケースで原債権者が受託会社から弁済として受領した金銭は、原債権者たる譲渡人の不当利得（一般には民法704条の悪意不当利得）となる。

(ケース4－2、4－3の場合の帰結)

これに対して、ケース4－2のほうは問題が相対的に小さい。ケース4－2の場合は、債権譲渡のほうもまだ契約はなされたものの対抗要件を得ていない（第三者対抗要件もないし、対債務者権利行使要件もない）段階で併存的債務引受がなされている。（本来は、この段階では、新債権者たる譲受人に対する債務を引き受ける契約がなされるべきなのであるが）しかしこの状態では、債権譲渡契約と債務引受契約のいずれが早かったかはなんら問題にはならない（繰り返し述べているように、対抗要件主義の法制のもとでは契約の先後は問題に

ならない。不動産の二重譲渡と同様、契約の先後で第三者に対する対抗力の優先関係を決めるのではなく、第三者対抗要件の具備の先後で決めるのである。ただここでも、対抗要件規定のない（そもそも条文自体のない）債務引受の場合は、画一的な証明力のある手段を持たないという意味では不安定さが露呈されるとはいえる）。そして、その後弁済前に債権譲渡登記がなされているのであるが、これだけではまだ対債務者権利行使要件が備わっていない。したがってこの段階で原債務者にしろ引受人にしろ、弁済をすればその弁済はケース１と同様に当然に有効であり、その時点で債務は適法に消滅する。譲受人から後日弁済の請求があったとしても、原債務者側は、債務引受契約の存在と弁済の事実とをすべての証拠方法を用いて証明すればよいだけのこととなろう（譲渡人の譲受人に対する不当利得は成立する）。

　つまり、ケース４－２では、ケース４－１と異なり、まだ債権譲渡も契約しただけで第三者対抗要件具備に至っていないうちに併存的債務引受契約をするのであるから、そもそも債務引受契約が無効という議論は成り立ち難い。したがって本来わが国の権利移転法制から考えれば、仮に債務引受の条文があり、第三者対抗要件の規定があるならば、まさに債権譲渡と債務引受の競合で、いずれか早く第三者対抗要件を得たほうが優先する、という議論になるところなのである。しかし現実には、債務引受には規定がない。また、債務引受の場合は権利は移転していないので、「権利移転法制」とは関係がないという評価もなされうる。いずれにしても、このケースでは第三者対抗要件具備が特例法登記であれば、対債務者権利行使要件がないので、あとはケース３－１で述べたと同様、原債務者も引受人も、譲渡人にした弁済を有効となしうる。ただこのケースでは、第三者対抗要件具備が民法の確定日付ある通知であれば、その通知の到達の時点で原債務者は原債権者への弁済を有効となしえなくなる。したがってそのときは、先述した、併存的債務引受の場合は引受後の通知を誰にすべきか（原債務者と併存的債務引受人の両者にしなければならないか）という問題が顕在化することになる。

　ケース４－３では、債権譲渡と債務引受の契約のみがあって、弁済後に債権譲渡登記がされるのであるから、これはなんら問題なく弁済が有効となる（譲渡登記自体は実体のない無効の登記ということになる）。この点は、債権譲渡

登記の代わりに民法の確定日付ある通知であったとしても同様である。原債務者は、すべての証拠方法で弁済が（原債務者ないし引受人から）譲渡人になされていることを立証できればよい。

ただしケース4―2でもケース4―3でも、またケース4―1であっても、とにかく弁済前に差押があればその差押が有効になる。併存的債務引受は対抗要件がない以上、弁済しなければ債務消滅とはならず、債務消滅とならなければ差押債権者などの第三者に対抗できないのである（この点、たとえばケース4―1、ケース4―2では、譲受人は、具備したのが債権譲渡登記であっても、登記後に現れた差押債権者等の第三者には対抗できる）。

4　個別的考察のまとめ

結論的に、併存的債務引受方式は、債務引受契約をしただけでは差押や第三者対抗要件を具備した債権譲渡に（法的には）優先できず、対抗要件規定がない以上、弁済をして初めて差押債権者や対抗要件を具備した債権譲受人に対抗しうるものであるということになる。債権譲渡方式と比較すれば、確かにいわゆる二重譲渡リスクはないものの、債権譲渡方式で第三者対抗要件として債権譲渡登記を経由すれば、その時点から（もちろん弁済前でも）差押債権者に優先できるのに対し、債務引受方式では結局弁済をなすまでは差押債権者に劣後するのである。このように、対差押のリスクは、債務引受方式のほうがはるかに大きい。したがって、このような併存的債務引受構成が持つ脆弱さを露呈しないようにする1つの有効な方法は、期限前弁済をシステム内の原則型として、なるべく早く受託会社が実際の原債権消滅行為である弁済を実行することである。

8）　池田真朗『債権譲渡法理の展開』（弘文堂、2001）173頁参照。
9）　念のために付言すれば、したがって特例法4条2項通知があって対債務者権利行使要件が備わった場合は、それ以前に第三者限定対抗要件はすでに存在しているので、全員に対する対抗要件がそろう、ということである。この点、民法467条1項・2項の場合（1項の確定日付のない通知・承諾のみでは、債務者に対してしか対抗できず、2項の確定日付ある証書による通知・承諾があって初めて他の第三者に対抗できるようになる）と混同のないようにしていただきたい。なお本章III 2の記述を参照。

10) この論点については、池田真朗『債権譲渡の研究〔増補2版〕』（弘文堂、2004）452〜456頁参照。
11) 判例は、債権者・引受人の間の契約の場合であっても連帯債務関係を認める（大判昭和11・4・15民集15巻781頁、最判昭和41・12・20民集20巻20号2139頁）。これに対して学説は、債務者の連帯意思がない限り、連帯関係を認めるのは妥当でないとするが（於保不二雄『債権総論〔新版〕』（有斐閣、1972）336頁）、ここでは原債務者企業と受託会社の間には連帯の意思を認めることができるとしてよかろう。なお、この点で、原債務者と併存的債務引受人との関係は完全な連帯債務関係ではなく、やはり原債務者の既設定の債務関係に引受人が加入するという意味で、保証的要素があるという学説も今後の参考になろう。たとえば、最近の論考として、遠藤研一郎「併存的債務引受の法的位置づけに関する一側面——Schuldbeitritt と Bürgschaft の峻別論の歴史的背景を手がかりに」（法学新報110巻1=2号（2003）115頁以下）は、ドイツのいわゆる「債務加入」の議論を紹介しつつ、保証と債務加入とを対峙して位置づける必要性が乏しくなり、両制度がますます近似性を増しているように思われると指摘している（同論文136頁）。ただし、遠藤説自体は、（連帯債務との距離感の文脈の中ではあるが）債務加入の本質としての「非補充性・非附従性」を強調する立場であって（同論文144頁）、その点で保証とどれだけ接近するのかはやや不明である。
12) 我妻栄『新訂債権総論』（岩波書店、1968）426頁以下、西村信雄編『注釈民法⑾』（有斐閣、1965）71頁以下〔椿寿夫〕等。
13) この点の解釈論については、未だ判例もないため、後に述べるように、原債務者たる支払企業のもとへ4条2項通知が届いた場合は、支払企業は直ちに受託会社に報知するという対応をとったほうが賢明であろうと思われる。
14) 「債権譲渡登記がされても、本法2条2項【現4条2項】の通知（または債務者の承諾）がされていない段階では、同条1項による債権譲渡登記の効果は債務者に及んでいない」（法務省民事局参事官室・第四課編『Q＆A債権譲渡特例法〔改訂版〕』（商事法務研究会、1998）46頁）という法的評価になる。したがって、この段階で債務者が譲渡人ないし譲渡人の差押債権者に弁済すれば本旨弁済となるのである（同46頁参照）。
15) なお、この場合に債務引受当事者側は、免責的債務引受ならば引受契約があって対抗要件具備まで済んでいる、と言えれば差押債権者にも勝てる理屈であるが、その場合も、債務引受は条文がないことから、対抗要件具備方法がない。したがって、免責的債務引受契約のあったことを立証して裁判所に認めてもらうしかないのだが、たとえこの免責的債務引受契約の存在は認められても、その契約の効力を第三者に主張するためには別途の処理が必要なのであり（民法上、合意の相対効の原則からすれば、その合意を知らない者には内部的な合意の第三者に影響させる効力を主張対抗できない）、それが認められなければ、ともかく弁済前は差押や第三者対抗要件を得た債権譲渡には対抗できないと裁判所は判断すると考えられる。もち

ろん、免責的債務引受となればそれ以前の成立要件ないし効力要件のところで債権者の承認（これは観念通知としての承諾ではなく意思表示としての承認である）が必要と考えられている。したがって、いずれにしても、一括決済方式は免責的債務引受で行うことは難しいことになろう。
16) わずかに末川説のみが、悪意者排除説を説くが（末川博「判例研究」法と経済1巻4号（1934）155〜156頁）、しかしその理由は、467条2項の趣旨を、（177条や178条の規定の趣旨とまったく異なり）債権譲渡の日付をごまかす詐欺的行為によって第三者が損害をこうむるのを予防することにあると捉えた上で、それゆえ債権譲渡がすでにあったことを知っている者は詐欺的行為によってだまされることはないから、とするものである。私見はかつてこの見解について、467条2項を1項と切り離してこのように把握するという前提自体に疑問を提示した（池田真朗「ボアソナードにおける『第三者』の概念——不動産物権変動と指名債権譲渡とを中心に」法学研究59巻6号（1986）12〜13頁）。

III　債権譲渡と債務引受の競合から派生する新論点

1　弁済による代位と債権譲渡の関係

　併存的債務引受による一括決済方式の業務を行う金融機関の中には、併存的債務引受方式では債権譲渡との競合の問題が起こらない（あるいは意識しなくてよい）ということを、弁済による代位の法理を用いて説明しようとしているものがあるように聞く。

　その論理は、おおむね、「併存的債務引受の引受人は原債務者と連帯債務者の関係になるとした上で、引受人たる受託会社が原債権者宛に弁済することにより、原債務者の原債権者に対する原債務も消滅する（民法436条1項）。受託会社は原債務者に対して求償権を取得するが（民法442条1項）、原債務者に対する関係では「弁済をなすにつき正当の利益を有する者」にあたるから、受託会社は原債権者に法定代位する（民法500条）。原債務者は、いずれのケースについても、受託会社が原債権者に弁済した結果、弁済の絶対効により自己の原債権者に対する債務が消滅したことを原債権者に対して対抗できるから、債権譲受人に対しても弁済の抗弁をもって対抗することができる。さらに、求償権と原債権とはあくまで別個の権利であって、受託会社と債権譲受人とは対抗関係に立たない。」というもののようである。

しかしながら、このような説明で、受託会社が常に債権譲受人に優先するという結論を導くことができないことはいうまでもない。弁済による代位は、そもそも、有効な第三者弁済をして債権を消滅させる者が有する、原債務者への求償権の実現の確保を図るための制度であって、存在する債権を有効に消滅させる出捐をした場合に初めて生じるものである。したがって、もし当該債権が先に譲受人のもとに移転していれば、原債権者と原債務者の間にはもはや残存していないのであるから、その状態になってから原債権者に給付をしても、それは移転ずみの当該債権を消滅させる出捐にはなっていない。ということは、求償権も発生せず、その実現を確保するための弁済による代位も起こらないのである。したがって、求償権の存在を前提にして、求償権と原債権が別個の権利であるという主張をするとしても、本来ここではその論理自体が成り立たない。

つまり、この問題は、どうしても債権譲渡との競合の問題となることを免れないのであって、譲受人が原債務者に対して、（対債務者権利行使要件を含んだ）完全な第三者対抗要件を具備した後は、併存的債務引受人は、基本的に弁済による代位をすることはできない、というべきである。あくまでもここでは、原債務者が、債権譲渡登記の制度的盲点（登記だけで通知がない）を利用して可能になった弁済による債務消滅の抗弁（民法468条2項）をすることによって二重弁済の負担を免れうる範囲で、引受人の弁済も債務を有効に消滅させたこととなって、求償権が発生し、弁済による代位も起こる、と把握するべきであろう。勿論、引受人と譲受人は、同一の権利の取得を争う立場ではないから、いわゆる対抗問題の関係に立っていないことは当然である。しかし、だからといって引受人が譲受人の対抗要件具備と無関係に弁済による代位をなしうるわけではないのである。

それゆえ、すでに述べた、併存的債務引受のあった後に債権譲渡の側の通知（特例法4条2項通知でも民法467条2項の通知でもよい）が原債務者になされて引受人になされなかったケースで、原債務者への通知の後に引受人が弁済した、という場面は、弁済による代位の説明はさらに難しくなる。この場合には、債務者はもはや旧債権者たる譲渡人に支払っても譲渡人の弁済請求を拒めない（もはや存在しない債権の弁済となる）のであって、引受人の旧債

権者に対する弁済は、その時点では直接に原債務者の債務を消す出捐とはなっていないはずである。ただ、もし連帯債務における通知の相対効を理由に引受人が自己の（固有の）引受債務を弁済したことが正当化される場合には、そのことが債務の一倍額性などを根拠に原債務者の旧債権者に対する債務も消すことになり、その消滅を原債務者は対債務者権利行使要件を含む第三者対抗要件を具備していなかった譲受人に468条2項によって対抗でき、結果的に引受人の弁済が原債務者の債務を消滅させる出捐となって、引受人から原債務者に対して求償権が発生し、それについての弁済による代位が起こる、という回りくどい説明になるのではなかろうか。したがって、厳密に言うとその場合は原債務者が468条2項の抗弁をしたところで初めて引受人の弁済が有効な出捐となるのであって、引受人の弁済の瞬間に債務者の債務を消滅させる出捐になっているわけではないとも言えそうである。こういうものも法定代位の発生としてよいのか、という点でいささか疑問がないわけではなく、この点は今後の学説・判例の議論を待ちたい。

2　債権譲渡の対抗要件における「債務者以外の第三者」の概念

　さらにこの一括決済方式が新たな問題点を提起するのは、債権譲渡特例法登記における「第三者」と「債務者」の区分である。これによっては、先述のケース別の考察の内容は大きく変わってくる可能性があるのである。

　つまり、動産債権譲渡特例法はその4条1項で、特例法の譲渡登記をした場合は、「当該債権の債務者以外の第三者」に対抗でき（条文は「当該債権の債務者以外の第三者については、民法第467条の規定による確定日付のある証書による通知があったものとみなす。この場合においては、当該登記の日付をもって確定日付とする。」）、当該債権の債務者に対抗するためには、さらに4条2項で、登記事項証明書を交付しての通知を要するとしている（条文は、「(前略)譲渡人若しくは譲受人が当該債権の債務者に第11条第2項に規定する登記事項証明書を交付して通知をし、又は当該債務者が承諾をしたときは、当該債務者についても、前項と同様とする。」）。これは、特例法登記がみなしの対象とする民法467条が、債務者への通知または債務者の承諾という、債務者に情報を与えていわば生ける公示機関とする構造の対抗要件であるため、債務者に対す[17]

る対抗要件（権利行使要件）は467条1項の無方式の通知・承諾であった場合でさえも当然に具備できたものが、特例法では登記という債務者に知らせずに具備する対抗要件を創設したために、債務者の保護を図って新たに置いた規定である。[18]

　そうすると、未だ学説も判例も言及していないところであるが、譲受人が特例法登記をした後、事後的に（併存的債務引受という）法律関係を作り出し、代位弁済をした者（債務引受人）は、特例法4条1項にいう「当該債権の債務者以外の第三者」に該当するのではないか、という解釈がなされるのである。勿論、併存的債務引受人は、新債務者として債務者側に加わるのではあるが、特例法登記をなす段階ではいまだ併存的債務引受がない場合、譲渡人・譲受人側にとっての債務者は、原債務者のみである。この段階でなされた特例法登記の効力は、その後加入する債務引受人にも「第三者」として及ぶ、という解釈になるわけである。

　したがって、先に検討した中のケース4―1における併存的債務引受人は、譲受人に対して優位に立つことはできない。つまり、ここではいわば「債務引受日と登記日時の先後での優劣関係の判断」になる。併存的債務引受方式は「二重譲渡リスク」とは関係がないといっても、このような「債権譲渡と債務引受の一種の対抗関係」が明瞭にあることになる。そしてその場合、債権譲渡登記のほうは厳密な確定日付のある日時の証明ができる（債権譲渡登記では登記の日のみでなく時分まで記録される）のであるから、法定の対抗要件相当の規定を持たず、一般の証拠方法で契約時を証明しなければならない債務引受当事者側には不安要素が増えることになろう。

　しかしながら、この点の解釈論は、問題をさらに敷衍して、特例法登記でみなされる（代替する）対象の民法467条の対抗要件との対比で説明ができるような形でなされるべきであろう。467条は、まず1項で、無方式の通知・承諾でも「債務者その他の第三者」に対抗できるとし、2項で、前項の通知・承諾は確定日付のある証書ですれば「債務者以外の第三者」に対抗できるという構造をとっている。これは、本来は、母法であるフランス民法1690条が通知については執達吏による送達、承諾については公正証書承諾という重い手続を定めていたため、それを対債務者との関係では軽くしてよい

であろうと、現行民法の起草者たちが1項と2項を分け、対債務者だけには軽い要件でよいとしたものである（その意味では、沿革的には原則型は2項のほうにある[19]）。したがって、民法467条2項の「債務者以外の第三者」と特例法4条1項の「債務者以外の第三者」は、規定の中では意味するところが全く異なる。467条のほうは、債務者はもっと軽い手続きでも権利行使の対象となっている、という意味であり、特例法4条1項のほうは、債務者保護のために債務者を除外し、さらに一段の手続きを加えなければ債務者には権利行使できない、というのである。そうすると、その利益設定の中で、債務者側に加わる併存的債務引受人をどう評価しどう保護するか、という問題になる。

　ここで議論は2つに分かれうる。つまり、あくまでも債務者は特例法登記がされたことを知らないのであるから、その後に併存的債務引受をして加わった引受人にも同等の保護が与えられるべきだ、という議論が1つである。この議論では、その併存的債務引受契約についての原債権者の関与がさらに問題になろう。その併存的債務引受契約に原債権者が（本来、原債権者は譲渡契約をして当該債権上の権利者でなくなっていることを自認しているはずなのであるがそれを債務者らに告げずに）同意しているのであれば、引受人も債務者と同等の保護が与えられてしかるべきという考え方が提出されうるのである（同意がなく原債務者と引受人との間でなした併存的債務引受契約の場合は、通説的見解ならば第三者のためにする契約として有効になるが、その場合も債権者の受益の意思表示がないうちは、本来履行引受（原債務者と引受人の内部契約）としての意味しかないはずであり、その場合は原債務者が原債権者に弁済して免責される法的根拠がないのならば第三者が弁済しても同様であることは言うを俟たない）。これが引受人に有利な論理である[20]。しかしながら、先述のとおり、その場合、併存的債務引受契約がなされ原債権者がそれを同意する段階では原債権者は当該債権を譲受人に譲渡済みで、譲受人は登記によって第三者対抗要件を持っている。そして譲受人が第三者対抗要件を具備した時点では、引受人は債務者ではない（そればかりか実際、引受人は以前から債務者と債権関係を持っていた等の利害関係人である場合も考えられる）。したがって、引受人は債務者と同等の保護を受ける者ではなく、4条1項の第三者にあたる。

これが譲受人に有利な論理ということになる。

　実務に大きな影響を与える可能性のあるポイントであるので、慎重に論じるべきではあろうが、私見の結論は、後者すなわちこの場合の引受人は特例法4条1項の「債務者以外の第三者」に論理上当然に該当し、譲受人は引受人に「対抗」しうる（つまり、両者はいわゆる同一の権利取得を争う関係ではないが、譲受人は引受人の旧債権者への弁済を無視してなお債務者に弁済請求できる）というものである。なお、私見のこの結論は、引受人と譲受人との利益較量の観点から導かれるものではなく、あくまでも、このケースでは①実体的に債権は移転しており債務引受契約は無効である、②仮に有効としても、対抗要件上、債権譲渡契約時およびその登記時まで引受人は「債務者」ではないから登記の効力が及ぶ、という論理的な解釈からの帰結である。ちなみに右の引受人に有利な論理は、結局譲渡人（場合によっては譲渡人と債務者）の詐害的な行為を正当化し、債権譲渡登記制度の潜脱を図るものとの批判をも免れないように思われる。いずれにしても、契約自治に頼る併存的債務引受方式には、解釈論上未解決の危うい点があることは指摘しておかなければならないであろう。

3　将来債務引受契約の有効性と第三者対抗力

(1)　将来債務引受契約の有効性

　上述のように、債務引受には民法上の明文規定がないのであるから、すべて判例・学説の判断にゆだねられている。もっとも、実務上は、いくら学説が強く主張していても、判例がなければ商品化等に踏み切ることにいくばくかのリスクが残ることとなるのは否めない。すでに既存債務の債務引受契約については、免責的債務引受にせよ、併存的債務引受にせよ、（成立要件に議論はあっても）有効になしうることに判例上（もちろん学説上も）疑問がないといえる。そこで、将来の債務の引受契約の有効性について、念のため想定される判例の態度を検討しておこう。実際のところ、この問題には現在までは判例はまだほとんど触れていないが、私見は、以下のように、将来債権譲渡との比較から、判例もほぼ当然にその有効性を認めるであろうと思料する。

　確かに、債務引受プロパーでは、先例として掲げられるのは、大判昭和

10・3・23法学4巻1441頁くらいである。この事案は、他人の求償債務の引受契約について、現実に当該求償債務が発生した後でなければ締結しえないという理由もない、としたものである。この判決については、その射程を問題としうる。つまり、将来発生する可能性のある債務といっても、保証人のする求償の債務のように、そもそもなんらか発生の基礎となる法律関係が存在するケースであって、現在まったく法律関係のない将来債務の引受契約が認められるものか、という疑問である。しかし、この射程の議論も含め、私見は、以下のごとき将来債権譲渡に関する今日までの判例法理の進展をかんがみると、将来債務引受契約の有効性が今後判例で否定される可能性はまずないと考えるものである。

　すなわち、判例はここ数年で、将来債権譲渡に関する判例法理を大きく進展させた。まず、複数年の将来債権の譲渡契約について、それまで1年間の将来債権の譲渡契約を有効とした判決しかなかったところを（最判昭和53・12・15裁判集民事125号839頁。これも、最高裁が1年間に限ったのではなく、もともと当事者が1年間の将来債権の譲渡の有効性を争い、最高裁が有効と認めただけのものである）、8年以上にわたって発生する将来債権の譲渡契約で、6年8カ月から先1年間に発生する部分の将来債権の譲渡が問題になった事案で、最高裁は、これを認め、かつ、将来の債権の発生可能性の多寡は当該将来債権譲渡契約の有効性を左右しないと理由づけたのである（最判平成11・1・29民集53巻1号151頁）。ちなみに、ここでは、過去に学説の一部が問題にした、基礎的法律関係の有無等は問題にされていない。さらに、最判平成12・4・21民集54巻4号1562頁は、譲渡される将来債権の特定性の要件について、他の債権との識別可能性があれば満たされるとした。[21]

　そうすると、かなり強く想定されるのは、判例は、このように将来債権譲渡契約を認めておきながら、その裏返しとしての将来債務引受契約を認めない、という論理は非常に取りにくいであろうということである。もちろん、将来債権譲渡の判例が前提にしている程度の特定性（つまり、現段階では第三債務者が特定していて、その債権が他から識別できるものである——たとえば判例の事案でいえば「この10社に対する寝具類の売掛代金債権」等）があることは必要であるが、必ず発生する債権（債務）であるかどうかは問わない、と

いうことになるであろうと推測されるのである。

　なお、債務引受を問題にする場合はその原債務者たる債務者の特定があることは当然なのであるが、債権譲渡のほうでは、平成16（2004）年秋の臨時国会で成立した、「債権譲渡の対抗要件に関する民法の特例等に関する法律の一部を改正する法律」【補注、これによって法律名も「動産及び債権の譲渡の対抗要件に関する民法の特例等に関する法律」（略称、動産債権譲渡特例法）に変わった】において、第三債務者不特定の将来債権譲渡についての特例法登記が認められるに至った。[22]
つまりこのことは、第三債務者不特定の将来債権であっても、第三債務者以外の他の要素から債権の特定性が認められればその将来債権譲渡は有効になしうる、ということを前提とすることになる。

　(2)　将来債務引受契約の第三者対抗力

　しかし問題は、将来債務引受契約の有効性の議論にあるのではなく、その先の、当該債務引受契約の効力をいかに第三者に主張対抗しうるか、という点にあると思われる。この点、実務家等にも理解の鮮明でないところが見られるが、本来、私人間のルールを意思自治によって作出するという契約（合意）は、その当事者のみを拘束し、他者には影響を及ぼさないのである（合意の相対効ないし契約の相対効の問題）。そうすると、この契約の効果が第三者の権利と抵触する場合には、この合意の内容を第三者に知らしめ、かつそれによって自己が得た債務者としての地位を対抗するという段階が次に来なければならない。

　しかしながらこの点は、対抗要件が法定的な（当事者の任意には創設できない）ものである以上（そのことによって対抗要件による画一的な公平な処理が可能になる）、本来、民法改正による債務引受の対抗要件規定の創設を待たなければならないのである。したがって、その意味では将来債務引受契約の有する問題は現在の既存債務の引受契約の持つ問題とほぼ等しく、それ以上でもそれ以下でもないということになる。つまり、今後発生する債務を包括的に引き受けるという契約が当事者間で有効でも、そのような契約をしたことを第三者に対抗する術は現在のところ法文上はない。したがって、将来債務引受をしたからといって、システムが第三者との関係で有利に動くことには

ならないと見るべきであろう。もちろん、当事者間で個別引受契約を反復するという煩雑さから開放されるという効率化のメリットはある。しかし、将来の債務をまとめて引き受けたと宣言しても、それで差押債権者や対抗要件を具備した譲渡人にまとめて優先しうるわけでは勿論ないのである。

4 債務引受立法論

　以上見てきたところからも明らかなように、要するに、債務引受は当事者の契約自治の世界である。したがって、私見は、以前日本私法学会シンポジウムにおいて契約当事者論について報告した際も、契約譲渡（契約当事者の地位の移転）に関する立法の必要性を説きながら、債務引受については立法の必要性を小さいものとした。[23]

　この報告はその後何人かの学者の引用されるところとなったが、[24] 私見はその折には本章のような債権譲渡と債務引受の競合という問題意識はなく、また報告においてはあくまでも契約譲渡との対比で相対的に債務引受の立法の必要性を矮小化したところもあった。

　契約譲渡との対比における基本的な見解は今日も維持してよいと思われるが、本章のような現象を鑑みると、新たに債務者たる地位を得るということの対抗可能性は再度論じ直されるべきと感じられるし、その際に、「新たに単独債務者となる」免責的債務引受と、「新たに債務者として加わる」併存的債務引受との基本的な位置づけから検討し直されるべきである、ということが実感された。つまり、伝統的な債務引受論は、債権譲渡との対比で、免責的債務引受のほうを原則型と考えてきたような印象がある（少なくとも私見はそう考えてきた）。これに対して、私見は、本章の主題の考察を通じて、併存的債務引受こそが原則型として理論構成されなければならないのではないかと考えるにいたっている。実際、最近の学説にはその趣旨で論理を展開するものも現れてきているようである。[25] そうすると、立法論も、新たな債務関係の創設についての他者との抵触に関する（一種の）対抗要件を中心に考えるのではなく、旧債務の存続のもとで加入する新債務者の債務についての全般にわたる内容を中心とした包括的な規定が考えられるべきことにもなりそうである。ただ、そうすることが（そういうところまで条文で規律すること

が)適切なのか、やはり最低限の(権利と義務の関係を整序する)対抗要件的規定に留めるべきか、等についても改めて考え直す必要があろう。この債務引受立法論については、今後の課題としたい。

5　フランス民法における délégation との比較

　日本民法は、不動産・動産の物権変動と債権譲渡とにいずれも対抗要件主義を採用するという基本的構造において完全にフランス民法型である。そして、債権譲渡を規定し債務引受以下の規定を持たないというところも、フランス民法と同一である。そこで、わが民法において債務引受の立法論を展開する前段階の参考として、フランスではこのような問題が起こるとすればどう処理されうるのかを検討しておこう。

　手形の普及率等が異なるフランスで、一括決済方式のようなものが行われているかどうかは確認していないが、問題を債権譲渡と債務引受に相当する取引の競合の問題としてみた場合には、おおむね以下のような考察が成り立つようである。

　フランス民法においては、債務引受の規定は現在においても存在しないし、また判例も認めていないが、それに類似した機能を果たすものとして、délégation(指図)というものが規定されている(規定はフランス民法の更改の款の中の1275条のみ)。délégation の詳細については、わが国にこれを紹介するいくつかの文献に譲るが、délégation とは、「それによってある者(被指図人)が他の者(指図人)の指示に基づいて第三の者(受取人)に対して債務を負担する取引」である。指図人 délégant が原債務者で、被指図人 délégué が新債務者(引受人)、受取人 délégataire が原債権者と考えればよい。指図人から被指図人に対する指示により、被指図人は原債権者と支払の約束をするのである。この délégation には大きく分けて2種類があり、第1の完全指図 délégation parfaite (または更改的指図 délégation novatoire)というのが、指図人(原債務者)と受取人(原債権者)の間の原債権が消滅して、被指図人(引受人)と受取人(原債権者)の間に新債権が発生するもの(つまり更改を含む指図)で、これがわが国の免責的債務引受に類似する。もう1つが不完全指図 délégation imparfaite (または単純指図 délégation simple)

で、この場合は指図人（原債務者）と受取人（原債権者）の間の原債権は消滅せず、被指図人（引受人）と受取人（原債権者）の間の新債権の発生が加わるというもので、これがわが国の併存的債務引受に類似する。ただしもっとも異なるのは、délégation の場合は、完全指図の場合はもちろん、不完全指図の場合も、効果として債務の移転ではなく、新たな債務の創設がなされるということである。なお、コンメンタールにおけるシムレール教授の注釈では、不完全（単純）指図のほうこそが指図の原則型であり、完全指図（更改的指図）のほうが例外であると強調されている。

　ちなみに、フランスにおいては délégation の効果は特別の要式なく第三者に対抗しうると考えるのが今日の判例・通説となっており、民法1690条の規定（日本の民法467条の通知・承諾にあたる規定だが、通知のところは執達吏による送達、承諾は公正証書による承諾と、日本より重いものになっている。いわゆる確定日付を含む手続きであることは当然である）を履践する必要はないとされている。

　そうすると、本章の関心からフランス法における類似の状況を考察すると、指図人から被指図人に、受取人に対して支払をせよという不完全（単純）指図がなされ、一方受取人（指図人の債権者）は指図人への債権を他者に譲渡する、という構図が本章でいう債権譲渡と債務引受の競合の場合に近くなる。

　しかしながら、このような構図についての言及は、現在のところ残念ながら見出すことができていない。フランスで多少論じられているのは、指図人の被指図人に対する債権の帰趨と、それにともなう指図人のする債権譲渡との競合論であって、現在の多数説・判例では、指図人の被指図人に対する債権は délégation 後も条件付で存続すると言われている。その意味は、délégation 後は被指図人の受取人に対する約務の不履行があったときだけ指図人は被指図人に弁済請求できるのであって（つまりそういう条件付の債権が残っている）、したがってもし指図人が当該債権を délégation 後に他者に譲渡しても、それはそのような条件のついた債権（被指図人の債務不履行の場合にだけ実質的な内容がある債権）の譲渡にしかならないとされている。ただこれは、確かに債権譲渡と指図の競合ではあるが、指図人が自己の被指図人に対して有する債権を他に譲渡するものであって、本章が考える債権譲渡と債務

引受の競合の形ではない。というのもフランスでは、もともと指図人が被指図人に対して債権を持っているケースを想定し、指図人からの支払指図によって、指図人の被指図人に対する債権が実質的に受取人の被指図人に対する債権に置き換わる、という取引形態が多く想定されてきたのである（ただしdélégation 自体は今日そう重要な規定とは評価されていないようである[36]。つまりそのことによって、債権譲渡と同様の効果を発生させようということであり、なぜそうするかといえば、債権譲渡に課される民法1690条の対抗要件の重い負担（前述のように執達吏による送達か、公正証書承諾）を避けようとしたためなのである。したがって、指図人の délégation と指図人の債権譲渡との競合が論じられたというわけである）。

これに対して、本章の関心は、いわば、指図人の被指図人への支払指図と受取人の指図人に対する債権の他者への譲渡との競合ということになるのであって、現段階では、フランス法からも直接の有効な示唆は得られない、ということになりそうである。

ちなみに、わが国の民法典に délégation が取り込まれなかった経緯は、すでにいくつかの論考で明らかにされているが、ボアソナードは債務者の交替による更改について délégation の内容を含む詳細な規定を置き（旧民法では délégation は「嘱託」と訳されていた）、実質的にほとんど今日の免責的債務引受や併存的債務引受の内容に対応するような規定をしたのであるが（この部分は野澤論文が詳しい)[37]、起草委員らは、それらの規定を「不必要」または「不相当」と解し[38]、その結果更改規定は大幅に簡素化されて、délégation は姿を消した。また、梅謙次郎は、債務者の交替はもっぱら更改によるものとし、かつ自身の論文でも、債務者を変更すればもはや同一の債権ではないとして、明瞭に、債務引受はできないものであると否定している[39]（これら一連の流れについては遠藤論文が簡潔明瞭に述べている)[40]。こうして、わが民法は、債務引受の規定を意識的に排除した上、類似の結果を達成しうる délégation の規定も捨て去ったのである。

ここにおいて、この論点をフランス法からアプローチする術はいったん完全に途絶えた。その後、1910年代になって、石坂音四郎博士の2論文が[41]、ドイツ民法典（1900年公布）に規定された債務引受の概念をわが国に本格的に

紹介し、ここから始まったわが国の債務引受論が、その後もっぱらドイツ民法学者によって展開されることになったのは、実に歴史的必然であったといえる。

17) 池田・前掲注10) 132頁。
18) 法務省民事局参事官室・第四課編・前掲注14) 35頁、池田・前掲注8) 140～145頁参照。
19) 池田・前掲注10) 96頁以下。
20) さらに、ここに民法467条にいう「第三者」の制限説（我妻・前掲注12) 541～542頁等）を援用しようとする考え方があるかもしれないが、そもそも対抗要件制度において問題とされる「第三者」の概念は、（不動産物権変動の場合も同様であるが）その対抗要件手続を履践しなければ「第三者」のカテゴリーに入る者に対しては権利取得の主張ができないというものであって、その場合、「第三者」のカテゴリーに含まれない者に対しては、（対抗できないのではなく、逆に）その対抗要件を履践しなくとも対抗しうる（不動産物権変動でいえば、登記なしに対抗できる）と考えるべきものである（この点の我妻説批判については、池田・前掲注16) 12頁注(8)参照。
21) 以上、池田・前掲注8) 234～282頁参照。ただし、これらの事案はすべて将来債権の第三債務者は特定している事案である。
22) 動産債権譲渡特例法8条2項4号。旧法5条1項6号が、債権譲渡登記ファイルへの記録事項の1つとして、「譲渡に係る債権の債務者その他の譲渡に係る債権を特定するために必要な事項で法務省令で定めるもの」としていたのを、冒頭の「譲渡に係る債権の債務者その他の」の部分を削除した。
23) 池田真朗「契約当事者論──現代民法における当事者像の探求」『債権法改正の課題と方向──民法100周年を契機として』別冊NBL51号（1998）147頁以下、とくに174頁。
24) 契約譲渡の関係では、野澤正充『契約譲渡の研究』（弘文堂、2002）100頁、101頁、債務引受の関係からは後掲注25) の遠藤論文等。
25) 遠藤研一郎「免責的債務引受に関する一考察──ドイツ Schuldübernahme の生成・発展を素材にして(一)」法学新報108巻1号（2001）103頁は、私見の、（わが国の伝統的学説のいう）免責的債務引受から併存的債務引受への転換の議論に対する、「確かに、併存的債務引受をして、連帯債務関係を作り出す契約もあるにはあるだろうが、債務引受を望む債務者の欲求の圧倒的大部分は、債務関係から離脱したいという一点にあるはずで、債務が併存するのであれば契約の意味がないことになろう」（池田・前掲注23) 168頁）という見解を引きつつ、「有力説の多数が述べるような「免責的契約から併存的契約への転換」ではなく、「債務引受契約は常に併存的契約を出発点とし、債権者の同意があった時点で免責的へとなる」との解釈ならば、一定の意義を見出せるのではないか」とする。なお同論文（二・完）

法学新報108巻2号154頁以下も参照。私見は、遠藤教授も（二・完）154頁で認識されるように、四宮説等の転換論が議論の主流となっていることへの疑問として述べたものであるが、このシンポジウム論稿執筆時点で併存的債務引受が本章のような形で金融取引の中で用いられることにはまったく思い至っていなかったことも事実である（なお遠藤教授には、同教授の平成16（2004）年日本私法学会での個別報告に際し、ご教示を得たことを記して謝意を表する。筆者としては、併存的債務引受に関する同教授の最新稿（本章Ⅱの注11）に前掲）で、この一括決済方式における併存的債務引受方式のような用い方についても考究の対象にしていただければなお幸いであった）。

26) ここで「対抗要件的」というのは、債務引受においては、権利移転を対抗するという問題は生じないが、たとえば免責的債務引受においていえば、旧債務者が第三者に対して、自らが債務を免れたことを主張立証するための要件、つまり「離脱の対抗要件」とでもいうべきものが論じられることを想定している。私見は前掲注23）のNBL論文では、権利取得の対抗要件と異なり一律に法定する必要はなく、当事者間の証明の問題としてよいのではないかと考えているとしたが（同論文168頁注(73)）、本稿のように債務引受と債権譲渡が競合する場合には、この「離脱の対抗要件」の発想も再度立法論として検討する必要性を感じるところである。

27) Cass. civ., 16 juin 1966, D. 1966, 481, note Voulet, Cass. civ., 12 mars 1946, D. 1946, 248. etc. 野澤・前掲注24) 127頁。

28) ボアソナード旧民法では、財産編496条以下の、債務者の交替による更改の規定中の「嘱託」と訳されているものがこれにあたる。なお、ボアソナード旧民法のこの部分の解説は、野澤・前掲注24) 10〜14頁に明瞭かつ適切になされている。

29) 上柳克郎「フランス法における指図について」民商28巻1号（1953）1頁、柴崎暁「フランス法における指図（la délégation）の概念」山形大学法政論叢3号（1995）59頁以下（同『手形法理と抽象債務』（新青出版、2002）193頁以下所収）、片山直也「フランスにおける不動産賃料の詐害的な処分に対する法規制の変遷および賃料債権の担保化の実務——我が国における近時の解釈論・立法論を踏まえて（二・完）」法学研究75巻9号（2002）49頁以下等。とりわけ本章の以下の記述は片山論文49頁以下に負うところが大きい。

30) Terré, Simler et Lequette, Droit civil, Les obligations, 6ᵉ éd., 1996, nº 1339, p. 1066 etc.

31) こう一般に説明されるのであるが、マロリー=エネスの最新版の体系書では、délégationの効果をreprise de dette（直訳すれば「債務の引き取り」つまり債務引受）と表現している。Malaurie, Aynès et Stoffel-Munck, Droit Civil, Les obligations, 2004, nº 1367, p. 764. 同書は、被指図人が受取人に対して指図人に対する債務の無効、消滅等の抗弁事由を対抗しうることを挙げて、状況は「cession de dette（直訳すれば「債務譲渡」）に非常に近い」ともいう（nº 1370, p. 767）。repriseもcessionも、フランス語としては明らかに同一債務の移転の意味で用い

られる言葉である。ストフェル・マンクを改訂者に迎えたこの最新版に、ドイツ的な債務引受観念の影響があるのか、等をなお見極める必要があろう。

32) Simler, Contrat et obligations, Délégation, J-Cl. Notarial Répertoire, 1997, n° 7, p. 4.

33) 判例として Req., 24 juillet 1889, D. P. 89.1. 395; S. 92. 1.297 note E. Garsonnet; Civ., 23 nov. 1989. S. 99.1. 465, note A. W.; Req., 19 déc. 1923, S. 24. 1.111; D. P. 1925.1. 9, note H. Capitant; etc. 学説として Simler, op. cit., n° 29, p. 10; Billiau, La délégation de créance, Essai d'une théorie juridique de la délégation en droit des obligations. L.G. D.J., 1989. n° 253. pp. 247-248; etc.

34) Terré, Simler et Lequette, op. cit., n° 1347 は債権の潜在的な存続といい、Simler, op. cit n° 69, p. 21 は条件付債権という。また Billiau, thèse precité, n° 213, pp. 214-215 はこの点を、債権の neutralisation（無力化）と表現する。この考え方を承認した判決として、Com., 16 avr. 1996, Bull. civ.IV, n° 120; JCP 96, éd. G, II, 22689, note M. Billiau; D. 96. 571, note C. Larroumet; D. 96 Somm. 333, obs. L. Aynès; Defrenois 1996, art. 36281. 1018, obs. D. Mazeaud.

35) Simler, op. cit., n° 94, p. 27.

36) 野澤・前掲注24）226頁は、前掲注33）のビリオの délégation に関する博士論文の序文で、師ジャック・ゲスタンが、指図の制度は「今日では貧しい親戚のように冷たく扱われている」と述べていることを紹介する。

37) 野澤・前掲注24）10～12頁。

38) 更改規定の審議の冒頭の趣旨説明で、梅謙次郎委員は、旧民法典財産編496条について、「一体此規定ハ定義ガ沢山アツテ定例ヲ設ケテ夫レニ定義ヲ加ヘテアルヤレ完全嘱託トカ不完全嘱託トカ云フモノガ設ケテアツテ夫レノ説明モアル然ウ云フコトハ余リ必要ハ少ナカラウ学者ガ名ヲ附ケルノハ宜イガ法典ニ濫リニ述語ナドヲ附ケルノハ宜クナカラウ外国ニモ余リハ例ノ極ハメテ少ナイコトデアリマスカラ本案ニ於テモ取リマセヌ（以下略）」などと述べている。商事法務版法典調査会民法議事速記録 3 巻598頁。後続の部分での批判も含め、旧民法にあった délégation 概念は、かなり冷たく切り捨てられたという印象である。

39) 前掲注25）の遠藤論文が紹介するところであるが、梅謙次郎「債権債務ノ承継ヲ論ス」法政大学創立三十周年記念論文集（法政大学、1909）55頁。

40) 遠藤・前掲注25）（一）92頁。

41) 石坂音四郎「債務引受論」法学協会雑誌30巻（1912）4 号 1 頁、5 号76頁、6 号44頁。同「重畳的債務引受論」法律記事24巻 1＝2 号（1914）（同『改纂民法研究下巻』（有斐閣、1924）421頁所収。

IV　まとめ

1　本章の考察の実務への示唆

　併存的債務引受方式の受託会社の中には、債権譲渡特例法といわゆる対抗関係にないとして、特例法の通知到達等の事前チェックをしない受託会社もあるようである。しかし、本章が考察してきたように、併存的債務引受人の弁済の有効性と債権譲渡特例法の譲受人の権利取得とが民法上の狭義の対抗関係――1つの両立しない権利取得を複数人が争う関係――と呼ぶものとは異なるとしても、両者の実質的な優劣を法定の対抗要件で決めるべき関係になることは間違いなく、ただ併存的債務引受方式では、特例法登記が当初債務者に通知しないで第三者対抗要件を得るというシステムの構造を利用して、先に弁済までなされれば問題は生じないとしているだけであることから、債権譲渡通知が引受人の弁済前に到着すれば引受人は勝てない（前掲ケース2－1、2－2、2－3、2－4。通知が原債務者にのみ来たというときは理論的に勝てる可能性もあるが負けるリスクもある）ことを意識するべきであり、その点で、「事前登記チェック及び債権譲渡通知の到着確認の徹底」をすることを加えているスキームのほうがより安全性が高いと認められる。さらに実務的にいえば、債務引受方式の弱点をカバーする効果のある「期限前弁済」をスキームの中でなるべく多く行うものを原則型として、「支払企業のリスク回避」「納入企業の早期資金調達」という2つの要請をかなえることが、金融商品としてのセールスポイントになるのではないかと思料する（もっとも、ここでそう述べる趣旨は、期限前弁済をすれば、期日弁済に比して、債権譲渡通知の到達や差押通知の到達がある可能性が相対的に少なくなるということであって、たとえば弁済前に債権譲渡通知の到達の有無を確認するという手順を踏めば、期日弁済でもリスクはほとんど変わらないということになるかもしれない）。

　また、一般に併存的債務引受方式のメリットとされる「支払企業が債権債務関係から離脱しないため売掛金の信用リスクが不変である」という点は、会計処理の便宜以外には多分に納入企業側の心理的なものではないかと思わ

れるが（つまり、債権譲渡方式の場合には、受託会社の信用度が高くないと契約する納入企業に抵抗感がある）、現実の勧誘にはそれなりの意味があるものなのであろう。

なお、本章に繰り返し述べたように、併存的債務引受方式では債権譲渡方式と異なり、弁済時まで差押リスクは回避できないことが強く念頭に置かれるべきである。それに関連して付言しておけば、支払企業と受託会社の間で、支払企業から一括で受託会社に先払いがあった場合でも、受託会社が納入企業に支払いをするまでは、納入企業の支払企業に対する原債権は存続しているので、なお納入企業の債権者による差押の対象となりうるということである。

以上をまとめると、併存的債務引受方式の有するリスクについていえば、①いずれにしても実際に弁済を終えるまで差押には対抗できないこと、②債権譲渡の譲受人との関係でも、基本的には差押債権者に対すると同様なのであって、少なくとも弁済前に原債務者への譲渡通知の到着の有無の確認を行う必要があること、を認識すべきである。また、③将来債務の一括引受をしても、（対抗要件的規定がない以上）契約処理の効率化は図れるが①②の法的状況は変わりがない。

なお、②のリスク回避策については、債権ごとにその都度確認をするという方法と、あらかじめ支払企業に通知が着いたら受託会社に連絡をすることを義務づけておいて、連絡を怠った場合のリスクは支払企業側に負わせるという方法が、選択肢として考えられているようであるが、このいずれかを選ぶかは、もっぱら支払企業と受託会社との取引上の手間の観点から、負担（および心理的負担感）の少ないほうを選んでよいのではないかと思われる。

2　一括決済方式への期待と将来展望

本章は、一括決済方式の債権譲渡方式と併存的債務引受方式について、前者で問題とされる二重譲渡リスクが後者では問題とならない、という、最近の実務界で耳にする大まかな理解について、いささか正確な学理的分析を示す必要を感じて執筆にかかったものである。しかしながら、決してその両方式のいずれかの欠陥を指摘したい、という意図にもとづくものでなく、筆者

としては、すでに債権譲渡担保方式の契約条項に関する前掲最高裁判例評釈の末尾でも述べたように、決済の効率化を図って発展してきた手形取引が「紙」の負担から大きな行き詰まりをみせている今日、一括決済方式の発展は重要であり、大いに支援すべきものと考えている。

最新の話題である電子債権論[43]との関係にしても、近い将来、発生、移転、消滅の各段階を電子化した電子債権が立法化された場合も、この一括決済方式はなくなるわけでなく、そのまま電子債権を活用した決済システムとして進化発展することのできるいわば「電子化対応型」システムになっていると考えられるのである。特に金融法の分野では、学問が実務の発展を阻害することになってはならず、学問が実務を支援し正しい発展を促すという方向を心がけなければならないであろう。

3 「債務引受論」の本流に向けて

本章の執筆は、筆者の当初の目論見以上に、債務引受についての豊富な論点に気づかされるものとなった。本章は、債務引受に関するいくつかの論点について、債権譲渡の側からアプローチする、筆者自身の足がかりを示しただけのものにすぎないが、本章で深く触れられなかった併存的債務引受における両債務の関係論など、従来からの債務引受論の本流の議論にも、本章が何らかの示唆を与えるものになれば幸いと考える。

42) 池田・前掲注2) 44頁。
43) 電子債権論については、池田真朗「金融システムの電子化についての法的検討──『電子債権』への新たな取組みを中心に」銀行法務21 634号（2004）24頁以下（本書第7章所収）、同「電子債権論序説──産業構造審議会小委員会報告書を契機に」NBL790号（2004年8月1日号）35頁以下（本書第8章所収）、およびジュリスト1276号（2004年10月1日号）の特集「企業金融の活性化と電子債権」の中の、①池田真朗＝岩原紳作＝小野傑＝佐藤良治＝中村廉平＝松本恒雄〔座談会〕「『電子債権法』の立法化に向けた理論的課題」（同号2頁以下）、②北川慎介「電子債権の議論と今後の課題」（30頁以下）、③大垣尚司「新時代の企業金融と電子債権法構想の意義」（38頁以下）を参照。

〔追記〕 本章の一部は、文部科学省の大学院高度化推進費の助成を受けた慶應義塾大学大学院法学研究科プロジェクト科目「国際新種契約法」の研究成果である。

第2部

国連国際債権譲渡条約の検討

第2部の概要

　第2部では、2001（平成13）年12月に国連総会において採択された、「国際取引における債権譲渡に関する国連条約」（以下「国連国際債権譲渡条約」と略す。英文正式名称は、United Nations Convention on the Assignment of Receivables in International Tradeである）を扱う。これは、世界の商取引のルールの統一化を目指すUNCITRAL（国連国際商取引法委員会）の成果物であるが、筆者はこの条約の作成作業については、そのUNCITRALのワーキンググループ（国際契約実務作業部会）に、第1回から完成まで日本政府代表として参加した。

　そして、その作業過程についてはすでにいくつかの論考を発表して、それらを拙著『債権譲渡法理の展開』（債権譲渡の研究第2巻）（弘文堂、2001）に収録した。すなわち、①池田真朗「国際債権譲渡の第三者対抗要件とUNCITRALにおける動き――1997年10月会期までの中間報告として」資産流動化研究Ⅳ（日本資産流動化研究所、1998）1頁以下（同『債権譲渡法理の展開』（弘文堂、2001）192頁以下所収）、②池田真朗「カナダにおける債権譲渡登録制度――UNCITRALでの紹介を中心に」銀行法務21・639号（1998）17頁以下（同・前掲『債権譲渡法理の展開』204頁以下所収）、③池田真朗「UNCITRAL国際債権譲渡条約草案起草作業――2000年12月会期での『作業部会最終案』作成まで」資産流動化研究Ⅶ（日本資産流動化研究所、2001）1頁以下（同前掲『債権譲渡法理の展開』222頁以下所収）の諸論考である。

　したがって、作業部会において条約の最終草案が固まったところ以降からが、前著に収録されなかったわけで、本書はその後の経緯を紹介し、今後の展望を試みる。その手順としては、まず第2部の序章にあたる紹介文として、1999（平成11）年10月段階の小稿「法務時報・UNCITRAL国際債権譲渡条約の行方」（銀法43巻12号1頁）を第3章として収録し、次いで、2001（平成13）年10月段階の論考であった、「UNCITRAL国際債権譲渡条約草案――草案の紹介と完成までの経緯　付・「国際取引における債権譲渡に関する条約」草案（対訳）」NBL722号27頁以下と、

2002年4月に発表した「国連国際債権譲渡条約の論点分析と今後の展望(上)(下)」(金法1640号22頁以下、1641号13頁以下)を、後者に前者をほぼ吸収させる形で合体させ、第4章とする。

　さらに、本条約の起草過程でかなり詳細に論じられた論点でありながら、わが国の債権譲渡論においてはあまり論じられていない、債権連鎖譲渡の問題を取り上げる(第5章)。なお、この条約はその後まだ署名国が少なく発効するに至っていないが、その点の経緯も、2004(平成16)年に発表した小稿「国連債権譲渡条約の進展と国内資金調達法制の整備」金法1699号(2004年2月)1頁を用いて紹介する(第6章。この第6章はいわば第2部の小括という位置づけになる)。

　本条約は、当初世界共通のコンピュータによる譲渡情報の一元登録管理を目指したことからもわかるように、各国のIT化の進捗を前提に、広義の債権流動化、つまり、売掛債権等を大量に譲渡して(ないしは譲渡担保として)資金調達を図る取引の、世界共通の整序(優劣原理の決定等)を図ろうとした。つまりUNCITRALの事務局は、電子化社会の先端を行く形で、世界の債権譲渡取引ルールの統一化を目指したのである。しかし実際にはこれは時期尚早との評価を受けることになった。

　しかしながら、この条約の意図するところは、わが国の当時の債権譲渡特例法(現在は動産債権譲渡特例法)制定と軌を一にするものであったことが確認されなければならない。そして、本書の第3部から論じる電子記録債権法は、さらにその先を行く発想で作られることになったのである。その意味で、本章もまた第3部以下の前提となる問題を提供するものと位置づけてよい。

　なお、本条約の翻訳については、かつて慶應義塾大学国際債権譲渡研究会の共同作業として同条約の試訳を作成したもの(池田真朗「UNCITRAL国際債権譲渡条約草案――草案の紹介と完成までの経緯　付・「国際取引における債権譲渡に関する条約」草案(対訳)」NBL722号(2001年10月)27頁以下で発表)を、今回さらに補訂して本書末尾に収録する。

第3章
UNCITRAL国際債権譲渡条約の行方と国内の立法

【前注、本章は、第 2 部の序章としての位置づけで、1999（平成11）年10月段階で発表した小稿を収録するものである。】

　UNCITRAL（国連国際商取引法委員会）の国際契約実務作業部会では、1995年11月から、資金調達のための国際債権譲渡（国内債権の国際譲渡や国際債権の国内譲渡も含む）につき、その有効性の確保や対抗手続の統一化を図って、国際債権譲渡条約草案の起草作業を続けてきた。起草作業部会は、ほぼ年 2 回のペースで今年（1999年）春のニューヨーク会期まで合計 7 回開催され、8 回目の今年10月のウィーン会期で、草案の全体像がほぼ固まろうかというところまでこぎつけている。

　UNCITRAL は、国連総会直属の委員会の 1 つで、本部を国連第 3 の首府と呼ばれるウィーンに置き、国際取引における統一条約（ウィーン売買条約など）や、モデル法（最近のものでは電子商取引や国際倒産に関するもの）の作成にあたっている。このところわが国では、1 テーマの作業部会ごとに学者が 1 人派遣される形をとっており、国際債権譲渡に関しては、第 1 回から筆者が日本代表として参加してきた（第 6 会期の後半のみ早川眞一郎東北大学教授が代わって出席）。

　本条約草案は、広義の債権流動化、つまり、売掛債権等を大量に譲渡して（ないしは譲渡担保として）資金調達を図る取引の、世界的な増加に対応しようとするものである。その際、譲渡する債権が国際性のあるものであれば、現状では、国際私法に従い、契約の有効性や対抗要件具備等につき準拠法を確定して、その規定に従うことになる。しかし、対抗要件具備方法等が国に

よりさまざまに異なって規定されているので、大量の債権の譲渡においては、それを調査し履践する手間とコストが、債権による資金調達の障害となるのは自明のことである。売掛債権等の指名債権による、より低コストでの資金調達を実現し発展させること、そこに本条約草案の基本的な狙いがあるわけである。

　UNCITRALの事務局は、当初、電子化された世界統一の登録システムの実現をもくろんだのだが、これは時期尚早として多くの参加国から反対され、現段階では、優先権の規則については代替的な2つのルールが草案に盛り込まれる形になっている（ただしこの部分はまだ草案が確定していない）。登録による優先システムと、譲渡契約の時期を基礎とする優先システムである。譲渡契約時を基礎とするシステムは、契約時の証明の問題等に難点を含むのだが、ヨーロッパの一部の国と開発途上国によって主張されている。しかしそもそも優先ルールが代替的に複数あるのでは統一条約にならないのである（この点はわが国からも繰り返し作業部会の会議中で主張している）。【補注、最終的にはこの二者以外にも広く採用実績のある優先決定ルールを附属書に列挙する形態になることは次の第4章を参照。】

　ただ、大量の債権を譲渡する場合には、フランスやわが国が採用している個々の債務者への通知（または債務者の承諾）による対抗要件が手間とコストの点で不向きというのは、すでに周知のところであり、そのため昨年（1998年）10月に施行されたわが国の債権譲渡特例法では、コンピュータによる債権譲渡登記の制度を創出したわけである。したがってこの債権譲渡特例法は、UNCITRAL条約の国内版ともいうべきものであり、たまたま両者の起草作業に携わることになった筆者としては、国内法と国際条約が適合性をもつよう願いつつ行動してきたのが、ほぼ望ましいシステムで国内法が先に整備されたということになる（ちなみに、債権譲渡特例法では、所轄官庁の関係等で「登記」という名称が採用されたが、法務省民事局への研究会報告書提出段階まで携わった筆者は、その段階では一貫して「登録」という名称を提案していた。この債権譲渡登記は、もちろん「譲渡の事実を証明する」ものであって「債権の存在を公示する」ものではないのであるから、その意味では登録と称したほうが法律用語の語感としては違和感がないはずと考えてのことであった）。【補

注、債権譲渡特例法とそれが増補された動産債権譲渡特例法の立法経緯等については、拙著『債権譲渡の発展と特例法』（債権譲渡の研究第 3 巻）参照。】

さて、UNCITRAL 条約のほうであるが、この肝心の優先権規則と、抵触法規則（この条約は、条約中で国際ルールを実質的に創出する部分と、明示のない点について準拠法の決定方法を指示する部分とをあわせ含むような複雑な構造を現段階では構想している）の章が未確定であるため、筆者としてもこれまで経過報告ないし見通しを詳細に活字にすることが難しかったというのが実情である。これらの部分を確定する作業が、今年（1999年）10月のウィーン会期で行われる予定である（それで決まらなければ来年 1 月に追加の作業部会会期をもつ）。全体が確定すれば、2000年 6 月に UNCITRAL 総会に諮るというのが現在の計画である。

【補注、その後の展開は第 4 章以下に記述するが、2000年 6 月に UNCITRAL 総会で採択された本条約草案は、2001年12月に国連総会で特段の修正なしに採択される。

なお、本条約は、あくまでも、手形等有価証券となるものを除外した、いわゆる指名債権の形態のもので国際性のあるもの（債権者と債務者が国籍を異にする国際債権と、譲渡人と譲受人が国籍を異にする国際譲渡の両者を含む）について、その譲渡に関する優先ルール等を統一的に設定しようとするものであるから、草案作成過程で当初企図されていた、電子化された世界統一の登録システムも、譲渡データの画一的処理ということであって、たとえばアメリカ UCC のファイリングシステムや、わが国の債権譲渡特例法登記のシステムの発想を、世界レベルで統一的に設定（ないし拡張）しようとするものであった（その意味では、UCC の契約書をファイルするシステムよりも、わが国の債権譲渡登記のほうが、電子化対応の適合性という点で、本条約の企図した世界統一登録システムによりよくなじむというか、そのシステムの 1 つの範型たりうるものであるといえる）。これに対して、本書第 3 部以下に詳述する、わが国の電子記録債権法は、債権そのものを、指名債権でも手形でもない、電子記録債権という新類型とし、それを電子的記録によって発生させ移転させるという手法を採るものであるから、本条約の発想よりもさらに先に進んだ形態ということになる。】

1） これまでの経緯については、池田真朗『債権譲渡法理の展開』（債権譲渡の研究第 2 巻）（弘文堂、2001）192〜231頁参照。

第4章
国連国際債権譲渡条約の完成
―― 論点分析と今後の展望

I はじめに

 2001年12月12日、第56会期国連総会は、「国際取引における債権譲渡に関する国連条約」（以下「国際債権譲渡条約」と略す。英文正式名称は、United Nations Convention on the Assignment of Receivables in International Trade である）を無投票で採択し、同条約は署名のために開放された。本条約は、世界の商取引ルールの統一化をめざす UNCITRAL（国連国際商取引法委員会、本部ウィーン）が、国際的な債権譲渡による資金調達の円滑化・低利化を図るために、1995年11月からその国際契約実務作業部会で草案作成作業を続けてきたもので、5年半にわたったこの作業は、2001年6月の UNCITRAL 総会で、草案が完成・採択となり、同年9月から開催された第56会期国連総会に提出されたものである。ちなみに、この条約で「国際取引における債権譲渡」と呼ぶものには、国際債権（債権者と債務者が別の国に所在する）の国際譲渡（譲渡人と譲受人が別の国に所在する）だけでなく、国内債権の国際譲渡も、国際債権の国内譲渡も含む。また、ここでの「債権譲渡」には真正売買も譲渡担保も含まれ、両者に取扱い上の差異は考えられていない。

 筆者は、この条約の草案作成作業に日本代表として関与し、完成までの経緯については、すでに別稿に紹介した。そして、2001年10月9日の金融法学会では、それらを基礎に、この条約草案について、わが国の債権譲渡法・金融法に与える影響の大きいと思われる論点また実務上に問題となるであろう

論点について分析・検討を試みた。そこには、わが国の指名債権譲渡論がこれまで問題にしてこなかったいくつかの問題が浮かび上がる。本章は、右の金融法学会での報告に、時間の関係で詳しく言及できなかった点を加筆し、さらにその後の国連総会での採択・成立に至るまでの経緯等を加えてまとめたものである。

1） 筆者は、この作業に第1回から日本政府代表として参加した。同作業に関する中間報告にあたる論考として、①池田真朗「国際債権譲渡の第三者対抗要件とUNCITRALにおける動き──1997年10月会期までの中間報告として」資産流動化研究Ⅳ1頁以下（日本資産流動化研究所、1998）（同『債権譲渡法理の展開』192頁以下（弘文堂、2001）所収。同書は以下、池田『展開』として引用）、②池田真朗「カナダにおける債権譲渡登録制度──UNCITRALでの紹介を中心に」NBL639号（1998）17頁以下（同・前掲『展開』204頁以下所収）、③池田真朗「UNCITRAL国際債権譲渡条約草案起草作業──2000年12月会期での「作業部会最終案」作成まで」資産流動化研究Ⅶ1頁以下（日本資産流動化研究所、2001）（同・前掲『展開』222頁以下所収）がある。

2） 池田真朗・金融法研究資料編⒄150頁以下、および池田真朗「UNCITRAL国際債権譲渡条約草案──草案の紹介と完成までの経緯」NBL722号（2001）27頁以下。
　　なお、これらについては、内容が本章の記述と重複する点もあるため、本書には独立した形では収録せず、ただこのNBLの論考の一部を本章中に補充することとする。

Ⅱ 本条約の目的と成立までの経緯

1 目　的

　本条約の目的は、その前文に現れているが、要するに、国際規模で債権譲渡による資金調達を行う場合、各国の対抗要件制度（優先関係決定基準）を始めとする法制度の相違やそれらの法選択の不透明性が、結局債権譲渡の円滑化ひいては資金調達コストの逓減の障害となっているという認識に立ち、それらを除去して、より円滑・低利に債権譲渡取引が行われることを狙ったものである。本条約は、債権流動化の観点からすると、いわゆる証券化の問題を扱うのではなく、その前段階のSPV等への譲渡の部分や、一般の債権の買取り（ファクタリングを含む）、債権譲渡担保（売掛債権担保融資等）など

の問題を対象とするものである。

2　成立までの経緯

　すでに前章で途中経過を紹介したように、本条約の草案は、UNCITRAL の国際契約実務作業部会で1995年11月から8会期をかけていったん作業部会の最終案（旧最終案）をまとめて UNCITRAL 総会（2000年6月のニューヨークでの第33回総会）に諮られた。しかしそこで審議未了、作業部会差戻しとなって2001年12月に通算9回目となる作業部会で後半部分の再修正を行い、この作業部会新最終案が2001年6月の第34回 UNCITRAL 総会に諮られて、[3] さらにいくつかの修正を加えられて条約草案として完成・採択に至ったものである。[4]

　これが2001年9月から開催された第56会期国連総会に提出され、同総会は実質審議なしにこれを無投票で採択し、ここに国際債権譲渡条約として署名のために開放されたという次第である。したがって、右の UNCITRAL 最終草案がほぼそのまま条約正文となった。

　ちなみに、同条約草案が国連総会に提出された後の2001年10月には、メキシコのモンテレーで開かれた ABA（全米法律家協会）の国際法分野評議会が、2002年2月に開催される ABA House of Delegates において、アメリカに対して署名と批准を勧告することを決定し、また同年11月には、Europafactoring（ヨーロッパファクタリング協会）が、ドイツ法務省に対して、ドイツが本条約を採択するよう強く勧告した、と伝えられている[5]。ただし、本章執筆時点（2002年2月）では、成立した条約についての各国の署名に関する情報は、いまだ筆者には届いていない。

　3）　この新最終案の原文（英文）とその邦語試訳については、池田真朗＝北澤安紀＝国際債権流動化法研究会「UNCITRAL 国際債権譲渡条約草案作業部会最終案試訳」法学研究（慶應義塾大学）74巻3号（2001）232頁以下。
　4）　この最終的な UNCITRAL 条約草案の条文（英文）とその翻訳については、「「国際取引における債権譲渡に関する条約」草案」NBL722号（2001）37頁以下（慶應義塾大学大学院国際債権流動化法研究会訳・小堀悟監訳）。なお、本文に記したように、これがほぼそのまま条約正文の翻訳にあたることになった。【補注、本書ではこの翻訳をさらに修正したものを巻末に収録する。】

5） いずれも、UNCITRAL の本条約草案作成作業部会事務局責任者 Bazinas 氏から筆者ら各国の作業部会参加委員に送付された電子メールによる情報である。

III 本条約の対象範囲

1 適用範囲と適用除外規定

　本条約の適用範囲については、第 1 条 1 項が定めている。同項 a 号が、国際的債権の譲渡および債権の国際的譲渡であって、譲渡契約の締結時に譲渡人が締約国に所在するものを適用範囲とすると規定する以外に、同項 b 号が、転々譲渡（連鎖譲渡）の場合には、いずれかの先行譲渡がこの条約によって規律される場合の後続譲渡も適用範囲となることを規定し、さらに同条 2 項が、先の譲渡が条約対象外であっても、後続譲渡が要件を満たせばそこから対象範囲内となるとしていることに注意したい。

　本条約の適用除外事項については、第 4 条が定めている。同条は、まず 1 項 a 号で、個人的、家族的または日常的な目的のために個人に対してされる譲渡を除外し、また同項 b 号で、営業譲渡や包括的な法的地位の変更に基づく譲渡を除外する。さらに、同条 2 項で、適用除外債権を列挙する手法を採り、この列挙規定が最後の総会でかなり手を入れられた。具体的には、証券決済、外国為替、ネッティング対象金融、銀行間支払システム、保管振替、銀行預金、信用状取引から発生する債権は適用除外となる（それゆえ、一般の取引から発生する債権すなわち売掛、貸付等の債権、さらに、ファクタリング、リース、クレジット等の債権が主要な対象となる）。また 3 項では、作業部会の最終案まで 1 項の適用除外譲渡に入っていた、流通証券の交付による譲渡には本条約は影響を及ぼさない旨が独立して規定されている。5 項は、2000 年 6 月ニューヨーク総会でのルーマニアの主張が取り入れられたもので、外国人の土地所有が認められていない国に対する配慮から定められたものであり、これは適用除外というよりも、本条約は不動産所在地国の法律で許容されない優先権の取得や利益の取得は起こさないという趣旨の規定である。

2　定義規定

　本条約草案第5条は、定義および解釈の原則として、原因契約、既存債権、将来債権、書面、譲渡通知、倒産管財人、優先権、競合する権利主張者、等の用語を定義する（条文訳参照）。そのなかでは、後述する proceeds の概念と、金融契約、ネッティング合意という用語が定義されている点に注意を要する。優先権を定義する第5条 g 号は、作業部会最終案までは、優先権とは「他の当事者に優先する当事者の権利をいう」としか定めていなかったが、これは、最後の総会で、次に述べる proceeds に関する最終案第24条2項の趣旨を勘案して、優先の目的を達成するために、その権利が人的なものか物的なものかなどを決定する局面までを含んだ概念として規定された（ちなみに「優先権」という訳語であるが、第5条 g 号は英語版では「（優先する）権利」とされるが、仏語版では「ある人の権利に付与される優先性」となる）。第5条 m 号の「競合する権利の主張者」とは、二重譲受人、譲渡人の債権者（具体的には差押をした場合と考えられる）、倒産管財人の総体をさす概念であり、本条約が倒産管財人との優劣関係も整序することを予定していることにも注意したい。

　なお、第5条 h 号は、用語の定義ではなく、人の所在地について規定する。法人の所在地の定め方については、作業部会で多くの議論があり、最後の総会でも、ドイツから、銀行の支店を個別の存在とみなす旨の規定をおくべきとの主張がなされ、かなりの支持もあったが、イギリス、カナダ等が反対し、結局右主張は撤回された。

IV　本条約の論点

1　proceeds の概念

　第1の論点としてあげるべきは、proceeds についてである。proceeds（債権の価値変形物。たとえば債権が譲渡人の預金口座に弁済として振り込まれて預金に変わった場合のその預金等を指す。実務慣行では「代償」「代替財産」「代わり金」などと訳されることもある）の概念【補注、proceeds については下記にその後の参考文献を挙げて記述を補充する。】は、英米法ではよく知られている

が、大陸法の債権譲渡にはこの概念が存在しないため、作業部会でも、積極的に規定を置くべきとするアメリカ・イギリス・カナダと、消極的なフランス・日本・ドイツ等との間で繰り返し議論になった。しかし、オブザーバーのFCI（ファクターズ・チェーン・インターナショナル）をはじめとする国際ファクタリング等の実務界からの要望も強く、審議途中から作業部会最終案までは、比較的多数の規定を置くことになっていた。しかし、最後の総会でこの問題にもかなり変更が加えられ、結局は、proceedsについての規定は、第5条ｊ号の定義規定以外は、第24条の「proceedsに関する特則」に集中させることとなった。proceedsに関する規定が拡散せずに限定されたことはわが国にとっては好ましい結論とはいえるが、本条約はこの点でははっきり英米法型の内容となったわけである。なお、当方としては、当初の審議過程ではproceedsについての規定を置くことに消極的な見解を述べていたが、その後、筆者が外資系金融機関等に調査を行った範囲では、わが国の渉外実務取引のなかでは、現実にcash collection等の名称を用いて、このproceedsにあたるものを認める契約がわが国の金融機関と米英の金融機関等の間でなされている例があることも把握した。その結果、最終的には大勢に従うという方針で臨んだものである。いずれにしても、わが金融界としては、今後の国際債権譲渡取引においては、このproceedsを含む取引を原則型と考えておいたほうがよいし、また、学界においても、本条約のわが国の債権譲渡法理への影響や、proceedsの問題をどう国内の債権譲渡理論と接合させるか（あるいは、個々の国際債権譲渡取引の約款の問題として割り切ることができるのか）を論じる必要が出てきたといえる。

　そこで、この問題を現状のわが国の債権譲渡法理でどう考えるかが検討されなければならない。しかし最終的な草案の規定では、それほど受け入れることに支障はないとの見方もある。つまり、譲受人がproceedsを受領した場合を規定する第24条1項は、proceedsを受け取ったその譲受人が優先権をもっている場合を論じているのであるから、結局同人がそれを弁済として保持することに問題はない。問題になるとすれば同条2項であり、わが国では、もし譲り受けた債権について債務者が弁済として譲渡人の銀行口座に入金した場合には、譲受人としては当該銀行口座に質権設定でもしておかない

限りは、その入金された金銭についての権利行使はできないことになろうという懸念がある。しかしこれも、同条2項の規定では、a号で譲渡人が譲受人からの指図に基づいてproceedsを受け取った場合で、かつb号でそのproceedsが、それのみのための分離預金口座または証券口座のように、譲渡人の資産から分離されかつ合理的に特定されて保持されるときという限定を付しているので、これならば、局面はかなり限定されており、わが国の現行規定でも、譲受人としては、当該銀行に直接請求まではできないとしても、自己の取得すべき金銭であることの立証は可能な場合ということができよう。けれども、それで法的手当てが十分かどうかは、今後さらに検討を要すると思われる。

　【補注、ここでは、本条約の対象からして「債権の価値変形物」としたが、proceedsの概念自体は、動産の価値変形物（代償、代替財産）も含む概念であり、たとえば在庫商品が転売されて生じる売掛債権、その取立換価金（実務にいわゆる「代わり金」）、さらにはそれらが銀行預金勘定中に入金された場合のその預金、がすべてproceedsに含まれる。森田修「アメリカ法における動産担保権の公示と占有(3)」NBL783号（2004）58頁、小山泰史「制定法の規定に基づくプロシーズ（proceeds）への追求権（statutory tracing）――エクイティ上の追求権（equitable tracing）の法理との関係」立命館法学2004年6号149頁参照。】

2　将来債権の譲渡について

　作業部会では、譲渡の時を規定した最終案第10条という規定で、将来債権について、既存債権と同様、譲渡人および譲受人が後の時を指定した場合を除き、譲渡契約の締結時に移転するものとしていた。しかしこの条文については、冒頭に「競合する権利主張者の権利を妨げることなく」という一文があり、これでは結局譲渡の時を定めてもこの条文の意義を無にするとの見解が示され、最終的にこの第10条は削除となった。ちなみに、この最終案第10条については、過去の審議過程で、日本から、将来債権についてはそれぞれの発生時から移転の効力を発生するとの考え方もありうると確認を求めたが、この考え方に賛意を示す国はなかったという経緯がある。つまり、将来債権の権利移転基準時は契約時、というのが国際的な共通の理解になっていると

いってよい。この理由は、取りも直さず、譲受人の権利確保の要請からである。つまり、個々の将来債権の発生時に権利が移転するのでは、それ以前に対抗要件（優先権）を得るのが困難になるからである。

　このような次第で、将来債権の移転時期については条約上には明文の規定はないことになったが、登録内容を規定する附属書第4条1項では、「登録されたデータは、譲渡人及び譲受人を特定し、かつ譲渡される債権を簡潔に記載するものとする」としている。したがって、本条約が考える将来債権は、譲渡時に第三債務者の未確定のものでもさしつかえないということになりそうである。この点、わが国では、民法では第三債務者不特定では通知、承諾という対抗要件が具備できず、また債権譲渡特例法でも、第三債務者名が必要的記載事項になっているので同様である。したがって、たとえばあるテーマパークを建設しようとする事業会社が、できあがったテーマパークの予測される入場料収入を担保に融資を受けたり、ソフトウェアのベンチャー企業が、開発したソフトの売上げを担保に開発費用の融資を受ける、ということができないことになる。この点、最近の将来債権譲渡に関する判例の進展があってもなお、世界の趨勢からみるとわが国の将来債権譲渡の議論は遅れている印象がある。今後わが国の将来債権譲渡論のなかでは、この第三債務者不特定の将来債権の譲渡を認めるかどうかが、とりあえずは最大の問題となろう。【補注、2004（平成16）年に債権譲渡特例法が動産債権譲渡特例法に増補改正された際に、第三債務者名は必要的記載事項から外され、第三債務者不特定の将来債権譲渡も債権譲渡登記ができることになった。池田真朗『債権譲渡の発展と特例法』（債権譲渡の研究第3巻）（弘文堂、2010）286頁以下参照。】

　なお、わが国の現在の問題状況、ことに債権譲渡特例法でのそれについての私見は、別稿「債権譲渡特例法——施行後三年の総合検証」に示しておいた。

3　undivided interests の問題

　譲渡の効力について規定する草案第8条では、複数債権や将来債権の譲渡、部分的譲渡と並んで、undivided interests の譲渡の有効性が規定されている。この undivided interests も、大陸法を始めわが民法が概念としてもたない

ものであり、わが国は最後の総会でも、この undivided interests の明確な定義を米英に求め、かつ、第5条の定義規定にこの項目を加えるべきことを主張したが、大方の賛同は得られなかった。筆者が米代表等に確認し、また国内の渉外取引実務家に確認した範囲では、たとえば、1億円の債権の40％をこの undivided interests として譲渡するという場合、（1億円の債権のうち特定の4,000万円を譲渡するというのであれば一部譲渡であり譲受人はその4,000万円についてしか権利をもたないのは当然であるが）譲受人は1億円全体について支配権をもち、ただそのうちの40％について最終的に権利を得る、という構成になる。さらにこの場合、譲渡人のほうは、40％についてこの undivided interests を譲渡した後も、債務者に対しては1億円の債権者として権利行使しうる、というもので、譲渡人と譲受人は一種の連帯債権関係のような関係に立つようである。ただこの場合、譲受人が債務者にどのような形態の請求をしうるかは、各譲渡契約の約款によるということになるようであるが、この undivided interests の譲渡は、今後わが債権譲渡法理のなかにどう位置づけるか、問題となろう。【補注、individed interests については、他の実務家から、上記の例のような債権的なもの以外に、その債権と不可分の物的な権利をも当然包含すると思われるという意見を得ている。】

この undivided interests については、筆者は現時点でこれ以上明確な説明をする用意ができていないが（訳語についても現時点では留保する）、過去の事務局作成の作業部会用議案書等では、たとえば、以下のような記述がなされている。「undivided interests の譲渡は重要な取引に関係する。たとえば、証券化の場面において、SPV がオリジネーターから得た undivided interests を、投資家に対する自らの義務の担保として、投資家に譲渡することがある。また、シンジケーションやパーティシペーションにおいては、中心的な貸主が undivided interests を他の貸主に譲渡することがある」(A/CN. 9/489, p. 28, para89)。

また今回の総会の仮報告書では、当方からの疑問を紹介した文章があり、「undivided interests という用語が、十分に明確でないという懸念が表明された。異なる法制度におけるこの概念の捉え方の違いによって、譲受人が債権の全体あるいはある割合を債務者に主張できるという（という相違が生じ

る）ことである。また、条約草案において、譲受人間におけるundivided interestsの支払を担保する権利を有しないかもしれないということから、草案第12条において債権譲渡とundivided interestsの譲渡についても区別するべきであると述べられた。この懸念を払拭するために、undivided interestsを条約草案において定義するべきであると述べられた。しかしこの意見は多くの支持を得られなかった。債権のundivided interestsの譲渡において、各譲受人が債務者に請求をなしうること、どの譲受人になされたundivided interestsの支払であっても債務者を免責するということが、十分に明らかであると広く理解されている（からである）」と書かれている（A/CN. 9/XXXIV/CRP. 1/Add. 9, p. 2, para3）。

このundivided interestsが、ローン・パーティシペーションの場合の受益権の譲渡のように、当事者間の契約で可能なことは理解できるが、そのundivided interestsの譲受人は、債務者にどのような内容の直接請求権をもつのか、またそれを請求する根拠（日本法でいう債務者対抗要件）はどのように具備されるのか、という点については、今後実務の実状をより精査したうえで、理論的な構築をしたいと考えている。

4 譲渡禁止特約の対外効の否定

譲渡禁止特約については、アメリカUCC第9編が基本的にその効力を否定する規定を置いていることもあり、本作業部会では、譲渡禁止特約の対外効を認めることは資金調達のための債権譲渡を活発化することに対する阻害要因である、との把握が当初から大勢を占めていた。[9]そこで、草案にも、譲渡禁止特約は対外的には効力をもたないとする条文案が早くから盛り込まれていた。しかしながら、これに対してEU銀行協会等から、ネッティング等最近の金融サービス取引においては、この譲渡禁止特約は一定の役割を果たしているのであって、これを全面的に対外効なしとするのは問題との声が上がった。そこで、いったんは、「取引債権（trade receivables）」という概念を案出し、これには一般の売掛債権等が含まれ、一方で銀行間取引で譲渡される債権等についてはそれに入らないものとして、譲渡禁止特約の対外効を否定する規定は「取引債権（trade receivables）以外の債権について適用除

外とする」案が作られたりしたのであるが、この案をめぐってさらに議論が紛糾し、結局この適用除外債権を具体的にリストアップする方向で検討することになった。

しかし最終的には、もう一段の変更が加えられた。条約第9条として契約による譲渡制限の規定が置かれ、1項で譲渡禁止特約の対外効を否定しているのは従来からの案どおりであるが、3項a号～d号で、この条の規定が適用されるほうの債権譲渡を列挙するという構成が採用された。このa号～d号についても吟味する必要がある。ただ、a号で、物品の供給契約、金融サービスを除くサービス供給契約、建築契約、不動産の売買契約、賃貸借契約から生じる債権の譲渡、b号で知的所有権や財産的情報の売買、賃貸借、使用許諾契約から生じる債権の譲渡、c号でクレジットカード取引に基づく支払義務の立替払いによる債権の譲渡、と、主要なものは含まれているということができよう。なお、d号は、ネッティング自体は金融サービスのほうに含まれるので適用除外なのであるが、三者以上のネッティングの結果、決済後に出た剰余債権は一般の譲渡可能な債権とみて付加されたというものである。

なお、これに続く第10条では、担保権の移転を定めるが、この条文でも第9条とほぼ同じ内容・構成が採られている。

この第9条については、わが国の民法466条2項の譲渡禁止特約との抵触が問題になる。すでに筆者自身いくつかの論文を発表して言及したところであるが、わが466条2項は世界的にみると、圧倒的な少数派の規定である（類例はドイツ、スイスくらいである[10]）。もちろん、わが民法466条2項も、善意の第三者には対抗できないと規定されているのだが、実際の取引では、預金債権や建築請負債権には譲渡禁止特約が付されているのは周知の事実として、善意の抗弁はかなり制限されてしまっているのが実情である。私が座長を務めた、中小企業庁の中小企業債権流動化研究会の報告書[11]では、この譲渡禁止特約について、現時点では最も詳細と思われる、アンケート調査を含めた分析をしているが、本条約との整合性の問題を抜きにして、中小企業の資金調達のための方策（売掛債権流動化、売掛債権担保融資等）を考える場合にも、この譲渡禁止特約の問題が大きな阻害要因として最近の議論の対象とな

っている。これを機会に、民法466条2項の立法論的な再考をするか、たとえば、国が債務者である請負債権等から積極的に譲渡禁止特約を外すという実務的な趨勢を作るとかの方策を考えることが必要である。したがって、譲渡禁止特約の問題は、国内と国外の両方から問題を提起されているものと把握するべきである。

5 債務者への通知と支払指示

　本条約は、第13条で、譲渡人と譲受人のいずれからでも、債務者に譲渡の通知を送付することができると定める。また本条約は、譲渡通知と支払先を指示する支払指示の概念を分けて規定し、譲渡通知が債務者に送付された後は、譲受人のみが支払指示を送付することができると規定している（同条但書）。第16条は、債務者への通知を定める。この規定だけでは通知の意義は明瞭ではないが、次の第17条を併せ読むと、ここでの通知は、債務者の免責手段としてまず規定されていることがわかる（通知は、後述する附属書のオプション（附属書第4部）の議論を別にすれば、第三者対抗要件の問題にはならない。また、わが国でいう債務者への権利行使要件（民法467条1項）にはなるが、譲受人側の権利行使の要件として規定されているのではなく、債務者が、権利者が誰かを認識して、そこへ、あるいはその者の指示した者へ、支払えば免責される、という機能を果たすものとして規定されている）。具体的には第16条は1項で、譲渡通知と、支払指示の概念を分けて規定し（支払指示の内容自体は第15条2項に規定されている）、同条2項は、通知後に発生する債権（将来債権）についての通知も認められると規定している。問題はその次の3項で、ここでは、後続譲渡の通知は、あらゆるそれ以前の譲渡の通知となるという規定を置いている。これについては、次のⅤで詳しく論じる。

　　6）　周知のように、最三小判平成11・1・29（民集53巻1号151頁、金法1541号6頁）は複数年の債権譲渡を認め、さらに最二小判平成12・4・21（民集54巻4号1562頁、金法1590号49頁）が、いわゆる集合債権の譲渡予約において債権の特定性を認めた。しかし両者とも第三債務者は特定している場合であったので、第三債務者不特定の債権譲渡をどう解するかについての判例の態度は、この段階ではいまだ明らかでないというべきである。【補注、2004（平成16）年の動産債権譲渡特例法制定の段階で第三債務者不特定の将来債権譲渡が登記可能になったが、そのことは

そのような将来債権譲渡契約の有効性を前提としているといえよう。】
7） 池田・前掲注1）『展開』278〜279頁参照。
8） 池田真朗「債権譲渡特例法――施行後三年の総合検証」みんけん（民事研修）2001年10月号3頁以下（同『債権譲渡の発展と特例法』（弘文堂、2010）56頁以下所収）。ちなみにその要点は以下のとおりである。わが国では、債権譲渡特例法による債権譲渡登記においても、第三債務者名が必要的記載事項（5条1項6号）となっているため、第三債務者不特定の債権譲渡は登記できない。もちろん民法467条でも、通知・承諾を得る相手方が決まっていないということで、対抗要件が具備できないのである。この点、資金調達実務からすれば、債権譲渡特例法5条1項6号の修正が望まれるわけである。ただそうした場合には、本来債権譲渡特例法の登記は、民法467条2項の確定日付ある通知とみなされる、つまり民法の対抗要件の等価代替手段であったものが、民法の対抗要件よりもいわば広い適用範囲をもつことになり、これをどう評価するかという理論上の問題が生起することを指摘しておく。
9） 債権譲渡禁止特約を規定する民法典が世界的に少数派であることや、譲渡禁止特約の有効性に関する国際的趨勢等については、池田真朗「債権譲渡禁止特約再考」法学研究（慶應義塾大学）72巻12号205頁以下（池田・前掲注1）『展開』304頁以下所収）参照。
10） 池田・前掲注9）および池田真朗「譲渡禁止特約のある債権の譲渡とその承諾による遡及効の対第三者効――最高裁平成9年6月5日第一小法廷判決をめぐって」金法1499号（1997）11頁以下（同・前掲注1）『展開』341頁以下）参照。
11） 『債権の流動化等による中小企業の資金調達の円滑化について・最終報告』中小企業債権流動化研究会・経済産業省中小企業庁事業環境部（2001年3月）。北川慎介「債権の流動化等による中小企業の資金調達の円滑化について」金法1607号（2001）32頁、同「中小企業債権流動化研究会最終報告の概要」ジュリスト1201号（2001）66頁参照。
12） 前掲注11）の中小企業庁報告書67頁もこの点を「公的機関が率先して譲渡禁止特約を解除し、債権の流動化を認めていくことが求められる」と説いていたが、実際、現在経済産業省では積極的にこの政府調達契約における売掛債権から譲渡禁止特約を外すことを各省庁に呼びかけ始めている（日本経済新聞2002年2月21日付朝刊記事参照）。【追記、経済産業省は、2002（平成14）年3月20日から、直接的には売掛債権担保融資保証制度の普及を意図して、経済産業省自身が第三債務者（売掛先）となっている売掛債権について、譲渡禁止特約を撤廃した（譲渡先を限定する形で譲渡禁止特約を外す、いわゆる部分解除方式による）。本章の趣旨とするところからしても、適切で望ましい判断と評価しうる。井辺國夫「〈インタビュー〉中小企業庁企画官に聞く売掛債権担保融資の将来像」金法1639号（2002）6頁以下参照。】

V　本条約の提起した新問題

1　後続譲渡（連鎖譲渡）の問題[13]

　第16条3項は、後続譲渡の通知は、あらゆるそれ以前の譲渡の通知となるという規定を置いている。つまり、A→B→C→Dと転々譲渡があった場合に、C→Dという譲渡通知をすれば、A→B、B→Cも通知されたことになるというものである。これは、わが国の債権譲渡法制が知らない規定内容であり、今後多くの分析検討を必要とすると考えられる。なおこれは、いわゆる中間省略登記の問題に近似するところもあるように思われるが、別の問題である（ここでは、後述する附属書のオプションの議論を別にすれば、対抗要件の問題にはならない。またA→B→C→Dと転々譲渡があった場合にA→Dという譲渡通知をするのなら中間省略であるが、ここでは実態にそぐわない譲渡が通知されているわけではない。ただし、通知の仕方によっては中間省略でされる可能性はある。その場合の問題点については後に触れる）。

　この規定と、その次の債務者の支払による免責の規定の関連では、当方は参加国のなかでもっとも多数の発言をし、議論の精緻化に努めた。その概要については、すでに別稿に紹介した[14]のでここでは繰り返さないが、要するに、わが国が提示したのは、連鎖譲渡の最後の部分を通知するだけでは足りず、中間部分の連続の証明が必要なのではないかということ、さらに、連鎖譲渡の最初のところで二重譲渡があった場合に（連鎖が二列になる）、条約草案の規定は十分に対処できるのか、という点であった。

　連鎖譲渡と二重譲渡の複合形などというものは、たしかにレアケースではあろうが、起こりえないものではない[15]。その場合にどのような処理になるのか、またそもそもこのような規定がわが国の債権譲渡法理のなかに取り込めるものか、等について十分に検討を加えておく必要があると思われる。つまり、本条約第17条4項は、多重譲渡通知のあった場合は、債務者は最初に受け取った通知に従う支払によって免責されると規定し、一方第17条5項で、連鎖譲渡の場合には最後の後続譲渡についての通知に従う支払によって免責されると規定する。それぞれの規定はそのとおりでよいのだが、その両者の

複合した問題では、両者の規定が矛盾として現れるのである。

　それでは、実際に本条約第16条の債務者への通知の規定と、第17条の債務者の免責についての規定は、わが国が懸念したような二重譲渡と連鎖譲渡の複合事例をどのように処理することになると考えられるのであろうか。以下にはとりあえず現段階での検証を試みておこう。

（1）　A－B－C－D－Eという連鎖譲渡の場合（債務者Z）

①　D－Eの譲渡についての通知をすれば、それまでのA－B－C－Dの譲渡通知を兼ねる（第16条3項）。この通知はDからでもEからでもできるが、Eからの通知であった場合は、Zは、Aからの連鎖のすべてについて十分な証明を求めうる（第17条7項。権利であって義務ではないので、そのままEに支払っても免責される）。十分な証明がなされなければ、通知がなかったものとして支払って（つまりAに支払って）免責される（第17条7項）。

②　ZがCからの通知とEからの通知を受け取った場合、通知の内容が、ZがC、EそれぞれをAからの譲受人としか認識できないものであれば、（A－Cという譲渡通知と、A－Eという譲渡通知の競合であるので）単純な二重譲渡と考えて通知の先に到達したほうに支払って免責される（第17条4項）。ただしここで中間省略通知の有効性の問題が生じる（後述する）。CがBからの譲受人であると通知し、EがDからの譲受人であると通知した場合には、ZにはBおよびDの存在は知られていなかったのであるとすれば、ZはCとEに適切な証明を求めうる。その結果、連鎖のなかにCが存在することがわかれば（つまり、CはA－B－Cという連鎖を証明するであろうが、Eが、Eの譲渡人DはCから譲り受けたことを立証すれば、Cの存在が連鎖のなかにあることがわかる）、当然Cの権利主張は否定されるし、Zは第17条5項でEに払って免責される。

（2）　A－B－C、A－D－Eという二重譲渡（債務者Z）となった場合

①　ZはCからの譲渡通知とEからの譲渡通知を受けた場合、かりに途中のBおよびDの存在を知らされない、A－C、A－Eという通知内容であった場合は、Aからの二重譲渡としてCの通知とEの通知の早いほうに支払えば免責される（第17条4項）。ただしここでも中間省略通知の有効性の問題が生じる。

② ZはCからの譲渡通知とEからの譲渡通知を受けた場合、途中のBおよびDの存在を知りうるような通知内容（B－C、D－Eという通知）であれば、Aからの連鎖譲渡であると考えられるから、最初の譲渡人Aからの列についての連鎖の証明を求めうる（第17条7項。この場合、Cに求めうるのはAからCへの連鎖のみであり、Eに求めうるのはAからEまでの連鎖のみである）。連鎖の十分な証明が得られれば、あとは①のように通知の到達の早いほうに払えばいい。連鎖の十分な証明が得られない列があれば、その列については通知がなかったものとして処理すればいいのだから（第17条7項後段）、連鎖の証明のできたほうに支払えば免責される。

③ ZがCからの譲渡通知とEからの譲渡通知を受けた場合で、先にBからの譲渡通知も受けている（Eのほうについては中間のDの存在が知られていない）という場合は、Bの通知とCの通知では、第17条5項により、Cに支払えば免責されるのであるから、あとはCの通知とEの通知を比べて早いほうに支払えば免責される。

以上、とりあえずの検証の結果は、日本が懸念した事案も、一応は解決ができることになりそうである（ただし以上の検証は、あくまでも筆者個人の分析であって、UNCITRALの報告書等にはこのような分析についての言及はない）。

2　中間省略通知の問題

上の説明のなかにも現れたように、連鎖譲渡の場合は実際には中間省略で通知がされる可能性もある。この点についても、UNCITRALの作業部会および総会では、ほとんど議論がなされなかったが、本条約の提起する新しい問題として、連鎖譲渡の場合の中間省略通知という問題が考えられる。

これについては、私見は別稿「債権連鎖譲渡論」に示したので、詳細はそちらに譲るが、要点のみ述べておけば、①わが国では、この問題は、民法上の債権譲渡の通知を中間省略で行うことの可否と、債権譲渡特例法上の登記を中間省略で行うことの可否という2つの問題に関わる。②わが国では、不動産物権変動の場合には、中間者の同意があれば中間省略登記は認められるというのが現在の判例・通説であるが、債権譲渡の場合はそれと同様に処理

してよいかというと、そうはいかない。それは、債務者が中間者に対して反対債権をもっている場合等が考えられるからである。つまり、不動産の物権変動の場合と異なるのは、中間者は権利者であるだけでなく、債務者に対して義務者でもある可能性があるということである。したがってたとえば、A→B→Cという連鎖譲渡について、BからCへの譲渡を債務者Zに通知した際に、ZはBに対して反対債権を有していれば、相殺の抗弁ができる。それがA→Cという通知ないし譲渡登記ということでBの存在が消されてしまうと、債務者ZにとってはBに対する相殺の抗弁の可能性が失われてしまう、という問題があるのである。

いずれにしても、わが国ではこれまで、債権の二重譲渡の議論が圧倒的に盛んであったのに対し、連鎖（転々）譲渡の問題は、ほとんど扱われてこなかった。これを機縁に、中間省略通知の問題だけでなく、譲渡禁止特約の及ぶ範囲の問題等、再譲渡、再々譲渡の場面をさまざまに分析することが必要ではないかと考えられる。

3 二重譲渡をまたいだ譲渡人の住所変更の問題

本条約は、実質法規定（条約で実質的に国際ルールを作っている部分）と抵触法規定（条約が国際私法規定として機能する部分——草案第5章）を1つの条約のなかに併存させる形態を採っている。この理由は、①国際私法規定の完備していない国にとりこのような規定を置くことは有益であること、②既存のUNIDROIT等の国際条約においても、債権譲渡のルールは必ずしも明確でないことなどからである。

そして本条約は第22条で、競合する権利主張者（二重譲受人、譲受人と差押債権者等）の権利については、譲渡人が所在する国の法律が規律することを定めた。このように譲渡人の所在地を連結点とすることは、本条約が扱う国際債権の国際譲渡において、対象債権が多数ある場合、債務者が多数の異なる国に所在する可能性の高いことを考えれば、債務者ではなく譲渡人の所在地国法を選ぶことに現実的な妥当性が当然に見出せる。

そこで1つ問題となるのは、債権の二重譲渡があり第1譲渡と第2譲渡の間で譲渡人が住所地を変更した場合にどうなるか、ということである。これ

は、わが国の外務省のUNCITRAL研究会では問題とされたが、UNCITRALの作業部会・総会では結局十分な議論がなされなかったところである。この点は、筆者の専門外の問題であるので、深入りは避けたいが、わが国では法例12条が債務者の住所地を債権譲渡の準拠法の連結点としているため、二重譲渡をまたいで債務者が住所変更をした場合が問題となり、これが学説上、法例12条改正論の１つの根拠となっていると聞く。【補注、法例は、平成18（2006）年に全部改正法である「法の適用に関する通則法」に改められ（平成18年６月21日公布、同19年１月１日施行）、法例12条は、通則法23条となり、「債権の譲渡の債務者その他の第三者に対する効力は、譲渡に係る債権について適用すべき法による。」と規定されるにいたった。なお、この点に関連して、本書序説末尾注19）参照。】この部分について本条約では、連結点が譲渡人の住所地であるので、たとえば本条約第22条、第30条に従い、第１譲受人がその段階の譲渡人の住所地法での対抗要件を具備し、第２譲受人がその段階の譲渡人の住所地法による別の形の対抗要件を具備したときに、それらの対抗要件の優先関係をどう理解するかという問題が現れるのである。難問であるが、やはりこれはそれぞれの有効な対抗要件具備のなかで時間的にもっとも早かったものを優先するという立場を採るべきではなかろうか。そうでないと、譲受人としては、譲り受けた後も、譲渡人の動向を追いかけ、場合によっては再度の対抗要件具備をしなければいけないという不合理があるからである。

13) 条約では、subsequent assignment(s)という表現を用いているが、後続譲渡という訳語では後の譲渡のみを指す誤解があり、連鎖譲渡または転々譲渡という表現のほうが適切と思われる。ここでは、UNCITRALの作業部会でもchain assignmentという表現が用いられていたことと、譲渡の連鎖という概念を用いて分析するのが便宜であることから、以下連鎖譲渡という表現を用いる。
14) 池田・前掲注２）NBL722号32〜33頁。
15) FCI（ファククーズ・チェーン・インターナショナル）からは、連鎖譲渡といってもファクタリングの世界ではほとんどA→B→Cの三者止まりであるという発言があり、議場の大勢は日本の修正案は瑣末な議論にすぎるというニュアンスと感じられたが、ドイツ代表は、プロジェクトファイナンスなどの場合はより長い連鎖が考えられると発言し、カナダ代表等からは、日本が二重譲渡と連鎖譲渡の複合という、これまで考慮されていなかった問題を指摘したとの発言があった。
16) 池田真朗「債権連鎖譲渡論──UNCITRAL国際債権譲渡条約草案と民法・債

権譲渡特例法」法曹時報54巻1号（2002）1頁以下（本書第5章所収）。

VI　本条約における優先権規定と優先原則

1　基本構造

　本条約のもっとも肝要な部分が、優先関係の規則、日本流にいえば対抗要件の問題である。本条約の当初の狙いからいえば、この優先関係の規則を統一化することが、低利の資金調達という目的の達成のために最も望ましいことであったのだが、本条約草案は、幾多の議論を重ねた末に、優先関係の規則について、統一的なルールを定めることはせず、以下のような、準拠法規定とオプション規定の併存する構造を採用した。

　①第22条で、競合する権利主張者（二重譲受人、譲受人と差押債権者等）の権利については、譲渡人が所在する国の法律が規律することを定めた。②条約の外に附属書（ANNEX）としていくつかの優先ルールのオプションを列挙し、それを条約第42条で、各国がいつでもそのいずれかに拘束されることを宣言できる形を取った。

　先述のように、①の規定は、本条約の想定する債権譲渡が多くの場合多数債権の包括的譲渡になることを考えると、債務者の所在地国法という連結点は現実的にも考えにくいということからすれば、まず妥当な結論といえよう。問題は、②の規定の仕方である。

　本条約の草案起草作業部会は、当初、条約内で統一的な優先規則を定める意図で出発した。具体的には、多数債権の包括的譲渡という観点からは登録型の優先規則が最適とされ、1997年には、当時もっとも進んだ登録制度をもっていたカナダ（その段階ではオブザーバー国）が議場でそのオンライン申請の概略のデモンストレーションを行ったりしたのである。[17] しかし条約で統一的なルールを定めることは時期尚早とされ、条約の外に附属書として付されることになった。ちなみに、条約と附属書の関係は、附属書の部分は条約ではなくいわゆるモデル法として理解されるということである。つまり、先に掲げたように、附属書の適用は加盟国の任意であり、附属書に拘束される宣言はしてもしなくてもよい。したがって、加盟国が第42条の宣言をしなけれ

ば、優先関係は第22条によって譲渡人の所在地国法で規律されるだけのこととなる。

2　優先規則の列挙と選択方法

その附属書には結局、大きく分けて3種類の優先関係規則が列挙されることとなった。第1は、登録型（附属書第1部の第1条、第2条および第2部の第3条〜第5条）であり、第2は、譲渡契約時基準型（第3部の第6条〜第8条）、そして通知型（第4部の第9条、第10条）である。第2の譲渡契約時基準型は、何よりも譲渡契約の時を証明することがむずかしい。その批判を受けて、一応、最終段階で、あらゆる証拠方法で証明しうるという、附属書8条が加えられている。第3の通知型（通知到達時基準型）は、いうまでもなくわが民法467条の方式であるが、初期の作業部会において、いわゆる債権流動化取引には最も不向きとされたものであり、それが、2000年12月の最終の作業部会で、選択肢としてはありうべきという理由で加えられたものである。

右のように列挙された附属書のいずれの部分を採用するかは、先述の第42条が規定しているのであるが、この第42条は、以下のようにさらに複雑な形で採用するオプションの組合せを規定している。①附属書第1部に規定する優先関係の規則に拘束され、附属書第2部に基づき設立される国際登録システムに参加する、というもの（第42条1項a号）。②附属書第1部に規定する優先関係の規則に拘束され、かかる規則の目的を満たす登録システムを用いることにより、その優先関係の規則を実施する、というもの（第42条1項b号）。①は登録型でかつ国際登録システムに直接参加する形であり、②は登録型であるが国内登録システムを使って国際登録システムと連結する形である。ちなみにわが国でいえば1998（平成10）年施行の債権譲渡特例法がこの国内登録システムにあたる。③附属書第3部に規定する優先関係の規則に拘束される、つまり譲渡契約時基準の優先ルールを採用するというもの（第42条1項c号）。⑥附属書第4部に規定する優先関係の規則に拘束される、つまり通知到達時基準の優先ルールを採用するというもの（第42条1項d号）。⑤附属書第7条と第9条に規定する優先関係の規則に拘束される、つまり複数の譲受人間の優先関係は通知到達時基準の優先ルールを採用し、譲受人と倒

産管財人や差押債権者等の間の優先関係は譲渡契約時基準の優先ルールを採用するというもの（第42条1項e号）。さらに、⑥第42条4項は、第1項に基づく宣言を行っていない国は、その国で有効な優先関係の規則に従い、附属書第2部に基づき設立した登録システムを用いることができるとしており、⑦第42条5項は、国が第1項に基づく宣言を行う時またはその後、その国は、第1項のもとで選択される優先関係の規則を、一定の類型の譲渡または一定の種類の債権の譲渡には適用しない旨宣言することができるとしている。これらも一種の選択肢として加えれば、以上で7通りの組合せがあることになる。

　先述したように、これだけのオプションが並立している状態では、統一条約としての機能は十分に果たせないと考えられるが、これが今後各国の選択のなかでどのように収斂していくかが、1つこの条約の実質的な成否の鍵を握るのではなかろうか（ちなみに参加先進国の多くは、登録制度への趨勢には理解を示している）。

3　考えられるわが国の選択

　そこで、それではわが国がこの条約を批准する場合については、どのような選択肢が考えられるかということであるが、もし附属書のなかから選択する宣言をするのであれば、②および⑥、⑦の宣言が選択肢として考えられる。この場合は、もちろん、1998（平成10）年に制定された債権譲渡特例法を主として念頭に置くことになる。しかしながら、厳密にいえばそれらの場合もそれぞれ国内法の調整がどの程度必要になるか見極める必要がある。つまり、債権譲渡特例法は、この条約草案の附属書にいう国内の登録システムとしての適性をもつことはたしかであろうが、一方でわが国は民法467条の通知型の対抗要件システムを併置しているため（さらに正確にいえば、特定債権法の新聞紙上への公告という対抗要件システムもある【補注、同法はその後廃止されている】）、こういう複数の国内対抗要件システムのうちの1つを国際システムとリンクさせて不都合がないかということが最大の問題となろう。したがって、とりあえずは条約を批准しても附属書の宣言なしに条約自体の第22条によって譲渡人の所在地国法という選択をしておくことが賢明かとも思われ

る（なお、④の選択肢は、基本的には本来わが国の民法467条の通知到達時（または承諾時）優先型の規定ではあるが、わずか2ヵ条の規定で承諾に関する規定がなく、また債権譲渡特例法による登記のシステムが組み込めない等、かえって宣言した場合に混乱を招く可能性があると思われる）。

17) 池田・前掲注1) NBL639号17頁以下（同・前掲注1)『展開』204頁以下所収）参照。

Ⅶ 本条約の評価と今後の展望

本条約は、いくつかの問題点は包含しながらも、売掛債権等を利用した国際的なレベルでの資金調達の進展にかなりの可能性を開いたものといえるであろう。この点、そもそも海外ではわが国よりも売掛債権等による資金調達がかなり進んでおり[18]、かつアメリカ・カナダ・欧州各国間の取引状況、およびそれに伴う国際ファクタリング等の普及状況をかんがみると、国際債権の国際譲渡という角度からも、このような条約に対するニーズが高いことは容易に理解されよう。

ただ、本条約の最大の問題点は、国際債権譲渡に関する統一条約たることを目指しながら、先にも述べたように、いわゆる対抗要件（優先基準）について一本化を図れなかったところにある。起草作業を開始した当初の、全世界統一のコンピュータシステムによる登録制度の構築の模索に対しては、時期尚早という声も強く、結局は、考えられるオプションをすべて附属書に列記するという、統一化に反する方向で妥協した結果になった（ただし、近い将来の世界統一登録制度構築の可能性が検討されるべきであるという点は、UNCITRAL議場内外での各国代表の発言からは、先進諸国の間ではコンセンサスに近いものがあるように感じられたが）。

また最終採択がなされた現在も、今後どのくらいの国が署名し批准に至るのか、必ずしも見通しは立っていない。しかし、まず、最終採択となったそのこと自体が国際債権流動化取引にどのようなインパクトを与えるかが吟味されなければならないであろう。さらに進んで、採択後、主要各国が批准した場合のわが国の対応も問題になる。

この点、わが国はこれまで、条約やモデル法の作成作業には忠実に対応しているものの、その後の各条約の批准等については、おろそかになっている場合が多い。たとえば、ウィーン国際物品売買条約のように、世界中で高い評価を受けている UNCITRAL の条約も批准していない。【補注、同条約については、わが国は2008年に71番目の締約国となり、2009年8月1日からその適用を受けることになった。】しかしウィーン売買条約の場合は、そもそもが契約上のルール（任意規定）に関するものであったため、国際取引をする日本企業が、個々の契約書のなかに同条約と同一内容の約款を盛り込んでいけば、（取引に入る前の予見可能性という点を別にすれば）実質的に別段の不利を被ることはなかった。けれども、実は今回は、問題状況が明らかに異なることを認識しなければならない。つまり今回の国際債権譲渡条約の内容は、対抗要件ルールのように法定的な要素も含んでいるため、個別の企業や金融機関の努力で同じ効果を創出できる性質のものではない。それゆえ、可能性として、主要先進国の多くが批准した場合（そしてとくに附属書の優先規則について統一的な選択をした場合）に、批准した国々の企業や金融機関が相対的に有利な資金調達をすることが可能になり、批准しない国の企業・金融機関は反対に相対的に高利での不利な資金調達を余儀なくされることもありうる。[19] この点で、今後、わが国の真剣な対応が強く望まれるのである。

- 18) 実際、たとえば売掛債権の流動化比率を日米の比較でみてみると、アメリカが約13％を証券化している（2000（平成12）年のデータ）のに対し、日本では（1999（平成11）年時点で）約1％にとどまっている。前掲注11）中小企業庁報告書10頁参照。
- 19) 私はこの点をすでに前稿で指摘しておいたが（池田・前掲注2）NBL722号36頁）、その後実務界からの懸念も明らかにされている（小野傑ほか「〈座談会〉担保・執行法制の検証と課題――債権の流動化・証券化の促進のために」債権管理95号（2002）34頁〔花井正志〕）。

第5章
債権連鎖譲渡論
―UNCITRAL 国際債権譲渡条約草案と
民法・債権譲渡特例法

I　はじめに

　Aの有する指名債権（債務者をZとする）がAからBへ譲渡された場合、わが民法の規定によれば、対債務者への権利行使を確保するためには、AからBへの譲渡が債務者Zに通知されるか、それがZによって承諾されることが必要である（民法467条1項）、さらにその譲渡を第三者に対抗するためには、それらの通知・承諾が確定日付ある証書によってなされなければならない（同条2項）。また1998（平成10）年の債権譲渡特例法施行後は、この467条2項の通知は債権譲渡登記によって代えることができるようになったことも周知のとおりである（同特例法2条1項。ただし登記で得られるのは第三者対抗要件のみであり、債務者への対抗（権利行使）ができるようにするためには、登記事項証明書を交付して通知するか、債務者の承諾を要する。同特例法2条2項）。【補注、債権譲渡特例法は2004（平成16）年に動産債権譲渡特例法となり、2条1項は4条1項に、2条2項は4条2項になった。以下では新法に修正して記載する。】したがって、たとえば、Aの有する指名債権（債務者Z）がAからBへ、BからCへと転々譲渡された場合に、Cが第三者に対して権利の優先を対抗するためには、民法でいえば、AからBへの譲渡が債務者Zに確定日付ある証書で通知されるかZによって確定日付ある証書で承諾され、さらにBからCへの譲渡が同様に債務者Zに通知されるかZによって承諾されることが必

要となるはずであり、債権譲渡特例法でいえばAからBへの譲渡が登記され、続いてBからCへの譲渡が登記されることが必要となるはずである。

では、それら数次の譲渡があった場合に、それぞれの譲渡のすべては通知せず、たとえば、最終の通知でそれ以前の通知を兼ねるというようなことは可能であろうか。また、債務者Zに対して、AからCへの1回の譲渡があったという通知をすることは有効であろうか。さらにその通知にかえて、動産債権譲渡特例法4条1項の債権譲渡登記で同様にAからCへの譲渡として登記することは可能であろうか。このような問題は、これまでわが国ではほとんど議論されたことのない問題である（ことに前者の最終の通知でそれ以前の通知を兼ねるという議論はまったくなされていない）。しかしこれらの問題が、UNCITRAL（国連国際商取引法委員会）の「国際取引における債権譲渡に関する条約草案」[1]（以下「国際債権譲渡条約草案」と略す）の完成に伴い、クローズアップされることになった。

同草案は、国際的な債権譲渡による資金調達の円滑化・低利化を実現するためには、適用される各国の法規をできるだけ統一し、また準拠法決定についても明確にする必要があるとの観点から、UNCITRALが1995年から起草作業を開始したもので、2001年6月の同総会で完成・採択となり、本稿執筆の2001年10月現在、第56会期国連総会に提出されているものである[2]。同草案では、債権がA→B→C→Dと移転される後続譲渡（転々譲渡ないし連鎖譲渡）の通知の問題について規定を置いている（以下に詳細に述べるように、同草案16条3項では、「後続譲渡の通知は、あらゆるそれ以前の譲渡の通知となる」と規定しており、17条5項では、「債務者が一又は複数の後続譲渡の通知を受け取った場合には、債務者は、最後の後続譲渡についての通知に従う支払により免責される」と規定する）。なお、これらの規定では、通知内容が中間省略の形態でされた場合には触れられていないが、実際にそのような形態の通知がなされることも考えられるので、間接的に、中間省略通知の検討も必要となると考えられる。

本章は、このUNCITRAL国際債権譲渡条約草案を手がかりに、指名債権がA→B→C→Dと移転される場合に発生する（あるいは発生するであろう）新たな問題の掘り起こしと、それに対するわが民法および債権譲渡特例

法の対応可能性の検討を試みるものである（したがって、今後の立法の必要性を探る部分も当然現れることになる）。なお、そのような譲渡についての呼称であるが、UNCITRAL の草案では、「後続譲渡（その後の譲渡）」とでも訳すべき subsequent assignment, cessions subséquente という表現を使っている。しかし日本語として後続譲渡では複数の譲渡のうちの後の譲渡のみを指すという誤解がありうるので、「転々譲渡」、「連鎖譲渡」あたりが適当であろう。その中でも、UNCITRAL の作業部合の議場では、各国代表の議論の中で chain assignment という表現も使われ、本章の検討の中でも「譲渡の連鎖」という概念を用いるのが便宜なため、ここでは「連鎖譲渡」という用語を採用することとする。

1) 池田真朗「UNCITRAL 国際債権譲渡条約草案」NBL722 号（2001）27頁以下。なお同条約草案についての UNCITRAL 第34会期報告書は、国連総会第56会期公式文書追加第17（文書番号A／56／17）として公表され、同条約草案条文は、A／56／17ANNEX に掲げられている。同条文の邦語対訳については、池田・前掲 NBL 論文に付されて、NBL722 号37頁以下に掲載されている（慶應義塾大学大学院国際債権流動化法研究会訳・小堀悟監訳）。

2) この条約草案の作成作業について筆者がこれまでに発表した論考として、①池田真朗「国際債権譲渡の第三者対抗要件と UNCITRAL における動き——1997年10月会期までの中間報告として」資産流動化研究Ⅳ（日本資産流動化研究所、1998）1頁以下（池田真朗『債権譲渡法理の展開』（弘文堂、2001）192頁以下所収。以下、『展開』と呼ぶ）、②池田真朗「カナダにおける債権譲渡登録制度——UNCITRAL での紹介を中心に」NBL639 号（1998）17頁以下（同・前掲『展開』204頁以下所収）、③池田真朗「UNCITRAL 国際債権譲渡条約草案起草作業——2000年12月会期での「作業部会最終案」作成まで」資産流動化研究Ⅶ（日本資産流動化研究所、2001）1頁以下（同・前掲『展開』222頁以下所収）がある。また、本条約草案作成作業について国際私法の角度から考察したものとして、北澤安紀「債権譲渡の準拠法——UNCITRAL の「国際取引における債権譲渡に関する条約」草案の国際私法規定の検討を中心として」国際法外交雑誌第99巻4号（2000）1頁以下がある。

II　UNCITRAL 国際債権譲渡条約草案の規定

1　本草案における債務者への通知と支払指示

　最初に、議論の発端となる UNCITRAL 国際債権譲渡条約草案の規定について、ひととおり紹介しておこう。

　まず本草案第13条1項は、「債務者へ通知する権利」として、譲渡人と譲受人のいずれもが、債務者に対して、譲渡通知と、支払先を指定・変更する支払指示を送付することができると定めている。本草案は、通知とこの支払指示の概念を分けて規定しており、同条但書は、譲渡通知が債務者に送付された後は、支払指示は譲受人からのみすることができると定めている（支払指示自体は第15条2項に規定されている）。

　そして第16条は、債務者への通知を定める。この規定だけでは通知の意義は明瞭ではないが、次の第17条をあわせ読むと、ここでの通知は、債務者の免責手段としてまず規定されていることがわかる。つまり本草案においては、通知は、草案附属書に列挙される優先規則のうち、最後の通知優先型の規則を選択しないかぎりは、第三者対抗要件の問題にはならない。また、わが国でいう債務者への対抗要件（民法467条1項）にはなるが、譲受人側の権利行使の要件として規定されているのではなく、債務者が、権利者が誰かを認識して、そこへ、あるいはその者の指示した者へ支払えば免責される、という機能を果たすものとして規定されているのである。具体的には第16条は1項で、譲渡通知と支払指示の概念を分けて規定し、同条2項は、通知後に発生する債権（将来債権）についての通知も認められると規定している。問題はその次の3項に置かれている、後続譲渡の通知に関する規定である。

2　後続譲渡（連鎖譲渡）の問題

(1)　本条約草案の規定の内容

　第16条3項は、「後続譲渡の通知は、あらゆるそれ以前の譲渡の通知となる」という規定を置いている。つまり、A→B→C→Dという連鎖譲渡があった場合に、C→Dについての譲渡通知をすれば、A→B、B→Cも通知さ

れたことになるというものである。これは、わが国の債権譲渡法制がまったく知らない規定内容であり、この条約草案が将来署名・批准の問題となったときには、多くの分析検討を必要とすると考えられる。なおこれは、いわゆる中間省略登記の問題に近似するところもあるように思われるが、それ自体は別の問題である。つまり、A→B→C→Dと連鎖譲渡があった場合にA→Dという譲渡通知をするのなら中間省略であるが、ここではC→Dという通知に与えられる効果を論じているのであり、実態にそぐわない譲渡が通知されているわけではない（また本条約草案では、先述した附属書のオプションの議論を別にすれば、対抗要件の問題にはならない）。ただし、実際の問題として、右の場合にA→Dという内容の譲渡通知がされることは考えうるので、中間省略型について検討の対象とする必要があると思われる。

(2) 起草の経緯

上記の本条約第16条3項の起草経緯の詳細は、別稿に紹介するが[4]、その立法趣旨は、国際ファクタリングの実態をふまえたもので、オタワ条約の規定を範としたことが明示されている。ここでは議論の流れを把握できる程度に紹介する（以下「旧最終案」というのは、2000年6月にいったんUNCITRAL総会に諮られた、作業部会の第1次の最終案を指し、「新最終案」というのは、同総会で審議未了となり2000年12月の作業部会で再度修正された第2次の最終案を指す[5]）。

旧最終案は、第18条3項で後続譲渡の通知が先行譲渡の通知を兼ねるとしつつ、一方第19条5項で、譲受人からの通知も可能（それによって譲受人に支払えば債務者が免責される）と認め、その場合債務者から譲受人に対して適切な譲渡の証明を求めることができ、証明がなければ債務者は譲渡人に弁済して免責されうるという規定を置いた（旧最終案第19条5項は、譲受人からの通知を認める際に虚偽の通知が行われることを防止する趣旨で置かれたものであるが、この時点では、同項においては、連鎖譲渡のことは必ずしも考えられていなかった）。2000年6月の事務局案では、この旧最終案第18条3項について以下のようにコメントされている。「第3項は、オタワ条約11条2項に示唆を得たもので、本条約草案中最も重要な規定の1つであり、ことに国際ファクタリング取引に関して重要である。国際ファクタリング取引においては、

譲渡人は通常、自己と同一国内の譲受人（これを輸出ファクターという）に債権を譲渡する。そして輸出ファクターが続いてこの債権を債務者と同一国内の譲受人（これを輸入ファクターという）に譲渡するのである。このような構成のもとでは、債務者からの債権回収は、輸入ファクターが第２譲渡について債務者に対して有効となるためのすべての必要な措置を取ることができればできるほど容易になる。このような取引の効率のよい運営は、第１譲渡もまた債務者に対して有効であるという推定に基づいている。債務者は通常第２譲渡のみについて通知されるという事実に鑑みれば、第２譲渡の通知は第１譲渡も同様にカバーするということを保証することが重要である。さもなければ、第１譲渡は債務者に対しては有効でなくなり、その状況は第２譲渡の有効性にも影響してしまうことになろう。（さらに）２以上の後続譲渡がなされる場合に言及するために、第３項は、１つの通知が、直前の譲渡のみでなく、いずれの先行譲渡をもカバーすることを規定する（後続譲渡に関する複数の通知がなされた場合の債務者の免責の問題については後述 para. 138参照）。UNCITRAL 総会は、通知が、すべての後続譲渡のリストを掲げるものではないにしても、後続譲渡に関するものであることを示すべきかどうかを検討してはどうだろうか。そのようなアプローチは、債務者が複数の通知を受けた場合に、最初に受けた通知にしたがって支払うべきか（二重譲渡に関する第19条２項）、そのような後続譲渡の最後の通知に従って支払うべきか（第19条４項）を決定することを可能にするであろう。」(A/CN. 9/470, para. 132)

このように、旧最終案第18条３項は、基本的には国際ファクタリング取引を念頭に置いてＡ→Ｂ→Ｃの三者の連鎖を考え、さらに譲渡の連鎖が延びた場合をも規律する規定として考えられていたのである。ちなみにオタワ条約とは、UNIDROIT（私法統一協会）が作成し1988年５月にオタワにおいて開催された外交会議で採択された「国際ファクタリングに関するユニドロワ条約」[6]であり、その第11条２項は「この条約の適用上、その後の譲渡についてのデッター（債務者）に対する通知は、ファクターへの譲渡の通知にもなる」[7]と規定している。

しかし、日本は、この旧最終案第18条、旧最終案第19条だけではより長い連鎖譲渡や二重譲渡の併発の場合に不備があると指摘して、修正案を提案し

た。つまり、連鎖譲渡（A→B→C→D）の場合、旧最終案では、A→B→Cだけの連鎖ならば、B→Cの譲渡に関する通知がA→Bの譲渡の通知を兼ね、債務者はCに（B→C間の）適切な譲渡の証明を求めるということで一応足りそうであるが（ただし、厳密にはA→Bの譲渡についての証明が不足する）、A→B→C→Dとなると、C→Dの譲渡に関する通知がA→B、B→Cの譲渡の通知を兼ね、債務者はDに（C→D間の）適切な譲渡の証明を求めるということになれば、A→B→Cの部分の連続の適正な証明がないことになってしまうのである。そこで日本からは、後続譲渡の通知については、「その通知がそれ以前の譲渡の譲渡人を適切に証明する内容を含んでいれば」先行譲渡の通知を兼ねるという趣旨の修正案（カギ括弧内を原案に追加）を、旧最終案第19条5項については、（5項は専らA→Bだけの場合にBから通知することを認める規定であるとして、それと区別して）5項の後に、連鎖譲渡の場合には、債務者は譲受人に対してそこまでの各先行譲渡についての証明を求められるという趣旨の5項bisを追加する修正案を提出したのである（正確にいえば、日本案の問題とした事例は（筆者の立案ではないが）、A→B→C→D→Eの連鎖譲渡で、債務者がCからのB→Cに関する譲渡通知とEからのD→Eに関する譲渡通知を受けた場合、債務者は誰に支払うべきか判断ができなくなる、というケースと、それに加えて、AがBとDとに二重譲渡をしてA→B→CとA→D→Eという連鎖になった場合のB→Cに関する譲渡通知とD→Eに関する譲渡通知を受けたケースを挙げたものであったが、二重譲渡も入ると問題が複雑になりすぎるとして、連鎖譲渡の問題として以下議論された）。

　ちなみに、FCI（ファクターズ・チェーン・インターナショナル）からは、連鎖譲渡といってもファクタリングの世界ではほとんどA→B→Cの三者どまりであるという発言があり、議場の大勢はこの修正案は瑣末な議論に過ぎるというニュアンスと感じられたが、ドイツ代表は、プロジェクト・ファイナンスなどの場合はより長い連鎖が考えられると発言し[8]、カナダ代表等からは、日本が二重譲渡と連鎖譲渡の複合という、これまで考慮されていなかった問題を指摘したとの発言があった。

　結局、日本からのこれらの修正案を検討した2000年12月の最終作業部会での結論は、①後続譲渡の通知が先行譲渡の通知を兼ねるという第18条3項は

維持する（日本案は通知の内容の判断について債務者の負担増になるという理由で反対された）。②しかし第19条5項は連鎖譲渡（A→B→C→D）のときに不備であるのは日本の指摘どおりであり、日本の提案を前掲の第19条5項と合わせて、右の場合であれば、Dからの通知の際は債務者は先行譲渡（AからBおよび中間のBからCの譲渡まで）の証拠の提示を求めることができ、それがなければ、通知を受けなかったものとして弁済して免責される、という規定（新第19条7項）を置く、ということになった。

　以上のような経緯で作業部会新最終案の成案を得、さらに最終草案では条文番号は18条は16条になり、19条は17条となった。ただ、日本が提示した連鎖譲渡と二重譲渡の複合形は、たしかにレア・ケースではあろうが、起こりえないものではない。その場合にどのような処理になるのか[9]、またそもそもこのような規定がわが国の債権譲渡法理の中に取り込めるものか、等については十分に検討を加えておく必要があると思われる。

　(3)　本条約草案の規定の検証と、中間省略型通知の可能性

　ここでは詳論しないが、実際に本草案第16条の通知の規定と、第17条の債務者の免責についての規定が、わが国が懸念したような二重譲渡と連鎖譲渡の重複事例をどのように処理することになると考えられるのかを、ひととおり検証してみると、日本が提示した事案も、一応は解決できることになりそうである[10]。ただ、その場合も、実際には通知が中間省略の形態でなされる可能性も考慮しなければならないように思われる。

　一例をあげれば、A→B→C→D→Eという連鎖譲渡の場合（債務者Z）でZがCからの通知とEからの通知を受け取ったケースを考えると、通知の内容が、ZがC・EそれぞれをAからの譲受人としか認識できないものであれば、（A→Cという譲渡通知と、A→Eという譲渡通知の競合であるので）単純な二重譲渡と考えて通知の先に到達したほうに支払って免責される（第17条4項）。ただしここで中間省略通知の有効性の問題が生じる（後述する）。CがBからの譲受人であると通知し、EがDからの譲受人であると通知した場合には、ZにはBおよびDの存在は知られていなかったのであるとすれば、ZはCとEに適切な証拠の提示を求めうる（第17条7項）。その結果、連鎖の中にCが存在することがわかれば（つまり、CはA→B→Cという連鎖を証明

するであろうが、Eが、Eの譲渡人DはCから譲り受けたということを立証すればCの存在が連鎖の中にあることがわかる）、当然Cの権利主張は否定されるし、Zは第17条5項でEに払って免責される、ということになる。したがって、このような検討からもわかるように、中間省略型通知の有効性についても十分に検討しておく必要があろう。しかしながら、UNCITRALの作業部会および総会では、この中間省略型の通知については議論されていない。

3) 本条約草案の当初の狙いからいえば、この優先関係の規則（日本流にいえば、対抗要件の問題）を統一化することが、低利の資金調達という目的の達成のためにもっとも望ましいことであったのだが、本条約草案は、幾多の議論を重ねた末に、優先関係の規則について統一的なルールを定めることはせず、以下のような、準拠法規定とオプション規定の併存する構造を採用した（詳細は本書第4章Vを参照）。①第22条で、競合する権利主張者（二重譲受人、譲受人と差押債権者等）の権利については、譲渡人が所在する国の法律が規律することを定めた。これは、本条約の想定する債権譲渡が多くの場合多数債権の包括的譲渡になることを考えると、債務者の所在地という連結点は現実的にも考えにくいということからすれば、まず妥当な結論といえよう（ただし、わが国の国際私法との整合性は今後検討する必要がある）。②条約の外に附属書（ANNEX）としていくつかの優先ルールのオプションを列挙し、それを条約第42条で、各国がいつでもそのいずれかに拘束されることを宣言できる形を取った。ちなみに、条約と附属書の関係は、条約の規定自体からは必ずしも明らかではないが、事務局の説明では、附属書の部分は条約ではなくいわゆるモデル法として理解されるとのことであった。つまり、附属書の適用は加盟国の任意であり、附属書に拘束される宣言はしてもしなくてもよい。したがって、加盟国が第42条の宣言をしなければ、優先関係は第22条によって譲渡人の所在地国法で規律されるだけのこととなる。その附属書には結局、大きく分けて3種類の優先関係規則が列挙されることとなった。第1は、登録型（附属書第1部の第1条、第2条および第2部の第3条〜第5条）であり、第2は、譲渡契約時基準型（第3部の第6条〜第8条）、そして通知型（第4部の第9条、第10条）である。したがって、通知が対抗要件の問題となるのは、この附属書第9条・第10条の採用を宣言した場合だけである。

4) 本条約草案の国連総会での採択を待って金融法務事情に発表の予定である。

5) この新最終案の原文（英文）とその邦語試訳については、池田真朗＝北澤安紀＝国際債権流動化法研究会「UNCITRAL 国際債権譲渡条約草案作業部会最終案試訳」法学研究（慶應義塾大学）74巻3号（2001）232頁以下。

6) 本条約については、原優「私法統一国際協会（UNIDROIT）が採択した「国際ファクタリングに関する条約草案（最終案）」の概要と問題点」NBL399号（1988）16頁以下、同「国際ファイナンス・リースおよび国際ファクタリングに関

するユニドロワ条約の採択(下)」NBL408号（1988）38頁以下参照。
7) 同条文翻訳については、原・前掲注6）NBL408号論文に附属する「国際ファクタリングに関するユニドロワ条約（仮訳）」を参照。第11条は同38頁、44頁。
8) ドイツ代表の1人であるPaul Franken弁護士は、2000年12月の作業部会会期中に、ウィーン市内で開かれた、オーストリア金融関係者を対象とするUNCITRAL草案に関するセミナーで、Chain assignmentと題して講演をし、そこでもこの旨を述べていた。
9) 本条約草案第17条4項は、多重譲渡通知のあった場合は、債務者は最初に受け取った通知に従う支払によって免責されると規定し、一方第17条5項で、連鎖譲渡の場合には最後の後続譲渡についての通知に従う支払によって免責されると規定する。それぞれの規定はそのとおりでよいのだが、その両者の複合した問題では、両者の規定が矛盾として現れるのである。
10) 筆者は、2001年10月9日の金融法学会個別報告でこの点についてひととおりの検証を行った。内容は2002年春刊行の金融法研究18号に収録されている。

III　中間省略通知と中間省略登記

1　問題の所在

　以上紹介した国際債権譲渡条約草案の規定に触発されて、ここでは、債権譲渡の中間省略通知、という問題を、まずわが国の法制に則して考えてみたい。そこで当然、債権譲渡特例法による場合の中間省略登記についても、触れなければならないことになる。これらは、今日まで、わが国の学説上まったくといってよいほど論じられていなかった新問題で、判例も下級審裁判例が1つあるのみである。

2　不動産の中間省略登記

　最初に、比較検討の素材として、不動産物権変動の登記の問題を概観するのが有益であろう。わが国においては、不動産物権の移転に関しては、中間省略登記の問題が古くから扱われてきたのは周知のとおりである。判例は、当初は中間省略登記は事実に反する登記であるから無効であり（大判明治44・5・4民録17輯260頁）、したがって中間省略登記請求もなしえないとしていた（大判明治44・12・22民録17輯877頁）。しかしその後、登記名義人・中間者・転得者の三当事者全員の間に中間省略登記をなすべき旨の合意があるときには、

これに基づいてなされた中間省略登記は有効であるし（大判大正5・9・12民録22輯1702頁）、中間省略登記請求権も成立すると解するに至った（大判大正8・5・16民録25輯776頁）。つまり、「登記は事実に合致しなければならないという登記制度の建前よりも、むしろ登記名義人や中間者の私的利益の保護が中心的な考慮の対象とされ、それらの者が中間省略登記に同意を与えて自己の利益を害されることがない旨を表明したときには、建前に反しても中間省略登記請求を認めてよいとされるようになった[11]」のである。

　その後最高裁は、すでになされた中間省略登記の扱いに関しては、さらに肯定的な評価を進め、中間者に実質的具体的な利益があるか否かのみを問題とするようになる。すなわち、中間者の同意なしになされた場合であっても、中間者はその抹消を求めるだけの正当な利益が存しない限り、抹消請求をなしえないし（最判昭和35・4・21民集14巻6号946頁）、第三者が中間者の同意がないことを理由に抹消登記を請求することも許されないとした（最判昭和44・5・2民集23巻6号951頁）。しかしながら、新たな中間省略登記の請求については、依然として、登記名義人や中間者の同意がない限り認めえないとしている（最判昭和40・9・21民集19巻6号1560頁）。

　なお学説は、すでになされた中間省略登記の事後評価に関しては、ごく一部に中間者の同意がないかぎり無効とする説もあるが[12]、無条件に有効と解する説が多数である[13]。一方、新たな中間省略登記の請求に関しては、特約の有無にかかわらず常に認められないとする説[14]から無条件肯定説[15]までいろいろと分かれている。

3　指名債権譲渡の中間省略通知

(1)　債権譲渡固有の問題点

　これに対して、指名債権譲渡の中間省略通知の問題は、これまで、実際には行われていたのかもしれないが、判例・学説上、ほとんど議論されてこなかった。以上の不動産の中間省略登記に関する判例の推移を勘案すると、債権譲渡の通知は、公的に権利の存在を公示するものでもないので、一見、中間省略通知が不動産の中間省略登記よりも容易に認められやすいようにも思われる。少なくとも、不動産の中間省略登記の議論に照らすと、中間者が同

意していればよいとの考え方が示されそうである。しかしながら、実は問題はそう簡単ではない。なぜなら、債権の場合は、利害関係者として、中間者だけでなく、常に債務者（譲渡の目的となっている債権の債務者）の存在を意識しなければならないからである。つまり、ＡのＺに対する債権がＢに譲渡され、さらにＣに譲渡されたという場合に、ＡからＣという形の中間省略通知が認められ、ＣがＺに弁済請求する局面を考えてみよう。この場合に、もしＺが中間者Ｂに対して、当該通知の到達する以前から反対債権を持っていたとすると、本来Ｚは、そのＢに対して主張できた相殺の抗弁をＣに対抗できたはずなのに（民法468条2項）、それが中間省略通知を認めることによって（Ｂが譲渡の過程に現れなくなるので）封じられてしまうのである（中間者Ｂが金融機関で、ＺがＢに預金債権を持っていた場合等を考えれば、この懸念には現実性がある）。相殺以外の抗弁についてももちろん同様である。つまり、債権譲渡の場合は、中間者Ｂには権利ばかりでなく債務者Ｚに対する債務も存在する場合があり、したがって、そのような場合の債務者の利益を守るためには、中間省略通知は、たとえ中間者が同意していた場合でも、債務者が同意しなければ、有効と認めるべきではない、ということになるのである。

　しかしながら、私的に作成される内容証明郵便による確定日付ある通知や、私的に作成した通知書に公証役場の確定日付印を付すことなどによってなされる467条2項の通知・承諾は、中間省略でなされてしまってもわからない、という点は当然にある。

(2) 裁判例の分析

　この点についての判例はどうかといえば、実は、現時点で検索可能な裁判例の中で、債権譲渡の中間省略通知を扱ったものは1件だけある。東京地判昭和37・12・8下民集13巻12号2455頁がそれである。この判決の判決要旨は、「数次の債権譲渡の通知が中間者を省略してなされた場合にも、最後の譲受人は債権者であることをもって債務者に対抗できる」というものであり、中間省略通知を認めた形になっている。しかしながら、その判決文を読むと、事案は、ＡとＢの共同の権利がＢ単独名義とされ、さらにＸに譲渡されたというもので、債務者Ｙにとっては、私見が留意すべきとした中間者（ＢだがＢは当初からの債権者の1人である）への抗弁の対抗の機会を失うということ

がまず考えられないケースであったのである(つまり、本件では、このような中間省略通知をした場合にも、譲渡の過程に登場しなくなる債権者がいるわけではない)。それゆえ、右に述べた私見の指摘する懸念は問題にならず、結論としてこの場合は中間省略通知を認めてもよい(Yの不利益は生じない)のである。したがって、この裁判例をもって、純然たるA→B→Cという順次の連鎖譲渡の場合に中間省略通知を認めたものと評価するのは早計である。そして、この地裁判決1件以外には、上級審も含めて判例は一切見あたらないのである。

4 指名債権譲渡の中間省略譲渡登記

それでは、動産債権譲渡特例法による債権譲渡登記の場合はどうか。特例法4条1項の登記とは、民法467条2項の確定日付ある通知とみなされるものである。その意味で等価なものであるのだが、特例法登記は、法務局という公的機関によって公示されるものである(ただし公示されるのは債権の存在ではなく、譲渡の事実である。467条2項の通知を代替するものであるゆえ、これは当然である)。それゆえ、そもそも債権譲渡登記の中間省略登記は有効かという原則論となれば、先程の不動産の中間省略登記と同様、本来登記は公示すべき実態を正確に公示すべきものであり、事実と異なる内容を公示することには問題があるといわざるをえないであろう。そして、利害関係者としての債務者の存在が問題とされる(中間者の同意があればいいとは言いきれない)のは、上述の民法467条の中間省略通知の場合と同一である。

けれども、債権譲渡登記の場合にも、申請時に実質審査がなされない以上、中間省略でなされてしまってもわからない、という点は当然にある。しかしながら、中間省略債権譲渡登記をせよという請求が原則として受け入れられないのは、当然であろう。そして、もし不動産のほうの判例と同様に考えてよいとしても、その対比に上述の私見(債務者が中間の債権者に対して反対債権を有する場合等が問題になることを看過してはならない)を加えていえば、中間者と債務者の同意がなければ認められない、ということになる。もっとも、そもそも債権譲渡登記は債務者に知らせずにできるところがメリットということを考えると、形容矛盾のようにも聞こえるが、中間省略でない本来の債

権譲渡登記は当然債務者抜きでできるが、中間省略債権譲渡登記を債務者の同意なしにできるとすることは不相当であるということである。

5 実務上の要請

それでは、このような中間省略通知ないし中間省略登記をなすべき実務上の要請は実際どの程度あるのであろうか。さらには、その前提としての連鎖譲渡はどの程度発生する可能性があるのであろうか。

まず、連鎖譲渡発生の可能性であるが、確かに、国際ファクタリングでは前述のように少なくとも三者間の連鎖譲渡は頻繁に発生することが理解される。また、前述のドイツ代表の発言のように、長期間にわたるプロジェクト・ファイナンスなどの場合には、真正売買の場合を中心に、転々の譲渡がなされる可能性はあろう。

しかしながら、これに対していわゆる証券化取引の場合には、オリジネーターからSPVへの譲渡は民法上の債権譲渡として行われるが、その先のSPVから投資家へ資産担保証券の発行をともなって行われる譲渡は、有価証券法上の譲渡であり、これはここでいう連鎖譲渡ではない。また、売掛債権担保融資などの場合は、被融資者Aから融資者Bへの債権譲渡は、実質は担保設定として行われるわけで、このような場合、融資者Bがその債権をCに譲渡する場合は、もちろんB→Cの債権譲渡という形態を採ることもありうるが、わが国の商社等が実務として想定する場合は、(真正売買ではなく包括的譲渡担保として行われているケースが多いことから) いったんA・B間での売掛債権譲渡担保契約を解消して、A・C間でそれを結び直す (したがって債権譲渡登記もBからCに移転させる登記をするのではなく、AからCへの再譲渡を登記し直す) ということも考えられているようである。

そうだとすれば、現状ではこの連鎖譲渡および中間省略通知 (中間省略登記) の問題を議論する必要性はまだあまり高くないということになろうか。したがって、将来の国際取引の増加に向けてのあらかじめの論点整理ということが本章の直接の意義となるかと思われる。いずれにしても、典型的な連鎖譲渡は、先のファクタリング (債権買取) の場合に代表されるように、主に真正売買のケースについて考えられることになりそうである。

11) 鎌田薫「登記請求権」山田卓生ほか『分析と展開 民法Ⅰ総則・物権〔第2版増補版〕』（弘文堂、2000）191頁（同『民法ノート物権法①〔第2版〕』（日本評論社、2001）150頁所収）。以下の判例・学説の紹介も同論稿が要領よくまとめている。なお判例の詳細については、鎌田薫ほか『不動産登記講座Ⅰ』（日本評論社、1998）93頁以下、117頁以下〔高木多喜男〕も参照。
12) 末川博『物権法』（日本評論社、1956）136頁等。
13) 鈴木禄弥『物権法講義〔4訂版〕』（創文社、1994）141頁、幾代通『登記請求権』（有斐閣、1979）51頁、谷口知平ほか『新版注釈民法(6)』（有斐閣、1997）418頁〔石田喜久夫〕等。
14) 於保不二雄『物権法 上』（有斐閣、1996）89頁等。
15) 篠塚昭次『民法セミナーⅡ』（敬文堂、1970）35頁等。

Ⅳ　国際債権譲渡条約草案の規定が提起する連鎖譲渡の他の問題点

　連鎖譲渡が生起させる問題点は、本条約草案の他の点についても問題になる。それは、債務者の抗弁および相殺を規定する草案第18条と、前出の第16条3項との関係である。そしてそこにも、上にみた、中間省略通知の行われる懸念は同様に発生することになるのである。
　草案第18条は、1項で、「譲受人の債務者に対する譲渡される債権の支払に関する請求について、債務者は、譲受人に対し、原因契約又は同一の取引の1部である他の契約から生ずるすべての抗弁及び相殺の権利であって、譲渡がなされなければ譲渡人から請求されたときに主張しうるものを主張することができる」とし、2項で、「債務者は譲受人に対し、譲渡通知を受け取った時に主張することができた他のいかなる相殺権を主張することができる」と規定する（さらに3項では譲渡禁止特約違反の抗弁はできないことを規定している）。
　そうすると、C→Dの譲渡通知が前のすべての通知を兼ねるとして、かつDからの通知であったので第17条7項でA→B→C→Dの連鎖を証明させたとした場合、まず第1に、たとえばZがBに対して持っていた抗弁は、どの時点までDに対抗可能となるのであろうか。これは、第18条1項の適用問題とすると、（同項は必ずしも連鎖譲渡を考えて作られてはいないと思われるが）

BやCもそれぞれ連鎖の証明の結果、ある時点では譲渡人となったのであるから、「譲渡がなされなければ譲渡人から請求されたときに主張しうるものを主張することができる」とされるところの「譲渡人」になりうるとは考えられる。ただこれは、Dが請求してきたときに、AもBもCもその「譲渡人」となるのか、それともそのときはCだけが「譲渡人」なのか、という問題が検討されなければならない（つまり、言葉をかえれば、連鎖譲渡の場合の債務者の抗弁事由は、各連鎖中の譲渡人ごとのそれが追加されていくのかどうか、という問題である）。これについてはUNCITRALの作業部会および総会では、議論がなされていない。今後条約の注釈が出されるのであればその記述を待ちたい。

しかし相殺の抗弁については、第18条2項の適用問題とすれば、Dからの譲渡通知を受け取った時に主張することができた他のいかなる相殺権も主張できるのであるから、Bに対して有する反対債権があれば、譲渡通知の受領時点までにあった相殺権は使えるはずである（厳密にいえば、譲渡通知の受領時と、連鎖にBがいることがわかった時点は、多少ずれることになると思われ、そのいずれの時を基準とするかも問題になろうが）。

なお上の例で最終の譲受人Cからの通知であったときに債務者は第17条7項の証拠提示請求が使えるか（第17条7項は譲受人から通知を受けた場合としている）という問題もあるが、これは、A→B→Cの譲渡に関する通知がなかったのであれば、債務者ZにとってCはAからの何らかの経過をたどっての「譲受人」としか認識できないはずであるので、その意味でZに第17条7項の証拠提示請求をさせてよいと考えられる（ただしこの点の議論もUNCITRALの作業部会および総会では行われていない）。

では、第2に、第17条7項の証拠提示請求は権利であって義務ではないので、もしZがBに対して反対債権を持っていながら、C→Dの譲渡通知が届いたのでBの中間の存在を確認せずAに対する債務との同一性を認識しただけでDに支払った場合は、Zは免責されるのは当然であるが、自らBの存在を確認しなかった不利益はZが負うことで仕方がないということになろう。しかし、もしCがAから直接譲り受けたという中間省略の証拠を提示して（おそらくその場合はBの了解の上でA・C間でそのような譲渡の証拠書類を作

ことになろう）それをZがそのまま信じた場合には、まさにZはBの存在が隠されたための不利益（この不利益は常に存在するわけではないが）を不当に被ることになるが、本条約草案は、このような問題は考慮すべきリスクとはしないということになるのであろうか。

V 連鎖譲渡における問題の整理と国内法についての若干の分析

1 「通知をしうる者」の再考

それでは、以上の考察をもう一度整理し、国内法の問題として今後の検討課題をあげてみよう。

国際債権譲渡条約草案第16条3項のような取扱いは、わが国の現行法ではできないことは当然である。しかしながら、連鎖譲渡の場合に通知や債権譲渡登記を各譲渡について行うことが煩雑であるとか、コストを削減したいということから、中間者の同意のみならず債務者が不利にならない形で、第16条3項のような取扱いや、中間省略での通知（登記）を認めることは、考えられてもよい。つまり、資金調達取引において、AからBへの譲渡を非通知（無登記）で行い、さらにBからCに譲渡がされた（Bは対価を得た）という段階では、少なくともBにとっては、もはや通知や登記をする実益はまったくないのである。さらにCからDに譲渡がされCも対価を得たというのであれば、もはや権利確保のための通知や登記をする必要があるのは、最終譲受人のDだけなのである（その意味で、譲渡人からしか通知できない現在のわが民法のシステムは、本来は適切ではない——母法のフランス民法では、譲渡人・譲受人いずれからでも可能で、それをわが民法が譲渡人からに限ったのは、通知の方式を緩和したために虚偽の通知がされることを避ける必要が生じたためである——ことは筆者が以前から述べているとおりである)。[16]

加えて、この問題は、わが国の法適用上、当事者の利益考量のレベルに止まる問題ではない。仮に連鎖譲渡の場合に最終の譲受人Dにとって、権利確保のためには欠けているA→B、B→Cの部分の通知が厳密に要求されるのであるとすれば、Dにそのような通知を要求する法的な手段が用意されなければならないはずである。そうすると、少なくともDには、不動産の移転登

記請求権の場合と同様に、債権者代位権の行使が認められなければならないと思われる。となると、譲受人が譲渡人に代位して通知をすることは認められないという現在の判例（大判昭和5・10・10民集9巻948頁）は変更されなければならないことになる（同判例は、債権譲渡の通知は債務者に属する権利ではないから代位権の対象にならないという論理を用いているが、このような形式論理が失当であることはもはや明らかであろう）。

そこで、たとえばわが国が UNCITRAL 作業部会に提出した前掲の修正案の趣旨を酌めば、連鎖の最終当事者D（またはCとD）がA→B、およびB→Cの譲渡の事実を証明して最終譲渡を通知または登記すれば、（すべての譲渡の連鎖は有効で）Dは対抗力を得ることができ、ただ債務者が中間者に対して可能であった抗弁について、Dへの対抗を許す、という立法も将来の検討の余地は十分にあると考える。

2　債務者の免責規定の再考

本条約草案は、連鎖譲渡に関しての債務者の免責には、かなり広範な確保規定を置いている。つまり、債務者は、連鎖の過程の証拠を要求でき、十分な証拠が提示されなければ、その通知がなかったものとして支払って免責される（まったく通知がないことになるのであれば原債権者たるAに払えばいい）。さらに、連鎖の過程の証拠の要求は義務ではないので、最終譲受人からの弁済請求に応じて支払っても免責されることになろう（ただしこの際に債務者に過失があった場合はどうするか等の問題は残るはずである）。したがって本条約草案では、債務者が弁済によって法律関係から抜ける機会は十分に保障されているといえる。

これら一連の手当ては、わが国の現行法ではどうなるであろうか。

上に述べたように、現行法ではA→B→C→Dの連鎖の場合はそのすべての連鎖について通知または登記をしなければならないとすれば、債務者はそれらの通知または登記があるまでは弁済を拒絶できることになり、逆にそれらの連続を確認せずにDに支払った場合で、不連続があってDが権利者でなかったという場合は、正当な譲受人に二度払いをしなければならない、ということになろう（ただし478条の債権準占有者に対する弁済となるかどうかは検

討されうる)。当然、条約草案よりも厳格な扱いとなるが、その分、債務者の法律関係からの脱退の容易さ（そして譲受人の債権回収の容易さ）は本条約草案よりも劣ることになる。

3 債務者の抗弁事由と抗弁可能時期の問題

先にⅣで論じたように、連鎖譲渡の場合の債務者の抗弁事由は、各連鎖中の譲渡人ごとのそれが追加されていくのかどうか、それとも最終の通知が来た時点での「譲渡人」に対する抗弁のみが最終の「譲受人」に対抗できるということになるのか、という問題がある。もちろん、まずA→Bの譲渡が通知され、次にB→Cの譲渡が通知され、という繰り返しであれば、そのそれぞれの通知における「譲渡人」は1人に決まるので何ら問題はない。あくまでも問題は、A→B→Cという三者以上の譲渡について1回の通知で処理できるとした場合に発生するものである。そしてその場合、各連鎖中の譲渡人ごとのそれが追加されていくという判断をする場合には、これも前述のように、最終の通知の到達段階がすべての抗弁の基準時となるのか、最終の通知の到達後に（債務者が連鎖の証明を求めて）各連鎖の中の当事者が債務者に認識された時点までの抗弁が対抗可能なのかという細かい問題が付随する。いずれもここでは将来論点として生ずる可能性のあることを指摘するに止める。

4 譲渡禁止特約の効力範囲

草案第9条はもともと譲渡禁止特約の対外効を否定しているが（ただしいわゆる取引上の債権等についてである。同条3項が適用対象譲渡を列挙する）、わが民法466条2項の場合は、周知のように譲渡禁止特約の有効性を明文で定めている（最近はわが国でもこれが流動化取引の阻害要因となるという議論がようやく起こってきている[17]）。ただ、わが民法466条2項の存在をそのまま前提としても、譲渡禁止特約は、（本来大前提とされる債権の譲渡性を当事者の合意で否定するものであるから）特約を結んだ当事者間と、そこから譲り受けた者にしか効力は及ばないという解釈でよかろう。つまり、たとえばA→B→C→Dの連鎖譲渡でAと債務者Zの間にだけ禁止特約があった場合には、Bについては同条2項但書の適用が論じられるものの、CとDはA・Z間の禁止

特約とは一切無関係ということになろう。

5　債権譲渡登記における共有（準共有）登記

　先述のように、わが国の現在の法制下では債権譲渡特例法の登記を中間省略ですることは原則的には認めがたいと考えられる。ただ、もしこれがA→B→CのBとCが単純な順次譲渡ではなく、たとえばAが売掛債権等を譲渡担保に供してBから融資を受け（A→Bの債権譲渡を登記）、CがAの保証人（保証機関）となるというケースであれば、Aの不払いの場合はCがBに弁済して、求償権を行使するにあたり弁済による代位の結果Bの地位にとって代わり、第三債務者からその売掛債権を回収するということになるが、その場合、対債務者の関係でA→Bの債権譲渡登記をさらにB→Cの債権譲渡登記に付け替えてCの求償権を強化する（法定代位は本来対抗要件具備の手続きなしにまさに法定的に起こるのだが、それを第三者に主張する上での公示手段がないため、債権譲渡の形で登記をしなおせば外形的にも確実になる）というのは二度手間であり、費用もかかる（またそもそも集合債権を包括的に譲渡担保に取っている場合は、どの債権が再譲渡されるのかを確定して再度の譲渡登記をすること自体が困難である）。このような場合には、Cが融資段階から委託を受けて保証に入るケースであれば、そもそも連鎖譲渡にするのではなく、最初からB・CがAの債権を共有（用語としては準共有）譲受人として共同で譲り受け、債権譲渡登記もB・Cが債権の準共有者として譲受人欄に連名で登記する方法が考えられる。このような登記も既に実際に受け付けられているとのことで[18]、その場合持分まで記載できるとのことだが、あえて持分関係を記載せずとも、譲受人として連名で登記しておけば対応は可能であろう（つまり、準共有者のうちのBは、譲渡担保の対象となる当該売掛債権等を、自己の貸付債権の担保として譲り受け、一方Cは、それらを自らの保証人としての求償権（委託を受けた保証人であれば事前求償権および事後求償権）に基づく債権を担保するものとして譲り受けるのである（これは譲渡契約書に明示する必要があろう）。この場合、回収にあたっての持分は、当然、保証人の代位弁済の有無で変わるわけであるが、その際にも、もともと同一債権をB・Cが二重に担保に取っている形であるため、弁済による代位に基づく担保対象債権の移転（帰属の変更）

を考慮するまでもなく、BもCももともと自己の担保に取っていた債権を回収するだけであるという論法が使えるところが利点である）。この形ならば、先に述べた、連鎖譲渡の場合の譲渡の連鎖から消える者もないため、債務者の不利に働くこともないのである。B・C間の内部関係（求償条件等）が契約によって疑義なく決定されているケースでは、このような方法が推薦できる。

　ただし、連名の登記はあくまでも連名の登記にすぎず、その連名債権者の有する債権は、（持分の表示の有無にかかわらず）多数当事者の債権関係の原則である、分割債権（民法427条）となることになろう。不可分債権や連帯債権となるわけではないと考えるべきである（性質上の不可分ではないし、不可分または連帯とする当事者の意思表示も認められない[19]）。したがって、連名の各人は、本来自己の持分についてしか請求できず、債務者にはそれ以上の支払義務はない。もちろん、連名の1人が他方に対して自己の持分の取立委任をすることは可能である。また、持分の明示されていない連名登記については、特例法4条2項の通知後、債務者が持分を確認してその分のみ支払う権限を有することは勿論であるが、債務者がそれをせず、請求に応じて全額を一方に支払ったという場合にも、債務者の免責を認める何らかの法律構成が考えられてしかるべきかと思われる（たとえば、取立委任がないケースで一方の債権者の請求に応じてその持分以上に支払った債務者については、債権準占有者への弁済（民法478条）の通用が考えられる。したがってこのような紛争を回避する意味では、連名登記の債権者間には、回収条件等まであらかじめ合意のあることが望まれる）。

16)　池田真朗『債権譲渡の研究』（弘文堂、1993〔増補2版2004〕）44頁注14)、210〜211頁。なお、譲渡人からしか通知できないわが民法の規定を、譲受人保護の点からいえば立法上非難の余地があるとつとに指摘していた学説として、勝本正晃『債権法概論〔総論〕』（有斐閣、1949）435頁がある。

17)　債権譲渡禁止特約を規定する民法典が世界的に少数派であることや、譲渡禁止特約の有効性に関する国際的趨勢等については、池田真朗「債権譲渡禁止特約再考」法学研究（慶應義塾大学）72巻12号（1999）205頁以下（池田・前掲注2）『展開』304頁以下所収）参照。実務上で譲渡禁止特約がどのように使われているかを調査した資料としては、中小企業庁・中小企業債権流動化研究会報告書（2001年3月）が詳細である（その一部は池田・前掲注2）『展開』381頁以下に紹介）。

18)　この点は、日商岩井株式会社法務部長（当時）花井正志氏より最初にご教示を

賜った。記して学恩に感謝申し上げる。
19)　一部の教科書は、理由を明示せずに債権の準共有にはまず不可分債権の規定が適用されるとするが（森泉章『民法入門物権法〔第 2 版〕』（日本評論社、1996）179頁。賃借権・使用借権について同旨を述べるものとして淡路剛久ほか『民法II物権〔第 2 版〕』（有斐閣、1994）166頁〔原田純孝〕）、おそらく賃借権・使用借権や売買の予約完結権（大判大正12・7・27民集 2 巻572頁。債権に準共有が成立しうるとした例としてあげられることがある）など、性質上の不可分に類するものを念頭に置いているのではないかと考えられ、ここで論じるような形態の金銭債権にはあてはまらないと思われる。また連帯債権のほうは、そもそも判例は、契約により連帯債務が成立するためには、その旨の明示または黙示の意思表示がなければならないとして、容易に連帯債務契約の存在を推定しない（大判大正 4・9・21民録21輯486頁）ことも参考になろう。

VI　結びに代えて

　本章は、わが国においてこれまでほとんど論議されていない問題について、あえて関心を喚起する目的で記述したものである。したがって、未だ掘り起こされていない論点もあるかと思われる。今後多くのご意見をいただき、より詳細・正確なものとしたい。

第6章
国連債権譲渡条約の進展と
国内資金調達法制の整備

【前注、本章は第2部の小括という位置づけで、2004（平成16）年2月段階で発表した小稿を収録する。】

　2001年12月に国連総会で採択された国際債権譲渡条約について、久しぶりに動きがあった。2003年12月30日に、アメリカが署名したのである。これで署名した国は、2002年6月のルクセンブルグ、2003年9月のマダガスカルに続いてようやく3カ国となった。数字的には、まだ条約発効まで遠い道のりのようであるが（発効には、本条約第45条の規定により、批准、受託、承認または加入をした国が5カ国に達してから6カ月の経過を要する）、なにしろ今回は影響力の大きいアメリカが署名したということで、今後の推移が注目される。【補注、その後2005年9月16日にリベリアが加入（accession）したので、発効まであと1カ国となった。】

　ちなみに日本は、UNCITRALの条約案やモデル法の作成作業には毎回代表を送るのであるが、実はそれらの条約の批准ということになると実績がない。多数の国が加入しているウィーン売買条約もしかりである。【補注、ウィーン売買条約、すなわち1980年に採択され1988年1月1日に発効した「国際物品売買に関する国際連合条約」（CISG）については、日本は、ようやく2008年にその71番目の締約国となり、2009年8月1日からその適用を受けることになった。】けれども、国際取引をする日本企業が個々の契約書の中に条約と同内容の約款を織り込んでいけばこと足りた売買条約の場合と異なり、対抗要件ルールを含む今回の債権譲渡条約の場合は、相対の契約書で対処することは

できず、もし発効ということになれば、参加しないとわが国の企業が相対的に高コストの資金調達を強いられるリスクがあることはすでに指摘したとおりである。[1]

　いざというときに立ち遅れないようにしてほしいものだが、もっとも、今のわが国にさらに必要なのは、単に1つの国際条約への対応を準備するなどということではなく、この大立法変革期に、そのような世界水準を意識して立法作業を進めて行くことであろう。

　たとえば、1998（平成10）年に作られた債権譲渡特例法登記は、当初の導入摩擦的トラブルを越えてその後利用実績を大きく伸ばし、またわが国の登記の電子化の第1号ともなったが、公布当時この法律を UNCITRAL の議場で紹介したときのアメリカ代表の反応は、なぜ法人限定なのか、なぜ第三債務者不特定では登記できないのか、というものであった。もちろん、アメリカでまま見られる目的達成志向の強い機能主義的立法には問題も多いが、資金調達のための新法を作る以上は、参入するのに制限がなく、取引実務による活用範囲が広く、利用することによって必ずコスト減などのメリットがあり、かつ当該法の適用についての信頼性、予測可能性が高いものであること、が望まれるのである。

　幸い、第三債務者不特定の将来債権に関する債権譲渡登記の可能性については、2004（平成16）年2月現在、法務省法制審議会の動産・債権担保法制部会で前向きに議論がされている。そのこと自体については、譲渡債権の特定性をどう見るか、現在の債権譲渡登記実務との兼ね合いはどうか、等の検討事項を今後詰めていかなければならないが、何年遅れかで資金調達法制上の世界水準の議論がわが国でもなされるようになったことの、1つの例証と言えよう。【補注、第三債務者不特定の将来債権に関する債権譲渡登記は2004年12月1日公布の動産債権譲渡特例法によって可能となった。池田真朗『債権譲渡の発展と特例法』（債権譲渡の研究第3巻）（弘文堂、2010）264頁以下参照。】

　さらに、経済産業省で開催されている金融システムの研究会では、決済手段の電子化、ペーパーレス化の検討から始まって、広く電子的な債権の議論が行われ始めている。筆者自身は、この研究会でも、発生から移転、消滅に至る一連の流れがすべて電子的に行われる、新たな法概念としての「電子債

権」を構想し、それを包括的に規律する「電子債権法」とでも言うべきものの検討を提唱している。【補注、上記研究会は、経済産業省産業構造審議会産業金融部会に置かれた小委員会（前田庸小委員長。筆者も委員として参加した）であり、この小委員会によって2004（平成16）年4月28日に出された「金融システム化に関する検討小委員会報告書――電子債権について」は、電子債権（後の電子記録債権）に関する省庁における最初の報告書となった。】

　というのも、数年前、わが国のCP（コマーシャル・ペーパー）のペーパーレス化が論じられた際にも（結局保管振替制度を生かした短期社債と位置づけられたのだが）、筆者は、ペーパーレス化の先進国フランスにおいて、流通債権証券という新カテゴリーを作ってそこにCPを位置づけた（1992年）ことを紹介し、私見として、発生・移転・決済がすべてコンピュータ上でなされる電子債権の発想を提言した[2]。既存の法制度との調和に留意しつつ、世界水準を意識して新しい発想に「飛ぶ」ことも、今、必要なのではなかろうか。【補注、2007（平成19）年6月に成立・公布され2008（平成20）年12月に施行された電子記録債権法の立法から施行についての詳細は本書7章以下参照。】

1)　池田真朗「国連国際債権譲渡条約の論点分析と今後の展望(下)」金融法務事情1641号（2002）19頁以下。
2)　池田真朗「フランスにおける有価証券・流通証券の概念とコマーシャル・ペーパーの券面廃止」金融法研究16号（2000）142頁（本書第18章末尾参照）。

第3部

電子記録債権法
―― 立案から立法作業へ

第 3 部の概要

　第 3 部では、電子記録債権法の立案段階から立法作業に入るまでを扱う。最初の第 7 章は、各省庁の中で最初の検討をして平成16（2004）年に報告書を出すに至った、経済産業省の産業構造審議会産業金融部会に設置された「金融システム化に関する検討小員会」での取り組みを紹介する。この章は、同委員会の報告書を解説しながらそれに若干の私見の評価を加えるもので、後の立法の方向と必ずしも一致しない部分もあるが、電子記録債権に関する最初の研究論文としての意義は有するものと考えて、そのまま収録している。

　続く第 8 章では、前章で紹介した上記報告書を踏まえつつも、そこから独立して、執筆時点（平成16（2004）年 8 月）における筆者なりの「電子債権」および「電子債権論」のイメージというべきものを明らかにし、その後の議論の呼び水にしたいという考えの下に、学理と取引実務の双方の観点から、「電子債権立法」に向けてのさまざまな問題提起を行った。

　続く第 9 章「電子債権構想の具体化と立法への展望」は、平成18（2006）年 1 月発表の論文で、経済産業省、法務省、金融庁の 3 省庁で検討が急速に進められてきた段階の電子債権および「電子債権法」についての議論を紹介するものである。順調に推移すれば，立法に向けて法制審議会が立ち上げられる予定という段階で書かれたものである。

　そして第10章「電子債権法制の立法作業の開始」は、平成18（2006）年 2 月に開催された法制審議会総会での諮問を紹介して、電子債権法制の立法作業が実質的に開始されることになったことを報告する論考である。

　さらに第11章「電子登録債権法——中間試案の検討と若干の試論」は、平成18（2006）年 9 月の発表であり、同年10月に開催された第23回金融法学会のシンポジウム資料として執筆されたものである。ここでは、法制審議会中間試案を分析してその根本にある問題点を抽出し、立場の違いから来る意見の並存状況を明らかにする。また、電子登録債権プロパ

一の新しい問題を、理論面、現実面から掘り起こした上で、現実の立法作業へ向けての、技法や理念についても若干の試論を展開する。なお、最終的に「電子記録債権」となる名称は、立案段階での「電子債権」から、中間試案段階で「電子登録債権」に変更された。これがさらに「電子記録債権」となるのは、後に法制審議会の部会審議をすべて終えた後のことである。したがってここでは、その経緯を記録する意味もあって、各章の論考の初出段階の表記をそのまま残していることをお断りしておく。

　第12章「電子登録債権法制立法試論──売掛債権活用の観点から」は、上記の学会の研究成果を若干なりとも要綱案作成作業に向けた発言として世に問うことが可能となるよう、当日の筆者の報告内容を中心に再構成した論考を発表したものである。本章は、電子登録債権の2つの活用法、すなわち手形代替型と指名債権電子化型とで考えられるニーズのうち、とくに指名債権電子化型（ないしは手形にない活用法）について焦点をあてて、検討を試みている。

　そして第3部最後の論考として収録した第13章「一括決済方式の展開と電子記録債権法制への対応──最高裁平成15年「一括支払システム契約」判決の影響をふまえつつ」は、平成19（2007）年に発表したものである。本章は、一括決済方式を扱うという意味では、本書第1部に収録することも考えられたのであるが、それの電子記録債権法制への対応という意味で、電子記録債権法の立法段階に関する諸論考の後に収録する判断を採用した。とりわけ、本章の終わり近くで、電子記録債権と相殺の問題に関する私見を披瀝した部分を重要と考えている。

第7章
金融システムの電子化についての法的検討
―― 「電子債権」への新たな取組みを中心に

I　はじめに

　経済産業省の産業構造審議会産業金融部会では、平成15（2003）年10月から「金融システム化に関する検討小委員会」（座長=前田庸・学習院大学名誉教授）を組織して、平成16（2004）年4月まで7回にわたり、産業金融機能強化の観点から、金融のシステム化・電子化について検討を行った。その中心課題となったのが、債権（売掛債権）の電子的な取扱いについてである。同小委員会では、中小企業の売掛債権の活用可能性を探ることから始めて、現行実務における債権取引・債権決済の電子化の試みとその法的諸問題を検討し、さらに将来の「電子債権立法」の可能性にまで言及した。平成16（2004）年4月28日に公表された同小委員会報告書（以下、「報告書」と略す）は、現時点で学問的にも最先端の議論を含むものと評価できる。本章は、同報告書を紹介し、そのうえで、委員の1人であった筆者の、若干の私見と展望を述べようとするものである。

II　問題の背景

　わが国の中小企業の保有する売掛債権（売掛金・受取手形）は、中小企業の保有する土地の総価値と比較しても、それに匹敵するほど大きな資産となっている。資本金1億円未満の中小企業の有する資産でいうと、平成14

(2002) 年時点では、土地が81兆円、売掛債権が78兆円（内売掛金62兆円、受取手形16兆円）という数字が示されている（法人企業統計、報告書11頁）。しかし、もともとわが国では売掛債権の活用が遅れており、平成12（2000）年段階でアメリカが売掛債権全体の約13％を流動化していたのに対し、わが国ではそれが（平成11（1999）年の資料で）約１％にとどまっていた。[1] 折しも、不動産担保や人的保証に過度に依存した間接金融の弊害が指摘されるなか、この10年間で中小企業向けの融資は国内銀行ベースで３割以上も減少しており（報告書８頁参照）、資金調達のための売掛債権の利用可能性のさらなる探求が各方面から望まれるに至っていたのである。

　一方で、周知のように日本政府は、平成12（2000）年11月に打ち出したIT基本戦略以降、商取引の電子化の推進を図ってきた。最近では、その具体的方策として、「経済活性化のための産業金融機能強化策」（平成15（2003）年12月24日）において、担保・保証に過度に依存しない資金調達として、信用リスクデータベースの充実と活用の項目の中で「企業の有する債権の管理・譲渡等を電子的に行える体制を整備し（標準化モデル事業を実施）、債権を活用した融資の促進等を図る」とし、さらに「e-Japan戦略II改革加速パッケージ」（平成16（2004）年２月６日）のなかでは、IT規制改革の推進の１つに「現実世界の制度とサイバースペース上の制度で整合等を図る必要のある規制改革」を挙げて、そのなかの項目に「電子的手段による債権譲渡の推進」を掲げ、「電子的な手段による債権譲渡（「電子手形サービス等」）を推進するための制度の見直しについて、現行法上、原則として確定日付のある通知・承諾が必要とされている債権譲渡の対抗要件のあり方を含めて検討し、平成16（2004）年中に結論を得る。（総務省、法務省、経済産業省および関係府省）」とまで記述して、電子債権に関する検討を行うことを要請していたのである。

　さらに、実務界では、従来の紙の手形は、近年その利用が大幅に減少してきている。手形交換枚数でいうと、昭和57（1982）年には４億2,000万枚を超えていたものが、平成14（2002）年には２億枚を割り込んでいる（全国銀行協会・平成14年版決済統計年報。報告書14頁参照）。これには、印紙税の負担をはじめ、発行・受渡しのコスト、紛失のリスク等がいわれている。つまり、債権

を民法上の指名債権よりも簡易に確実に移転流通させ決済させるために、権利を紙に表章する方法によって案出された手形が、現代ではその「紙」のためにコストもリスクも大きくなるという皮肉な状況が生じている。そこで、この手形を使わない決済方法も案出され実用化されてきているのである。

このような、いくつかの異なる角度からの現代的要請に応えるものとして期待されるのが、電子債権なのである。

1) 中小企業庁中小企業債権流動化研究会「債権の流動化等による中小企業の資金調達の円滑化について」最終報告書（2001年3月）10頁参照。

III 電子債権とは

電子債権を考える場合には、大きく2つないし3つの方向性がある。2つというのは、指名債権を電子化する方向と、手形を電子化する方向である。前者の場合には、おそらく、現在の売掛債権等の指名債権が電子的に発生し、第三者対抗要件も電子的に付与される、というのが基本のイメージであろう。手形の電子化という場合には、手形の紙をなくして電子的に発生させ、裏書等も電子的に行うというのが基本のイメージであろう。さらに、後述するように、指名債権でも手形でもない、新しい「電子債権」という第3のカテゴリーを創出するという考え方もある。なお、本小委員会では、当初は（中小企業の）売掛債権の活用から議論を出発させたのだが、報告書自体は前記2番目の「手形の電子化」に比重が置かれる形になっている。しかし、1番目の「指名債権の電子化」も同等程度に考えるべきものであり、また、立法の姿勢としては、3番目の「新類型としての電子債権」の発想も非常に重要である。とりあえずここでは、「電子債権とは、企業の債権（売掛債権）を電子的に取り扱おうとするもの」とのみ定義して、先に進もう。

なお、報告書では、電子債権をまず債権譲渡型と債務引受型に分けたうえで、債権譲渡型を転々流通型（電子手形サービス等を念頭に置く）と限定流通型（一括決済方式のファクタリング方式や信託方式などを念頭に置く）に分けて類型イメージを作っている（報告書34頁）。報告書では必ずしも明らかではないが、この転々流通型は手形的用法、つまり資金決済的発想になじむが、限

定流通型は、債権譲渡担保などのように指名債権的用法そして資金調達的発想に親和的である。

IV　支払手段の電子化

おそらく、現在の実務の実情からすればもっとも要請が強いのがこの支払手段の電子化、つまり手形の電子化ではないかと思われるので、この点から論じる。現時点でこの議論の前提とされるべきスキームを紹介しよう。

1　一括決済方式

とくに大企業の場合、納入企業に対して毎月数千枚の手形を発行する例もあり、発行の負担、印紙税の負担が重く、これを解消する方策が望まれた。それに対処するスキームの代表例が、昭和61（1986）年に公正取引委員会によって認められた、一括決済方式である。これは、いわば手形のペーパーレス化ではなく、手形レスつまり手形そのものの廃止を企図したスキームであり、大企業（親事業者）の納入企業（下請事業者）に対する支払いを、下請代金支払遅延等防止法などに抵触しない形で、手形を廃止して行うものである（現時点では、とくに電子的なスキームになっているわけではない）。市場規模は、平成15（2003）年9月の推計ではすでに約2.4兆円に上っている。[2]

そのスキームとして、当初は、①債権譲渡担保方式と②債権譲渡方式（このなかにファクタリング方式と信託方式がある）の2方式（正確には3方式）が行われたが、平成11年からは、③併存的債務引受方式も認められるに至った。

本書ではすでに紹介したので（第1部第1章第2章参照）、ここではそれらのスキームのポイントのみを述べれば、①債権譲渡担保方式（契約名称は「一括支払システム」）の場合は、納入企業が、大企業に対する代金債権を金融機関に譲渡担保に供し、金融機関は納入企業に当座貸越貸付の形でこの代金を支払う。そして大企業が納入企業の代金債権に相当する額を金融機関に振り込み、金融機関はそれをもって納入企業への当座貸越貸付金の清算を行う、というものである。②債権譲渡方式のファクタリング方式の場合は、債権買取、つまり真正譲渡を行うもので、納入企業は代金債権を金融機関等に譲渡

し、そして大企業が譲受人たる金融機関等にその債権額を一括して支払い、金融機関等は納入企業に債権の対価を支払うという形になる。信託方式は、いわばファクタリング方式が一段階複雑になるもので、納入企業は代金債権を信託銀行に信託譲渡することによって信託受益権を取得し、納入企業の要望に応じて信託銀行が当該信託受益権を投資家に販売することによって納入企業が信託銀行から金銭の支払いを受ける、大企業は信託銀行に期日支払いをし、その金銭が信託銀行から投資家に支払われる、という形になる。③併存的債務引受方式は、これらと逆の発想で、大企業の納入企業に対する債務を金融機関が併存的債務引受をし（したがって大企業の債務者たる地位は変わらずに存続する）、金融機関が各納入企業に債権額を弁済し、大企業が金融機関にそれらを一括支払いするというものである。いずれも、金融機関等が期日までの金利を差し引いた形で期日前に納入企業に振込みをする合意を個別にすることで、従前の手形割引と同様の機能を果たすこともできる。

　このうち、債権譲渡担保方式（いわゆる「一括支払システム」）には、国税徴収法との関係で問題があることが判明したため、最近は新規取扱いが停止され、ファクタリング方式と、信託方式、併存的債務引受方式の3種類が行われるようになっていた。ちなみに、債権譲渡担保方式については、その代物弁済条項（納入企業の国税滞納の場合に、国税徴収法24条2項による告知書の発出の時点で譲渡担保権が実行され、債権が完全に金融機関に移転するとした合意を定めた条項）について、それを無効とするという、予測されていた国税側の最終的な勝訴判決が出たが（最二小判平成15・12・19民集57巻11号2292頁）、私見によれば、もともと債権譲渡担保方式は、真正譲渡ではなく担保として構成して当座貸越をするという構成それ自体に難があったのであって（同判決の評釈は本書第1章第1節参照）、真正譲渡にして権利があらかじめ完全に移転し対抗要件まで具備した形にすればよいのであるから、債権譲渡方式のファクタリング型あるいは信託譲渡型を使えば問題はない（または債務引受方式でもよい。譲渡型と引受型の比較にかかわる法律問題については、本書第2章参照。本章が紹介する報告書にも、筆者の見解を盛り込んだ形で、52頁以下に紹介されている）。

　以上、譲渡担保方式を除いた一括決済方式は、支払企業（大企業）側には、

手形発行コストをなくし、印紙税の負担を削減するという意味で大きなメリットがあり、他方納入企業側にも、手形の保管・運搬コストや紛失リスクの解消、期限前資金化（金融的意味はここにある）という明瞭なメリットがあり、その意味では大いに評価すべきものである。

　このような一括決済方式においては（現在でも納入企業と金融機関の間で資金化の受付をインターネットでしたりしているようであるが）、多数の売掛債権の発生情報等が電子化されれば、そこからエビデンスをとって期限前支払処理にスムーズに移行する等、電子化のメリットは非常に多く見込める。また、この一括決済方式の唯一の難点である二重譲渡リスク（まれにであろうが、納入企業がこの一括決済方式の対象債権を他の融資者に対する担保の対象にして譲渡してしまう等の状況が考えられる）についても、個々の債権のデータが電子的に把握されていれば、それだけ起こり得なくなるか、起こってもごく早期に発見できることが考えられる。

2　電子手形サービス

　さらに、紙の手形を廃止するもう１つの方法として、「電子債権」に正面から取り組もうとしたスキームが、平成15（2003）年に信金中金の開発した「電子手形サービス」である。これは、企業間の債権について、信金中金がセンター機能を担って、登録した企業の間での資金化や債権譲渡を電子的に実現するものであり、わが国における債権電子化のパイオニア的スキームと評価できる。小委員会では最初からこのスキームを視野に入れて議論がなされた。法的性質は指名債権の譲渡であるが、中小企業に理解しやすいものとするために「電子手形サービス」と称している。中小企業が一般に保有するパソコン・インターネット環境で取り扱え、手形用紙を模した画面で「振出」つまり電子手形による弁済の申込みを行い、それに相手企業が合意をする形で進行する。転々流通が可能なこと、債権を分割しての資金化や譲渡が可能なこと等の特徴を有している。この「電子手形サービス」は、中小企業にとって信頼性のある仕組みとするために、民法ルールと約款によって手形類似の機能も確保している。しかし、この電子手形サービスについても、立法の裏打ちがあれば、あえて手形的名称を用いて実質は指名債権譲渡を行う

という苦労がなくなり、また立法的に電子債権の対抗要件ルールを確立すれば、現在のところ民法上も問題がないように個々に電子公証によって対抗要件を具備しているという手間も、簡略化し得ると考えられる。

2) 経済産業省産業構造審議会産業金融部会「新たな企業金融機能のあり方に関する検討小委員会」中間報告書（平成16（2004）年5月28日）21頁参照。
3) 同方式に含まれる代物弁済条項の効力を国税徴収法24条を僭脱するものとして否定した最判平成15・12・19民集57巻11号2292頁（詳細は本書第1章第1節参照）の判旨は、「同条2項の告知の発出と到達との間の時間的間隔をとらえ、告知書の発出の時点で譲渡担保権者が譲渡担保権を実行することを納税者とあらかじめ合意することは、同条2項の手続が執られたことを契機に譲渡担保権が実行されたという関係があるときにはその財産がなお譲渡担保財産として存続するものとみなすこととする同条5項の適用を回避しようとするものであるから、この合意の効力を認めることはできない」というものである（補足意見がある）。

V　債権譲渡担保の電子化

次に、わが国ではいまだ商品化の例はないようだが、売掛債権等の指名債権それ自体を電子化する方策が考えられる。

たとえば、売掛債権担保融資を考えてみよう。売掛債権担保融資は、金融機関が被融資企業の売掛債権を担保に融資をするものである。間接金融ではあるが、被融資企業の信用力ではなく第三債務者（売掛債権の債務者）の信用力を引当てにできる利点がある（つまり、財務状態は必ずしもよくなくても、製品が優良で信頼できる取引先をもっている中小企業等に有利な制度といえる）。物的・人的担保への過度の依存を解消するためにも増加が望まれる融資形態である。この売掛債権担保融資を進展させるために、経済産業省では、売掛債権担保融資をする金融機関に、さらに信用保証協会が保証を加える、売掛債権担保融資保証制度を平成13（2001）年12月からスタートさせている[4]。売掛債権担保融資保証では、譲渡された売掛債権の譲受人は、金融機関と信用保証協会の両者であり、両者が債権を準共有する。信用保証協会の保証は9割【補注、現在では8割】という部分保証であり、1割は金融機関がリスクを負担する構成になっている（信用保証協会の保証は、さらに中小企業総合事

業団の信用保証保険でバックアップされている)。当初、債権譲渡登記利用の風評被害懸念や譲渡禁止特約の問題等、いくつかの阻害要因のために実績が伸び悩んだ時期もあったが、平成16(2004)年3月には累計保証承諾件数が1万1,500件を超え、融資実行額推計も、4,700億円を超えるに至っている。[5]

　この制度においては、売掛債権のエビデンスを示し審査を受けるためにある程度の量の書類が必要なのであるが、先の一括決済方式と同様、この制度のプロセスをすべて電子化することができれば、融資希望企業のみならず金融機関・信用保証協会にとっても大変な利便が提供されることになろう。

　　4) この制度の創設を検討した売掛債権担保融資保証制度研究会(座長は筆者)は、全国信用保証協会連合会の平成13(2001)年度基盤強化基礎研究として実施された。売掛債権担保融資保証制度の詳細については、池田真朗『債権譲渡の発展と特例法』(債権譲渡の研究第3巻)(弘文堂、2010)118頁以下参照。
　　5) 六信勝司「売掛債権担保融資保証制度」金融法務事情1703号(2004)18頁。

VI　韓国の取組み

　先に、電子化には大きく分けて指名債権を電子化する方法と、手形を電子化する方法があると述べたが、すでに韓国では、この両方からの立法がなされている(これらについては、経済産業省が現地調査を行った。以下の記述は、報告書26頁以下の紹介である)。指名債権、ことに売掛債権の電子化については、2003(平成15)年8月に、政府提案として国会に「電子金融取引法案」が提出され、そのなかで、「電子債権」とは「債務者が債権者を指定して売買等による金銭債務の内容を記載し電子署名法による公認電子署名をした電子文書を伝送した場合において、その電子文書に記載された債権者の金銭債権をいう」と定義されている。法的性質は指名債権であるが、債権発行代行銀行によって発行された電子債権は、電子債権管理機関である金融決済院に登録され、そこから債権者(販売企業)の債権保管銀行を経由して通知される。債権譲渡の対抗要件も電子的に具備される。当初は金融機関への譲渡に限定されていたようであるが、企業間取引のニーズもあり、法案では、企業間の譲渡も認められる形になっている。そして、これはすべての銀行が共同

で参加する決済手段であるとのことで、販売企業は購買企業と同一の銀行と取引する必要はない。なお、韓国では、この法案の提出以前の2002（平成14）年3月から、実務では「電子方式売掛債権担保貸出」等の実際の取引が多数の大銀行の参加で開始されているという（わが国でいう売掛債権担保融資について電子化を図った形のものと思われる）。

一方、手形の電子化のほうでは、2004（平成16）年3月に、議員立法によって、「電子手形の発行及び流通に関する法律」が成立した。こちらは事前の実務での取組みはなかったとのことで、今後、詳細を整備する大統領令の制定を待って2005（平成17）年から施行の予定という。手形法の規定をそのまま用いる部分も多いようであるが、法務部長官の指定する電子手形管理機関に登録し、裏書等は電子文書で行うという内容とのことである（手形法上の手形とどう法的性質を区別するのかは明らかではない）。

この韓国の取組みは、大いに参考になるが、おそらく問題は、この両法の関係ということになろう。つまり、売掛債権を電子化しただけではその流通性の確保はおそらく不十分なままとなろうし、逆に手形を電子化するだけでは、原因債権と電子的な手形債権との両者が存立することになり、両債権間の調整処理が問題になるだけでなく、コスト的にも、原因債権を（将来は電子的に）発生させるコストと手形債権を電子化するコストが別々にかかるのであれば非常に不適当なことになる。したがって、わが国ではこの韓国の両法律の双方の要素を取り込む立法が視野に置かれることが望まれるのである。

VII 報告書が検討した法的諸問題

1 電子債権と原因債権の関係

債権譲渡型電子債権については、いずれにしても電子的対抗要件具備の方法等が問題になり、電子認証、電子公証の問題を論じなければならないが（報告書47頁以下）、これらは従来からの議論でもある程度対応できるので、ここでは省略する。報告書が紙数を費やして論じているのは、電子債権の法的な性格づけに関してであるが、その記述は、手形法の発想に多少とらわれた議論の構成であるという指摘をまずしておかなければならない。

つまり、報告書では、原因債権と電子債権の関係についての記述がかなり詳細になされている。これは、重要な論点であることは疑いがないが、全体としては、手形法上で手形債権とそもそもの取引によって発生する原因債権とが別個に存在するように、電子債権の場合にも原因債権とは異なった電子債権が電子システムのなかで発生する、との見方を前提にしての議論が中心になっている。そこから、①電子債権が原因債権と並存すると考えるべきか、それとも②原因債権は電子債権の発生とともに消滅するのか、あるいは③並存しつつも電子債権は原因債権に優先すると考えるべきなのか、という問題設定がされ、小委員会でもさまざまな意見が出された。しかしながら、最初から電子債権と原因債権の2つを別個に考えること自体が、すでに手形法的な発想なのである。報告書にも記載されているが、原因債権そのものを電子的に発生させるのが電子債権である、という一元的な発想も検討されなければならない（あるいは、上記の②にも近いが、原因債権がそのまま電子債権に変わる、という構成でも一元論は貫ける。当初はこのほうが一元論として現実的かもしれない）。今後、電子商取引が発展すれば、電子契約から電子債権が直接発生してくるという構成がかなりの可能性で観念でき、その構成をとる場合は、おそらくコストのうえでも最も無駄がなく、また右の原因債権と電子債権の関係についての複雑な問題が生じないという理論上の利点もあると考えられるからである（ただし抗弁事由をどう処理するかは問題である）。

2 電子債権のもつ法的機能

　報告書は、電子債権のもつべき法的機能についても議論を紹介しているが、ここでも、手形の議論にいささか引き寄せすぎて読まれる可能性がある。報告書では、（手形のような移転を主として想定した）「転々流通型電子債権」について、①無因性、②遡求権、③情報の定型化、④譲渡禁止特約、⑤支払遅延等防止措置、⑥善意取得、等の機能をどの程度付加すべきかといった議論が紹介されている（報告書76頁）。しかし、検討にあたっては、あくまでも既存の法概念にとらわれないほうがよいと思われる。たとえば、小委員会でも議論が出ていたが、手形を電子化するという発想に立って、手形のもっている機能をどこまで残すか、などという問題の立て方をすると、当然、無因性

はどうか、善意取得はどうか、遡求権はどうか、という議論になる。これは新しい電子債権の法的問題点の議論の立て方としては適切ではない。

たとえば無因性というのは、原因債権と切り離された手形債権という別の債権を考えて取得者を保護するために強調された議論なのであって、こういう問題の立て方をすると、電子債権というのも、最初から原因債権とは別の債権を観念することになってしまいそうである。そうではなくて、ここでは、電子債権の取得者ないし譲受人がどういう法的保護を受けられるようにするのか、という議論の立て方をするべきなのである。その場合に、電子債権の取得者ないし譲受人が、手形ならば無因性の名の下に与えられていた保護と同等の保護を享受し得るためにはどうしたらよいか、という発想なら、前述の原因債権と電子債権の関係についても、拘束なく自由に考えられることになろう。

したがって、報告書では、「無因性」という用語について、「ここでは、電子債権が、原因関係（あるいは「電子契約」）の無効、取消し、解除等による影響を受けないことをもって、『無因性』という用語を用いている」と注記をし、かつ、「一方で、無因的な権利を観念するという手形的な議論ではなく、異議を留めない承諾や抗弁放棄の意思表示等によって、当事者間の契約から債権譲受人の権利を確保する方策を考えるべきではないかとの指摘もなされている」と、小委員会での意見を紹介しているのである（報告書76頁）。

同様に、善意取得というのは、そもそも物権法の動産の世界で考えられた取引安全保護の論理なのであるから、手形法の世界で善意取得の議論がされるからといって、電子化されて券面をもたない電子債権に、わざわざそういう名称の論理を持ち込んで既存の善意取得論（電子CP（コマーシャル・ペーパー）における社債等の振替に関する法律の規定に関する議論も含む）との整合性を検討しようなどとすることは必ずしも適切ではない。したがってここも、善意取得の規定を置くか置かないかではなく、手形であれば善意取得の規定で実現される程度の保護を、どのようにして確保するか（する必要がないか）という形で議論すべきであり、あるいは報告書にもあるように、どのような制度をとるかよりも、いかにしてシステムを安全かつ誤りの生じにくいものにするかが重要という意見にも、耳を傾けるべきであろう。

3 電子債権の方式

小委員会では、報告書にあるように、電子CPのときの議論を参考にして、電子登録方式と電子証券方式の検討をしたのであるが、そもそも、ここでの電子債権は、「同種類の権利が多数ありそれを繰り返し売買するCPと異なり、権利の種類が多様でそれぞれ固有の内容となっているもの」（報告書74頁）であり、しかももともと中小企業の売掛債権の活用からスタートした議論なのである。私見では、転々流通型だけでなく限定流通型ないし担保利用型も視野にいれるべきことも勘案すると、ここで電子CPの議論を基準にとること自体が必ずしも適切ではないと考えている（なお、実際に電子債権システムを構築する場合には、登録機関をどうするか（国が一元的に作るのか、民間がたとえば金融機関のグループごとに複数作ってこれを国が認定する形を考えるのか）、各金融機関のシステムのプラットフォームの統一化をどうするか、等の問題があるが、これらは本章では省略する）。

Ⅷ 電子債権立法への展望

最後に、私見として、電子債権立法への若干の展望を記しておく（なお私見の電子債権論ないし電子債権立法への提言は、本書第8章以下参照）。まず、立法の必要性は非常に高いと考える。わが国でも現に取組みが始まっており、また、先の韓国の例をみてもわかるように、今後この電子債権の立法は、全世界的に相次ぐであろうことが予測される。また、この必要性については、債権管理や契約管理のコンピュータ化からも考えるべきであろう。つまり、決済だけを電子化してもそこまでの契約段階の電子化とつながらないのでは意味がない。さらに、コストという視点が重要である。決済システムを電子化するだけでは、債権発生の契約段階の電子化は別にシステム作りをして、決済は決済で電子債権システムに載せるという、長期的にみて確実に無駄でありコスト高な結果になる。したがって、債権を発生させる契約の段階から電子化して、そこから債権のエビデンスを引き出し、それを元に移転、決済をするという一貫したシステムを作るのが理想であろう。

そうはいっても、とにかく現実に一歩を踏み出す必要がある。その場合に

はやはり、ユーザー、ことに中小企業の担当者らにとって、使い勝手がよく、安価である（そして実際に資金調達のチャンスが増える）ということが何よりも重要である。また、先に紹介した、わが国で始められている一括決済方式とか、電子手形サービスのようなパイオニア的な取組みも取り込めるような形で、制度設計を考えるべきであろう。

　立法化にあたっては、これは法務省の管轄になると思われるが、関係者はおそらく、既存の法律からの発展という発想でとりかかるほうが実現性が高いと考えると思われる。しかしながら、私は、たとえば決済手段の電子化というような、問題を限定した立法は絶対に避けるべきと考えている。転々流通型だけでなく、資金調達型（担保利用型）にも活用できるように、債権の発生のところから電子債権を構想すべきである。したがって、理想は、民法でも、手形法でもない、独立の電子債権法を作るということになる。また、これを有価証券の１つとすると、既存の有価証券法理に制約されると思うので、それとは一線を画したほうがよいであろう。とくに、その場しのぎでかつ自己完結性の高い立法をしてしまうと、大げさでなく、後世に禍根を残すという感じがする。最初から大々的な立法はできない、というのなら、後から拡大していける「開かれた立法」が望まれる。いずれにしても、この問題は、わが国の金融実務のIT化の根幹にかかわるもので、前述したように、既存の法概念にとらわれずに、広く英知を結集して論じる必要性のある、重要な問題といえる。

第8章
電子債権論序説
——産業構造審議会小委員会報告書を契機に

　経済産業省の産業構造審議会に設置された小委員会が電子債権についての検討を発表し、この議論が急速に脚光を浴びるに至った。政府のe‐Japan戦略の要請もあって、手形の紙の負担をなくし、売掛債権等の指名債権についても譲渡担保や流動化の障害をなくす、画期的な新制度となり得る可能性を持つが、小手先の対応をしてしまうと大きな立ち遅れにつながる危険性もある。本章は、学理と取引実務の双方の観点から、「電子債権立法」に向けてのさまざまな問題提起を行おうとするものである。

I　はじめに

　筆者は、平成11（1999）年7月に行った「現代債権譲渡論」と題する講演[1]の末尾で、現代債権の将来展望という章を立てて、債権と証券の再接近として証券のペーパーレス化を論じ、さらに新しい「電子債権」誕生の可能性に言及した。その折には、電子債権の誕生はまだ可能性の段階であるが、今後さまざまなところでこのような議論が急速に進展することが期待されるとした[2]。それからちょうど5年経った今、状況は確実に動き始めたようである。

　本書第7章で紹介したように、経済産業省の産業構造審議会産業金融部会では、平成15（2003）年10月から「金融システム化に関する検討小委員会」（座長=前田庸・学習院大学名誉教授）を組織して、平成16（2004）年4月まで、産業金融機能強化の観点から、金融のシステム化・電子化について検討を行

い、債権（売掛債権）の電子的な取扱いから債権取引・債権決済の電子化の試みとその法的諸問題を検討し、さらに将来の「電子債権立法」の可能性にまで言及して、その成果を、平成16（2004）年4月28日に公表された同小委員会報告書（以下、「報告書」と略す）にまとめた。本章では、同報告書を踏まえつつも、そこから独立して、現時点（平成16年8月）における筆者なりの「電子債権」および「電子債権論」のイメージというべきものを明らかにし、今後の議論の呼び水にしたいと考えた次第である。

1) 有斐閣法学講演会で行ったもの。内容は、池田真朗「現代債権譲渡論」法教229号（1999年10月号）23頁以下。
2) 池田・前掲注1) 37頁。
3) 北川慎介「新たな電子債権法制に向けて——産構審小委員会の検討の概要」NBL787号（2004）4頁以下参照。
4) 同報告書の概要は本書第7章参照。

II　電子債権創設の目的

　筆者は、今なぜ電子債権か、という問題の背景について、第7章では、①資金調達のための売掛債権のさらなる活用、②e-Japan戦略の要請、③手形における「紙」の負担からの脱却、の3点を掲げた。ここではより理論的観点にシフトして、私見による電子債権創設の目的を、以下の4点ほどにまとめて掲げたい。

　①　世界的な電子商取引の進展を受け、電子契約から電子的に債権が発生し、移転、資金化、消滅も電子的に行えることを可能にして、企業の契約コスト、決済コストを低減化し、もって日本経済のさらなる活性化を図る。

　②　手形という紙ベースでの決済が企業の負担になっている現状を抜本的に改善する。

　③　特に中小企業の資金調達の多様化、迅速化を図る。

　④　民法上の指名債権でも、手形法上の手形債権でもない、新類型を創設することによって、指名債権における譲渡禁止特約の問題や、手形債権における紙の移転の問題等、現在の取引社会での資金調達阻害要因の包括的な除去を図る。

このうち、①は、電子契約との接合を考え、発生から消滅までをトータルアラウンドに電子的に把握するという、大変重要な問題意識に立つものなのであるが、現時点ではあまり強調するのは適切でないかもしれない。その理由は、わが国は（世界の先進国の中では取引の電子化ことに契約の電子化がそれほど進んではいないため）、実務界でもいまだ電子債権を（ことに電子契約との関連で）必要とする実感があまり強いとはいえないという点にある。現時点では、この電子債権の議論が、e-Japan戦略を打ち出した内閣やそれを推進する一部省庁に迎合したものと受け取られかねない状況がないとはいえない。最初に強調しておくが、電子債権の議論は、e-Japan戦略のためにするのではなく、またそれを推進する省庁のためにするのでもない。これからのわが国の各企業の、ひいては各消費者の、コストを削減し、取引の円滑化、迅速化を実現するためにするのである。そしてそのことが、マクロ的には日本企業が国際競争への対応力をつけることにつながろう。
　②は、言うまでもなく、現在の実務界ではこのニーズが非常に大きいのであって、この理由を第1順位に挙げれば説得力があるといえよう。現に、手形レスでの決済をする一括決済方式（債権譲渡方式や債務引受方式がある）も、利用実績を伸ばしつつある。
　ただし、この理由のみを強調すると、議論は安易に「手形の電子化」という問題設定に向かう。とりあえずの立法の手当てとしてもそうなる可能性が強い。しかし、後述するように、それは電子債権の問題の矮小化であり、極論すると単なる当座の弥縫策に終わってしまう可能性があることを注意しておきたい。
　③については、最近の売掛債権担保融資等の金融手法の傾向を考察すれば明瞭なように、この電子債権を担保にしたり流動化したりして新たなかつ迅速な資金調達ができるようにすべきということである。したがって、②とも関連するが、現行の手形という「支払手段」を電子化するだけでは（手形を担保に取ることも可能ではあるが）、この目的が必ずしも十分に達成できないことになる。なお、特に大企業ばかりでなく中小企業の資金調達に資するためには、電子化におけるシステム（法的システムではなく実際のコンピュータシステム）導入コストを考慮しなければならない。便利さと費用の見合った

システムでなければ、利用が広がらないのであって、その意味でも、複数のシステムにしたり、一部だけ実施して後から追加のシステム構築が必要になるような制度設計は適切ではない。

そして④こそが、筆者がもっとも強調したい理由である。電子債権の構想は、現在の取引社会における、既存の指名債権や手形が持つさまざまな資金調達阻害要因の包括的な除去を図るということが最大のメリットである。このことを正しく認識すれば、問題の真の重要性が明らかになってこよう。もっとも、このための構想は広大なものとなり、短時日での実現はかなり困難であろう。けれども、それゆえに議論を限定して当座の小範囲の立法で形を整える、という方向が現実にかなり高い可能性で予測されるため、私はこの議論によって本来もたらされるべき大きな利益を強調しておきたいのである。

以上はあくまでも筆者自身の問題関心から記述したものであるが、前記報告書でも、61頁からの「将来的な電子債権に関する展望」の「(1)電子債権に関する概念」の項目の中で、力点の置き方のニュアンスはあるが、ほぼこれらの見解を取り込んだ記述がなされている。なお、そこでは、電子債権に見込まれる利用局面として、①企業間での支払手段（商業手形の代替手段や一括決済方式の発展）、②金融機関への電子債権の譲渡による現金化（手形割引に相当）、③電子債権を担保とする資金調達（売掛債権担保融資に相当）、④電子債権の流動化、の4点が挙げられている（報告書63頁）。また、この電子債権の対象債権として、主に「商取引を原因関係として発生する売掛債権又はこれに代わる債権」を想定し、電子債権については「商業手形と売掛金の有する性質のうち優れている性質のみを付加した電子的な債権を発生させる」（報告書62頁）ことを基本的な狙いとしている。

5) もっとも、わが国の事業者間取引における電子商取引市場規模は、すでに平成14（2002）年段階で約46兆円であり（経済産業省「電子商取引に関する市場規模・実態調査」による。報告書103頁）、現在ではさらに増加していると思われる。ただこの数字を多いと評価するか少ないと評価するか、見解が分かれ得る。

6) すでに平成15（2003）年9月の推計で約2.4兆円という市場規模で行われている。一括決済方式の概略についても、池田・前掲注4）26〜27頁参照。なお、この方式の中の債権譲渡担保方式（いわゆる「一括決済システム」）については、国税との関係で問題があり、この契約中の代物弁済特約が最判平成15・12・19で無効と確定

しており、この債権譲渡担保方式は適切でないので、真正債権譲渡（ファクタリング）方式、信託方式、併存的債務引受方式で行うべきである。池田真朗「同判決評釈」金法1716号（2004）（金融法判例研究14号）41頁以下参照（本書第1章第1節所収）。

III 電子債権法を構想する場合の基本姿勢

　電子債権に関する新法を立法する場合、基本的に2つの出発点が考えられる。1つは、民法上の指名債権の電子化、1つは、手形の電子化である。そしてさらに第3の道として、指名債権でも手形でもない、新しい第3類型を創設することが考えられる。

1　指名債権の電子化

　もっともイメージしやすいのは、指名債権の電子化であろう。つまり、民法上の指名債権の場合は、もともと券面の存在しないものであるから（民法は債権証書の作成を成立要件とはしていない）、これについての対抗要件を電子化し、電子通知（電子承諾）プラス電子認証、電子確定日付、ということで一応の電子化は叶う。元の債権を紙ベースで発生させて後から電子債権にするのでもよいが、コンピュータ上の電子契約によって電子的に発生させることも制度化し得る。これで一応電子債権と呼べるものになる。これまで、1本1本の債権の移転の際に債務者への確定日付ある通知（または債務者の承諾）を必要とする（民法467条2項）のが取引上大変煩瑣であるとされてきたのだが、電子通知が簡便に出来るようになり、電子確定日付の取得も簡易で安価ということになると、この指名債権の電子化ということも大いに考慮の余地がある。興味深いのは、債権の流通促進を図って紙に権利を載せた手形が、その紙の存在が負担になってきたのに対し、逆に指名債権は素材としてはより簡便に電子化になじむというところである。もちろん、単純に指名債権を電子化させただけでは、流通性の保護は図れず、また、現在売掛債権等の活用に大きな障害となっている譲渡禁止特約の問題等は何ら解決しないことになる。現在の手形が担っている決済手段の役割の部分も、もちろん手付

かずに残ることになる。

2 手形の電子化

　もっともニーズが大きいのは、おそらくこの手形の電子化であろう。ただ、この手形の電子化については、手形の最大の特徴である証券性を失わせることで、まず理論構成上大きな問題がある。つまり、イメージとしては、手形の券面を廃止して電子的に発行させ、裏書も電子的に付与する（「紙」を前提とした呈示証券性や善意取得等の議論がどうなるかは検討課題）ということになろうが、ことは株や社債の無券面化とはレベルが異なる。たとえば、株式の券面を廃止しても株式であることに変わりはない（ただし、学説上本質論についての議論が起こることは別論である）。しかしながら、手形の券面を廃止してなお手形であるということは、手形が有価証券の中でも完全な証券性を持つことを特徴としてきただけに、かなり困難であると考えられるのである（後述する、信金中金の「電子手形」は、名称は手形というが、法的構成は指名債権である。これも後述する韓国の「電子手形の発行及び流通に関する法律」（平成16（2004）年3月成立）においても、詳細は不明であるが、そこでいう電子手形は、少なくとも統一手形条約でいう手形ではあり得ないことになるのではなかろうか）。

　さらに、名称はともかく現在の手形を電子化しただけで十分かといえば、手形のみの電子化では、現在の指名債権がそのまま残るため、現在も存在する原因債権と手形債権の並存関係が、原因債権と電子化された手形債権との競合という問題で大きくクローズアップされてくる。現在は「紙」のありかを基準に手形債権の権利の所在を確認し、原因債権との処理の優先関係を解釈論で決定しているのであるが、これが基準点たる「紙」の所在を失った場合にどうなるのか、さらには原因債権たる指名債権のほうも別途電子化された場合にどうするのか、という問題が出てくるのである。加えて、用途の問題でも、担保融資や流動化の目的には、現在の手形の機能のみでは不十分である。また、指名債権にできて現在の手形にできない機能（たとえば、後述の信金中金の「電子手形」では、債権の分割移転が可能である）も付与したいところである。

もっとも、わが国では手形は大変安定的な決済手段としての地位を長く有してきたのであり、この20年ほどで利用が激減しているとはいえ（手形交換枚数でいうと、昭和57（1982）年には4億2千万枚を超えていたものが、平成14（2002）年には2億枚を割り込んでいる）、もし新しい電子債権に手形の役割を移譲するのであれば、かなりの安定性が見込めるものにしなければならない、という意見も強いであろう。その意味では、手形を電子債権で代替するといっても、紙の手形はなおこのまま残し、別概念として電子債権を考え、ある程度の期間で取引社会の（コストとリスクを勘案しての）選択を待つという態度が穏当ではあるまいか。

3 第3の道——新概念の創設

手形の電子化という発想について、原因債権との関係という点をさらに理論的に分析すれば、そもそも手形はその流通を保護し決済手段としての信頼性を高めるために、原因債権と切り離した無因性を特性として有することにしたものである。したがって、ここでの電子債権を手形の電子化と発想することは、すでに検討の出発点で、原因債権と別個の電子手形債権を措定することによって、2つの債権を並存させる「二重の法律構成」をとり、その両債権の接続を必然的に考えなければならないという、理論的にも複雑な、そして想定される現実のコストの問題でも無駄に費用を増加させる道を選択することになるのである。つまり、今後の電子契約の発展を想定すると、そもそもの原因債権を発生させることになる電子契約のシステムと、その後に電子的な手形債権を発生させるシステムとが、別々の発想で別々のコスト負担に服することになりそうである。電子契約の存在を前提とすれば、その電子契約から直接に電子債権（いわば電子的に発生する原因債権）が発生すると一本化して考えたほうが、理論的に単純簡明なばかりか、将来の実務上のコストも低くなると考えられる（ここに、私見がいわゆる電子商取引と電子債権の問題をリンクさせて考えようとする最大の理由がある）。

また、そこから電子債権の議論は、手形その他の既存の有価証券としての議論とは一線を画して検討すべき、という考え方が出てくるのである。もっとも、先に述べたように、指名債権的出発点に立った場合も、既存の民法理

論に制約された議論は適切ではなく、流通性の確保等は独自に考慮すべきである。その意味で、電子契約とリンクさせた発生段階からの電子債権を、指名債権とも手形とも異なるものと認識して、発生から移転、消滅までをトータルに立法すべきではあるまいか。これが、第3の道としての、まったくの新概念として電子債権を創設すべきという発想の根幹である。

7）（全国銀行協会）平成14年版決済統計年報。本文前掲の報告書14頁参照。

IV　電子債権のイメージ

それでは、以上の検討を踏まえて、筆者の考える電子債権のイメージを明らかにしておきたい。これは1つの理念型であり、後述するように、近い将来に考えられる立法は、これとは合致しないものとなる可能性が高いと思われるが、立法に関する関係者の思惑とか時間的制約等を捨象して、まずはあるべき電子債権の姿を提示してみたい。

私見のイメージする電子債権とは、大略以下のようなものである。

電子債権（electronic receivables, créance électronique）[8] とは、発生、移転（資金化）、消滅が電子的に行われる新種の債権である。発生時に電子的登録がなされ、以後の移転の対抗要件具備も電子的登録によってなされる。消滅の記録も電子的に残る。形状としては、現在の民法上の指名債権を電子化して、簡易な移転可能性を電子的に確保したもので、移転する債権情報も電子登録された内容に限定される（民法上の指名債権ではなく、民法の規定による移転等はできない。また、譲渡禁止にはできない）。決済手段として、手形の機能も相当部分兼ねるが、手形のように原因債権と切り離されて別途生じるものではなく、原因債権との競合を生じないのが原則である（双務契約の反対債権の不履行等、原因契約の抗弁事由の処理は別途定める）。法律的には、独立新法によって、民法の指名債権でも、手形等の有価証券でもない、新類型を構築することになる。

8）receivablesは国連国際債権譲渡条約等でも使われているもので、売掛債権に限らず、契約から発生する金銭給付債権をいうと考えてよい。不法行為の損害賠償債権など、法定債権が含まれるかは米英でも議論があるようだが、ここでは法定債権

であっても何らかの合意によって確定した金銭債権となったものはすべて含まれると考えてよかろう。なお、同条約でも仏語版は債権に créance の語をあてており、これはわが国での「債権」と一致する概念である。

V　具体的な仕組みの試案と問題点の提示

1　前置き

　以下は、先に掲げた私見の電子債権のイメージを実現するためのプランと問題点を示したものであるが、これらはまったくの試案ないし議論のたたき台であり、実現可能性を想定したものではない。ただ、以下の試案による仕組みは、たとえばすでに試験的に行われている信金中金の電子手形サービス[9]（先述のように法律構成は債権譲渡型となった）にも適合すると思われるものである。また、一括決済方式（債権譲渡型）については、以下のような仕組みの導入には非常に適合性が高いというだけでなく、二重譲渡リスクの実質的除去、納入債権の取りまとめの簡易化・迅速化等、多大なメリットがあると思われる（つまり、一括決済方式は、電子債権の導入によってなくなるのではなく、より効率的・安定的に行われることになる）。

　もっとも、制度の創設の際には、特定の既存の取引との適合性のみを強調して行うべきではない。しかし、具体的な立法化の作業は、何らかの（あるいは何とおりかの）スキームを想定して行われることになると考えられるため、その段階で（上記以外にも）存在し一定の成果を収めている先駆的スキームがあれば、それらを取り込めるような配慮はある程度必要であろう。その際、くれぐれも、金融機関（銀行、信託銀行、信用金庫、信用組合等）相互の面子の問題であるとか、省庁間の主導権争いなどは無用に願いたい。この問題は、そういう近視眼的なレベルで論じる問題ではない。また、既存の仕組みを活用するという発想も、（余計な費用をかけずに済むという意味では妥当かもしれないが）既存の機関の既得権益主張につながるようなことがあってはならない。

2 各論的試案

(1) 債権の種類

金銭給付債権であれば種別を問わず、売掛金債権、請負代金債権、サービス提供債権等を電子的に発生させることができる[10]。発生時に電子債権として登録できるようにする。

(2) 発生のさせ方

① 電子契約を行い、契約中で、代金債権については、電子債権として発生させる合意をする（紙ベースの契約をしたが、その代金債権を電子債権として発生させる合意をすることも認められる。ただしこの合意は電子契約で行うことになる）。電子契約書の中で、金額、弁済期、債権番号等、一定の情報を抜き出し（この情報はそれほど多くなくてよい。法によって定型化する）、電子債権として登録する（契約の成立と同時に電子債権として登録されることが理想である）。電子債権として登録されたものは、この登録情報以外の性質を持たない（それ以外の抗弁が認められない）構成にする。譲渡禁止特約はそもそも付すことが認められず、また電子債権システム以外での譲渡は（民法上の譲渡も現在の手形を発行しての譲渡も）認められない（これも法によって明定する）。

② 登録機関については、金融機関の連合組織等が登録センターを作り、それを国が登録機関として認定するのが、もっとも現実的で望ましいかと思われる（国による一元的登録機関の設定は明瞭でよいのだが、コスト的に高くつくのではないか。また、それほど多くない複数の民間組織で適切な競争状態を作るほうが制度の普及が早まるように思われる）。この登録機関に登録することによって、いわゆる対抗要件も具備される。

(3) 譲渡の仕方

譲受人となるのは、金融機関に限られないが、登録機関に登録してある者（法人限定をつけるか）に限られる。登録機関への譲渡記録の登録をもって譲渡の対抗要件とする（対抗要件ルールは法定する必要がある）。再譲渡、再々譲渡も可能とする（ただし、もともと登録者しか譲受人となれないシステムであり、このシステム外に転々流通することは想定していない）。民法上の対抗要件との競合等は、民法上の譲渡ができない電子債権であるのだから、基本的に

想定されえない。なお、発生時と登録時が同時ということになれば、発生してから登録するまでの間に民法上の譲渡がされるなどということも想定しえない。

3　既存の手形や指名債権と比較してのメリット

既存の手形や指名債権と比較しての利点について、代表的と思われる2点を掲げる。

①　手形における、原因債権と手形債権の関係の議論が不要になる。いわゆる「無因性」の議論も不要になる（もちろん、後述のように手形が「無因性」によって実現している程度の権利取得者保護をどのような形で付与すべきかの議論は残る）。なお、現在の議論では、原因債権との「紐付け」（対応づけ）が面倒ないし困難であるとして無因をいう見解があるが、電子契約の進展によって、どの契約からどの債権が発生したかをたどることは容易になり、逆に原因契約と切り離された手形債権のようなものが二重に発生することを考えるほうが煩瑣で紛争も多くなると考えられる（この点はおそらく発想の転換が必要であろう）。譲受人の保護は、電子債権発生時の構築（電子債権データ以外での抗弁放棄の意思表示を電子契約内でさせる等）で処理すればよいとするのが一案である。

②　指名債権における、譲渡禁止特約の問題がなくなる。譲渡禁止特約（民法466条2項）の問題は、現在、債権による資金調達（譲渡担保、流動化）の最大の阻害要因となっているが、民法改正の形での立法論的な全面解決はそう簡単ではない。このような点で電子債権概念の「新設」の効果は顕著に現れる。したがって、電子債権は、もともと無券面である指名債権の基本構成のみを採ってそれに手形的な流通保護の性質を自由に付与していく形で新たに考案するのがもっとも適切と考えられる。

4　従来の他の議論と一線を画すべき点

前章でも触れたことであるが、今回の電子債権の議論は、社債やCP（コマーシャル・ペーパー）のような、定型化された運転資金の調達手法のそれとは基本的に異なることを強く意識すべきである。なお、CPについては、

かつては約束手形として構成されていたものを、無券面化に際して短期社債と位置づけて振替制度に乗せたことは周知のとおりであるが、そのことの是非は別として（無券面化CPについては、新概念を作ってそこに分類した国もある[11]）、今回の電子債権の構築にあたっては、既存の組織を活用する程度では済まない問題と認識したほうがよいと思われる（なお、言うまでもないが、ここでの電子債権の議論は、株や社債のように、券面を想定するが発行しない、という「有価証券を前提としたペーパーレスの議論」ではなく、端的に債権そのものを電子化する議論である。したがって、紙の存在はそもそも前提ではなく、「振替制度」の議論もここではほとんど関係がない）。

また、電子決済という側面からは、電子マネーのような議論も混入してくるかもしれないが、ここで問題にする電子債権の議論は、電子マネーのようなデジタル化された決済手段の議論とは別の議論である（貨幣との距離感でいえばいわば対極にあるものと考えるべきである）。これに対して、いわゆる電子資金移動の問題は、電子債権のスキームの一部を構成する議論とはなるであろうし、狭義の電子決済も、清算という最終段階が主たる機能場面ではあるが、この電子債権の問題とかかわってくるものとはいえる。[12]

5 今後検討を詰めるべき点

(1) 反対債権不履行の場合（目的物の引渡しがない、請負工事がされない等）の処理

私見の提示するような電子債権では、この点の処理がもっとも工夫すべきところであろう（現在の手形のように、支払手段として完全に原因債権と切り離された別債権を観念するやり方はこの点では明瞭である）。リコース（償還権）つき電子債権、リコースなし電子債権、という形で発生のところから構築するのも一法ではあるが、それでは信頼性が損なわれるという意見も強いであろうから、反対債権不履行の場合の処理はすべて当事者間の契約上の処理（損害賠償責任）の問題として電子債権に影響させないという構成も考えられる。

(2) 原因契約としての電子契約の保存の問題

原因契約としての電子契約については、すでに一部で行われているように、

ハッシュ化での保存をして、紛争の場合に原因契約までトレースできる形が望ましいが[13)]、これもコストと普及度の相関で論じるべきものであろう。

(3) 電子契約と電子債権の「紐付け」の問題

各電子債権の属性や内容については、発生時に限定するのであるが、電子契約が浸透すれば、原因契約と電子債権の「紐付け」はそれほど困難ではなくなると予測される。しかし、一般的には、どの契約から発生したどの債権かの特定性が維持できる最低限の情報があれば十分であると思われる（たとえば電子契約締結日と債権番号等での特定を考える）。

(4) 電子登録機関の創設（認定）の問題

確定日付付与権限を国が排他的に独占するのはもはや時代遅れというべきであろう。フランスではすでに1981年のダイイ法（企業の資金調達を得やすくするため、職業債権の金融機関への集合的譲渡の際に、民法1690条に定める対抗要件として個々の債権譲渡を債務者に通知（フランス民法では執達吏による送達）するのではなく、1枚の明細書に譲渡情報を連記したものを通知することを認めた法律）において、譲受金融機関がダイイ明細書に付した日付を確定日付と認めている[14)]。これは、譲受金融機関（銀行）に対する高度の信頼を前提とするものであり、また同国民法典の規定では債権譲渡の通知が手続として非常に重いということがあってのことであろうが、今日では民間機関が正確な日付付与業務を行えることは技術的には問題がなく、単に「公的機関」による日付付与という建前だけの問題である。もともと、確定日付を定めるわが民法施行法は、必ずしも公的機関による日付付与のみを考えていたものではなく、「その日あるいはその日までにその証書が存在したこと」の確実な証明と捉えていたことは、同法5条3号4号の規定からしても明瞭である[15)]。この点は、近い将来の民法施行法の抜本的改正を期待したい。

また、先述のように、国が電子登録機関を創設するのはかえってコスト高になるのではないかと予想される。もちろん、債権譲渡特例法登記の制度と現在の東京中野の法務局を活用・拡大することも考えられるのだが、法務省にすべて管轄させるのであれば、国は相当の予算措置を講じる必要があろう。金融機関の連合体などを関与させて民間に登録機関を創設させ、それを国が認定・統括する方法のほうがよいのではなかろうか。

(5) 電子登録機関の公示性の確保の問題

電子登録機関への登録者のみが譲受人となれるとして、登録者以外の者が（たとえば、譲受人になりたいとして）データの閲覧を望む場合にどう処理するか。これは、現在の債権譲渡特例法登記におけるアクセスの問題と同種の問題として検討すべきであろう。

(6) 二重譲渡リスクを回避できることの問題

この電子債権では、電子債権としての譲渡だけが可能で、システム外での譲渡ができなくなる。したがって、譲受、再譲渡等の安定性は大変高くなる。もっとも、差押債権者がシステム外から検索に入って差押えをするという可能性は残さなければならない。差押禁止債権の創設と等しくなるような構成は適切でないからである。

(7) 現時点では契約書もなく債権発生日も確定できない債権が多数あるという実情

もちろん、現時点ではまだ一般に存在する、契約書もなく債権発生日も特定できないような売掛債権は、ここでいう電子債権となし得ないことになる。しかし、そのような電子債権を構想することが実務の現状からして問題があるという議論は、社会の電子化に逆行する議論であり、今後は中小企業でも、有利な資金調達をしたければ、電子契約をし、電子的に整理された帳簿で会計管理をするという必要がある。またそのような明朗正確な会計管理のできる経営体制を採れた中小企業こそが金融機関からの信用供与をより有利に得られる、というのが取引社会の望ましい方向であることは疑いがないのである。

(8) 電子債権にファイナンス情報を付加することの問題

報告書は、電子データという特性を生かして、ファイナンスに有用な情報（決済情報、支払遅延情報、取引情報、債権の流通過程に関する情報、企業基本情報・財務情報等）を必要に応じて任意に電子債権に添付するという提言も紹介している（報告書78頁以下）。しかし私見はこの点については賛成できない。債権の流通過程に関する情報というのは、手形でいえば裏書の示す情報であり、これは別論としても、他の信用情報に属するものを電子債権に載せるという議論には、さまざまな反対や懸念が寄せられることが容易に予測でき、

ここまで議論を広げると、かえって電子債権創設の妨げになると思われる。信用情報の把握は、あくまでも、企業データベースないし信用リスクデータベースの開発によってなすべきであろう。

6 諸外国の取組みの評価

前記報告書は、24頁以下で、韓国の2つの立法の試みと、アメリカのB to CおよびB to B取引における電子的請求書送付・支払（EBPP／EIPP）について触れているが、このうちEBPP／EIPPは、サイトでの請求書の提示に基づく単なる電子支払システムというだけで、ここでの電子債権創設の議論との関係では特にみるべきものはない。検討すべきは韓国の2つの立法であるが、前章にも述べたように、指名債権（売掛債権）の電子化の立法（平成15（2003）年8月に政府より国会提出、電子売掛債権担保融資にあたる実務の実績あり）と電子手形立法（議員立法、平成16（2004）年3月成立、実務実績なし）とがばらばらになされた感がある。いまだ経済産業省の調査以上の情報を得ておらず、今後自らも研究を進め、学ぶべき点は大いに学びたいが、電子手形法のほうは、裏書・保証、支払提示、遡求等についても電子文書の形で行うこととしているもののようで（報告書28頁）、単に現行の手形のスキームを電子的に擬制しているだけのようにも見える（だからこそこれも手形であるという説明になるのかもしれない）。もしそうだとすれば、この韓国の立法は、手形法の発想の域をまったく出ないもので、結果としては電子売掛債権と電子手形とが、今後も関連性を持たずに、現存の売掛債権と手形の機能範囲の中を動くだけのことになろう。わが国もこのような帰結になってよいのか（あるいはそれを望むのか）というのが、筆者が広く官民の関係諸機関に問いたい点である。

 9）「電子手形サービス」は信金中央金庫の提供する電子決済サービスであり、「電子手形」は手形法による手形ではなく、一定の金額（支払金額）を一定の時期（支払期日）に一定の者（電子手形の所持人）に支払うための電子的手段である。信金中金の電子手形センターが登録機関となり、また電子認証局も信金中金が設置する。報告書32頁以下参照。なお2004年段階の現行法ではこのスキームの法的性質は指名債権譲渡となり、民法上の対抗要件も具備して制度としての安定を図っている。
 10）　報告書62頁と同様、とりあえずは企業間の商取引から発生する債権を想定する

が、将来的には消費者向け売買等に電子債権が利用されることを否定するものではない。
11) ちなみにフランスでは、CPの無券面化に際して、流通債権証券という新しい概念を創設してそこに分類した（1991年の法律による。1993年に発効）。池田真朗「フランスにおける有価証券・流通証券の概念とコマーシャル・ペーパーの券面廃止」（海外金融法の動向 フランス）金融法16号（2000）140頁（本書第18章所収）。
12) 電子資金移動、電子決済、電子マネーの概念については、岩原紳作『電子決済と法』（有斐閣、2003）5〜7頁参照。
13) 池田真朗「電子情報管理契約論——電子文書情報管理を中心に」NBL764号（2003）22頁以下参照。
14) ダイイ法に関しては、山田誠一「金融機関を当事者とする債権の譲渡および質入れ——フランスにおける最近の動向」金融法7号（1991）58頁以下、池田真朗「フランス民法における指名債権譲渡法理の展開」法研56巻5号（1983）19頁以下（同『債権譲渡の研究』（弘文堂、1993、増補版1997）269頁所収）参照。
15) 民法施行法5条3号は、「私署証書ノ署名者中ニ死亡シタル者アルトキハ其死亡ノ日ヨリ確定日附アルモノトス」と定め、同4号は、「確定日附アル証書中ニ私署証書ヲ引用シタルトキハ其証書ノ日附ヲ以テ引用シタル私署証書ノ確定日附トス」と定める。当時の確定日付の概略の説明については、池田真朗「公証役場・郵便局」（民法学習マニュアル〔公的機関〕）法セ334号（1982）44頁以下、特に47〜50頁参照。内容証明郵便について郵便認証司による確定日付付与がなされるように改正された民法施行法（5条6号新設）の解説については、池田真朗編著『民法 Visual Materials』（有斐閣、2008）73頁参照。

VI 結びに代えて

　本章が、単なる学者の理想論ないし将来の夢物語と片づけられないよう、最後に筆者の現実論的な見通しを示しておく。この問題は、意外に早く立法化に進む可能性がある。そのシナリオはこうである。①政府のe-Japan戦略の期間的制約から、関係省庁は向こう2年程度で何らかの立法措置を迫られる。②民事一般法として立法担当省庁は法務省となろうが、経済産業省や金融庁が主要な利害関係を持つため、それらの省庁が調整に入る。③立法の具体的な前提となるスキームを想定するため、法務省から金融機関やその連合体、および日本銀行等に意見を聴取する。④結局、2年程度で立法できることは非常に限定されていることが明らかとなって、立法を迫られた当局は、

とりあえずの最小限の立法を、しかも既存の法制度の修正という形で（たとえば手形法の改正という形で）行おうとし、そのための立案に入る。

　これが、私見が回避したいと強く思い、しかし現実にはそうなる可能性がかなり高いシナリオである。本章を著した真意は、このようなシナリオに対する警鐘を鳴らすことにあった。確かに、たとえば手形の紙をなくしてその機能を電子化するところだけを立法するのが、もっとも簡易でかつ現実的な選択といえるのかもしれない。しかし、望まれるのは、今後の取引社会の大局を見通し、かつ新たな法体系を想定した、包括的な立法である。

　本章で試みに提示した私見の未熟な部分に対し、大方の多数のご教示を賜れれば幸いである。そして実際の状況がどう推移することになっても、筆者としては、一学者として、与えられた状況の中で、この国の取引社会によかれと思いつつ、ベストを尽くして論じるのみである。

第9章
電子債権構想の具体化と立法への展望

I　はじめに——議論の経緯

　本章は、検討が急速に進められてきた電子債権および「電子債権法」についての議論を紹介するものである。そもそもこの電子債権の構想は、平成15（2003）年7月2日のe-Japan戦略II以降のIT戦略本部決定で、「電子的手段による債権譲渡の推進によって中小企業等の資金調達環境を整備するため、現行法上、原則として確定日付のある通知または承諾が必要とされている債権譲渡のあり方を検討する必要がある」とされたところに始まる。平成16（2004）年4月に、経済産業省の産業構造審議会産業金融部会に置かれた「金融システム化に関する検討小委員会」（小委員長=前田庸・学習院大学名誉教授）が、「電子債権について」と副題を付した報告書を出したのが最初の研究成果である。その後、IT政策パッケージ2005（平成17（2005）年2月IT戦略本部決定）では、法務省、経済産業省、金融庁、および関係府省の検討課題として、「電子債権法（仮称）の制定に向けた検討を進め、2005年中に制度の骨格を明らかにする」という具体的なスケジュールが示された。

　これを受けて、平成17（2005）年4月には経済産業省の「電子債権を活用したビジネスモデル検討WG」の報告書「電子債権構想——IT社会における経済・金融インフラの構築を目指して」が出され、同年4月から7月には金融庁金融審議会の分科会で、「情報技術革新と金融制度に関するWG」（座長=野村修也・中央大学教授）が開催されて、成果は座長メモの形で「金融シ

ステム面からみた電子債権法制に関する議論の整理」として公表された。さらに同年5月から法務省電子債権研究会（座長は筆者）が、電子債権に関する私法上の論点整理を目的に開催されてきた。この研究会では、先のIT政策パッケージを受けて、同年12月中にある程度のまとめをし、公表する予定である（なお本章執筆は同年11月末日までのデータを反映している）。その後順調に推移すれば、平成18（2006）年には立法に向けて法制審議会が立ち上げられる予定という。

このように、電子債権および電子債権法の構想は、これまでいわば官主導で動いてきた面があり、このような動きが、実務界はともかく学界にどれだけ認知されているかといえば、いまだ必ずしも十分ではないと思われる。これまで公にされた文献も筆者のものを含めてすでに20点近いものがあり[1]、さらに筆者は平成17（2005）年10月には、日本私法学会の拡大ワークショップで報告をしたところであるが[2]、なお議論の広がりが望まれる。

この電子債権の問題は、学理と実務と技術が三位一体になっている。しかも学理という意味では、これまでの民法や手形法の議論に収まらない、まさに新しい議論である。立法論をする場合にも、現行の法規にどう書いてあるかということが、必ずしも参考にならないのである。また、ここでの議論は、社債や株のように、元々紙のある証券のペーパーレス化の作業とはまったく異なる（また法理論的にいえば、紙つまり動産としての議論から始まる検討プロセスはここでは関係がない）。したがって、この問題については、既成概念にとらわれない、自由な発想で検討をしなければならない。

筆者は、民法、ことに債権法を専門とする解釈学者であるが、本章では、できるだけ実務と技術に目配りしてこの問題への対応を紹介しかつ論じてみたい。なお、本章では、筆者が参加した3省庁の研究会やWGでの議論もなるべく公平に紹介するが、現時点での私見にわたる部分も多いことをお断りしておく。

   1）　単行書として、大垣尚司『電子債権』（日本経済新聞社、2005）（以下、「大垣・前掲注1）」として引用）、論文等として、池田真朗「金融システムの電子化についての法的検討──『電子債権』への新たな取組みを中心に」銀行法務21・634号（2004）24頁以下（本書第7章所収）、同「電子債権論序説──産業構造審議会小委

員会報告書を契機に」NBL790号（2004）35頁以下（本書第8章所収）、およびジュリ1276号（2004）の特集「企業金融の活性化と電子債権」の中の、①池田真朗=岩原紳作=小野傑=佐藤良治=中村廉平=松本恒雄「〔座談会〕『電子債権法』の立法化に向けた理論的課題」、②北川慎介「電子債権の議論と今後の課題」、③大垣尚司「新時代の企業金融と電子債権法構想の意義」、さらに金融財政事情2650号（2005）の特集「電子債権と金融ビジネスモデル」の中の、①市川雅一「電子債権を活用した新しい金融サービスの創出に向けて」、②渡邊隆彦「電子債権のローンセカンダリー取引への活用」、③大垣尚司「電子債権と地域金融機関のビジネスモデルへの提言」、また NBL812号（2005）の特集「電子債権の期待と課題」の中の、①木原正裕「ローン債権売買市場活性化」、②平田重敏「一括決済方式」、③高橋秀充「手形の電子化」、④佐藤良治「CMS」、⑤中村廉平「金融機関融資の電子化」、⑥吉本利行「ノンバンク融資の電子化」等がある。平成15（2005）年8月以降では、西方健一「『金融システム面からみた電子債権法制に関する議論の整理』（金融審議会情報技術革新 WG 座長メモ）の概要」金法1747号（2005）36頁以下、藤田佳秀「電子債権法制によるローンセカンダリー市場の活性化」金法1750号（2005）31頁以下がある。その他、経済産業省の報告書、金融庁 WG の座長メモ等は各省庁のホームページ参照。なお筆者は、NBL800号（2005）71頁の小論「電子債権の可能性と企業法務への期待」でも、この立法について、小手先の対応をしてしまうと大きな立ち遅れにつながる危険性もあること、債権の基本に関わる本格的な立法を実現させるためには、何よりも実務の幅広いニーズの存在が認められることが必要であること、具体的な電子債権への試みをさまざまな機関、地域で実行することも非常に意義があること、等を述べ、「電子債権立法」への取組みが、平成15年の企業法務にとって、何本かの指に入る重要なテーマとなりそうであると述べておいた。

2）　報告の骨子は、日本私法学会「私法」68号（2006）に収録されている。

II　現状の議論の紹介

　発想の根本は、①新しい資金調達手法としての売掛債権等の活用——債権移転の円滑・確実化の要請、②手形の紙の負担の増加（手形は激減の現状にある）[3]、③国の IT 化戦略も背景にしたビジネスの電子化の流れ、というところにある。そこで、検討にあたって最初に設定された方向は、指名債権と手形のそれぞれがもつ問題性の解消をめざすということであった。そこから、指名債権でも、手形でもない、第3の新しい類型として、電子債権管理機関の電子債権原簿に登録することによって発生し、移転し、消滅する「電子債権」というものを構想することになったのである。金融庁の WG が示した

基本イメージでは、直接管理機関に電子登録をできない者のための経由機関や、債権の記番号管理なども加えられている。

これまで経済産業省の関係では、さまざまなビジネスモデルの検討がなされ、信金中金等による「電子手形サービス」(ここでいう電子手形の法的性質は民法上の指名債権) という試験的モデルの実証実験も行われた (そのめざすところは、「手形の電子化」ではなく、手形機能および既存の手形レス商品のメリットを兼ね備えた「売掛債権の電子化」であるとされる[4])。また金融庁WGの座長メモでは、電子債権法制構築にあたっての基本的視点として、①多様なニーズや情報技術革新等に柔軟に対応できる制度であること、②多様な主体にとって簡易で利用しやすい制度であること、③多様な主体が将来にわたり容易に参入でき、電子債権を利用した金融サービスの成長性が確保される制度であること、④業務運営の円滑性が確保され、利用者にとって信頼できる制度であること、が掲げられている。

3) 全国銀行協会『平成16年版決済統計年報』によれば、手形交換枚数は、昭和58 (1983) 年の約420万枚から平成16 (2004) 年には約160万枚に、交換金額ではピークの平成2 (1990) 年に約4,800兆円であったものが平成16年には約600兆円にと激減している。
4) 高橋・前掲注1) NBL812号 (2005) 21頁。

III 電子債権の法的性質
——原因債権との関係

従来の民法における債権の分類からすると、電子債権も債権者債務者が定まっていて権利を紙に載せていないのだからあくまでも指名債権という考え方もあるが、ここでは指名債権 (原因債権) とは別個の新類型と整理する。ただ、電子債権を原因債権たる指名債権との連続性を重視して考えるか (いうならば電子指名債権)、そうではなく機能的に指名債権と全く別個のものとして (発想は手形のように原因債権と別個の、電子を媒体とする債権として) 考えるかという大きな違いがある。

具体的に、ここでは前掲の日本私法学会での報告の紹介を兼ねて、以下の

２類型を提示しよう。Ａ型は、まさにいわば電子指名債権を観念するもので、原因債権（指名債権）成立→電子債権として登録→原因債権はそのまま存続するのだが、電子債権としての性質を帯びたものに変わる（電子指名債権）→これ以降は電子債権としての移転方式しかとれない（民法上の指名債権譲渡をしても手形を振り出しても無効または対抗不能）→弁済されて抹消、となるものである。この考え方では、電子債権は、原因債権とは別の債権ではあるが、原因債権は、電子債権登録後は、電子債権の性質にコーティングされたものとして（登録抹消までは電子債権としての処理しかできない形で）存続することになる。したがって、仮に弁済しないまま電子債権登録のみを解除すれば原因債権が元の指名債権として存続している形になる。たとえば電子債権にすると、譲渡があった場合は元の電子債権登録簿に記載されていく（つまり電子債権原簿は移動しない）、という現在考えられている立て付けからすると、何らかの理由で原簿を動かす、つまり、管理機関を変えて登録し直したい、という場合には、そこにある電子債権を消滅させて新債権を発生させるのではなく、電子債権性だけを消して元の原因債権たる指名債権に戻して、そこから新たな処理をすればよいことになる。

　これに対してＢ型は、いわば手形のように、切り離された別債権としての電子債権を観念するもので、原因債権（元々指名債権）成立→電子債権として登録→原因債権（指名債権）はそのままで、併存する形で電子債権ができる→これ以降は電子債権は電子債権としての移転方式で移転し消滅するが、一方で原因債権について民法上の指名債権譲渡もできるし、手形の振出しも可能→弁済されて抹消登録をすれば消滅、となる。これはいわゆる手形と同様な、原因債権とは別個独立の債権を創設するものである。したがって電子債権と原因債権の関係は手形と原因債権の議論のアナロジーで考えれば大方可能ということになろう（ただし、手形が紙であることからする議論（たとえば呈示の問題等）が不要かつ的はずれになることは当然である）。

　Ａ型の利点としては、二重譲渡リスクが低減され、電子債権性を帯びて以降は実質ゼロになる（電子債権の中での二重譲渡は、遅れた登録ができないので不可能。他の民法上の移転等も制度的にシャットアウトされる）、債権関係が簡明である（ことに譲渡や差押えの場合）ということがあげられ、欠点としては、

原因契約から発生する原因債権と電子債権を完全に対応させることが現実に可能か、既存の概念にないもので要件効果等をイメージしにくい（規定をつくりにくい）、等があげられる。B型の利点としては、現在の指名債権と手形の関係のアナロジーで考えればイメージしやすいことがあげられ、欠点としては、二重譲渡リスクが減少しない、債権関係（ことに譲渡、差押え等の場合）が複雑になる可能性がある、等があげられる。

しかし、おそらく最終的に考えられる法律効果は両者であまり大きな違いはできないと考えられる。たとえば、確かにB型は電子債権発生後も、指名債権譲渡がされたりするリスクはまったく減少しない。それどころか二重譲渡（正確に言えば原因債権と電子債権の別異の処分となるか【補注、本書第11章Ⅳ1参照】）発生の理論上の可能性は今よりも高くなる[5]。しかしB型ではそれなりに電子債権発生の抗弁等で、電子債権上の処理を優先させる規定を置けばよいということになろう。

なお、A型はある意味 Electronic Receivables と呼ぶのにふさわしい。Receivables は、国連の国際債権譲渡条約でも使われている、売掛債権や貸付債権等の債権一般を指す用語であるが、これがそのまま電子債権性を帯びるというわけである。これに対してB型は Electronic Credit（大垣教授のいうe‐Credit）というのがよりなじむかもしれない。この電子債権が既存の有価証券法理とは完全に別のものであっても、民法の指名債権よりも高い流通性をもつものとして概念規定されるものであるとすれば、指名債権の電子化というニュアンスから離れたほうがよいとも考えられる。ただし、手形の場合は、手形行為は絶対商行為とされているが、電子債権の利用者は商人とは限らないので、大垣教授の意見のように一律に商行為性を有するとするのは問題であろう[6]。

   5） さらに細かくいうと、手形債権を原因債権とする電子債権の発生も考えられなくはなく、同一の原因債権について電子債権と手形債権が発行されたのか手形債権を原因債権として電子債権が発行されたのか区別がつかないのでみなし規定や推定規定をおく（大垣・前掲注1）191頁）などという面倒なことも起こりうる。

   6） 大垣・前掲注1）189頁。

IV　現時点での立法プランと、将来的な発想の転換

　現時点では、立法の方向として、上記のB型つまり原因債権と併存する別の電子債権という2本の債権を考える考え方が主流となった。平成17(2005)年12月公表予定の法務省電子債権研究会報告書もその趣旨で書かれる予定である【補注、公表された同報告書については、葉玉匡美=坂本三郎「「電子債権に関する私法上の論点整理――電子債権研究会報告書」の概要」金法1760号(2006)8頁以下参照】。ただ、ここで問題提起をしておきたい。手形の場合は、権利を紙に載せ、原因契約と切り離すことによって支払いの確実性を担保するわけで（無因性）、これが今までは決済手段としては高い評価を得てきた。つまりそこでは、どういう契約から発生した債権（原因債権）かということをあえてみえなくすることから債権の確実性を高めているのである。けれども、これに対しては、逆に原因契約までさかのぼれるトレーサビリティ（債権の履歴がたどれる）をもたせることで可視性を高め、それが債権の評価の正確さにつながる、というまったく逆の発想がありうる。金融庁のWGでは、経済や技術畑の委員から、商流情報が債権の権利移転に係る情報と一体として提供されることにより、債権者が金融機関等から信用供与を受けるコストを低減させることが可能になる（金融仲介機能の一層の向上に資する）という見地から、このトレーサビリティ、可視性ということを高く評価する意見が出された。これが電子債権では（少なくとも将来的には）可能となりうる。各債権に個別の債権番号を付して、分割された場合は枝番をつけて、発生から移転、消滅をトレースできるようにするわけである。ことに、電子取引が盛んになると、電子契約書の中の所定のデータを抜き出してそのまま電子債権として登録する、という形が増えてこよう。こうなると、無因にするのではなく逆に有因であることによって当該債権の認識度、信頼度が高まるはずである[7]。

　有因無因という議論は必ずしも適当ではないかもしれないが、現在は、原因債権の発生と電子債権の発生の間に懸隔があるパターンを原則型と考えるので、その原因債権と電子債権の間の紐付けが困難である、ということから、

先のＢ型で議論がまとまりつつある。けれども、そう遠くない将来には十分実現するかもしれないこのあたりの発想の転換も考えておく必要があろう。筆者は、将来的には、電子契約（ここで発生するのはあくまでも既存の指名債権）から時間的間隔をおかず直ちに電子債権を発生登録する取引が、定型的反復的な取引では多数になっていくであろうとみており、その場合には先のＡ型の利点がより鮮明になると考えている。

> 7） 電子債権を手形的に二刀流として考える大垣教授も、複数の売掛債権の消し込みの問題では、請求書の単位ごとに電子債権を発行して、任意的登録情報の中の原因債権に関する情報欄に請求書番号を付してもらうようにすれば、電子債権を受け取った段階で消し込みを完了できる、という、原因債権と電子債権の紐付けをする議論を展開している（大垣・前掲注1）316頁）。

Ⅴ　電子債権の機能
——決済手段と資金調達手段

　想定される電子債権は、決済として用いる債権と担保として用いる債権との両方の機能をもつものであるべきであろう。そうでないと、ニーズが限定されてしまい、売掛債権担保融資の電子化とか、手形の電子化という矮小化された立法になってしまう（後述する韓国では、こういう状況になりつつあるようにみえる[8]）。ただこの２つの性格の債権は、かなり異なる面がある。資金調達手段としてみれば、やはり個々の電子債権をある程度個性のある資産としてとらえる色彩が強くなる。決済手段として割り切ると、無個性な金銭価値としてとらえる傾向が強くなる。そうすると、決済手段としての性質と資金調達手段としての性質のいずれに重きをおいて考えるかによっても、規定の立て付けが変わってくるところがある。一例をあげれば、電子債権の属性情報の量は、手形などと違ってたくさん書き込めるのが特徴であるが、属性情報が多くとれることはたとえばローン債権の譲渡に電子債権を活用するうえでは大きなメリットということになる。一方、単なる額面金額の決済手段としてみるならば、属性情報の多いことは別段利点とならず、場合によっては逆にマイナスにさえなりうる。このあたりで、資金調達手段と決済手段と

の両方を兼ねるような制度設計をするバランス感覚が必要であろう。

　なお、たとえば決済手段といっても、今回の電子債権は、手形を全面的に代替するものとして考えられているわけではなく、手形の制度はそのまま残される（利用はさらに減るかもしれないが）。したがって、手形の機能を電子債権が全部もつ必要はない。たとえば遡求義務なども、電子債権では任意的記載事項として、その有無を当事者が選べるというのが議論の趨勢である。

　　8）　韓国では、2003（平成15）年8月に国会に提出された「電子金融取引法案」において、「電子債権（電子売掛債権）」の法的な位置づけがされる一方で、「電子手形の発行および流通に関する法律」が2004（平成16）年3月に成立し、2005（平成17）年1月から施行されている。後者は、約束手形を電子式方式で発行、流通させるというものであるが、統一手形条約との関係は不分明である（経済産業省「金融システム化に関する検討小委員会報告書——電子債権について」26～28頁参照）。

VI　電子債権の発生

　電子債権管理機関に誰がどう登録申請するか、どういう属性の債権として発生させうるかという問題である。まず前者の登録申請の問題であるが、法務省の電子債権研究会では、現行の取引実務を前提に考えて、管理機関への申請をどのような手段でするかは各電子債権管理機関の任意とするという意見も多かった。しかし、そもそも当事者が申請（紙ベースも含む）をしてきたデータを管理機関が打ち込むことを許容するのか、当事者が電子的手段で管理機関に送って管理機関はそのデータをそのまま登録するのか、というところは、この制度の根幹にかかわる問題である。後者の方法をとらなければセキュリティにも問題が生じるし、管理機関の登録間違い等が起こる。このあたりは技術の問題で筆者には深入りする能力がないため、詳細は大垣教授の文献に譲るが、法務省が担当する、民事一般にかかわる立法だとはいっても、登録の際の当事者の合意や登録方法などについても、過誤が生じないよう、ある程度十分なセキュリティレベルを要求するのは当然であろう。もちろん、そのようなレベルの登録ができない中小企業等を排除することになってはならないという意見には配慮しなければならないが、これには、登録を補助する仲介機関をおいて対処することを考えればよい。これが、金融庁

第 9 章　電子債権構想の具体化と立法への展望　163

〈図〉　電子債権のイメージ

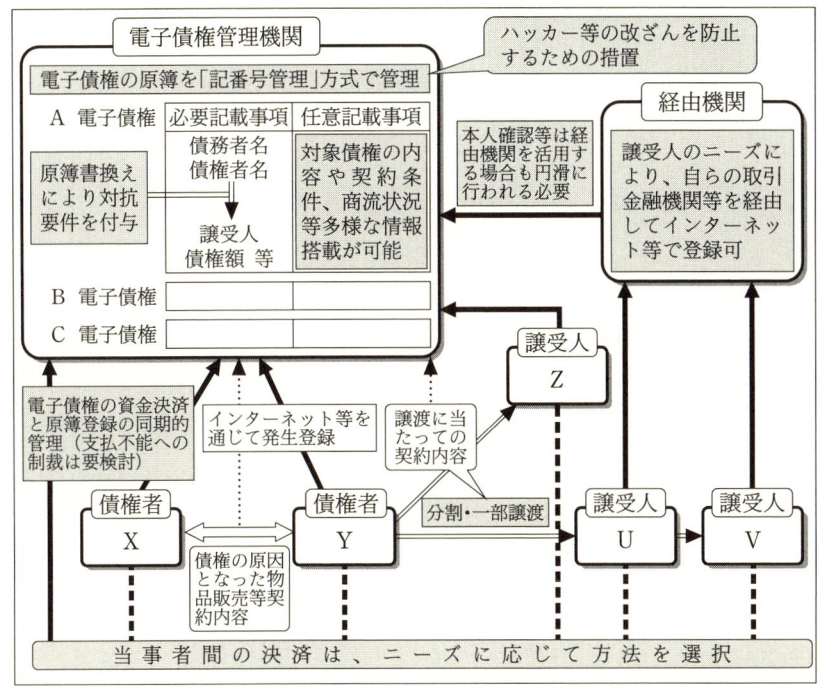

電子債権管理機関
電子債権の原簿を「記番号管理」方式で管理
A　電子債権
必要記載事項：債務者名　債権者名
任意記載事項：対象債権の内容や契約条件、商流状況等多様な情報搭載が可能
原簿書換えにより対抗要件を付与
譲受人　債権額　等
B　電子債権
C　電子債権

ハッカー等の改ざんを防止するための措置

本人確認等は経由機関を活用する場合も円滑に行われる必要

経由機関
譲受人のニーズにより、自らの取引金融機関等を経由してインターネット等で登録可

電子債権の資金決済と原簿登録の同期的管理（支払不能への制裁は要検討）

インターネット等を通じて発生登録

譲渡に当たっての契約内容

債権者 X　　債権者 Y　　譲受人 Z　　譲受人 U　　譲受人 V

分割・一部譲渡

債権の原因となった物品販売等契約内容

当事者間の決済は、ニーズに応じて方法を選択

（出典）金融庁情報技術革新 WG 2005.7.

　WG の概念図にも示されている「経由機関」の考え方である（〈図〉では、経由機関は譲渡の段階に描かれているが、座長メモ中では発生登録の補助が論じられている）。

　次に申請当事者の問題であるが、たとえばここで、一方当事者（一般には債務者）だけで登録してもよいではないか、という議論がある。確かに登録手続を不必要に重くする必要はない。ただこれも考え方として、先述のA型かB型か手形と同様にみるかなどということに関係して論じられるところがあるようである。つまり、B型の発想ならば、支払手段を1つ増やすだけなのであるから、債務者だけで登録できてもよいはずだという結論に結びつきやすい。しかし、A型的に考えるのであれば、電子債権性を帯びさせるということは、他の民法上の譲渡等の手段による移転可能性をドラスティックに奪うのであるから、債権者が同意せずに登録できてよいはずがないのである。

もちろん、後者の立場でも、申請の手続を両者から別々にさせる必要はまったくない。たとえば、インターネットからの申請で、債務者からの申請であれば債権者が同意していることが管理機関にわかる電子文書等が付されていればよく、債権者からの申請の場合は同じく債務者の同意がわかる電子文書等が付されていればよい、などという考え方が適切であろう。これは、法務局への登記などと異なり、民間機関としての電子債権管理機関に対してするものであるといっても、先に述べた一定レベルのセキュリティを確保する要請からは当然と考える（同様に、発生した電子債権の譲渡の場合は、譲渡人・譲受人の一方から、他方の電子証明書等を付して登録申請すればよい。これは、たとえば現在の動産債権譲渡特例法による債権譲渡登記のオンライン申請などで行われている手法と同様である。もちろん、法務局にする債権譲渡登記と比べれば、証明方法や記載事項等に大幅な自由度が与えられるであろう）。

　次に、どういう属性をもった債権として登録するか、ということであるが、電子登録の場合、相当な量の債権情報が盛り込める。したがって、必要的記載事項のほかに、任意的記載事項がかなり自由に設定できることになる。そのことは、後にⅧで述べる抗弁のところと連結しており、記載された事項以外の事由では抗弁をすることができない、という発想で譲受人保護を仕組むことができるように思われる。

　9）　大垣・前掲注1）261頁以下参照。

Ⅶ　電子債権の譲渡
——指名債権の脆弱性の解消

　電子債権の場合、分割譲渡は基本的に可能である。これは手形ではできないことで、手形よりも柔軟性があり、利点となる。ただ、管理機関として能力を超えるような細分化分割譲渡については管理機関に拒否権があるとすべきという見解もある。そもそも今回管理機関はさまざまな電子債権の用途の中の一部だけを行うようなものも認めようとしているので、確かにそうかもしれないが、この議論がエスカレートして、実質的に管理機関が単なる登録

機関ではなく債権者債務者に対して支配を及ぼせる地位になるとすれば、問題であろう。

　次に、譲渡禁止特約の問題であるが、これが現在、売掛債権等を活用する資金調達の大きな弊害になっているのは周知のとおりである。筆者は、これまでUNCITRAL国際債権譲渡条約等に関連させていくつかの論文で記述してきたが、この譲渡禁止特約を民法上で明示的に規定するのは世界の立法の中で特殊で、起草者も当時のわが国の取引慣行等から過渡的な立法として採用したかのような説明をしており、資金調達云々のニーズを抜きにしても、必ずしも合理性のある規定とはいえない。そこで、電子債権の場合は、立法で一般的な譲渡禁止特約を禁じるのも一法である。ただ、取引形態によっては、譲渡全面禁止ではなく、一定の者にしか譲れない、という制限を付す必要のある金融取引もある。この譲渡先限定特約のようなものは登録事項として記載可能としてもよいのではないか。もちろん、登録されていない禁止特約などは効力をいっさいもたない。

　では、先にも触れた二重譲渡リスクはどうなるか。A型ならば、電子債権として登録したものは、電子登録によらなければ移転できないという規定にする。登録簿は最初に登録した管理機関の登録簿から動かさないしくみで考えられているので、そこで先に登録されたものは登録時に検索されてもはや登録できない。原因債権との併存についても、確かに登録前までは指名債権譲渡の可能性があるが、登録後は二重譲渡は明瞭にはねられる。A型はしたがって、契約後速やかに電子債権として登録すれば、それ以降はほとんど二重譲渡リスクはなくなるということになる。一方B型の場合は、ある意味で電子債権としての譲渡以外の譲渡との二重譲渡（別債権の別異の処分？）を当然起こりうるものとして措定している。したがって、紛争形態もさまざまに考えられる。電子債権を弁済したという抗弁に優越性を与える等、電子債権としての処理のほうに優越性を与えなければ紛争処理が混乱するであろう。

　ただ、債権譲渡に関しては、すでに債権譲渡特例法（平成10（1998）年制定、平成17（2005）年からは動産債権譲渡特例法）の登記があり、制定時には対抗要件の衝突として民法上の確定日付ある通知・承諾と特例法登記の競合の問題を整理した。今度はそれに加えて電子債権登録の問題が加わるので、なる

べく簡明な整理がなされる必要がある（B型の処理はおそらく、電子債権を登録した原因債権について指名債権譲渡がされても、登録のほうが早ければもちろん電子債権の処分が優先するし、原因債権の譲渡を通知されていない債務者は、電子債権に対して弁済した（する）ことを抗弁すれば勝てる、という仕切りにすることになろうが、詳細は別稿に譲る【補注、本書第12章IV参照】）。

10) 池田真朗『債権譲渡法理の展開』（弘文堂、2001）224頁以下、309頁以下参照。

VIII 電子債権の譲渡
——譲受人の保護と抗弁の制限

　抗弁については、電子債権原簿に登録された情報だけが抗弁可能な事由となるという考え方が適切と思われる。電子債権では、多くの情報を任意的記載事項として登録できる。そのかわり、そこに書かれていない事由については抗弁できない、という仕切り方である（譲受人の主観による区別などは電子債権では不適切であろう）。さらに、いわゆる善意取得はどうするか（つまり、抗弁からみれば不発生、不存在の抗弁を対抗できるか）。電子債権の信頼性、確実性を担保するにはこの不発生・不存在の抗弁は対抗不能とするべきである（ただし、これを善意取得と呼ぶかどうかは学理的には1つの問題であろう）。実際の立法の方向としては、善意取得については、電子債権原簿に債権者として登録されている者は当該電子債権の債権者と推定され、その者から取得した者は電子債権を善意取得する、という規定をおくのが無難であろう。

IX 電子債権の消滅

　弁済と消滅登録との同時履行、という技術的な問題がある。決済システム論からすれば重要な議論である。金融庁WGでは、電子債権管理機関においては、債権者・債務者等の当事者の本人認証、および資金決済と電子債権原簿上の決済完了の登録との間に不整合を生じさせない同期的管理等の実務面および技術面の対応を適切に行う必要がある、とされた。管理機関が決済機関と別である場合には、物理的な同時履行は困難なのであって、「同期的

管理」を目標として問題が発生しないような手当てを考えるという程度が適切であろう。また電子債権の付替え（債権の集合体をつくる等、何らかの理由で管理機関を変える場合など）に際しては、抹消登録について弁済によるものとその他の理由による登録解除とを分けることも必要があるかもしれない。他にこれに関連して、電子債権の時効期間をどうするか、登録抹消後の記録保存期間はどうするか、という問題もあり、現在法務省の研究会で検討されている。

X 電子債権管理機関の性格づけ

　もう1つ大きな問題は、上記にも関連するが、電子債権管理機関の性格づけの問題である。今回、電子債権管理機関は、公的な登記所のようなものではなく、民間で、一定の電子管理能力をもった機関に参入してもらい、扱う債権の種類などは管理機関によって相違があってもよい、という発想で議論が進められてきている。このような制度の趣旨からすれば、管理機関が決済機関を兼ねる必要は必ずしもない。兼ねれば同日決済などはスムーズにいくが、決済機関ではなく管理登録機関であるということでいえば、金融機関などに限る必要はない。さらにいえば、決済機関を兼ねると、確かに処理はスムーズだが、本来このような登録機関には公平性の確保の見地から第三者性が要求されるという考え方もある。その意味では、預金取扱金融機関とは別の管理機関を考えるほうが適切ということもあろう。なお、管理機関が債権者となる可能性がある場合は、利益相反行為等に対する手当ても必要になる。

　管理機関について多数の参入者を認めることは取引の活性化にもつながるし、アンバンドリングによるコスト回避という利点も指摘されている。[11] しかしすでに述べたように、一定のセキュリティレベル、技術レベルはもちろん要求されよう。なお、管理機関が常に管理データのバックアップをとっておくことになるであろうが、いくつかの管理機関がグループをつくってバックアップ機関を別に置いておくのも制度の正確性の担保につながると思われる（この管理機関の問題については、末尾に再論する）。

11) 大垣・前掲注1) 252頁は、管理機関と決済機関の機能分化について、「電子債権の迅速かつ低コストの導入を実現するには、電子債権の権利の発生、流通を管理する役割と、期日において資金を決済する役割を、それぞれ電子債権管理機関と金融機関（決済機関）に分業させるアンバンドリング型の制度とし、電子債権の決済のために新たな決済網を構築するコストを回避すべき」であるとする。

XI　電子債権の活用

　冒頭に述べたように、電子債権の構想およびその法制については、官主導で進められてきた観がある。しかし、これだけの大きな立法は国の掛け声だけで実現できるものではなく、実際にそれだけのニーズがなければならない。その意味で、経済産業省の電子債権を活用した金融ビジネスモデル検討の試みは重要である。[12]さらに、平成17（2005）年12月に報告書公表予定の法務省の電子債権研究会でも、その委員の大多数を実務界からの委員として、実務の意見を吸収し、論点整理をすることに努めている。

　経済産業省のビジネスモデル検討WG参加者の論考からみると、先に掲げた電子手形実証実験のほかに、ローン債権売買市場活性化、一括決済方式、[13]CMS（キャッシュ・マネジメント・システム）、金融機関融資の電子化、ノンバンク融資の電子化、売掛債権担保融資、債権流動化等に電子債権の活用が考えられている。これらについてここで詳論する余裕はないが、各論考は、先述した、資金調達手段としての電子債権と支払手段としての電子債権の両方にバランスよく触れられており、両機能について実際のニーズや活用可能性がある、ということを示す適切な参考資料と思われる。

12) 報告書は本文冒頭に掲記した「電子債権を活用したビジネスモデル検討WG」報告書（平成17年4月13日公表）であるが、それ以外にWG参加者の執筆したNBL812号（2005）の特集の論考（前掲注1）に掲記）等がある。
13) なお一括決済方式の法的論点を分析するものとして、池田真朗「一括決済方式における債権譲渡方式と併存的債務引受方式の比較——債務引受と債権譲渡・差押えの競合（上・下）」銀行法務21・647号（2005）40頁以下、648号（2005）14頁以下参照。

XII その他の論点

1 将来債権の電子債権登録の可否

　ここでは詳論しないが、債権譲渡取引実務の現状からすると、電子債権を将来債権譲渡担保に用いることができるかどうかが重要な問題となる。未発生の将来債権は電子債権登録ができるかということである。B型の手形的な発想ならば、金額も債務者も決まっていないのだからとりあえずはできない、ということになろうか。しかしこれは望まれる回答ではなかろう。現状の議論を前提にすると、先に普通の将来債権譲渡担保契約を結んでおいて、発生のつど電子債権登録をし、弁済期に回収するということになるのかとも思われるが、この問題は、将来債権譲渡の場合の債権の移転時期の理解等とも関連して結論が変わりうる。将来債権譲渡に関する判例の動向等も勘案して、今後の課題としたい。

2 IT化立法としての電子債権法

　先に述べたように、法務省の研究会では、ファクシミリで管理機関への直接の登録をさせることも許容されるべきという議論もあったが、これは技術関係者にいわせれば、セキュリティの観点からは論外の話という。いわゆる電子署名まで常に要求する必要はなかろうが、一連の登録手続がオンラインで行われる世界を基準にして考えるべきは当然であろう。具体的な利用者IDの与え方、債権の記番号管理の仕方等については大垣教授の文献に譲る。[14]

　その場合、たとえばファクシミリしかもっていない中小企業については、先述のように、当座は別途経由機関に入力を補助してもらう、ということで処理するべきであろう。そもそもこの電子債権法は、冒頭にも記したように、IT化立法の一環として位置づけられるものなのであるから、その観点からすれば、少なくとも一般の企業のITレベルの向上につながる立法をするべきであって、パソコンを使えない企業をその現状のまま同等に保護するという姿勢自体が疑問、という意見は傾聴に値する。中小企業のデータベース化が進む時代に、パソコンで自社の財務管理ができないような中小企業がどこ

まで生き残れるのか、という問題もある。もちろん、そういう企業がまったく取引から排除されてしまうことはあってはならないが、それらの企業に合わせてセキュリティレベルを考えるのではなく、一定のセキュリティレベルを設定したうえで、そこにどう参入できるかという手立てを講じるべきであろう。

3　国際債権や国際譲渡への対応

電子債権法制は、現在のところまだ諸外国では顕在化しているのは韓国くらいであるが、韓国は、前述のように売掛債権担保融資の電子化と手形の電子化とにあたるものを2つ別々の立法でやろうとしており[15]、こういう立法形態は将来に弊害があろう。わが国では、ぜひ決済と担保という2つの用途を含んだ電子債権法をつくるべきであろう。日本が世界をリードする電子債権システムを先に構築できる可能性もある。国際債権譲渡は、その先の議論で、2001年制定の国連国際債権譲渡条約の批准の問題にも影響する可能性もある。

14) 大垣・前掲注1）272頁以下、282頁以下。
15) 韓国においては前掲注8）に記したように、手形の電子化は立法されたものの、売掛債権担保融資の電子化については、法案（電子金融取引法案）は現時点で未成立で、しかし実務的にはテストサービスの形で行われているという。詳細は、財団法人国際経済交流財団「海外金融機関等の電子金融取引の先進的事例に関する調査研究報告書（2004年3月）」90頁以下。

XIII　結びに

1　将来予測と立法にあたっての問題点

将来予測として、このような電子債権法制が整備されると、その使い勝手（およびコスト）にもよるが、現在利用が減少中の手形はさらに使われなくなることが予測される。さらに、指名債権譲渡についても、電子債権が二重譲渡リスクや不払いリスクを相当程度に低減させるものとなれば、用途によってはかなり減少すると考えられる。

ただ、この先立法に向けて予測される問題点を2つ提示しておきたい。第1は、電子債権管理機関の所管官庁の決定である。これは、一学者の言及す

るべき問題ではないが、経済産業省、金融庁、法務省等での調整が必要になろうと思われ、また、具体的な立法作業に入るにあたっては、そのめどがついていることが前提になるのではないかと思われる。ことは一国の金融取引の発展に広く影響するような事柄であり、ぜひ関係省庁の前向きな協働を期待したいところである。

　第2は、現実のIT化社会の過渡期的状況をどう把握するか、ということである。これは、省庁間のIT化に対応する温度差の問題といってもよいかもしれない。総務省は、平成13（2001）年1月策定のe-Japan戦略の上に、すでに平成16（2004）年12月からは新たなu-Japan政策を打ち出している。これは、平成22（2010）年に向けて実現をめざす次世代のICT（Information and Communication Technology）社会のことで、目標として、平成22年までに国民の100％が高速または超高速ネットワークを利用可能とすることをめざすという。しかし現状では、総務省が示す統計では、平成17（2005）年3月末の段階で、ブロードバンド・サービスがまったく利用できない市町村（207団体）および地域（345万世帯）も存在し、全体の4割の市町村がその地域の一部または全部においてブロードバンド・サービスが利用できない地域となっており、地理的デジタル・ディバイドが生じていることが明らかにされている。

　このような現状で、電子債権法は、どのような（かつ、どの時点で想定される）レベルのIT社会を基準に立法すべきか。もちろん、基本的に電子債権の利用主体（電子債権の債権者・債務者となれる者）の制限はなされない方向で考えられている（個人事業者の利用も考えると、電子債権の利用者を法人に限ることは適切でなく、また、クレジットやローンの債権を想定すると、債務者が一般市民（消費者）という状況は十分に含まれうる）。これは、なかなか答えの出しにくい困難な問題である。

2　新時代の立法学

　周知のように、新会社法の制定に先立ち、平成16（2004）年12月には現代語化新民法典が公布され平成17（2005）年4月から施行されている。これは、単に現代語化されただけでなく、保証の部分の実質改正や多数の細かい修正

を含んでいるものである[19]。このように、最大の基本法たる民法までも変わる時代になった。

　その中で、この電子債権法は、実務と技術が学理に不可分となる局面を律するもので、しかもいわゆる業法ではなく、基礎的な一般民事法の領域に入るものである。このようなものでは、あらためてどういう理念で立法するべきかが問われよう。つまり、「法規範」のもつ意味、その規範性の内容、基準等が、こういう先端的にしてかつある程度の一般性、広範性を要求される取引法ではどう考えられるべきなのか。そこで求められる正義、公平、倫理観は、従来の法律学で考えられてきたものと何か異なる要素があるのか否か。電子債権構想は、取引社会に大きな影響と革新をもたらすものと予測されると同時に、法制度整備ということでは、いわば新時代の立法学の展開を要請するものでもありそうに思われる。

　16）　uとは Ubiquitous を表している。総務省「u-Japan 政策の概要」Law&Technology28号（2005）124頁参照。
　17）　総務省「次世代ブロードバンド構想2010」Law&Technology29号（2005）109〜110頁参照。
　18）　もちろん、消費者に関しては、消費者保護の角度からの別途の法的保護が加えられるべきであろうことは別論である。
　19）　池田真朗編『新しい民法──現代語化の経緯と解説』（有斐閣、2005）参照。同書6〜7頁の年表では、ことに平成10年代に入ってからの民法関係の特別法や特例法の頻繁な出現もみてとれる。

第10章
電子債権法制の立法作業の開始

I　法制審議会への諮問

　平成18（2006）年2月8日に開催された法制審議会総会において、法務大臣から下記の諮問がなされた。「金銭債権について、その取引の安全を確保して流動性を高めるとともに、電子的な手段を利用した譲渡の法的安定性を確保する観点から、別紙『電子債権制度（仮称）の骨子』に記載するところを基本として整備することにつき検討の上、その要綱を示されたい」。これによって、電子債権法制の立法作業が実質的に開始されることになった。

　周知のとおり、電子債権法制については、IT戦略本部の方針を受けて、経済産業省、金融庁、法務省（検討開始順）がそれぞれ研究会を組織して、平成17（2005）年中にひととおりの分析や論点整理を終えたところである。今回、「電子債権制度（仮称）の骨子」とされたものは、以下のとおりである（これらは、右の3省庁が平成17年12月に合同で発表した、「電子債権制度を創設する目的」に沿って書かれている）。

　第1の電子債権の概念については、「『電子債権』は、①売買等によって発生する原因債権とは別個の金銭債権であり、②電子債権管理機関（仮称）において管理する電子的な帳簿である電子債権原簿（仮称）に発生登録をしなければ発生せず、移転登録をしなければ譲渡されず、抹消登録をしなければ消滅しない債権であって、③指名債権とも、手形債権とも異なる類型の新たな金銭債権とする」とされた。第2の電子債権の発生については、「一、当

事者の申請により電子債権原簿に発生登録がされることによって、初めて電子債権が発生するものとする。二、必要的な登録事項を設けるほか、任意的な登録事項として、原因関係に関する事項等多様な事項の登録を認める。三、他人名義を冒用して登録がされた場合や、無権限者によって登録内容が変造された場合等における関係者の責任関係を明らかにする」とされた。第3の電子債権の譲渡については、「一、当事者の申請により電子債権原簿に移転登録がされることによって、初めて電子債権が移転するものとする。二、移転登録による電子債権の譲渡には善意取得や人的抗弁の切断等の効力を認めて、電子債権の流通の保護を図る」とされた。第4の電子債権の消滅については、「一、支払等がされたことに加えて、電子債権原簿に抹消登録がされることによって、初めて電子債権が消滅するものとする。二、電子債権の支払に当たり、電子債権原簿に抹消登録がされるような措置を講ずる。三、債務者が、電子債権原簿に債権者として登録されている者に支払を行った場合には、一定の要件で免責されることとする」とされた。

　今後の法制審議会部会での検討は、この「骨子」を基本に進められることになるが、ポイントは、①法理論的には、既存の法概念にとらわれず、「指名債権とも、手形債権とも異なる類型の新たな金銭債権」を意欲的にしかし無理なく創設することができるかにある。また、②技術的には、セキュリティレベルと使い勝手の折り合いをつけること、③制度運用的には、管理機関の参入条件と参入希望機関の採算との折り合いを付けることである。すなわち、「志は高く、目線は低く」ということになろうか。いずれにしても、さまざまな意味で、この21世紀の民事大立法時代を象徴する立法作業となりそうである。

II　私法学会拡大ワークショップ

　なお私は、この法制審議会部会の開始に先立つ平成17（2005）年10月の日本私法学会で、「『電子債権法』制定にむけて」と題する拡大ワークショップを開催した。

　本ワークショップは、検討が具体化してきた「電子債権法」の制定にむけ

て、問題意識の共有と、現時点での議論の到達点の確認を行い、広く意見の交換をはかって今後の立法への資料とする、という目的で開催された。筆者が報告・司会を担当し、コメンテーターとして　内田貴（東京大学）、野村修也（中央大学）両教授が加わった。当日は、大教室の会場に多数の出席者があり、関係各省庁や日本銀行等からの当日会員の聴講もあった。

　報告の内容については、本書他章との重複をさけて省略するが、本書前章であまり触れなかったその他の論点としては、①将来債権の電子登録はできるか、②質権設定は、③リスクとセキュリティレベルのトレードオフの関係、④国際債権や国際譲渡をどうするか、等にも言及した。

　報告の結びでは、以下のように述べた。この法律が制定された場合の将来予測のほかに、学会で論じるべき問題としては、新世代の立法学という問題を提示したい。このような実務と技術が学理に不可分となる局面、しかもいわゆる業法ではなく基礎的な一般民事法の領域に入るものでは、改めてどういう理念で立法するべきかが問われよう。ことに民法学者の場合、解釈論に圧倒的な比重を置いた研究がされてきた。この電子債権の議論を契機に、解釈論と立法論の比重のかけ方を再考するのも有意義であろう。

　以上の報告の後、コメンテーターの野村教授から、金融庁での議論の紹介と、手形法学の観点から、紙の利用に起因する手形法理論の硬直性を克服すれば電子債権法制の構築にとって手形法理論には有用な面があるのではないかとのコメントがあり、次いで同じく内田教授から、学理上の問題点の指摘・分析と、法律として作る以上はやはり技術レベル的にもしっかりした先端の法律を作ってほしいとのコメントがあった。その後フロアからの発言に入り、角紀代恵教授（立教大学）、松本恒雄教授（一橋大学）、山田卓生教授（日本大学）等から発言をいただいた。終了後、2時間では足りないという感想を多数の参加者から頂戴したところである。

第11章
電子登録債権法
—— 中間試案の検討と若干の試論

　本章は、平成18（2006）年10月に開催された第23回金融法学会のシンポジウム資料として執筆されたものである。ここでは、具体的な立法作業にまで到達した電子債権（電子登録債権）法制について、議論の経緯を確認してから、法制審議会中間試案を分析してその根本にある問題点を抽出し、立場の違いから来る意見の並存状況を明らかにする。また、電子登録債権プロパーの新しい問題を、理論面、現実面から掘り起こした上で、現実の立法作業へ向けての、技法や理念についても若干の試論を展開する。なお、最終的に「電子記録債権」となる名称は、立案段階での「電子債権」から、中間試案段階で「電子登録債権」に変更された。これがさらに「電子記録債権」となるのは、後に法制審議会の部会審議をすべて終えた後のことである。したがってここでは、その経緯を記録する意味もあって、本章初出段階の表記をそのまま残していることをお断りしておく。

I　はじめに

　平成15（2003）年のIT戦略本部の方針を受けて開始されたいわゆる電子債権法制に関する研究は、平成16（2004）年4月に、経済産業省の産業構造審議会産業金融部会に置かれた「金融システム化に関する検討小委員会」（座長=前田庸・学習院大学名誉教授）が、「電子債権について」と副題を付した報告書を出したのが最初の研究成果である。その後、金融庁、法務省と合

わせて3省庁で電子債権構想についての検討が急速に進められ、平成17（2005）年4月には経済産業省から「電子債権を活用したビジネスモデル検討WG報告書（電子債権構想——IT社会における経済・金融インフラの構築を目指して）」（金法1770号（2006）74頁参照）が出され、同年7月には、金融庁金融審議会の分科会である情報技術革新と金融制度に関するWG（座長＝野村修也・中央大学教授）の成果が座長メモ「金融システム面からみた電子債権法制に関する議論の整理」（金法1747号（2005）36頁参照）として公表された。さらに同年12月には法務省電子債権研究会（座長は筆者）が、報告書「電子債権に関する私法上の論点整理」（金法1760号（2006）8頁参照）を取りまとめて公表した。[1]

　このように検討が出揃ったところで、3省庁は平成17（2005）年12月に合同で「電子債権に関する基本的な考え方」を発表した。それを受けて、平成18（2006）年2月に、法務大臣から法制審議会に「電子債権制度（仮称）」の整備についての諮問がなされ、法制審議会電子債権法部会（部会長＝安永正昭・神戸大学教授）が立法に向けての審議を開始したという次第である。同部会は、名称を「電子債権」から「電子登録債権」と改めた上で、同年7月25日、同法制に関する中間試案（以下、「中間試案」という）を取りまとめて、8月末までの期間で、関係各界に広く意見照会を行ったところである（中間試案の概要については、金法1781号（2006）47頁掲載の始関正光ほか「電子登録債権法制に関する中間試案の概要」を参照）。

　本章は、平成18（2006）年8月までの状況で執筆するものであるが、同部会では、同年9月以降、審議を再開し、パブリック・コメントで寄せられた意見を踏まえながら、平成18年度中に電子登録債権要綱案の作成を目指す予定である。また、同法制の中の電子登録債権管理機関のあり方については、現在金融庁金融審議会の第2部会と情報技術革新WGとの合同部会（部会長＝岩原紳作・東京大学教授）で主に審議が進められている。以上の次第で、本章には各界のパブリック・コメントの内容はほとんど反映されていないことをお断わりしておく。

　筆者はこのテーマについて平成17（2005）年10月の日本私法学会でも立法への展望について報告をしたところであるが、その後1年で、状況は正に立[2]

法準備作業の只中というところまで進展した。上記のように、電子登録債権およびその法制の構想は、当初言わば官主導で動いてきた面があり、学界・実務界の検討が追いついていない懸念があったのであるが、今回の法制審議会電子債権法部会の中間試案とそのパブリック・コメント募集によって、一般にもかなり問題意識が浸透したのではないかと思われる。

　本章では、中間試案の個別の論点について網羅的な検討をする余裕はないが、いくつかの問題点を摘示し、今後最終要綱案に至るまでに展開されるであろう議論を予測しつつ、あるべき立法の姿について若干論じてみたい。その前提として、①電子登録債権法制の議論がなぜ起こったか、そしてそれに関連するが、②電子登録債権法制がなぜ重要なのか、をまず確認しておきたい。

1) IT政策パッケージ2005（平成17（2005）年2月IT戦略本部決定）では、法務省、経済産業省、金融庁、および関係府省の検討課題として、「電子債権法（仮称）の制定に向けた検討を進め、平成17年中に制度の骨格を明らかにする」という具体的なスケジュールが示されていた。
2) 筆者の日本私法学会報告の内容を中心にした論文として、池田真朗「電子債権構想の具体化と立法への展望」L＆T 30号（2006年1月号）4頁以下（以下、池田・前掲注2）として引用。本書第9章所収）。なお、筆者が最初に発生・移転・決済がすべてコンピュータ上でなされる電子債権の発想を提言したのは、2000年刊の金融法学会編『金融法研究(16)』142頁であった（本書第5部第18章所収）。

II　電子登録債権法制の重要性

1　電子登録債権構想の原点

　今日では議論が大分ずれてきているように思われるが、そもそもこの電子債権の構想は、平成15（2003）年7月2日のe‐Japan戦略II以降のIT戦略本部決定で、「電子的手段による債権譲渡の推進によって中小企業等の資金調達環境を整備するため、現行法上、原則として確定日付のある通知または承諾が必要とされている債権譲渡のあり方を検討する必要がある」とされたところに始まる。本章では、国のIT戦略という要因についてはとくに検討の対象としないが、問題としたいのは、そこに書かれた「中小企業等の資金

調達環境を整備する」という視点の必要性である。
　もとよりここで述べるまでもないが、自己の信用力が十分でないため、資本性資金の調達や社債等による市場からの資金調達が実際に困難である中小企業にとっては、もともと有限な不動産担保や人的保証が行き詰ればすなわち資金ショートに直結するという事態を打開しなければならないのは理の当然であった。
　そしてその場合、残された活用できる資産は、売掛金と在庫しかないのである。しかもそれらは、売掛金（指名債権）について言えば、土地に匹敵する、ないしはそれを凌駕する保有額があるとされる。この数年、資金調達の多様化が各所で議論されたが、ことに中小企業にとっては、売掛金等を活用する新しい資金調達の道を開拓するのは正に必然だったのである。もちろん筆者は、電子登録債権は大企業や金融機関等を含めた取引社会全体を利するものにならなければならないと考えているが、当初の「電子債権」論は、正にこの中小企業の資金調達という視点から始まったことを再確認しておきたいと思うのである（つまり、できあがった電子登録債権法制およびそれを用いるビジネスモデルが、実際には逆に大企業の利益実現にばかり資するものになってしまっては本末転倒であろうということである）。

2　基本概念に込められた、電子登録債権の利点
(1)　新しい第3類型としての電子登録債権
　今回の電子登録債権は、各省庁の研究会の当初の段階から、指名債権の電子化でも手形の電子化でもない、登録を発生・譲渡等の効力要件とする新しい類型の債権として創設されるものと考えられてきた。
　中間試案でも、電子登録債権を、①電子登録債権を発生させる原因となった法律関係に基づく債権（たとえば、売掛債権や貸金債権）とは別個の金銭債権であって、②当事者の意思表示に加えて、管理機関が作成する登録原簿に登録しなければ発生および譲渡の効力が生じない債権であり、③指名債権や手形債権等の既存の債権とは異なる類型の債権、として定義している（中間試案第1の1。なお、平成18（2006）年2月の法制審議会への諮問の段階では、消滅についても登録が効力要件とされる形になっていたが、この点は後述のよう

に同年7月までの電子債権法部会での議論で改められている。同じく名称についても、当初の「電子債権」という仮称は広く電子商取引から生じた債権一般を指すとの誤解を与えるとの指摘があったことから、中間試案では、「電子登録債権」との仮称を採用した）。

(2) 第3類型としての利点

このように、指名債権でもなく、手形でもない第3類型としての性格づけの強調は、この電子登録債権が、指名債権と手形とのそれぞれの持つ欠点をなくし、逆に両者の利点のみを生かそうとする狙いの表れであることは疑いない。また、電子登録債権に期待されるのは、手形代替の決済手段としての機能と、指名債権代替の担保手段および流動化手法としての機能の両方であることも再確認されなければならない[3]（ちなみに、「代替」といっても、今回の電子登録債権はたとえば手形を廃止して電子登録債権に置き換えるというようなことを考えているものではない）。

ただし、後述するように、具体的な立法の中でこのような発想がどこまで無理なく実現できるかは、これからの1つの大きな課題である。

(3) 電子登録債権プロパーの利点

電子登録ということから、紙という制約を離れるということだけでなく、債権の属性や付属約款等のデータを多量に書き込める（任意登録事項）という点が、手形にない大きな利点として考えられる。登録データの可視性（ひいてはその債権自体の可視性、またそのトレーサビリティ）というものも、新しい利点と言われている。また、手形と異なり分割譲渡等も容易に可能となると考えられる。電子登録という手続について新たに発生するコストと手間を上回る効用が得られなければならないのであるから、これらの利点をどう確保するかも重要である。なお、具体的な規定の立てつけに関連するが、登録データの信頼保護ということもここから導かれる。原因債権や人的抗弁との関係の議論もこの観点から整理することが可能である（登録データに書かれたものだけが抗弁事由となり、書かれていないことは抗弁できない、というのがもっともデータへの信頼に寄った考え方ということになる）。

3) 信金中金等によって「電子手形サービス」（ここでいう電子手形の法的性質は民法上の指名債権）という試験的モデルの実証実験も行われたが、その目指すところ

は、「手形の電子化」ではなく、手形機能および既存の手形レス商品のメリットを兼ね備えた「売掛債権の電子化」であるとされている。高橋秀充「手形の電子化」NBL812号（2005）21頁参照。

III 中間試案に見いだされる問題点

1 意見の分かれる根本の理由

　今回の中間報告の問題点は、多くの主要な論点で案が併記されていることで、それ自体はこの種の中間試案では一般に見られることなのであるが、問題はそれらが電子登録債権の基本的な性質に関する見解の対立に根ざしていると見られるところにある。それは、考えてみれば理の当然なのであるが、①この電子登録債権を手形代替的なものとして用いようとするか、指名債権的に用いようとするかという違いからくるものである。加えて、②どのようなビジネスモデルを念頭に置いて、いずれの立場から（支払側か資金調達側か）見ようとするかという点から導かれる違いも大きい。

　したがって、これまでの各省庁の研究会でも、両論が出されるところが多かったのであり、おそらく今回の中間試案に対するパブリック・コメントでも、上記の立脚点の相違から、それぞれの案に賛否が併存して寄せられると思われるのである。

　具体的に中間試案からそのような対立点の代表例をあげれば以下のようになろう（以下、文中「補足説明」とあるのは、中間試案と同時に公表された「電子登録債権法制に関する中間試案の補足説明」を指す）。

2 電子登録債権の発生・譲渡に関する登録申請

　電子登録債権の発生・譲渡等は登録を効力要件とするが、管理機関への登録申請に関して、中間試案は、4つの案を掲げている（中間試案第1の2(1)）。

　A案は債権者等の申請および当事者間の契約の双方を必要とする案であるが、当事者間の契約と申請とは別々に行われるものとするA―1案と、原則として契約の申込み・承諾と申請とを同一の行為で行い、管理機関が申請内容を相手方に通知することによって、申込み・承諾が相手方に伝達されるこ

ととするＡ―２案とに分かれている。また、Ｂ案は、当事者間の契約は不要であるとする案であるが、債権者等からの申請も必要とするＢ―１案と、債務者だけでできるというＢ―２案とに分かれている（契約、という用語がいささかわかりにくいが、ここでいう「契約」は、原因関係を発生させる売買契約等とは別の、登録行為についての契約を指している。ただし、発生のほうはまだ区別がつくが、譲渡となると、電子登録債権の譲渡契約については、「電子登録債権譲渡契約」と、「譲渡される電子登録債権の登録契約」というのは（電子登録債権の場合、登録が譲渡契約の成立要件ないし効力要件となるならば）結局同じものではないか、という批判が成り立とう。そうすると、譲渡に関して契約は不可欠と考えれば、発生・譲渡のうち少なくとも譲渡に関してはＢ案を維持するのは困難となろう）。

　Ａ―１案、Ａ―２案およびＢ―１案は、電子登録債権の取得により原因債権に影響が生じることからすれば債権者等の申請は必要であるとするのに対し、Ｂ―２案は、債権者等の申請を不要としても、債権者等の承諾があるまでは原因債権には影響が生じないこととすればよいと反論している。また、当事者間の契約を必要とする案（上記のＡ案）は、特別の法理論を用いることなく、電子登録債権の発生・譲渡等を当事者間の契約に基づくものとして説明するのに対し、当事者間の契約を不要とする案（上記のＢ案）は、電子登録債権を一種の法定債権であると説明する。

　いずれも難易の程度はあっても法理論的に説明はつくのだが（とはいえ法定債権という説明はかなり受け入れ難い）、要するにＢ―２案の賛同者は、電子登録債権を単なる手形の代替手段としてイメージしているのであって、支払手段が１つ増えるだけであり、実際に現在の手形は債権者の同意など得ずに発行している、という感覚を前提にしていると思われる。これに対して、電子登録債権はいろいろな属性情報や抗弁事由が書き込める指名債権である、というイメージに立てば、債務者が勝手に登録できてよいはずがない、という議論になるのである。なお、登録について一番わかりやすいいわゆる不動産譲渡登記や債権譲渡登記の共同申請主義をイメージすれば、Ａ―１案、Ａ―２案およびＢ―１案のいずれかということになる（これらはすべて共同申請を含むが、「当事者双方の申請」のほうが、異時申請も含むより広い概念である。

また、共同申請といっても、たとえば一方の作成した電子署名付申請書に他方の電子署名や電子証明書が付されているというので足りる。「補足説明」7頁参照。中でも結局A―1案に支持が集まるのではなかろうか）。

3 電子登録債権の自由譲渡性

電子登録債権について、全面的に譲渡を禁止すること（当事者の約定による全面的な譲渡禁止および管理機関が業務規程で定めることによる全面的な譲渡禁止の双方をいう）の可否については、これを認めない案と、これを認める案とが掲げられている（中間試案第3の2）。これを認めない案は、譲渡禁止特約があることが指名債権を用いた資金調達の阻害事由となっていることからすると、電子登録債権においてはこれを認めるべきではないこと等を理由とするのに対し、これを認める案は、譲渡の回数等について制限を認めるのであれば全面的な譲渡禁止も認めるのが合理的であること、全面的な譲渡禁止を認めることによって電子登録債権が用いられる場面が広がり得ること等（私見ではいずれも合理的な理由とは思われないが）を理由とする。

しかし要するにこの対立は、これまでの研究会等での意見などからしても、基本的に立場の違いを反映しているようである。資金調達側の中小企業からは、譲渡制限特約（譲渡先や譲渡形態に制約をかける）は認めても全面的な譲渡禁止特約は認めない、という方向で意見がほぼ一致するように見えるのに対し、全面的譲渡禁止特約も認めるべきというのは、ほとんど支払側の大企業の一部から示される意見である。しかしながら、沿革からしても世界の趨勢からしても、譲渡禁止特約を債権流通の阻害要因として否定的に考えるのは当然であり[4]、もし、想定していなかった相手先から請求を受けるのが困るというような理由を挙げるのであれば、やはりそれは大企業エゴと批判されてもやむを得ない。

もっとも、参考となる国連国際債権譲渡条約においても、売掛債権等については譲渡禁止特約の効力を全面的に否定しつつ、金融サービス等から発生する債権については除外する規定を置く（実際には適用対象債権を列挙する）などの調整を図っており（同条約9条）[5]、譲渡禁止特約の全面的な排除は難しい点もあろう。しかし、債権流通を促進するための新類型の債権を創設する

という観点からは、(譲渡制限特約は認めても) 全面的な譲渡禁止特約は認めない、という仕切りで制度設計することは十分な理由があろう (なお私見ではこのような原則規定は本法に置くべきで、管理機関の業務規程に委ねることは好ましいとは思われない)。

　なお、この問題は登録データの可視性という問題ともリンクする。そもそも、わが国の指名債権譲渡で譲渡禁止特約が今日最も問題になっているのは、当該債権に譲渡禁止特約が付着しているのかどうか不明なケースである。後に譲渡禁止特約の存在がわかれば民法466条2項本文によって譲渡が物権的に無効となるというのが今日の判例・通説の見解であり、しかも同項ただし書が譲渡禁止特約は善意の第三者には対抗できないと規定しながら、同条文については、重過失は悪意と同視するという判例法理が確立しているため[6]、結局譲り受けようとする側では譲渡禁止特約の有無をいちいち調査しなければならない、というところに問題がある (実際、基本取引約定書が後から発見されてそこに譲渡禁止特約があったという事案で、譲受人たる金融機関に調査義務を課するかのような論理を示した裁判例さえもある)[7]。したがって、売掛金等を用いる資金調達においてもっとも問題がなくなるのは、たとえば、電子登録債権であればすべて流動化の対象になる、というような判断ができることであり、また次善の策としては、当該登録債権のデータが容易に閲覧できてしかもそこに譲渡禁止特約が記載されていなければ、たとえ原因契約上で譲渡禁止特約があったとしても譲渡は有効、という仕切りになることである。いずれにしても、この譲渡禁止特約の問題は、各界に真摯な対応を求めたい。

　なおこの問題については、大垣尚司教授は流動性の観点から「問題なのはむしろ、原債権に関する電子登録債権発行禁止特約である」と指摘される[8]。現行民法466条を維持すれば、当然このような禁止特約も民法上は有効となると考えられ、これで流動性を絶たれる債権が今後どの程度出現するかも問題である (なお、前述のように中間試案の発生登録に関する各案は、債務者の関与は必ず必要とするので、原債権に関して電子登録債権発行禁止特約の付された債権が発生登録される可能性は少ないが、登録されれば禁止特約を解除したことになろう。ただしB-2案はここでも法定債権としての説明をせざるを得ない)。

4) 池田真朗『債権譲渡法理の展開』(弘文堂、2001) 304頁以下等参照。
5) 池田真朗=北澤安紀=国際債権流動化法研究会「注解・国連国際債権譲渡条約(2)」法学研究（慶應義塾大学）75巻8号 (2002) 12頁以下。
6) 最一小判昭和48・7・19（民集27巻7号823頁、金法693号24頁）。
7) 最高裁で上告棄却・不受理となった最一小決平成16・6・24（金法1723号41頁）であるが、一審判決を中心とした評釈として池田真朗「債権譲渡禁止特約の存在と譲受人の重過失の有無」判夕1150号 (2004) 87頁以下（同『債権譲渡の発展と特例法』209頁以下）。なお、この事案では譲渡禁止特約は債務者のためではなく譲渡人の管財人のために利用されている。
8) 大垣尚司「債権流通によるファイナンスと電子登録債権」金法1781号 (2006) 23頁。

IV　電子登録債権プロパーの新問題

1　電子登録債権と原因債権の関係
(1) 中間試案と二重譲渡リスクへの対応

今回、電子登録債権は原因債権とは別個の債権であって、原因関係上の法律関係と電子登録債権にかかる法律関係の2つが併存するという仕切りが採用された。そして、電子登録債権の発生等の原因となる法律関係が無効であり、または取り消された場合であっても、電子登録債権の有効性には影響せず、この場合における原因関係の無効または取消しは当事者間の人的抗弁になるに過ぎないこととしている（中間試案第1の3）。

しかしそうすると、電子登録債権の発生・譲渡により原因債権が消滅するかどうか、原因債権が消滅せずに電子登録債権と原因債権とが併存する場合には、その後そのいずれを先に行使すべきか、あるいはその2つが別々に譲渡や処分された場合にどうなるのか、という問題が生じてくる。つまり、そもそも現在の指名債権譲渡が資金調達手段として問題であるのは、二重譲渡リスクがあるからだということは広く言われてきたところである。その問題が（電子登録債権同士のいわゆる二重譲渡は避けられるとしても）、原因債権（指名債権）と電子登録債権の二重処分、あるいは手形と電子登録債権の二重発行という形で顕在化しないのか、という懸念である。

私見はこの点を意識して、昨年の日本私法学会報告では、原因債権と電子

登録債権が別債権であるとしても、登録をすると原因債権が電子債権性を帯びる（原因債権たる指名債権が、電子登録債権にコーティングされた形になる）として、それ以降は電子登録債権としての処理しかできなくなる（民法上の譲渡等は不可能とする）という構成を提案した。しかしこの提案は法務省の研究会でも多数の賛同を得られなかった。そればかりか、中間試案にもあるように、この問題については、手形における解釈論と同様に、当事者の意思に委ねるべきであるとの意見が研究会および電子債権法部会における議論の大勢であった。中間試案ではさらに、当事者の意思が不明確である場合に備えて一定のデフォルト・ルールを設けるべきかどうかについては、設ける必要がないとの意見が同部会における多数意見であったものの、一定のルールを設けるべきであるとの意見もあったことから、当事者の意思に委ねる方向でさらに検討を続けるとされている（中間試案第1の3注2）。

　これは、筆者としてはもっとも釈然としない点であり、かつて債権譲渡特例法（現在の動産債権譲渡特例法）を制定した際に債権譲渡登記と民法通知の優先関係を整理したことを想起して、何らかの優先関係ルールを見やすい形で規定するか、（電子登録債権法制内部の問題ではないというのであれば）公式解説を提示すべきと考えるものであるがどうであろうか。

　若干の説明を加える。そもそも対抗要件的ルールが必要な状況は、当事者自治では解決ができないのであって、当事者の意思に委ねるという発想はその場面ではナンセンスである。一例をあげよう。AのBに対する甲債権が指名債権としてCに譲渡されて債権譲渡登記され（まだ債務者Bには動産債権譲渡特例法の4条2項通知がなければBに譲渡の認識なし）、その後に同じ甲債権を原因債権として乙電子登録債権がA・Bの合意のもとに発生登録されたというケースでは（Aの責任の問題があるがそれは措く）、仮に示せば以下のような問題が生起する。

　①　乙電子登録債権がDに譲渡登録されてからCの4条2項通知がBにあったというケースでは、BはDへの電子登録債権弁済をもってCに抗弁できることになるのであろうが（もし別債権ということを強調するのなら電子登録債権の弁済が甲債権についての民法468条2項の抗弁事由にあたる旨の明文規定が必要か）、その場合CはDに対して優先を主張して不当利得返還請求ができ

るかといえば、同一債権の二重譲渡の事例と考えれば当然可能だが、そうではなく別債権の処分であるとされるとCは優先の主張ができなくなる。

　② 乙電子登録債権がDに譲渡登録される前にCの4条2項通知がBにあったというケースでは、BはCに甲債権の弁済の義務があるようにも思われるが、もし通知以前にされた乙電子登録債権の登録自体が民法468条2項の抗弁事由になるとすれば、BはCに対して電子登録債権の支払等登録（支払等登録については後述）と引換えでなければ弁済しないという同時履行の抗弁を有することになり、支払等登録はもちろんDが合意しなければできないのであるから結局CはDに劣後することになる。

　これは一例であるが、こういう抵触関係についての処理を明確にしなければならない。すなわち、理論的に言えば、問題は、原因債権と電子登録債権とを別債権としたことの意味の確認にある（「二重譲渡」論のアナロジーが利く債権なのか、まったく別の債権の「二重処分」に過ぎないのか。しかも債務者は一度の給付で保護されるべきである。そして支払の抗弁については実質的に同一債権のように扱い、第三者対抗の関係では別債権というのでは矛盾があることになる）。また実務的には、既存の債権譲渡特例法登記への影響という重要な問題がここにはある。

　ただ、ここで明らかにしておかなければならないのは、上記①、②の問題は、原因債権たる指名債権の譲渡（およびその特例法登記）と手形の振出との間の問題としてすでに存在するものであったということである（その意味では、電子登録債権法制でまったく新たに生じるリスクの話ではない）。つまり、甲債権が譲渡されて債権譲渡登記がされてもまだ4条2項通知がなく債務者は譲渡を知らない状態で手形を振り出したという問題である。このプロパーでは判例もなく学説の議論も見あたらないのだが、指名債権譲渡と手形振出の関係については、判例は債務者は手形の返還と引換えにのみ譲受人への弁済に応ずる旨の抗弁を主張し得るとし（最二小判昭和35・7・8民集14巻9号1720頁、判時229号37頁）、さらに債権者と手形所持人が別々の場合についても同趣旨の判断を示した裁判例がある（東京高判昭和44・1・20金判172号10頁）。そうすると、4条2項通知をした譲受人が債務者に弁済請求した場合には、債務者は手形の返還と引換えであると抗弁して弁済を拒めるとすることになろう。そうす

れば、それと電子登録債権のケースは同様に考えていいのではないか、という議論になり得るのである（ただその場合、先に第三者対抗要件たる特例法登記をした優先権まで維持されないのかは次の問題である）。

　今回の問題は、このあたりから議論を詰めていかなければならないのである。ただ、手形の振出と電子登録債権の発生をまったくのアナロジーで考えてよいかというと、手形の振出は当事者だけが認識しているものであるのに対し、電子登録債権は登録データという形で債権を可視化し、それに対する信頼で活用されることを利点としているという相異がある。つまり、手形が振り出された場合と電子登録債権の場合で原因債権譲受人のリスク（裏返せば債務者の保護）の内容は同じであるとしても、そのリスクの発生可能性や状況が同じかどうかを十分に検討しなければならない。いずれにしても、立法・解釈のどちらかで明確な優先ルールを確立すべきという点については、今回のシンポジウムを機に、是非問題意識の共有を図りたいところである（なお付言すれば、このような問題の存在を根拠に、電子登録債権法制について債権譲渡登記への脅威を強調する意見が出ることは、筆者のまったく本意とするところではない。確立した優先ルールのもとで、電子登録債権と債権譲渡登記の共存ないし用途別の住み分けを図りたいと思うものである）。

(2)　電子登録債権と原因債権の関係私論

　なお、上記に関連して、私見による将来展望を（平成18（2006）年の日本私法学会報告論考でも書いたところであるが）[10]、問題提起として再論しておきたい。

　今回は、原因債権と並存する別の電子債権という2本の債権を考える考え方で立法がされることとなった。しかし、手形と指名債権の関係から考えてみると、手形の場合は、権利を紙に化体し、原因契約と切り離すことによって支払の確実性を担保するわけで（無因性）、これが今までは決済手段としては高い評価を得てきた。つまりそこでは、どういう契約から発生した債権（原因債権）かということをあえて見えなくすることから債権の確実性を高めていたのである。けれども、これに対しては、逆に原因契約まで遡れるトレーサビリティ（債権の履歴がたどれる）を持たせることで可視性を高め、それが債権の評価の正確さにつながる、というまったく逆の発想があり得る。実際、昨年の金融庁の情報技術革新WGでは、経済や技術の専門の委員か

ら、商流情報が債権の権利移転にかかる情報と一体として提供されることにより、債権者が金融機関等から信用供与を受けるコストを低減させることが可能になる（金融仲介機能の一層の向上に資する）という見地から、このトレーサビリティ、可視性ということを高く評価する意見が出された。これが電子登録債権では（少なくとも将来的には）可能となる。各債権に個別の債権番号を付して、分割された場合は枝番をつけて、発生から移転、消滅をトレースできるようにするわけである。ことに、電子取引が盛んになると、電子契約書の中の所定の債権データを抜き出してそのまま電子登録債権として登録する、という形が増えてこよう。こうなると、無因にするのではなく逆に有因であることによって当該債権の認識度、信頼度が高まるはずである。

有因無因という議論は必ずしも適当ではないかも知れないが、現在は、原因債権の発生と電子債権の発生の間に懸隔があるパターンを原則型と考えるので、その原因債権と電子債権の間の紐付けが困難である、ということから、先の別債権構成で議論はまとまった。しかし、そう遠くない将来には十分実現するかも知れない上記の発想の転換も考えておくべきであろう（現に、上述の支払についての債務者保護の局面では、原因債権と電子登録債権が実質的に紐付けされた形で処理されるように思われる）。筆者は、将来的には、電子契約（そこで発生するのはあくまでも既存の指名債権）から時間的間隔を置かず直ちに電子登録債権を発生登録する取引が、定型的反復的な取引では主流になっていくであろうと見ており、その場合には実際には先の自説のコーティング型に近似していくのであって、コーティング型の利点がより鮮明になるのではないかと考えている。

2 電子債権管理機関の性格づけや規制・監督

(1) 問題の所在

電子登録債権法制におけるもう１つ大きな問題（あるいは現実には最大の問題か）は、電子債権管理機関の性格づけや規制・監督の問題である。今回、各省庁の研究会では、電子債権管理機関は、公的な登記所のようなものではなく、民間で、金融機関に限ることなく、一定の電子管理能力を持った機関に多様に参入してもらい、扱う債権の種類などは管理機関によって相違があ

ってもよい（そして社債の保管振替のような複層構造は採らない）、という発想で議論が進められてきた。

しかし法制審議会部会の中間試案は、電子登録債権の私法上の規律に関するものであるということから、管理機関のあり方等については触れず、それらは専ら金融審議会において検討が行われるということで、検討が２カ所に分かれている。そして中間試案では、中村廉平氏も指摘するように、管理機関が任意で定める業務規程に委ねられている部分が大きい[11]。しかし今後の議論の進展の方向によっては、実際にはこの管理機関の業務規程の内容、さらには管理機関に対する規制法のあり方等で、電子登録債権法制の運用の大筋が決まってしまうという可能性さえあると思われるのである。

(2) 電子登録債権の決済と消滅の登録

おそらくその中でも鍵になるのは、決済すなわち電子登録債権の消滅とその登録に関する問題であろう。たとえば、上記のような自由度の高い管理機関を置こうとする制度趣旨からすれば、管理機関が決済機関を兼ねる必要は必ずしもない。兼ねれば同期決済などはスムーズに行くが、決済機関ではなく管理登録機関であるということで言えば、金融機関などに限る必要はない（さらに言えば、決済機関を兼ねると、確かに処理はスムーズだが、本来このような登録機関には公平性の確保の見地から第三者性が要求されるという考え方もあり、取引金融機関とは別の管理機関を考えるほうが適切ということもあろう。金融機関と管理機関が同一の場合は、利益相反行為等に対する手当ても必要になる。またアンバンドリングによるコスト回避という利点も指摘されている[12]）。

しかしながら、たとえば、弁済直後、消滅登録をするまでの間の譲渡を避ける等の理由で、厳密な同期性の要求が管理機関の規制法でなされることになれば、結局管理機関には金融機関しかなれないという帰結に実際上なってしまう可能性もあるのである。

(3) 支払等登録

このような問題意識に対して、中間試案が決済・消滅に関する現状での到達点を示すのが、「支払等登録」の項目である。

まず、電子登録債権に関する従前の議論では、支払等がされた場合は抹消登録をするとともに、抹消登録が電子登録債権の消滅の効力要件になること

とされていた（たとえば、電子債権研究会報告書50頁。同報告書については金法1760号8頁以下。なお本書第9章Ⅳ参照）。平成18（2006）年2月の法務大臣諮問でも同様であった。「発生、移転、消滅が登録によって行われる電子債権」を観念していたわけである。しかし中間試案では、これを改め、支払等がされた場合にはその事実を登録する支払等登録を行うこととするとともに、支払等登録を電子登録債権の消滅の効力要件とはしないこととしている（中間試案第4の3(1)・(2)）。これは正に、登録を電子登録債権の消滅の効力要件とすると、登録がされるまでは支払等の当事者間においても支払等の効力が生じないことになり不合理であると考えられたためである。

そして、支払等登録の申請は、債権者等として登録がされている者が単独ですることができるが、債権者等の全員から承諾を受けた場合には、支払等をした者も、単独ですることができることとし（中間試案第4の4(1)）、さらに、支払等をした者は、当該電子登録債権の債権者等に対して、支払等登録の申請をすることについて承諾すべきことを請求することができるとするとともに、支払と支払等登録がされることとの同期性を確保するために、支払をする者は、支払をするのと引換えに、支払等登録をすることについて承諾すべきことを請求することができることとしている（中間試案第4の3(3)）。

一方、管理機関が電子登録債権の支払にかかる送金手続をする場合には、支払と支払等登録との同期性を確保するために、管理機関は、入金手続を終えた後、直ちに、当事者の申請によらずに支払等登録をしなければならないこととしている（中間試案第4の4(2)b）。

ただ、現在の振込実務に基づいて考えた場合、仕向銀行と被仕向銀行が異なる場合には、送金手続後に支払等登録が行われて完全に決済が完了するまでに数日の間隔が空いてしまうことは避け難いと考えられるので、中間試案はさらに注で、「管理機関が、送金手続と当事者の申請によらない支払等登録の同期性を確保するために、業務規程で支払い期日後の一定期間のみについて譲渡登録を禁止することもできると考えられる」としているのである（中間試案第4の4(2)b注。なお「補足説明」65頁参照）。

(4) 小　括

これらの措置で十分と見るかどうか、また金融機関でない管理機関と金融

機関である管理機関とがこれらの措置の下で対等に共存し得るのか、はそれぞれ議論があろうが、私見では、さまざまなビジネスモデルの中で用いられる電子登録債権にあっては、そもそも厳密な決済の同期性を要求する債権ばかりなのか、それともそうではないのかというあたりも検証すべきであろうと考えている（後述ⅤのⅠ型Ⅱ型論も参照）。そのいずれを取り扱うかによって、当該管理機関に要求される同期管理性のレベルが変わり得るという仕切り方が可能かどうか、という関心である。

なお、今回の中間試案は、電子登録債権の私法上の規律に限定されていることから、管理機関のセキュリティレベル、技術レベルの問題も、試案の守備範囲から外れているし、管理機関のデータ保存管理の問題やバックアップ機関の問題等もこれからの検討になろう。[13]

9) 池田・前掲注2）5頁以下。電子登録を抹消すればコーティングが取れることによって元の民法上の指名債権が残るという構成である。
10) 池田・前掲注2）7頁。
11) 中村廉平「中小企業金融の円滑化と電子登録債権」金法1781号（2006）31頁。
12) 大垣尚司『電子債権』（日本経済新聞社、2005）252頁は、管理機関と決済機関の機能分化について、「電子債権の迅速かつ低コストの導入を実現するには、電子債権の権利の発生、流通を管理する役割と、期日において資金を決済する役割を、それぞれ電子債権管理機関と金融機関（決済機関）に分業させるアンバンドリング型の制度とし、電子債権の決済のために新たな決済網を構築するコストを回避すべき」であるとする。
13) 私見は、いくつかの管理機関がグループを作ってバックアップ機関を別に置いておくのも制度の正確性の担保につながると思われると書いた。池田・前掲注2）10頁。

Ⅴ 具体的立法作業に向けて
――統一の理想とⅠ型Ⅱ型論

以上の検討を振り返ると、この電子登録債権法制では、立場や使い方によって両論が出てくるのは不可避のように思われる。登録主体の議論（債権者と債務者の合意を要するか一方だけでの登録ができるか）しかり、譲渡禁止特約の議論しかりである。もちろん、筆者はできるだけ１つの統一的な電子登録

債権像の創設を理想とするものであるが、両論併記の主要な論点で議論がいずれかに収斂しない場合、最終的に1つの手段として考えられるのは、総論で共通項を規定した上で、各論で指名債権的電子登録債権と手形代替的電子登録債権の2種類に分けて具体的な規定を置くことである。[14]【補注、本章初出の金融法学会シンポジウム資料論考ではこのとおりに記述したが、実際の平成18（2006）年10月のシンポジウム席上では、このような規定の仕方は、目的による区別も困難であって好ましくないと報告した。】

　たとえば、指名債権的電子登録債権（ここでは仮にこれをⅠ型と呼ぶ）としての登録には両当事者の合意を証するものが必要だが手形代替的電子登録債権（仮にⅡ型と呼ぶ）としての登録は債務者のみで可能とか、Ⅰ型には多数のデータを登録できるがⅡ型では登録データが限定されるとか、あるいは、金融審議会の議論の先取りになってしまうかも知れないが、Ⅰ型では同期決済のレベルについて管理機関に任せ、Ⅱ型ではそれを法が要求する等のことが考えられる。Ⅰ型かⅡ型かはもちろん管理機関等が決めるのではなく、登録する当事者が決めて申請するのである。

　もっとも、このような規定の仕方をする場合には、包括立法としての統一性を損ねないようにしなければならない（韓国では売掛債権譲渡の電子化法と手形の電子化法が別々に立法されつつある[15]）。不正確なたとえではあるが、民法総則、物権、債権という民法典財産法の編別のように、総論部分が傘のようにⅠ型とⅡ型の両者の規定を覆うというイメージで条文案が書けないものであろうか（総論が現在の中間試案のそれよりも長くなるイメージであろうか）。ただこの分離規定方式については、もとより筆者の検討も十分ではなく、ここでは問題提起にとどめたい。

14) 中村・前掲注11) 31頁にも同趣旨の記述が見える。
15) IT先進国である韓国では、2003年8月に国会に提出された「電子金融取引法案」において、「電子債権（電子売掛債権）」の法的な位置づけがされる一方で、「電子手形の発行および流通に関する法律」が2004年3月に成立し、2005年1月から施行されている。後者は、約束手形を電子方式で発行、流通させるというものであるが、統一手形条約との関係は不分明である（韓国の取組みについては、経済産業省「金融システム化に関する検討小委員会報告書──電子債権について」26～28頁（2004年4月）参照）。

VI 結びに代えて
――立法普及学試論

　筆者は、最近の論説の中で、「立法普及学」というものを提案した[16]。筆者がすでに別稿で強調したように、近時の債権譲渡関係法は、取引の規制法ではなく、取引の促進法として立法されている[17]。広く法制度という意味では、（中小企業法の改正を含んだ）売掛債権担保融資保証制度も、取引促進法としての制度創設であった。このような取引促進立法は、英知を集めて立法しても使われなければ意味がない。

　そうすると、取引促進装置としての新法や新制度を作る際には、実務のニーズを十分に吸収し、対応可能な新しいビジネスモデルの存在を意識することが肝要であるが、さらにいくつかの配慮が必要と考えられる。前掲の論説で筆者が述べたそのうちの１つは、制度の将来の発展性を意識して極力法文に具体的規定を書き込まないという立法態度は、正しくもあるが、法文の理解や予測可能性を低下させ、ひいてはその法律に対する信頼性を損なうおそれがあるという趣旨のことであった[18]。そのことを本章の主題で展開すれば、新法としての力や指導性という意味では、あまり多くのことを管理機関の業務規程等に委ねるのは問題ではないかということになる。確かに、この電子登録債権の議論では、「柔軟」というキーワードが用いられてきた[19]。しかし、柔軟性の確保は両刃の剣でもある。過度の柔軟性の貫徹は、結局法律で何も決めないことになってしまいかねない。電子登録債権がどういうものになるのか、という方向性は、この電子登録債権法制である程度明らかになるように規定を配するという発想も必要なのではなかろうか。

　もう１つ、筆者が前掲論説で指摘したのは、新立法や新制度の場合、どこか１カ所がボトルネックになると、全体が普及しないという現実を理解すべきであるということである。オンライン申請等、手続にITが絡むものについてはことにそうである[20]。その意味で、立法技術的には、当該新法の施行においてボトルネックがどこに来るのか、の見極めも肝要となろう。

　いずれにしても、金融取引促進立法の立法哲学としては、「制定後の普及

活用」という価値基準をどう適正に取り入れるかが肝要というのが前掲論考で示した結論であり、それを正に探求するべき壮大なテーマが、この電子登録債権法制であることは疑いがない。[21]

16) 池田真朗「債権譲渡登記および動産譲渡登記の利用とオンライン申請──「立法普及学」試論をかねて」みんけん（民事研修）592号（2006年8月号）3頁以下（同『債権譲渡の発展と特例法』301頁以下）。
17) 池田真朗「債権譲渡関係法の展開」法の支配141号（2006年4月）48頁以下。
18) 池田・前掲注16) 18頁。そこでは、すでに廃止された特定債権法を例に、当該法律を読んだだけで（監督規則等を見ずに）リスク回避の手当て等までがわかることが必要という、実務からの要請があることを述べた。
19) 金融庁情報技術革新WGの座長メモでは、電子債権法制構築にあたっての基本的視点として、①多様なニーズや情報技術革新等に柔軟に対応できる制度であること、②多様な主体にとって簡易で利用しやすい制度であること、③多様な主体が将来にわたり容易に参入でき、電子債権を利用した金融サービスの成長性が確保される制度であること、④業務運営の円滑性が確保され、利用者にとって信頼できる制度であること、が掲げられている。
20) 池田・前掲注16) 14頁。
21) 池田・前掲注16) 18頁。

第12章
電子登録債権法制立法試論
――売掛債権活用の観点から

　前章でも述べたように、本章初出原稿執筆の平成18（2006）年10月末の段階では、最終的に「電子記録債権法」となるものは、「電子登録債権法制」と仮称されて検討されており、法務省法制審議会電子債権法部会と金融庁金融審議会金融分科会第2部会・情報技術革新WG合同会合において、徐々に意見を集約し、要綱案を準備する段階に入っていた（また経済産業省においても電子債権法研究会での検討が継続して行われていた）。筆者らは、平成18年10月7日に神戸大学において開催された金融法学会第23回大会において、「電子登録債権法制と金融」と題するシンポジウムを行った[1]。当日の報告内容と質疑応答については、学会誌「金融法研究」第23号に掲載されたのであるが、この段階で、同誌の発刊は平成19（2007）年4月頃と予定されていたため、その時点では立法要綱案作成作業はすでに完了している見とおしであった。したがって、当日の学会の研究成果を若干なりとも要綱案作成作業に向けた発言として世に問うことが可能となるよう、当日の筆者の報告内容を中心に再構成した論考を発表したのが本章である[2]。本章は、電子登録債権の2つの活用法、すなわち手形代替型と指名債権電子化型とで考えられるニーズのうち、とくに指名債権電子化型（ないしは手形にない活用法）について焦点をあてて、検討を試みる。なお、指名債権電子化型のうち、シンジケートローン等、貸出債権への活用については論じる余裕がないので、副題を「売掛債権活用の観点から」とする。なお、本章の内容については、初出原稿のままとし、電子記録債権の名称も「電子登録債権」としていることをお断り

しておく。

1) 同シンポジウムでは、筆者が司会兼報告者を務め、I 池田真朗「序論」、II 大垣尚司（立命館大学教授）「債権流通によるファイナンスと電子登録債権」、III 中村廉平（商工中金組織金融部・審査第一部担当部長兼法務室長）「中小企業金融の円滑化と電子登録債権」、IV 池田「電子登録債権法制――中間試案の検討と若干の試論」と報告を続けた上で、コメンテーターの小野傑弁護士のコメントを加え、その後に質疑応答を行った。同シンポジウムの資料論考は、「特集 電子登録債権法制と金融」金法1781号（2006）7頁に掲載されているが、筆者を含め、報告者は別原稿を用意して当日の報告をしている（なおこれまでの電子登録債権法制検討の経緯については、金法1781号7～9頁を参照されたい。さらに、中間試案に対して寄せられたパブリック・コメントの紹介として、始関正光=坂本三郎=仁科秀隆「中間試案意見照会結果の要点――金融機関から意見が寄せられた項目を中心に」金法1783号（2006）21頁がある）。
2) それゆえ本章は学会報告そのままの内容ではなく、とくに注1) の筆者の資料論考である池田真朗「電子登録債権法制――中間試験の検討と若干の試論」金法1781号（2006）」8頁（本章では以下、池田・前掲注2) と引用）にない部分（あるいはニュアンスの異なる部分）を中心に再構成したものである。

I　はじめに

　立法要綱案の作成に向かっている電子登録債権についての議論は、法制審議会電子債権法部会のパブリック・コメント募集を経て、いわゆる手形代替手段としての用法が、（イメージとしてわかりやすいこともあってか）実務界一般の中心的な検討対象になってきているようにも見える。これはもちろん必要な議論であるのだが、今回の議論の発端は、平成15（2003）年のIT戦略本部の決定にもあるように、中小企業の資金調達の円滑化の目的から、現行法上通知・承諾を必要としている指名債権譲渡のあり方を検討する、というところにあった。[3] 言わば指名債権譲渡の電子化の検討とも言うべきところから説き起こされていたのである。一方でもちろん手形代替ニーズも当初から想定されていたわけで、これについて異論があるわけではないが、初期の信金中金の電子手形サービスの実証実験においても、その目指すところは、「「手形の電子化」ではなく、手形機能および既存の手形レス商品のメリットを兼ね備えた「売掛債権の電子化」である」とされていたことはここで再確[4]

認されなければならない（この説示は貴重である。電子登録債権法制が決済手段としての手形の電子化に矮小化されてしまうと、さまざまな資金調達手法への活用の可能性が奪われてしまうからである）。

　そのような状況の中で、今回の電子登録債権の立法論は、3省庁の研究会等で、一貫して、指名債権でも、手形でもない、「新しい第3類型」の債権として考えられてきたこと、つまりそこでは、手形と指名債権の両者の長所を生かし、短所をなくすという発想があって、それが探求され続けてきたことも確認しておきたい。その姿勢は基本的に最後まで貫徹すべきものであろう。なお筆者は上記シンポジウム資料の論考の中で、立法の方向として、手形代替型と指名債権電子化型の2つの用途を、1つの総論の傘の中でⅠ型Ⅱ型として分けて規定する方向もあり得ると書いたが、シンポジウムの席上では、法律がばらばらに2つあるような形になることはどうしても避けるべきであり、やはり1つの法律の中で2つの型を包括できるように仕組んでいくのが適切であると述べて、この案は採用すべきでないと報告している。

　3）池田・前掲注2）9頁参照。
　4）髙橋秀充「手形の電子化」NBL812号（2005）21頁。
　5）池田・前掲注2）18頁。

Ⅱ　手形代替を想定する意見と指名債権電子化を想定する意見

　中間試案に対するパブリック・コメントでも、中間試案までの審議会での議論と同様に、大きく意見の分かれているところがいくつかある。これは事前に予想されたところであって、電子登録債権について、決済手段を中心に考えるか、資金調達手段として考えるか、つまり手形の電子化的な部分を念頭に置くか、指名債権の電子化ないし指名債権譲渡の電子化を念頭に置くか、という根本的な発想の違いから、必然的に一連の意見の分かれが出てきていると言える。具体的には、以下のような対比になる。

　手形的決済手段として使うことを強調すると、①発生登録の簡易化、②管理機関の一元化、③支払と登録簿上の抹消（支払等登録）との同期性の要求、等が出てくる。また、理論的にはそもそも原因債権と電子登録債権を切り離

す無因性が前提となる。

　一方、指名債権電子化の要請からは、①登録データに債権の属性情報を多数書き込めるのが利点なのだから、発生登録において簡易化するといっても債権者債務者の合意は当然必要、②管理機関は複数あって電子登録債権活用スキームの用途別に存在する柔軟性が望まれる、③決済の同期性の要求にもレベルの差が存在し、たとえば債権譲渡担保に電子登録債権を活用する場合には、いつ支払われるかはそれほど決定的に重要な問題ではなく、さらに言えば、そもそもそういう支払や振込を問題としない電子登録債権の消滅の処理もある（相殺による支払等登録など）、等々、反対の要請が出てくる。また、理論的には、原因債権と電子登録債権は有因の関係にある、ないしは牽連性があると考えることになる（この考え方は、実務的にも、債権の可視性を高めるという点でのメリットがある）。なお、同期性の問題は、後の電子債権管理機関のあり方のところで論じる。

III　発生登録の案

　発生登録案についての検討は、すでに各所で賛否が論じられており、ひととおりその理由づけも出揃った観がある[6]。それらを踏まえて発生登録の案について再論する。A―1案、A―2案、B―1案、B―2案のうち、電子登録債権の発生登録を債権者が知らないうちに債務者だけでできるというB―2案の支持者が一部にある。それら支持者の理由づけの最大のものは、手形代替で利用する場合には今より負担を少しでも増やさないほうがいいから、あるいは負担が増えたら使われないから、ということのようである。しかし、B―2案はいろいろな理由でやはり無理な構成であろう。つまり、基本はA―1案の形であるが、これは、電子登録債権の発生登録は、債務者と債権者の双方の申請で行う、その前提には、当然両当事者の合意がある、と考えるものである。このA―1案については、ほぼ多数の支持を得られていると思われるが、これに反対するB―2案の支持者は、両方から申請させるのは負担が重い、と主張する。しかしそれは誤解で、A―1案については、債権者債務者の申請に関する契約（合意）が必要なのであるが、これは、実際には、

債務者が作った申請データを債権者が確認して（あるいはその逆でもよい）、ワンクリックするだけでA—1案の双方申請になるわけである。またその契約の内容の真正さまで管理機関が確認する必要は毛頭ない。管理機関は後述するように基本はブック・キーピングの機関なのであるから、当事者双方のIDパスワードや電子署名のついた申請等が出てくれば、その前提に契約があると推定してよいはずである。第三者の側も、中間試案では当事者は申請にかかる意思表示の錯誤や詐欺は主張できない仕切りになっているのであるから、基本的には当事者双方が申請したその表示を信頼すればよい。こういう、緩やかなA—1案の理解であれば、たとえばB—1案（双方申請だが申請の契約までは必要ない）の支持者も加われるのではないかと思われる。A—2案は、債権者と債務者の申込みと承諾を管理機関を経由してさせるというものであるが、そこまで管理機関にお節介をさせる必要も合理的な理由もない。管理機関はできあがった両者からの申請を受け付ける、とするのが一番簡明で間違いがなくてよいのである。したがって、A—2案のような形態で管理機関を経由して債権者と債務者の合意が形成される構成を採ることも許容されてよいが、そのような構成を義務付ける必要性・必然性はまったくない。結論的に、緩やかなA—1案で、管理機関は両者からの申請があればそれ以上申請の合意や真正性を調査する義務なく正当な申請として受け付けてよい、とするあたりの形が最も適切であろうと考える。

現在の手形発行実務と完全に同じようにしたい、という論者は、現在の実務では手形の振出の時に債権者の意向など聞いていない、というのであるが、手形にも受領行為が必要なのであり、また実務では郵送した手形について債権者からの受領通知を返送してもらっているところも多いと聞く。私見のように申請の合意を必要としても、他方の当事者が整えたデータを確認してワンクリックするというような形態において、そのワンクリックが負担増になるとは到底思えない。B—2案のような債務者単独での登録申請を認めなければ電子債権は手形代替で使われないということはないと筆者は想定するものである（もちろん、そのワンクリックの手間でもなお負担と考える向きは、そのまま手形を使用し続ければよいだけと考える）。それよりも、その簡便さの確保という目的のために、当事者の合意なしに発生する法定債権という、学理

的には受け入れ難い法的構成を採るB―2案は、達成したい目的に引き合わない理論的破綻を背負い込むことになる（実際、双方申請を欠くB―2案では不都合な場面がいろいろ出現するので、本章では次の項目以降そのつど言及することとしたい）。

　6）　この点に関する金融機関を中心とした各界からの意見については、始関ほか・前掲注1）22頁参照。

IV　電子登録債権と原因債権の関係

1　債権譲渡登記と電子登録債権登録との競合

　筆者は、これまで議論が不十分で、中間試案でも顕在化していなかった論点として、二重譲渡リスク（二重処分リスク）への対応という問題を資料論考（池田・前掲注2））に提示した。これは、私見が以前から問題にしてきた、電子登録債権と原因債権の関係の問題の発展形と位置づけられるものである。上記学会では、資料論考をさらに整理した形で報告をしたので、その点を以下に紹介したい。具体的には、「債権譲渡登記と電子登録債権登録との競合」という論点として考えてみるのが適切であろう。

　(1)　設　例

　問題をわかりやすく示すために、設例を置こう（次頁【図1】参照）。まず、原因債権がAからCに譲渡され、譲受人Cが債権譲渡特例法登記で新法4条（旧法では2条）1項により第三者対抗要件を取得した。ただし新法4条2項の債務者への通知はしていないので、債務者Bに対する対抗要件（権利行使要件）はまだ具備していない。その状態で電子登録債権が発生登録されたとする（この登録が、「支払のために」されたものかどうかは登録からは不明であるとする。まったく関係のない発生登録ということもあり得るが、少なくとも「支払に代えて」つまり原因債権を消滅させるという合意のもとにされたものではなかったとする）。その後、当該電子登録債権がDに譲渡されたという事例である。この場合CとDはどちらがどう弁済を受けられるのか、Cに何らかの優先性は認められるのか、という問題である。

　(2)　検討の前提

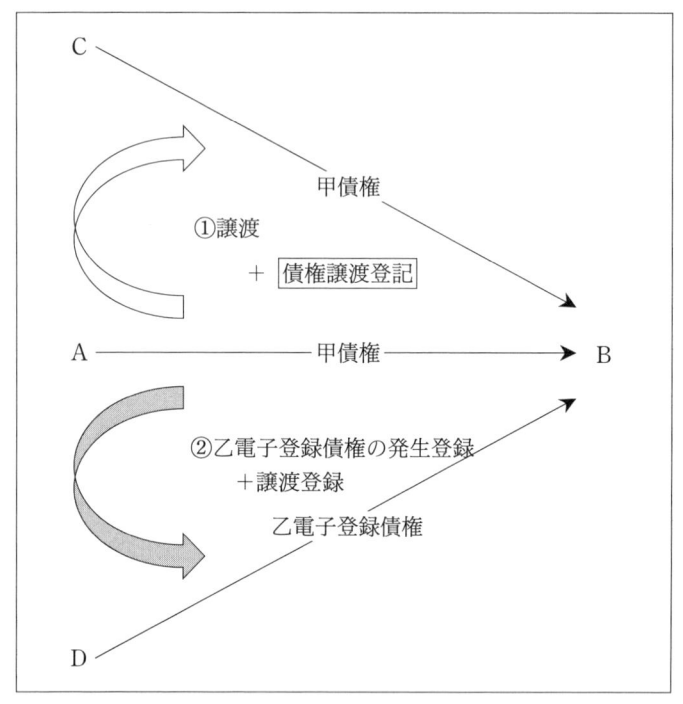

【図1】 債務者Bの保護の問題と原因債権の譲受人Cと電子登録債権の譲受人Dとの優劣関係

```
        C
         ╲
          ╲ ①譲渡      甲債権
           ╲  +              ╲
            ↘ 債権譲渡登記     ↘
                              
  A ─────── 甲債権 ───────→ B
                              
            ↗ ②乙電子登録債権の発生登録  ↗
           ╱   +譲渡登録
          ╱    乙電子登録債権
         ╱
        D
```

　検討の前提として、原因債権と電子登録債権は別債権であって、しかも電子登録債権発生の際に原因債権はどうなるかは当事者の任意に任されて法は何ら規定を置かないという、現在の中間試案の方向で考えることとする（法制審議会部会でも、何らかのデフォルトルールを設けるべきである（そういう規定がまったくないと混乱する）、という意見は私見を含めて存在するのであるが、少数であり、結局何も設けなくていいという多数意見で決する可能性が高い）。

　(3)　手形振出とのアナロジー

　この問題は、実は原因債権が譲渡された後で手形が振り出された場合と類似する。そして、結論から言えば、手形振出とのアナロジーからの帰結は、手形の判例と同様に考えれば、先に特例法登記を経由した原因債権譲受人に不利な結論になると思われる（最二小判昭和35・7・8民集14巻9号1720頁、判時229号37頁）[7]。

この昭和35年判決は、支払の担保のために為替手形が振り出されたケースで、判決要旨は、①売買代金債務の支払確保のため（この判例は支払確保のためと言っているので、厳密には支払のために振り出したケースと、支払の担保のために振り出したケースがあると考えられるが、原審判決では「担保のため」と認定している）手形の振出を受けた債権者が、担保のため第三者にこれを裏書譲渡しても、裏書人としての償還義務を免れるまでは、債務者の右代金債務（原因債務）は消滅しない、②前項の場合、債権者がいまだ自己に手形を回収していなくても、債務者に対し代金債務の履行を請求することは妨げない、③売買代金債務の支払確保のため手形を振り出した債務者は、特段の事由のない限り、右売買代金の支払は手形の返還と引換えにする旨の同時履行の抗弁をなし得る、というものである（ただし、この判決は、結論的には、同時履行関係を否定して、上告人債務者を敗訴させ、原因債権の債権者の弁済請求を認めている）。[8]

　注8）に掲記した関連判決以外には、他に類似の最高裁判決は見当たらず、同旨の裁判例が1つあげられるのみで（東京高判昭和44・1・20金判172号10頁）、したがって、これはどこまで依拠していい判例かは若干疑問ではあるのであるが、ともかくこの判決要旨からすれば、理論的に言えば、手形を振り出したということが、民法468条2項、また特例法新法4条3項にいう、「通知を受けるまでに譲渡人に対して生じた事由」になると言えることになろう。もちろんこの設例の問題は、特例法登記に固有の問題点である。つまり、最初の譲渡時に民法上の確定日付ある通知で第三者対抗要件を具備したのであれば、その段階で債務者は通知を受けているわけであるから、民法467条2項の確定日付ある通知で対抗要件を具備した譲受人Cは、通知到達後に旧債権者の方に手形を振り出されても、確実に弁済を受けられる。通知を受けながら手形を旧債権者に振り出したBに二重払いの危険が生ずるということになる。けれども特例法4条1項の登記で第三者対抗要件を得た場合は、同法4条2項の通知をしなければ債務者には対抗できない。これは、そもそも同法が第三者対抗要件と債務者対抗要件つまり対債務者権利行使要件を切り離し、債務者に知らせずに第三者対抗要件を取れるようにしたことから来る欠点ということになる。

いずれにしても、この最二小判昭和35・7・8を根拠に、引換給付せよというところまでは判例があるとするとしても、そこから先は依拠すべき最高裁判決はなく、また学説の検討も乏しいのであるが、想定される多数の見解では以下はこうなる。原因債権の譲受人は同時履行の抗弁を受け、そのまま手形の期限が来れば手形の所持人は支払を請求して金銭を取得することができ、さらに原因債権の譲受人と手形所持人とは同一債権の権利を争う対抗関係に立つものではないから、譲受人から手形所持人への不当利得返還請求はできない。なぜなら、手形所持人はもちろん法律上の原因があって取得しており、また原因債権と手形債権は別債権なのであるから、同一債権について対抗問題となって劣後するため権利取得を否定されるという関係にはない、という論理である[9]。したがって、最初の債権譲受人は、何ら自己の債権取得の優先性を後の手形所持人に対抗できないわけである。法制審議会の最近の部会でも、この構成を電子登録債権に類推した事務局の整理が示されている。

(4) 電子登録債権へのあてはめ

ア　手形アナロジーの適否

このような、手形振出とのアナロジーは、原因債権たる指名債権と、その支払を確保するために出された手形債権との関係を、原因債権たる指名債権とその支払を確保するために出された電子登録債権との関係と同様と見る限りは、基本的には適当ということになろう。ただ、この「電子登録債権発生が抗弁事由になる」という論理を用いるためには、先の発生登録のところでB－2案を採ると、債務者が勝手に、譲渡人に対して生じた事由というものを創出してそれを譲受人に対抗できるという不合理な結果になるので、やはりB－2以外の案を採用する必要があるということになる[10]。

さらにここでもう1つ問題になるのは、手形にない、電子登録債権の可視性の評価の問題である。つまり、債権譲渡登記はこれまでも、後から手形が出されるとその支払請求が手形によって拘束・優先されるものだったという意味では、この問題は債権譲渡登記にとって新しい問題ではない。けれども、手形が出されたことと電子登録債権が発生登録されることは、周知性というか、第三者の認識可能性が異なるのではないか。この点がどう響いてくるのか、単純に手形の場合と同じと考えてよいか、という問題があるのである。

この点はまた後に触れよう。

　イ　原因債権と電子登録債権の関係再考

　ここで原因債権と電子登録債権の関係性の議論を再度検討しておきたい。両債権を完全な別債権とした場合に、債務者Bが保護され原因債権の譲受人Cの権利が否定される理由はどこにあるのか。つまり、原因債権と手形や電子登録債権がまったく別の債権であり、支払を確保するため等の関係がないのであれば、原因債権の譲受人Cは譲り受けた後に手形が発行されようが電子登録債権が発生登録されようが、自分の原因債権（もはやこれは「原因」を付すのが適切ではない、ただの「債権」である）を回収するのに何の支障もないはずである。そう考えると、原因債権と電子登録債権とを「別債権」とする意味は、純然たる無関係の「別債権」なのではなく、形式上はもちろん別の債権だが、通常はその両者の間に牽連性がある、具体的には原因債権に行使上の拘束がかかる関係に立つ債権であるということになる。

　ただし、現在の中間試案では、原因債権と電子登録債権の関係は、発生させる当事者の自由意思に任せて特段の規定を置かないという方向であるため、理屈としては、原因債権を消す、つまり支払に代えて出す電子登録債権もあれば、まったくの無関係、つまり原因債権の帰趨を拘束しない電子登録債権（債務者の二重払いあり）というものもあり得る（したがって、この問題は結局発生登録の主体の問題にも絡むことになる。発生登録に際して、原因債権をどうするかは当事者が決めているはずだという考え方を採用するのであるから、当事者の合意を想定しないB−2案のような登録形態が認められるのはこの点からもおかしいということになる）。

　そしてさらに言えば、可視性のある電子登録債権の場合は、当事者が原因債権との関係をどう決めたのかが見えるとよいのだが、そういうことを任意的登録事項で書くことは可能であろうが、別に何の義務づけも規定されていないということになれば、一般にはそういう登録データ上の記載がない、原因債権との関係が外からはわからない電子登録債権が多いことになると思われる。それゆえに筆者は、原因債権と電子登録債権が別の異なった処分や差押えを受けた場合の紛争の発生を、しかもそのヴァリエーションがかなりあるだろうということを懸念する次第である。

ウ 理論的課題――「片面的」牽連関係

さらに、純理論的に言えば、債務者保護の点で原因債権と電子登録債権の実質的な牽連性を理由としながら、優劣関係の点では別債権であることを理由として牽連性の要素を捨象するのは矛盾ではないか、という疑問がある（原因債権と手形債権との場合も同じ問題になる）。つまり、債務者が電子登録債権の発生を抗弁事由にできるのは両債権に牽連性があるからで、両債権に帰趨上の牽連性があるのであれば、なぜそれがＣ・Ｄ間の優劣関係につながらないのかという問題である。この疑問に対しては、一般には結局「対抗問題になる同一債権ではないのだから」という説明で解決と評価されるのであろう。しかし、理論的になお疑問は残ることを留保したい。（手形や）電子登録債権の流通保護というような、何か別の論理を入れないと、この「片面的」な牽連関係の説明はつかないのではなかろうか。

エ 現実的な問題発生場面とその帰結

原因債権の譲渡は譲渡人債権者Ａと譲受人Ｃの間の契約でされ、Ｃは債権譲渡登記によって第三者対抗要件を取得し得るが、この段階で債務者Ｂは譲渡の事実を知らされていない。その後、電子登録債権が発生するのであるが、発生登録に関してＡ－１案、Ａ－２案、ないしＢ－１案（それぞれの内容は前掲Ⅲ参照）のいずれかを採用した場合は、登録段階で債権者Ａはすでに自らがなした譲渡と抵触する発生登録であることを認識していることになる。したがって、少なくともＣがＡに責任を追求する根拠はここで明白に存在することになる。しかしＢ－２案を採ると、債務者Ｂは（譲渡の事実に悪意の場合も善意の場合もあるであろうが）単独で電子登録債権を発生させ得るので、Ａが知らないうちに電子登録債権が発生し、しかもそれがＣに対する抗弁事由となるわけである。したがって、Ｂ－２案を採るとここでの問題はより多発する可能性があるし、しかもその場合にＡの責任を追及し得る根拠をどこに求めるのかも疑問になる（もちろんＢ－２案でも、その発生した電子登録債権をＤに譲渡する段階では、Ａが譲渡登録に関わるのであるから、Ａの責任は明瞭になる）。ただ、Ａへの責任追及が認められるとしても、ＣとしてはＤに対しての優先を主張し得ないということになるのであれば、結局それは、債権譲渡を受けて債権譲渡登記までして第三者対抗要件を得たことが、その後

の電子登録債権発生によってまったく覆されることになるわけである（この結論が不当という意見はもちろんあろう）。

　オ　電子登録債権の可視性の要素
　もっとも、先の手形の裁判例を持ち出せば、この問題はすでに手形振出で起こっていることと同じ、ということになる。しかし、それは同じリスク量であろうか。ことに電子登録債権の差押えの場面を想定して考えてみたい。ここで、電子登録債権の持つ可視性の問題がクローズアップされるのである。
　電子登録債権の持つ可視性という問題は、法制審議会部会でも検討の途中である情報開示の問題、つまり誰がどの範囲で登録情報を見られるかとの問題と関連する（なお、電子登録債権の可視性という場合は、ここで論じる「債権の存在の可視性」と、本来の重要性として論じられるべき「移転履歴の可視性」の問題がある）。しかしながら、単純に考えても、手形を発行したかどうかを第三者が知り得るケースと電子登録債権が登録されたことを第三者が知り得るケースでは、後者のほうが多いであろう。つまり存在の可視性ということを考えると、手形よりも電子登録債権の方が高いと考えられる（これについては、後述の情報開示のルールの詳細にもよるのであるが、本章初出原稿執筆時ではその点の部会審議は半ばである）。ということは、それを差し押さえられるリスクは高い。しかも先述の論理でいけば、原因債権の行使は電子登録債権の存在によって拘束されるのであるから、結局電子登録債権さえ差し押さえれば、実質的に原因債権の譲受人にも勝てることになろう。原因債権の譲受人にとってのリスク量は手形が振り出された場合よりも多くなるであろうというのが私見の想定である（ただし、中間試案では、情報開示については、誰でも見られる制度にはなっていない。登録機関は登記の場合のような公示機関ではないので、債権譲渡登記のように、概要情報なら誰でも見られるという制度は置かれていないのである）。

2　二重処分リスク低減のための提案——原因債権発生と電子登録債権発生のタイム・ラグの極小化等

　それでは、上述のような問題の回避策はどのように考えられるであろうか。前提として、ここでの「二重譲渡」と「二重処分」の用語の整理をしておこ

う。電子登録債権自体の二重登録は登録データを見てするのだろうからまず起こり得ないであろう。それをあえてするとすれば、債務者はそれぞれの電子登録債権について二重の支払負担を免れない。また、電子登録債権自体の二重譲渡は、同時に申請されても管理機関が受け付けないであろうし、異時でなされた場合には優先関係は登録データ上明瞭となり、債務者は登録上の優先譲受人に支払えば免責される。これが前提である。

その上で、ここでは、原因債権と電子登録債権の別異の処分について論じる（したがって、この「別異の処分」については、二重譲渡というのは適切でないので、「二重処分」という表現を用いることにする）。

① 問題発生を極力避けるには、とにかく、原因債権発生と電子登録債権発生のタイム・ラグを小さくして、電子登録債権発生前に原因債権が別の処理をされていないようにする（その意味では、私見が以前から主張してきたように、電子的に契約をして、そこから発生する債権を直ちに電子債権登録するのがもっともよい）ということになろう。

② もっとも、原因債権と電子登録債権の別異の処分を避けるためには、1つの考え方としては、電子登録債権と原因債権の牽連性を認めた上で、電子登録債権発生後は対応する原因債権は電子登録債権としてしか譲渡も支払もできない（言わば当該原因債権が電子登録債権性を帯び、電子登録債権としての帰趨しか認められない）という法律上の立てつけにすればよいのであるが（【図2】の私見のコーティング型構成）、中間試案の構成ではこの考え方は採らないので、電子登録債権発生後でも原因債権の譲渡の可能性はもちろんあるということになる。しかしながらこの場合については、中間試案の考え方でも、先述のように構成すれば、登録がされた段階でもう電子登録債権の処理が実質的に優先される形になるので、結果的に電子登録債権の譲受人が優先する。したがって、これで電子登録債権の信頼性は確保されると思われる。

3 将来債権譲渡担保契約への影響

逆に言うと上記の結論は、電子登録債権の側には好都合なのであるが、先に指名債権を譲り受けた側には非常に不利になる。つまり、現在存在する資金調達実務への影響として最も検討しておかなければならないのは、債権譲

第12章 電子登録債権法制立法試論——売掛債権活用の観点から

【図2】 電子登録債権と原因債権の関係

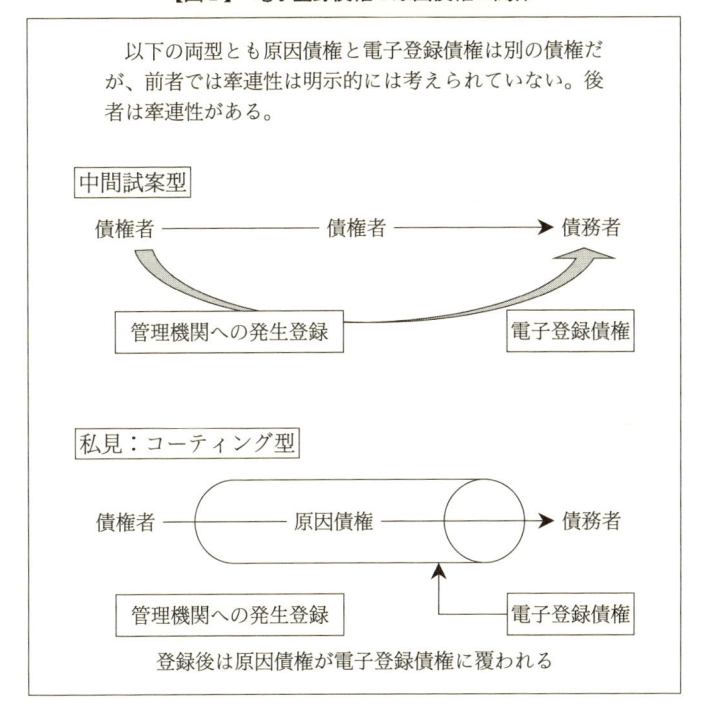

以下の両型とも原因債権と電子登録債権は別の債権だが、前者では牽連性は明示的には考えられていない。後者は牽連性がある。

中間試案型

債権者 ──────── 債権者 ─────▶ 債務者

管理機関への発生登録　　　　　電子登録債権

私見：コーティング型

債権者 ═══════ 原因債権 ═══════▶ 債務者

管理機関への発生登録　　　　　電子登録債権

登録後は原因債権が電子登録債権に覆われる

渡特例法登記を使う将来集合債権の譲渡担保についてである。これがどういう影響を受けるかは、あらかじめ十分に検討しておくべき大きな問題であろう（もちろん、直接金融としての将来集合債権の流動化においても同じことが言える）。

前提として言えば、電子登録債権は現在の仕切りでは、（登録によって債権を発生させる、つまり「債権」の存在を登録するのであるから）登録時に債権額の確定等を必要とするので、未発生の将来債権譲渡には使いにくい構成になっている。発生を見込んで額を設定して言わば既発生のものと同様に考えて登録するというようなテクニックを使わない限りはうまく登録できない。そのことに将来改善の余地はもちろんあろうが、それはさておき、そうすると、現在考えられている形で電子登録債権法制が立法されるならば、将来債権譲渡は、当面はほとんど民法上の指名債権についてなされることになると思わ

れる。

　この取引が現在資金調達手法として盛んに行われており、その場合、将来債権を含む集合的な債権群を対象にするのが通例であることから、通常は対抗要件具備には債権譲渡登記が使われているのも周知のとおりである。さらに平成17（2005）年10月3日に施行された新しい動産債権譲渡特例法では、動産譲渡登記制度を創設したとともに、第三債務者不特定の将来債権についても債権譲渡登記ができることとされた。

　したがって、用途別の住み分けを考えると、とりあえずは、将来債権譲渡には指名債権で債権譲渡登記、金額確定の個別債権には電子登録債権、という住み分けが考えられるのである。けれども問題は、この共存にある。債権譲渡登記を使った将来債権譲渡は、債権譲渡登記によって債務者に知らせずに第三者対抗要件がかなり確実な形で取れる。しかし、個々の具体的な将来債権が発生してからあるいは発生とほぼ同時に電子登録債権にされると、電子登録債権としての処分が優先し、しかも電子登録債権の譲受人のほうが実質的に優先する。もちろん、繰り返すがこの状況は電子登録債権の発生登記ではなく手形の振出の場合も同じであった。しかし、電子登録債権のほうが手形よりも存在についての可視性が高いということを考えると、債権譲渡登記をした先行譲受人にはリスク量が増えるのではないかというわけである。

　この問題に対しては、今後実務上の優れた対処策が提示されることを期待したいが、1つ現時点で考えられるのは、契約中で被融資者たる将来債権譲渡（譲渡担保）の譲渡人の行動規範の強化を図ることにある。つまり、電子登録債権の処分が優先するのであれば、電子登録債権制度を積極的に契約に取り込み、発生した個々の将来債権を直ちに電子登録債権として、融資者たる将来債権譲渡（担保）の譲受人に譲渡登記をする、そうでなければ他の第三者にわたらないように速やかに回収して融資者に回金する、等のことを譲渡契約（譲渡担保契約）の中で被融資者たる譲渡人に義務づけるのである。

　なお、将来債権譲渡担保の場合、将来債権の権利移転時期という学理上の論点がある。私見は、将来債権譲渡担保の場合も債権譲渡契約の段階で将来債権の権利は譲受人に移転する（それゆえ個々の発生段階ではたとえ譲渡人のもとにあっても譲受人のものとして発生する）と考えているのであるが、これ[14]

は原因債権についての問題であるから、現時点ではとりあえず議論の結着は留保しよう。つまり、原因関係のほうが譲受人の債権になっているのか譲渡人の債権として発生して発生時に権利が移転するのか、という議論とは別にしても、とにかく電子登録債権としたものが融資者たる原因債権の譲受人の手に入らなければならないのである。

そうすると、ことに第三債務者不特定の将来債権譲渡を考えると、将来債権譲渡契約をして特例法登記をした段階では、第三債務者は決まっていないのであるから、債務者がたとえば大企業で今後ほぼ全面的に電子登録債権を採用する、というような場合であると、その債権者になる被融資者としては、融資者たる原因債権譲受人の名前で電子登録債権の発生登録をせよと債務者に依頼するというのは現実的ではないので、実際には被融資者を債権者とした電子登録債権が発生登録されることになるであろう。その場合に、原因債権譲受人は、その発生登録された電子登録債権を債権者となった原因債権譲渡人に速やかに回収させ回金させるか、それを自分が譲り受けて譲渡登録（私見では実質は名義変更）をしなければならない。そして、原因債権譲渡人に万一他に譲渡する等のコベナンツ（誓約条項）違反があれば、期限の利益喪失等、直ちに融資契約を清算する趣旨の強い制裁を契約中に規定するわけである。

そしてこの方法が機能するためには、電子登録債権の発生登録を債権者が知らないうちに債務者だけでできる、などということがあってはならない。つまり、この観点からも前掲の発生登録のところでのB－2案は採用できず、個々の電子登録債権発生について、債務者と債権者の両方で登録する案を採らなければならないということになる。また、譲渡登録という手段が問題なく取れるためには、後述するとおり、単純な売掛債権等には債務者が全面的な譲渡禁止特約を付することができないようにする必要がある。

ちなみに、このように債権譲渡登記との抵触問題を論じるのは、平成17（2005）年10月の動産債権譲渡特例法施行以来、動産譲渡担保と債権譲渡担保を組み合わせた形の、いわゆるABL（アセット・ベースト・レンディング）がわが国でも盛んになり始めていることを意識してのものである。ABLは、動産・債権担保融資などと訳されるが、さらに包括的に考えると、動産在庫、

売掛債権、預金等、企業活動から発生する一連の資産を担保として融資をする「流動資産一体型担保融資」ということになる（商工中金の採用する形態である）。現在の中小企業の資金調達環境を考えると、この ABL のような新しい資金調達取引が、順調に伸びていく必要があると思われる。電子登録債権は、そういう新しい融資形態に活用されこそすれ、障害になってはならない、と思うのである（ABL についての詳細は、別稿に譲る）。[15]

7) 池田・前掲注2）15頁に「裁判集民事」とあるのは誤記で、「民集」つまり最高裁民事判例集である。
8) 当該判決の結論は、「もっとも、かかる場合債務者は、特段の事由のないかぎり、既存債務の支払は手形の返還と引換にする旨の同時履行の抗弁を為し得るものと解すべきである（……〔筆者注：最三小判昭和33・6・3民集12巻9号1287頁、判時153号17頁の小切手に関する判決を引用する〕）けれども、上告人は原審においてかかる抗弁を提出した形跡はないのみならず、原判決の認定するところによれば、本件当事者間には「本件50万円の債務を完済した後、被上告人から右手形が無効に帰した旨の証明文書を手交する」旨の特約が成立したというのであるから、既存債務の履行と手形の返還とが同時履行の関係に立つものでないこともあきらかである」というものである。なお、同判決のいう「同時履行」の意味については、最三小判昭和40・8・24（民集19巻6号1435頁、金法422号6頁。手形の返還と引換給付の抗弁権を有する場合と履行遅滞の成否）が、「右金員の支払請求権と本件各手形の返還請求権との関係は、民法533条に定める対価的関係に立つ双務契約上の対立した債権関係またはこれに類似する関係にあるものということはできず、ただ単に、債務者に対し、無条件に原因関係である債務の履行をさせるときには、債務者をして、二重払の危険に陥らしめる可能性があるから、これを避けるために、とくに、本件各手形と引換えに右金員の支払を命じたにすぎないものと解される。したがつて、このような関係があるにすぎない場合には、債務者において原因関係の債務についてその履行期を徒過している以上、債権者から本件各手形の交付を受けなくても、債務者において履行遅滞の責に任じなければならないことはいうまでもない」としている。
9) 本問題の検討においては、粟田口太郎弁護士に貴重なご教示をいただいた。記してその学恩に感謝する次第である。
10) 実際、パブリック・コメントの中でも、流動化証券化協議会の意見書は、この問題に気づいており、B−2案を採るのなら電子登録債権の発生を抗弁事由にしないという手当をするべきとしていた。
11) 電子登録債権の「可視性」（債権自体の存在についての可視性と移転履歴のトレーサビリティ）にどれだけの価値が見出せるのかということについては、まだ議論が不十分であるように感じる。電子登録債権にした場合に債権の存在の可視性、移

転および移転履歴の可視性がどれだけ高まるか、それによってどういうメリットがあるのか、についてはさらに十分検討されるべきであろう。一例として私見が念頭に置いているのは、3PL（サード・パーティ・ロジスティックス）への活用である。物流においては、いまや豚にまでICタグをつけて物の流れを管理する時代になっている。そうすると、たとえば物流業者や商社等が自ら電子登録債権管理機関を作る、ないし管理機関と提携するということによって、売られた商品や在庫の流れについてはICタグで管理して、その逆向きの代金の流れのほうを電子登録債権で把握し管理するということができる。こういうことにも検討を深めていくべきであろう（これは、企業の業務のアウトソーシングの一環としても検討する意義があろう）。

12) さらにこの問題は、手形の場合の動産執行と電子登録債権の執行（おそらくいわゆる債権執行）との現実の難易度の比較にもよることを留保しておく。なお、電子登録債権に関する差押え等の強制執行ルールは、すべて最高裁判所規則と政省令に譲られる予定である（私見では法制審議会部会でも若干具体的な議論がなされた方が望ましいと考えるものであるが、管轄の問題もあるようで、本稿執筆時点ではなされていない）。

13) 中間試案第一2(2)aは、電子登録債権にかかる意思表示をした者は、善意かつ無重過失の第三者（詐欺による取消しにあっては、取消し後の第三者に限る）に対して、心裡留保もしくは錯誤による無効または詐欺（もしくは強迫）による取消しを対抗することができない、としている。

14) 池田真朗「将来債権譲渡担保における債権移転時期と、譲渡担保権者の国税徴収法24条による物的納税責任――東京高判平16.7.21の検討」金法1736号（2005）16頁。なお、たとえばUNIDROIT（私法統一国際協会）の国際商事契約原則の2004年版でも、第9.1.5条で私見と同様の譲渡時に移転する考え方が採用されている。内田貴「ユニドロワ国際商事契約原則2004――改訂版の解説(1)」NBL811号（2005）46頁参照。

15) これは、「資産を丸取りする担保」と把握するのではなく、当該被融資企業の活動を継続させるための担保と理解すべきものである。中村廉平=藤原総一郎「流動資産一体担保型融資（アセット・ベースト・レンディング）の検討――事業のライフサイクルを主眼とした中小企業の資金調達の新展開」金法1738号（2005）52頁以下、池田真朗「ABL等に見る動産・債権担保の展開と課題――新しい担保概念の認知に向けて」伊藤進教授古稀記念論文集『担保制度の現代的展開』（日本評論社、2006）収録。

V　資金移動のない相殺による支払等登録
　　──電子登録債権管理機関のあり方に関連して

1　問題の所在

　次に、学会資料論考に掲げず報告で加えた論点をここで述べておきたい。手形にない電子登録債権の機能として、1つ注目したいのが、権利段階での消滅、つまり相殺などによる支払等登録の問題である。本章では、これを電子登録債権管理機関のあり方に絡めて論じたい。電子登録債権管理機関のあり方については、現在、本章の最初に紹介した金融審議会の合同会合で検討がなされている。そこでは、決済の問題、つまり支払と登録抹消（支払等登録）の同期性の問題がかなり詳細に論じられているところである。ただ、筆者が委員として参加していていささか違和感を覚えるのは、これは金融審議会の性格からして当然なのかも知れないが、電子登録債権を電子マネーとかなり近いものと見る見解や、電子債権管理機関はイコール決済機関であるという把握をする見解も見られるところである。そこで私見では、この段階で、電子登録債権の性格と、管理機関の本質とをしっかり論じておく必要があると考えた次第である。

　つまり、管理機関の主たる業務は、電子登録債権の登録に関する book-keeping であるということである。しかしながら、それだけでいいのか、その book-keeping と決済が関連するときに、その連動性を高めることが、電子登録債権法制の信頼度を高めることになるであろう、というのが、金融審議会合同会合での同期管理の議論であるし、そう位置づけることにはおそらく金融審議会の事務当局にも異論がないところであろうと把握している。

　そもそも、これまでの議論でも、管理機関になれる主体は金融機関に限定されているわけではまったくない。もちろん、決済と消滅登録の同期性は、管理機関が決済機関を兼ねる形態を採ればよりよく図ることができるであろうが、管理機関と決済金融機関が提携するという形でも同様に実現できると考えられているところである。

　その上、決済の同期性の要求にも、電子登録債権の用途によってレベルの

差が存在するであろうということも言われている。手形代替の決済手段として使う電子登録債権の場合には、決済そのものが主たる目的であるわけであるから、支払と登録簿上の抹消（支払等登録）の同期性の要求度は高くなるし、高ければ高いほど好ましい。しかし、たとえば債権譲渡担保に電子登録債権を活用する場合には、同期性はあるべきだが、いつ支払われるかはそれほど決定的に重要な問題ではなかろうし、さらに言えば、そもそもそういう支払や振込を問題としない電子登録債権の消滅の処理もあるのである。

2　CMSの例に見る、同期性と資金移動のない相殺による支払等登録の問題

　ここでとくに論じたいのは、その最後の例である。つまり、決済といってもそもそも金銭移動がわずかしかない相殺中心型電子登録債権スキームとなるであろうものが存在する。これが、グループ内企業間等で行われている、いわゆるCMS、キャッシュマネジメントシステムである。[16]

　この取引形態自体については筆者は詳しい知見を持っているわけではないので、誤りがあれば修正していただきたいところであるが、現在すでにグループ内企業間等でかなり広く行われているこのCMSのように、「基本的に限定された当事者グループ内での反復的取引」の処理というものは、そもそも電子登録債権での処理に適合性が非常に高い。そこで筆者は、電子登録債権制度が創設されれば非常にスムーズにCMSに採用されるであろうと見ている。

　CMSにおいては、いわゆるインハウス・クリアリングハウスとかセントラル・カウンター・パーティ（CCP）と呼ばれるグループ内の債権債務の計算センターが、グループ内企業間の持ち合いの債権債務について、いわゆるマルチネッティング[17]を行ってその期ごと（たとえば毎月末）に決済尻を出し、その分だけを振込決済をするわけである。したがって、このシステムに電子登録債権を活用した場合、振込が必要になるのは、相殺の処理を重ねていって各期末に出た差額についてのみである。つまり、支払と支払等登録の同期性が問題になるのはそこだけであり、かつシステムの目的からすれば、決済との同期性の確保よりも、決済尻のファイナリティ（帳尻の数字が動かない、という意味のファイナリティ）が重要であるということになろう。

さらに重要なのは、(システム上の工夫は必要であろうが) 対応する債権を期中で相殺で消し込んでいく段階でも支払等登録はできるはずであるから、実際の資金移動なしに、観念的な債権段階での支払等登録による抹消が可能であるということである。つまり、グループ内各社が債権者となり債務者となっている各債権について、ネッティング処理を担当するグループ内の計算センターが、債権者債務者双方からの委託を受けて相殺計算をして消せた債権について、(一方の意思表示による法定相殺ではなく、債権者債務者双方の合意による相殺契約としての)[18] 相殺による支払等登録を、期中で何度も重ねていくわけである (相殺の登録の場合も今回の制度では支払等登録のカテゴリーになる)。この場合には、決済金融機関を経由する必要はない。もちろんこの計算センターからの申請も、双方から委託を受けているものであるから、先述のA－1型の双方申請になる。

　おそらく、現在のCMSについては、たとえば期中1カ月間に発生する多数の債権について、計算センターでの消し込み計算の結果だけが送金処理されるということで、その間の各債権に差押え等第三者の利害が絡んだケース等での不透明さが批判の対象とされる可能性があろう。けれども、期中に発生した各債権についてこまめに相殺処理をして支払等登録をする労をいとわなければ、それぞれの処理に支払等登録の客観的な証明力の高いデータが残せるのであり、上記の批判も払拭することができよう。

　そうすると、それら期中の支払等登録については、振込の問題や仕向け被仕向けの移動手続時間等の問題はまったく検討する必要がない。ただ、期末に出た決済尻についてだけは、資金移動をするので、そこでの振込と支払等登録に関しては、同期管理の問題が出るわけであるが、これは先に述べたように、管理機関と金融機関で提携すればよい。つまり、管理機関はその決済尻についてだけ、同期管理をするための提携を金融機関としていればよい。それ以外の発生登録や譲渡登録、相殺による支払等登録については、申請を受けて登録する book-keeping 作業を専らにすればよいということになる。もちろん、スキームとしては、さらに計算センターと管理機関の提携がなされる、ということもあり得るであろう (計算センターと管理機関の提携は、管轄的に言えば資金決済の問題ではないことはもちろんである)。

いずれにしろ、電子登録債権管理機関のあり方論としてここで指摘したかったのは、管理機関が決済機関を兼ねる必然性はないし、そもそもそういう必要性が非常に小さい場合がある、ということである（逆に公正性・中立性の確保という意味では、管理機関と決済機関が同一という形こそ問題となる）。

もう１つ、電子登録債権のメリットという観点で言えば、この、権利段階での、資金移動のない支払等登録による抹消の処理が可能ということが挙げられる。手形の場合は、通常、持ち合いの手形でも交換所を通して１枚１枚資金決済をする。理論上は、手形債権でも相殺はできるのであって（最一小判昭和51・6・17民集30巻6号592頁、金法795号34頁参照）、当事者が持ち合いの手形と手形を見せ合ってお互いの信頼関係で対当額で相殺するということも可能かとは思われるが、その場合、そのような処理をどう証拠に残すか等の問題が出てくるし、実務ではそのようなリスキーな処理は現実にはなされないと言われているところである[19]。一方、現在のCMSで指名債権のままネッティングの決済尻のみを振込処理されている場合も、中途の計算の客観的な証明は残りにくい。これに対して、電子登録債権は、金銭化することなく債権という権利段階で相殺による消し込みが制度的に簡易にできる。そして支払等登録のデータが残るので、先述のように第三者の権利関係が絡んだ場合も明瞭な証明ができる（つまり、支払等登録は、発生登録や譲渡登録と異なり効力要件ではないが、一種の対抗要件、つまり権利消滅の証明要件として機能し得るのである）[20]。またこれによって、決済尻の数字についてのファイナリティもより確保できるということになろう。権利段階で資金移動のない決済をして、証明度の高いデータを残せる。筆者はこの点を、電子登録債権の手形に勝る１つの大きなメリットではないかと考えている。

なお、同期性という用語には多義性があり、使用に注意するべきである。金融審議会合同会合での同期性の議論は、資金決済と支払等登録の間の同期性の問題の議論と承知しているが、法制審議会で用いられる同期性という表現は、とにかく権利消滅とその支払等登録がなるべく間を置かずに行われるべき、という程度のものと理解される。

16) CMSについては、佐藤良治「CMS」（特集電子債権の期待と課題）NBL812号（2005）22頁等参照。

17) 本来はいわゆる三者間以上のマルチラテラル・ネッティングを行うのであるが、二者間のバイラテラル・ネッティングは民法上の相殺と構成しても問題がないが、マルチラテラル・ネッティングを「相殺」と法律構成すると、民法505条が三当事者以上の法定相殺は認めないという理解に立つ限り機能しなくなるので、すべての債権債務を債権譲渡等の方法によってCCPとの関係に置き換えてバイラテラルのネッティングにし直しているところもあるようである。佐藤・前掲注16) 23頁参照。
18) ここでは、注17) に示されるような問題点を避けて、法定相殺ではなく、また、CCPへの債権譲渡構成でもなく、CCPの計算結果を受けての（バイラテラルでの）両当事者の意思表示による相殺契約に基づく支払等登録を、CCPが両者からの委託を受けて代理申請する構成で書いておく（この構成の実務上の採用可能性については検討をいただきたい）。
19) 冒頭に記した本年度の金融法学会でも、大垣教授からそのような説明がなされたところである。
20) わが国の民法学界では、このような権利消滅の証明要件についての議論が熟していないが、たとえば、免責的債務引受がされた場合の債務消滅（債務関係離脱）の証明要件についても、同様の問題がある（債務引受についての規定がないこと自体を改め立法を考える必要もあろう）。池田真朗「債務引受と債権譲渡・差押の競合——一括決済方式における債権譲渡方式と併存的債務引受方式の比較を契機に」法学研究（慶應義塾大学）77巻9号（2004）35頁注(10)参照（本書第2章所収）。

VI 譲渡禁止特約の問題その他抗弁事由の問題

1 問題の所在

　次に、電子登録債権が中小企業の資金調達を目的として企図された制度であるという観点から、筆者が是非とも強調して再論しておきたいのが、譲渡禁止特約の問題である。

　ここはパブリック・コメントの意見も真っ二つに分かれたところである。しかも、立場による水掛け論の様相も呈している。つまり、全面的譲渡禁止特約の禁止に意欲的なのは中小企業側、全面的譲渡禁止特約を認めるべきと主張するのは大企業側、という図式である。

　もちろん、譲渡禁止特約はいろいろな機能があるので、全部の債権について一律に譲渡禁止特約を禁じることには問題もある。ただ、わが国における現在の資金調達取引で、譲渡禁止特約がその障害事由となっていることは誰も否定できないであろうと思われる。手形代替型にせよ、指名債権電子化型

にせよ、電子登録債権を資金調達に活用する中小企業にとっては、少なくとも一般の売掛債権等に譲渡禁止特約が付されることは明らかに不適切なのである。

2　全面的譲渡禁止特約のみの排除案

　私見はしたがって、電子登録債権には、譲渡先や譲渡回数等を制限したり譲渡に条件を付ける特約は置けても、譲渡性を完全にあるいは単純に奪う、全面的な譲渡禁止特約は設定できない、と主張している。これは、新しい電子登録債権というものについて、譲渡性・流通性が保障されているという、意図的な性格づけをするという発想でもある。

　パブリック・コメントに接して遺憾に思うのは、「譲渡禁止特約を禁じられたら我々は債務者として電子登録債権の発生申請に応じない、だから結局電子登録債権は使われず中小企業の資金調達は伸びないので、全面的な譲渡禁止特約の効力を認めるかどうかは中小企業の資金調達の阻害要因になるかどうかとは関係がない」という論理である。筆者はこれをあえて強く批判したい。これは直近の法制審議会の部会でも議論になったところで、筆者と同一の意見もあったところなのであるが、仮に、スキーム上の必然性のある理由からではなく、一般の売掛債権等で、通常の支払先でない債権者が現れると確認や支払手続が面倒になるという程度のことで譲渡禁止を付けている（実際これは現在よくある）大企業が、今後電子取引が進み、その知らない債権者を確認する手間などを上回るメリットを電子登録債権に見出すようになれば、大企業も必ず電子登録債権を使うはずであると私見は考えている。しかしそうなったときに、譲渡禁止特約が現状のように認められるのであれば、結局今日と同じで、その電子登録債権は中小企業の資金調達に使えない。したがって、仮に大企業が今、電子登録債権の発生申請を承服しない、と言うことは、やはり中小企業の資金調達の阻害要因になることにつながるのである。今回は、議論の出発点からしても、中小企業の資金調達ということを1つの柱にして新制度を作ろうとしているのであるから、ここは、自業界の利益だけを見るのではなく、制度全体を見た、見識の高い発言が望まれるところと思うのである。

ちなみに筆者は、債務者からの必然性のない全面的譲渡禁止特約の設定のみを封じるべきと主張するのであって、前述のように、譲渡先や譲渡回数等を制限する特約は問題なくできるという意見である。また、たとえば、与信契約とリンクしているので譲渡を禁じたい、という債権については、任意的記載事項にその旨を記載して、与信契約と切り離しての譲渡はできない、という制限を記載すればよい、と考えている。シンジケートローンなどにおいては、エージェントの同意する先にのみ譲渡可などという制限を付せばよい。結局、単純な売掛債権等について、「本債権については譲渡を禁止する」という、力関係によって付されるような譲渡禁止特約を全廃すればよいのである（中小企業側が債務者になる債権について中小企業側が譲渡禁止特約を付すことは、力関係から現実にできないので行われていない）。繰り返すが、そのような制約が加わるなら一律に電子登録債権を使わないとするのは、大企業エゴである。ちなみに、かつては政府調達債権に一律に付されていた譲渡禁止特約については、経済産業省が近年この約定の撤廃を呼びかけ、防衛庁（現防衛省）等では自主的にこれを外す対応をしている[22]。民間企業にもしかるべき協力体制が求められている現状に逆行するかのような議論は、適切ではない。

　なお、手形では裏書禁止ができることを理由に、手形以上の機能を付すことに対する反対論も耳にするが、これは筆者にはまったく承服し難い論理である。電子登録債権は、手形でも指名債権でもない新類型を作るもの、というのが大前提である。電子登録債権を手形代替の手段として用いたいという要請が強いからといって、電子登録債権の機能を手形と同等かそれ以下にしなければならない理由はどこにもない。実際、一部譲渡ができることや、先述の、権利段階の（資金移動なしの）決済ができること等、電子登録債権に備わる、手形にない（または、あっても用い得ない）機能は、他にも存在するのである。もちろん、本制度は手形を廃止しようとするものではないことは言うまでもない。

3　「見えない債権譲渡禁止特約」の排斥

　さて、次善の策として、「見えない譲渡禁止特約」を排斥するだけでも一定の効果はあるのか、ということを論じておきたい。筆者は、現在の状況に

おいて何が一番深刻な問題かというと、容易に見えない譲渡禁止特約が後から出てきて、譲渡契約自体が覆されることであると考えている（譲受人の契約後、取引基本約定書が発見されてそこに譲渡禁止特約が書かれていた等のケースである）。譲渡禁止特約のある債権を譲渡した場合の効果は、現在の判例からは「物権的に無効」と考えられているので[23]、譲渡契約は完全に無効になる。筆者はこういう事態を、資金調達取引にとって深刻な問題を引き起こすものとして、絶対に避けなければならないと考えている（学会資料論考にあげた事例は正にこういう後出し譲渡禁止特約のケースである）[24]。したがって、万一全面的譲渡禁止特約が排除されない制度になった場合にも、譲渡禁止特約は登録データに書かれているもの以外は効力が認められない、ということが徹底される制度でなければならないと考える。

　現在の中間試案では、仮に譲渡禁止特約があったとしても、それが電子登録債権の原因債権のほうにあったという場合には電子登録債権には影響しない（民法466条2項の問題にされることはない）となっており、ここまではよいのであるが、中間試案では、電子登録債権を発生させる合意の中には譲渡禁止があったのだがそれをデータに登録し忘れた、などというケースでは、人的抗弁の切断の例外という扱いをしていて（電子登録債権では原則的にはデータに書かれた以外の人的抗弁は主張できないのだが、その切断の例外となる）、これは現在の多数意見によると、手形の場合と同様に、譲受人に害意があったときには人的抗弁として当該譲受人に対抗できるということになる。害意というのは手形法の解釈においてもかなり厳格な概念であって、そうは認められないのだと言われるが、私見は、こういう例外も認めず、登録データにない譲渡禁止特約はまったく認められないという立場を貫いたほうが電子登録債権への信頼性を高めると考えている[25]。なお問題は、他の一般の人的抗弁の問題にも広がる。私見は、他の人的抗弁一般にもこの発想を採って、書かれたものしか抗弁できないとすべき、という主張をしてきた。けれどもそれに対しては、そうするととにかくたくさんの抗弁を書き込まなければならなくなる、などという批判がある。したがって、すべての抗弁について人的抗弁切断の例外規定を置かないというのは、理念的には貫徹されるとしても現実には行き過ぎかとも思われる。しかしながら、その点は譲っても、譲渡禁止

特約は、債権の本来の性質である譲渡性それ自体を奪うものであって、債権の帰属に端的に影響するものであるから、他の、譲渡された債権についての人的抗弁の問題とはレベルが異なる。したがってこれは他の人的抗弁とは別扱いにすべきであるということを、最後に強調しておきたい。

21) 外国の立法例等については、池田・前掲注2) 12頁とそこに掲げる文献を参照。
22) 経済産業省中小企業庁事業環境部・中小企業債権流動化研究会最終報告書『債権の流動化等による中小企業の資金調達の円滑化について』(2001 (平成13) 年3月) 67頁。なお同報告書は、大手・中堅企業3,000社に対して行った譲渡禁止特約に関するアンケート調査の結果等をまとめて、譲渡禁止特約の実態分析を行った貴重な資料である (同報告書58頁参照)。
23) 最一小判昭和52・3・17 (民集31巻2号308頁、金法823号34頁) 等。
24) 最一小決平成16・6・24 (金法1723号41頁) (池田真朗「判批」金法1748号 (2005) 34頁)、第一審は大阪地判平成15・5・15 (金法1700号103頁) (同「判批」判タ1150号 (2004) 87頁)。
25) そもそも私見は、電子登録債権の世界ではなるべく主観的要件を持ち出すべきでない、と考えている。表示されたデータへの信頼で動くべきだということからである。過去の民法の解釈論での経験からいえば、主観的要件は、個別判断になり、また時代によって基準が動き得る。いずれにしても認められるケースは多くはないのだから、というのであれば、人的抗弁切断の例外などという処理は採用すべきではないのではなかろうか。

Ⅶ 小　括——資金調達取引推進立法の立法哲学

　今回の電子登録債権法制のように、資金調達取引を推進する立法の場合、①使われなければ意味がない、②しかし、目的指向性をどこまで追求するのがよいか、ということで、その兼ね合いが問題ということになる。
　ここで、平成17 (2005) 年10月3日に施行された動産譲渡登記を想起したい。動産譲渡登記の場合にも、目的指向的に考えると、先行する隠れた占有改定にも勝てる強い登記が望ましいという意見が強く、法制審の部会でも途中までそれが強力に主張されていた。しかし、筆者らは、別稿に詳述したとおり[26]、それでは三すくみのケースが出てきて対抗要件法理が破綻するので、したがって、先行する占有改定を覆すことはできないが、引渡しおよび占有改定と同等の強さの登記とするべきである、それによって結局制度に対する

信頼性が適切に得られるはず、と審議過程で強調した。結果はその趣旨の立法となり、施行後まずは順調に利用されているようである[27]。電子登録債権法制においても、目的指向性のために民法や契約法の基本的な考え方に外れるものをあえて作るのは適切ではないと言える。

しかしながら、今回は、完全な新概念を創設する立法であり、まずは実務のニーズを把握することが必要ということで、中間試案に対する多数の意見を得た。けれども問題は、予想どおりそれぞれの立場で意見が分かれた中で、ここからどういう取捨選択をするかということであろう。国際的にも最先端の取組みであり、立法趣旨や根本理念を後世に誇れるような立法ができるか、最終段階の取りまとめに、正に立法作業に関わる者の見識や志が問われている。

26) 池田真朗「動産・債権担保の展開と課題——新設された動産譲渡登記を中心に」判タ1202号（2006）27頁（同『債権譲渡の発展と特例法』264頁以下）。
27) そういう形でできあがった制度に基づいて、わが国の動産譲渡担保融資は平成18（2006）年8月の融資残高で500億円まで来たという報道データがある。これはまだ決して多い数字とは言えないが、着実に浸透してきていると言えよう。

第13章
一括決済方式の展開と電子記録債権法制への対応
──最高裁平成15年「一括支払システム契約」判決の影響をふまえつつ

I　はじめに

　筆者は、本章で扱う最判平成15・12・19民集57巻11号2292頁（金法1702号68頁、金判1182号13頁、以下本章では「平成15年判決」と略称する）については、すでに2つの論考を発表している。1つは、同判決の評釈である「一括支払システム契約における国税徴収法による告知書発出時点で譲渡担保権を実行する合意の効力」（金法1716号41頁。本書第1章第1節。以下本章では池田「評釈」として引用する）であり、他の1つは、巻頭言として執筆した「『一括支払システム契約』の出発点からの誤謬」（金判1222号（2005）1頁。本書第1章第2節。以下本章では池田「誤謬」として引用する）である。また、「一括決済方式」自体については、「債務引受と債権譲渡・差押の競合──一括決済方式における債権譲渡方式と併存的債務引受方式の比較を契機に」（法学研究77巻9号（2004）1頁以下、本書第2章。なおそのうち実務関係の部分については銀行法務21・647号（2005）40頁以下、648号（2005）14頁以下に転載。以下本章では池田「競合」として引用する）を発表している。

　したがって、本章でもそれらの記述と一部重複する部分のあることは最初に述べておかなければならないが、本章の主眼は、平成15年判決の吟味それ自体にあるのではなく、右論考を公表した後の一括決済方式に関する実務の展開について記述し、さらに平成19（2007）年の通常国会に提出された電子

記録債権法案への予測される対応について検討する点にある（ちなみに電子記録債権法案は、筆者が委員として参加していた法制審議会電子債権法部会の審議中およびその終了後平成19年2月の法制審議会で立法要綱として取りまとめられた段階までは、「電子登録債権」法制と呼称されていたのであるが、3月13日の閣議決定までに、「電子記録債権」法案に名称が変更されたものである。変更の理由は、「登録」という用語を使うと、国の機関が行う国の事務という印象を生じ、また税（登録免許税）の問題も起きかねないことから、電子的な記録を行うことが債権の発生・譲渡等の効力要件であることを端的に示すものとして「電子記録」という用語を使うこととされたものである）。【追補、電子記録債権法は平成19（2007）年6月に成立、同月27日公布、平成20（2008）年12月1日施行。詳細は本書第3部、第4部を参照。以下本章の記述は初出のままとする。】

II　いわゆる「一括決済方式」と「一括支払システム」

　本章の扱うテーマについて、最初に用語の整理と問題背景の説明をしておきたい。事の発端は、実務における手形取引の回避にある。周知のように、もともとわが国では、各種取引債権の決済を円滑に行うための手形の制度が諸外国に類を見ないほどに発達していたが、大企業では、納入企業に対して毎月数千枚に及ぶ手形を発行するケースもあり、近年ではこの手形の発行・受け渡し・換金にかかる事務が大きな負担となってきていた。そもそも指名債権のままでの決済処理の不安定性を改善するために権利を紙に表章して権利者（手形取得者）の保護と決済の簡易性・確実性をはかってきた手形制度なのであるが、その「紙」の存在が運用上の負担となってきたのである。加えて、手形における印紙税の負担も大きいということで、近年、大企業を中心に、手形を廃止し、それに代わる決済方法を採用する企業が増加してきたわけである（統計的な数字を上げれば、手形は交換枚数でいうと昭和58（1983）年に4億2,000万枚であったものが平成17（2005）年には1億5,000万枚に減少し、交換金額ではピークの平成2（1990）年に4,800兆円であったものが平成17年には530兆円にまで激減している[1]）。

　そこで、ことに大企業（親事業者）の納入企業（下請事業者）に対する支払

を、下請代金遅延等防止法などに抵触しない形で、手形レスで行うために案出されたのが広義の一括支払方式である（市場規模は、平成18（2006）年3月の非公式推計では対象債権残高が約4.8兆円はあるといわれている）。これには具体的に4種の方式があるが、そのうち、最初に考案され、昭和61（1986）年に公正取引委員会によって認められたのが、債権譲渡担保方式を取るいわゆる「一括支払システム」である。それに続いて案出され現在行われているのは、ファクタリング（真正債権譲渡）方式、信託方式、および平成11（1999）年から認められた併存的債務引受方式の3種類がある（その他に、昭和61年段階以前から一括手形方式というものも開発されていたが、これは大券の手形を考えるという、基本的に手形の発想から抜けていなかったものであり、本章ではこれ以上言及しない）。これら3種類の手法についての具体的な説明は、前掲「競合」に掲げたのでここでは省略する。なお、いずれの方式においても間に入る金融機関については、本章では、わかりやすく「受託金融機関」と呼ぶことにするが、これは信託の受託者という意味ではない。

したがって、ここでは、広義の手形レス一括支払の各方式の中に、初期に考案された債権譲渡担保方式の「一括支払システム」と、真正譲渡方式（およびそのヴァリエーションの信託方式）と併存的債務引受方式の「一括決済方式」があるという整理をするのが明瞭であろう（筆者はかつて前掲Ⅰ池田「競合」においては、これらの各方式の総称として「一括決済方式」という用語を採用し、「一括支払システム」という表現は、「一括決済方式の中の債権譲渡担保方式」という意味で用いることとしたが、後述する状況からすれば、「一括支払システム」は現在行われている「一括決済方式」とは別のものであるとしたほうが、「一括決済方式」という取引の法的な正当性を確保するためにはより適切と考える）。

しかし、債権譲渡担保方式をとる「一括支払システム」については、そこに含まれる「代物弁済条項」と呼ばれる特約（昭和63（1988）年に追加された）に国税徴収法との関係で問題があることが判明し、国との係争が生じた。そして地裁で敗訴した平成9（1997）年の段階（東京地判平成9・3・12金法1478号42頁）からは、すでに大手金融機関等では新規取り扱いを見合わせたところも多く、近年では他の3種の「一括決済方式」が多く行われるように

なってきていた。この一括支払システムについて出された、ほぼ予測されていた国税側勝訴の最高裁判決が、本章の扱う平成15年判決というわけである。

1) 出所は全銀協平成17（2005）年度版決済統計年報。この手形の減少分は、次に掲げる一括決済方式と、いわゆる期日指定振込に向かっていると考えられる。なお、統計数字は交換所を通した枚数であるため、銀行の合併による減少分も含まれる。
2) 前掲Ⅰ池田「競合」法学研究77巻9号4頁（本書第2章17頁）。
3) 前掲Ⅰ池田「競合」5頁（本書第2章17～18頁）。

Ⅲ　平成15年判決

1　事　案

　平成4（1992）年12月、X銀行は訴外A社との間で一括支払システム契約を締結した。本件一括支払システム契約の中心となるのは、次のような内容であった。①X銀行とA社との間で当座貸越契約を締結する。②A社はB社に対する売掛金債権を①の当座貸越の担保としてX銀行に譲渡する。③①の当座貸越は②の売掛債権残高を貸越極度額とする。④さらに、②の売掛債権を譲渡担保とする条項の中に、次のような約定（以下、「本件合意」という）が含まれていた。「担保として譲渡された売掛金債権について、国税徴収法24条に基づく告知が発せられたときは、これを担保とした当座貸越債権は何らの手続きを要せず弁済期が到来するものとし、同時に担保のために譲渡した売掛金債権は当座貸越債権の代物弁済に充てる」というものである（このような本件合意を入れた理由は、本件契約に基づく与信方法によると、仕入先の企業が国税を滞納し、その法定納期限が債権譲渡の確定日付以前に到来している場合には、法24条により銀行が物的納税責任を負う第二次納税義務者になる可能性があるので、それを回避するために置かれたとされる）。その後Aは国税を滞納した上事実上倒産し、平成5（1993）年5月に国税徴収法24条に基づく「本件一括支払システム契約に基づきX銀行がAから譲り受けた売掛金債権からAの国税を徴収する告知」が発せられ、同日X銀行に到達した。これに対しX銀行が、本件合意により、該当の売掛金債権は確定的にX銀行に帰属しているとして告知の取消しを請求したのが本件である。

第一審、控訴審とも、問題の本件合意は国税徴収法の適用を回避しようとするものであって無効であるとし、X銀行が敗訴した（第一審、東京地判平成9・3・12金法1478号42頁、控訴審、東京高判平成10・2・19金法1512号22頁）。

2 判決の内容

(1) 判決要旨

いわゆる一括支払システムに関する契約において譲渡担保権者と納税者との間でされた国税徴収法24条2項による告知書の発出の時点で譲渡担保権を実行することを内容とする合意は、同条5項の趣旨に反して無効である（補足意見がある）。

「同条2項の告知の発出と到達との間の時間的間隔をとらえ、告知書の発出の時点で譲渡担保権者が譲渡担保権を実行することを納税者とあらかじめ合意することは、同条2項の手続が執られたことを契機に譲渡担保権が実行されたという関係があるときにはその財産がなお譲渡担保財産として存続するものとみなすこととする同条5項の適用を回避しようとするものであるから、この合意の効力を認めることはできない。」

(2) 本判決の論理構成

上告理由、および本件システムを擁護する論者から、本件合意が適法であることの根拠として主張されたのは、①本件合意は国税徴収法24条5項の例外として許容される場合にあたる、②最大判昭和45・6・24民集24巻6号587頁、および最判昭和51・11・25民集30巻10号939頁は、差押えができないような財産を作り出す相殺の予約も、その担保的機能を認めるに足りる合理的な事由が存在している限り、契約自由の原則から有効であるという法理を示したものであるから、本件合意が有効であることの先例となる、③一括支払システムは、経済的合理性、相当性があるから、本件合意のような代物弁済条項は許容されるべきである、などである[4]。

本判決は、それらの主張について格別に理由を示さず原審の判断を是認するとして上告を棄却しているが、原審のいうところからすれば、その理由は、①国税徴収法附則5条4項は、手形その他政令で定める財産に限って同法24条の適用を除外しているのであり、一括支払システムに基づく債権譲渡担保

については、政令で同条の適用を除外していない以上、同条の適用がある、②前記各判決は相殺に関する法理を判示しているものであって、本件の直接の先例であるということはできない、③一括決済システムが合理的な制度であるとしても、本件合意のような代物弁済条項が許容されるかどうかは同条5項の趣旨によって決まるのであり、本件合意が同項の趣旨に反する以上、その効力は否定されることになる、ということになろう。

なお、本判決には亀山継夫裁判官の補足意見があり、その論旨は、本件合意はあくまでも無効であるが、一定の要件のそろった場合には、本件合意を無効と主張することは信義則に反するというものである。その要件というのは、①監督官庁への事前の説明と、その官庁の了解があり、②問題の合意後数年間、監督官庁からも国税庁からも、是正させるための措置が取られておらず、③問題の合意後数年間、国税徴収法24条に基づく告知が（そのような告知をすることが可能な事例が実際に生じていたのにあえて）行われていないこと、である。しかしこれらの要件がそろっても、本件合意は有効なものに転換するわけではなく、あくまでも国税当局からの無効主張が信義則で阻まれるということに過ぎない。

3 本判決の位置づけ

本判決に関連する先例としては、最判平成13・11・27金法1640号37頁がある。これは、国税徴収法24条2項の告知に先行して滞納処分としての差押通知が発せられていた事案であり、本件合意と同様の代物弁済条項があっても、そこで定める時点である告知発出時以前の差押処分通知時点で代物弁済を受けるものということはできないとしたものである[5]。したがって、この最判平成13・11・27は本件合意の有効性自体が直接問われた事案ではなく、今回の本判決にいたって、本件合意の効力が初めて正面から否定されたわけである。

4) 新堂幸司「修正一括支払システムの有効性」金法1183号（1988）12頁、新堂幸司=田淵智久「一括支払システムと国税滞納処分」金法1435号（1995）6頁等。

5) 最判平成13・11・27の評釈としては、松本恒雄・金法1652号（金融判例研究12号）（2002）26頁等がある。

IV　平成15年判決についての私見の評価

　本判決に対する私見は、前掲拙稿の評釈で明らかにしたところであり、若干重複するが、その要点を掲げる（学理的な吟味については、本章末尾【追記】に記した、北居功・片山直也両論文に期待したい）。

　私見の要点は、①本判決の結論については至極もっともであると考え、賛成するということと、②ただし、この結論が債権譲渡担保契約一般に対する国税債権の優位性に拡張されることには強い懸念を表する、ということであった。

　前者①については、まず、もともと譲渡担保として自ら権利帰属をあいまいにするような法律構成を取っておきながら、国税徴収法上の告知が発出されたとたんに譲渡担保権が実行されて売掛金債権がXの弁済に充当されるというのは、身勝手な構成との批判を免れまいということである。国税徴収法における譲渡担保の位置づけには疑問もあるが、当事者が譲渡担保とする以上は、国税徴収法の規定の適正な解釈には服さざるをえない。そして、そもそもこういう状況の出現を避けるためには、いわゆる譲渡担保ではなく、債権の完全・真正な売買をして、契約段階で権利を移転し、かつ対抗要件を具備しておけばよいだけの話である。しかも本来このスキームは、先に述べたように大企業等の手形振出の煩雑さを回避するために考え出された決済システムなのであるから、「担保」として構成する必然性はまったくない。端的に、間に入る金融機関が、それらの納入企業の債権をまとめて譲り受けるか、大企業の納入企業に対する債務をまとめて引き受けるかという発想に立てばよいのである（この点で、単に形式を債権譲渡に切り替えても被担保債権が残るならば、つまり譲渡担保の実質が変わらないならば、なお国税債権を優先させる国税徴収法の趣旨が働きうる余地があるとの見解があるが[6]、私見は最初から担保の発想をまったく入れるべきでないという見解であり、国税徴収法とは抵触の余地がない）。それであるのに、この一括支払システム契約があえて譲渡担保としてさらに当座貸越の形態を取っているのは、筆者が前掲Ⅰ「誤謬」で指摘したように、金融機関がどう転んでも損をしない、つまり受託金融機関が、

支払企業の万一の不払いリスクを負わないようにするために他ならないのである。[7]

　また、最大判昭和45・6・24民集24巻6号587頁等がいわゆる相殺予約を適法と認めているからといって、それを理由に国税徴収法に抵触する本件合意（代物弁済予約）を適法としうるわけではない。この点、本判決の説示は、「事案を異にし本件に適切でない」というのみであるが、原審では、かなり詳細な説示がされている。原審は、「（昭和45年判決は）民法511条の解釈として、相殺に関する合意が契約自由の原則上有効とされたものであり、あらゆる場合について、私人間で差押のできない財産を作出する契約を有効とする趣旨であるとまで解することはできない」「法は、相殺による担保的効果を他の担保とは同一視せず、租税債権も相殺との関係では一般の私法上の債権と同一の立場にあるとしたのに対し、譲渡担保については、租税の優先徴収権の確保という観点から、国税債権について特別の地位を定め、譲渡担保の効力を他の担保権並に制限するという考え方を採用したものと解される。したがって、国税徴収に関し、譲渡担保権の効力を制限する規定である法24条との抵触が問題となる本件は、昭和45年最判とは事案を異にするというべきである」というのである。

　そもそも相殺には遡及効があるのであって（民法506条）、意思表示は相殺に必要な方法ではあるが、相殺適状後のどこかで意思表示をしさえすればよいというものである（フランスのように、法上当然相殺の規定を持つ国もある）。ここに、相殺予約の効果を広く認める理論的基礎があろう（また、本件合意のような譲渡担保権を実行し代物弁済をするという予約──しかも完結時には本来は当然必要とされる意思表示を要しないとする──との基本的な法的意義の相違がある）。ただし、そのような相殺予約が対第三者効を持ちうるかは別の議論であり、昭和45年判決はそこに公知性の概念を入れて対外効の承認の理由としている。この点についても本件原審判決は、「本件条項が公知であったとしても、国税債権者はそれを前提として取引関係に入るのではないから、本件条項が公知であることは、本件において、国税債権者に対して効力を認める根拠とはならない」としている。これら原審の説示は、少なくとも形式論理としては、一定の説得力を持つと評価できよう。ただし、相殺予約の角

度からのより厳密な検討は、北居論文（本章末尾【追記】参照）にゆだねることとしたい。[8]

　また、端的にいって、「相殺予約は他の債権者（私人）による執行を一般的に排除する特約であるのに対して、一括支払システムの代物弁済条項は国税当局を排除することのみが目的であるから、物的納税責任の回避を目的とした脱法行為であるとの見方が可能[9]」という評価が常識的に承認されるところであろうと思われるが、この点の詳細な議論は片山論文（本章末尾【追記】参照）に期待したい。

　また、亀山裁判官の補足意見については、たとえば私人間で、契約上の権利を行使せず逆に相手方の行動を黙認していたような場合と異なり、他の官庁がスキームを了承し国税当局が公権の行使をしなかったということをもって国の信義則違反とまでいうことはいささか困難ではないかと思われる。ただし、補足意見も指摘するように、同一省内（一括支払システムに関する監督官庁は当時の大蔵省銀行局）でこのような不整合を生じたわけであり、そのことの責任が何も問われないのかという点で、釈然としない思いは残る。

　さて、もう1つ筆者がこの平成15年判決の評釈段階で意識したのは、前掲②の、本判決の債権譲渡担保契約全般に対する影響であった。前掲Ⅰ池田「評釈」では、「たとえば、現在の売掛債権担保融資（将来債権を含む）では、条件のない債権譲渡契約時に債権は形式上も実質上も移転している。このようなケースで、法定納期限以前に特例法登記等で対抗要件を具備したものについてまで国税の優先を説く裁判例が現れた場合には、強い疑念を表したい」という記述をしたが、これは、実はその段階で、具体的にその恐れを抱かせる訴訟が係属していたからである。それが、将来債権譲渡担保における債権移転時期と、譲渡担保権者の国税徴収法24条による物的納税責任に関する訴訟であり、筆者の見解では、本平成15年判決とははっきり別の問題なのであるが、国税優先という表面的な共通点があると誤解されることを懸念したものであった。この係争事案は、東京高判平成16・7・21金法1723号43頁が、将来債権譲渡担保契約における権利移転時期は譲渡担保契約時ではなく債権発生時であるという（それまでの一連の最高裁判決と方向を異にすると思われる）論理を用いて、前訴でいったん最判平成13・11・22民集55巻6号

1056頁によって差押通知が譲渡（担保）通知に劣後するとして供託金還付請求権の帰属の争いに敗れた国税側に、譲渡担保権者に納税責任ありとする主張を認めるという内容の判決を下し、筆者はこれに強く反対する評釈を発表していたところであったが、この案件は、本年（平成19年）2月15日に、最高裁によって、筆者らの主張に沿った完全な逆転判決が下されて一件落着した次第である（最判平成19・2・15金判1264号18頁。本判決は各界に大きな反響を呼んでいるが、この問題については筆者の別稿等（池田真朗『債権譲渡の発展と特例法』所収）を参照）。

6) 鳥谷部茂「本件判批」NBL788号（2004）81頁、石田喜久夫「本件第一審判批」判評471号（1998）21頁。
7) 前掲I池田「誤謬」1頁。そこでは、まさにその発想に問題があったことを論じている。
8) なお、若干の付言をすれば、45年判決の無制限説という結論自体は容認できる判断であるとしても、同判決が認めた相殺予約の対外的効力は、それ自体に疑問が提示されうる。ここでは詳言しないが、この45年判決については、従来の制限説の判例を先に進めて相殺の担保的機能を重視して弁済期の先後を問わないことにしたとの理解が一般であるが、これは、制限説を唱えた昭和39年判決（最大判昭和39・12・23民集18巻10号2217頁）のほうが、わが民法に規定のない弁済期の先後という基準を容れる解釈論を展開した、その意味でいささか不可解なものなのであって（ドイツ民法学およびそれを吸収したわが国の一部学説の影響か）、昭和45年判決は、わが民法511条の条文どおりの判断をした当然の判決であるともいえる。その意味では、そこで無制限説に直す理由づけに使われた「相殺の担保的機能」というのは、逆に理由として強調される必要性がどれだけあるものかが疑われるのであって、そこから導かれる相殺予約の対外効の承認については、それ自体見直すべきという学説（石田・前掲注6）21頁）にも一理あるというべきなのである。
9) 松本恒雄「本件原審評釈」判タ973号（1998）70頁。
10) 池田真朗「将来債権譲渡担保における債権移転時期と、譲渡担保権者の国税徴収法24条による物的納税責任——東京高判平16・7・21の検討」金法1736号（2005）8頁以下（同『債権譲渡の発展と特例法』179頁以下）。
11) 池田真朗「将来債権譲渡担保と国税の敗北」銀行法務21・637号（2007）1頁、同「最高裁の当然かつ正当な判断」NBL854号（2007）14頁以下。なおNBL同号は、大半を本判決に関する学者や実務家のコメントを集めた特集「決着！将来債権譲渡担保と国税債権の優劣」に充てている。

V 平成15年判決後の実務の対応

1 譲渡担保方式の終焉

　平成15年判決直後の実務の対応としては、今回の判決が出てもなお、一括支払システム（譲渡担保方式）そのものが全体として無効であるとか、売掛金の決済方法としてその有用性を失ったと考えることは早計ではないかとして改善策を考える意見も一部にはあったが、私見の評釈では、はっきりと、本件合意を残した契約を継続させることが不適切であることはもちろんのこと、手形レスの決済システムとして当座貸越の要素を持つことの必然性も問題であるし、そもそも売掛金の譲渡担保という基本構成が本件約定の設定に結びついているのであるから、もはや端的にこの譲渡担保方式は金融機関の商品としては不適切として全面的に放棄し、他の一括決済方式、すなわちファクタリング（真正譲渡）方式、信託方式、併存的債務引受方式のいずれかを採用すべきであろうと述べた。その後の経緯をみると、実際に実務ではこの一括支払システムのような譲渡担保融資を前提とした契約方式は、ほとんど使われなくなったようである。

　なお、私見は、前掲評釈において、「併存的債務引受方式については、いまだ他の評釈等ではほとんど言及されていないが、これには、債務者たる大企業が債権関係から抜けないという点で債権者たる納入企業に安心感があるというメリットと、そもそも債務引受という条文のない制度を使うことから来る対抗要件の観点からの若干の問題点がある。この点は別稿で詳細に論じる予定である」と記しておいたが、その点についての詳細を論じたのが前掲Ⅰ池田「競合」である。

2 債権譲渡方式（信託方式）、債務引受方式の活用の進化

　さらに、現在行われている一括決済方式においては、一定の進化がみられる。それは、債権を用いての資金調達の阻害要素となる譲渡禁止特約の存在に対処するべく、債権譲渡方式ないし信託方式と、併存的債務引受方式を使い分ける部分である。

つまり、現在のスキームの代表例をあげると、債権譲渡特約がない債権を対象として債権譲渡方式をとり、以下のような手順で進行させる（信託方式もこのヴァリエーションである）。①最初に当該債権者について債権譲渡登記の概要証明をとり、すでに別異の債権譲渡登記がなされていないことを確認する。②その後、包括的な将来債権譲渡契約を結び（通常は1年程度）、たとえば公証人役場で譲渡承諾の確定日付を取得する。③支払企業の月々の支払明細情報を金融機関が経由して納入企業に送付し、確認する。④納入企業から異議がなければ、当該債権が金融機関に譲渡され、念のためこれらについても、確定日付を取得する。⑤納入企業から割引申し込みがあれば、金融機関が前払いを行う。⑥期日に支払企業から一括して譲渡代金の支払いを受けるとともに、納入企業に当該代金を送金する。

次に、譲渡禁止特約の付されている債権については、譲渡ができないので、併存的債務引受方式を用い、以下のように行う。①債権譲渡禁止特約のついた売掛債権について、金融機関が支払企業と併存的債務引受を結ぶ（支払企業の連帯債務者となる）。②支払企業が支払明細情報を金融機関に登録し、金融機関は当該売掛債権に関する併存的債務引受者となった旨を納入企業に通知して了承を得る。③納入企業から割引申し込みがあれば、金融機関が前払いを行う。この場合には、納入企業の同意をえて、任意代位とし、支払企業に対する求償債権を発生させる（期日前の弁済であるから、あくまでも金融機関は、支払企業に代わって立替え払いを行い、これを弁済による代位（任意代位）とするわけである）。④期日に支払企業から一括して支払いを受け、納入企業に送金する。⑤万一、納入企業が支払企業との基本契約に違反して売掛債権の他者への譲渡をした場合も、そこで譲受人が得たのが債権譲渡登記である場合はいまだ対債務者対抗要件は具備されていないので、民法上の確定日付ある証書による通知、または特例法上の登記事項証明書を添えての通知があるまでは、支払企業は自らの弁済を有効な弁済としうる。もし支払企業が金融機関に支払う前に内容証明郵便等による譲渡通知を受け取った場合は、納入企業の契約違反として、一括決済方式の役務を受ける契約は失効し、支払企業は、当該譲受人に対しては、譲渡が物権的に無効であることを主張しうる。

現在の実務は、このように、当該取引における債権譲渡禁止特約の存在の有無にしたがって、一括決済の方式を使い分けているようである。これは、現状の法律を前提としてそれに対応させようとする、実務の知恵と評することができよう。[15]

12) 遠山浩之「銀行の新商品開発等における実務上の留意点——一括支払システム最高裁判決を契機として」金法1699号（2004）8頁。
13) 前掲 I 池田「評釈」44頁。
14) 前掲 I 池田「評釈」44頁。
15) ただし、債務引受方式が差押等との競合の場合に結局当事者の契約レベルでの立証に頼らざるを得ないことの問題点があることは、前掲 I 池田「競合」で論じたとおりである。また、筆者は本文に後述するように、譲渡禁止特約の存在が債権流動化取引の阻害事由になっているという認識のもとに、新しい電子記録債権法においては、（譲渡制限はできるにしても）少なくとも全面的な譲渡禁止特約は認めないという制度にすべきと法制審議会部会において強く主張したが、（反対論には説得的な理由は乏しいと感じられたものの）多数の賛同は得られなかった。

VI 一括決済方式についての最新問題
——電子記録債権法への対応

1 電子記録債権法案の成立の経緯

現下の一括決済方式の問題は、平成19（2007）年3月に国会に上程された、電子記録債権法（案）への対応である。この法律の実現については、筆者はすでに平成16（2004）年の段階で予告し[16]、しかし少なくとも現行法のもとでは、紙の負担が重くなった手形取引を、このような一括決済方式によって代替することには大きな意味があるとして、平成15年判決が、譲渡担保方式以外の一括決済方式の進展に誤った足かせにならないことを願うという記述をしておいた。[17]

その後、電子記録債権法制については、経済産業省、法務省の研究会を経て、法務省法制審議会電子債権法部会、金融庁金融審議会第2部会・情報技術革新WG合同会合で要綱案の審議がされ、平成19（2007）年2月に法制審議会の総会において答申が決定され、3月の閣議決定を経て法務省と金融庁の共同提案で通常国会に法案が提出される運びとなった。[18]

したがって、本章執筆段階においては、実務界では、この電子記録債権法への一括決済方式の対応が検討されているところである。

2　一括決済方式の電子記録債権への対応プラン

　電子記録債権制度を一括決済方式に適用するには、どのような対応策が必要になるのか。これについては、現在業界での検討が進められている段階と思われるが、法案自体も（平成19（2007）年4月段階では）これからの審議ということであるし、その後の政省令の整備も関係しているので、ここでは大まかなプランを想定するにとどめる。

　まず、想定される状況は、売掛債権がそのまま電子記録債権とされ、この電子記録債権について一括決済の対象として債権譲渡なり債務引受をするところから始まる。

　①ただしこの段階ですでに、現在の法案では、全面的な譲渡禁止特約も（筆者は強く反対したところであるが）認められるので、支払企業側が譲渡禁止特約を付さないことをあらかじめ前提としておかなければならない。

　②次に、現在の法案では、原因債権と電子記録債権は別債権という仕切りとなっているので、原因債権と電子記録債権とが別異の処分をされないように配慮する必要がある。この点は、筆者がすでに公表した論考で検討し、法制審議会部会でもその趣旨で検討されたように、手形振出とのアナロジーでいけば、電子記録債権の発生記録までに原因債権が他に譲渡されて確定日付のある通知がなされているという状況がなければ、発生記録がされたことが（手形が振り出されたことと同様に）債務者にとっては債権譲受人に対する民法468条2項の抗弁事由となる。つまり判例は、手形が振り出されたケースについて、手形の引渡しと引き換えでなければ原因債権の支払いをしないと抗弁できるとするので（最判昭和35・7・8民集14巻9号1720頁）、それと同様に考えれば、電子記録債権の支払等記録がされるまでは原因債権の弁済をしないという抗弁が成り立つことになるのである[19]。したがって、債務者企業および一括決済方式の受託金融機関としては、電子記録債権の発生記録以前に譲受人が民法上の第三者対抗要件（対債務者対抗要件を含む）を具備していないことを確認しさえすればよい（なおこの点で注意すべきは、譲受人は動産債権

譲渡特例法上の登記で第三者対抗要件を取得していても、同法の登記だけでは債務者に認識されず対債務者対抗要件を具備していないので、債務者からその後の電子記録債権の発生記録を対抗されてしまう。これは特例法登記が債務者に知らせずに第三者対抗要件のみを取得できるようにした制度設計上の弱点ということになる[20]）。逆にいえば、一括決済方式の受託金融機関としては、上記の状況を確認しておきさえすれば、原因債権のほうに第三者対抗要件を具備する必要はない。なお、電子記録債権についても差押が可能であるが、納入業者の債権に差押がされる状況になっても、差押の段階で受託金融機関に電子記録債権の譲渡記録が済んでいれば、受託金融機関への譲渡が優先することになる。

　③もっとも、手形と電子登録債権のアナロジーで右記のように処理するといっても、それは、電子記録債権が、原因債権の支払手段として（手形でいえば、原因債権の支払いのために）発生していることを証明しうるものでなければならない。つまり、原因債権と電子記録債権（あるいは手形債権）が無因性をもった別債権だという説明をしても、この債務者の抗弁が成り立つためには、両債権に牽連性が存在しなければならないのである（つまり、従来の「無因性」の説明は、原因関係の無効取消し等が手形債権に及ばない、という意味に限定されているのであって、後の処理にはある意味での有因性、つまり両債権の存続上の結びつきが証明されなければならないのである[21]）。この点、現在の法案では、原因債権と電子登録債権の関係については当事者の意思にゆだねることにして格段の規定を置いていないので、たとえば、納入企業（債権者）と支払企業（債務者）の間の一括決済基本契約書に、原因債権の支払手段として電子記録債権を利用することを合意する旨の条項を入れ、包括的に原因債権と電子記録債権の関係性を明示することが必要であろう。その上で、実際に反復的な納入契約の場合には、ウェブ上での電子契約で発注をかけ、そのまま当該各契約で発生する原因債権をすみやかに電子記録債権として発生記録するということが（二重処分リスクを回避するためにも）適切であろう。

　④なお、売掛債権などの場合には、納入検品の段階での不良品の発生等によって、後からの債権額の変更がありうる。したがって、すみやかに電子記録債権化した後にこのような状況が起こった場合の処理が問題になる。これ

については、個々の電子記録債権の発生記録時に、「原因債権に瑕疵がある場合には、支払停止ができる」という特記事項を入れるという案もあろうが、しかしこの案は債権者側に不利な条件として下請法上の問題が生じないかも検討すべき余地があるし、私見ではそれよりも、電子記録債権としてすみやかに額を確定させて流通・決済の用に供してしまい、不良品等の発生による減額は別に債務者側からのその分の反対債権を発生させることを基本契約書で合意しておくほうがよいのではないかと考える。ことにグループ企業間等、取引の継続に双方の信頼関係がある場合にはそのやり方のほうが便宜である。目減り分の反対債権についても電子記録債権として、後から発生した納入債権と対当額で相殺し、支払等記録をすればよいのである（電子記録債権同士の相殺による債権消滅も本法案での「支払等記録」となり、債権消滅の時点が明示的に証明される。さらにこの場合には資金移動をせずに権利段階での消し込みをするわけであるから、実質的に１枚１枚交換によって現実の資金移動をさせることになる手形の処理よりもはるかに便宜である。ただし、（民法上の）相殺自体は一方当事者の一方的な意思表示でできるわけであるが、（対当額で消滅する自働債権と受働債権の両者とも電子記録債権であるとして）相殺を理由として両方の債権につき支払等記録（つまり抹消記録）をするについては、一方の債権者のみの単独の請求で２つの債権の記録を消せるわけではない。支払等記録の請求は、①まず当該支払等記録についての電子記録義務者が単独でできるのだが（法案25条１項１号）、電子記録義務者というのは、法案２条８項により、「電子記録をすることにより、電子記録上、直接に不利益を受ける者」をいうので、相殺によって消える債権の債権者ということになる。したがって、たとえば自働債権甲の債権者Ａが自分の債権の記録は単独で消せるということになる。けれどもそれだけではナンセンスで、Ａが消したいのは、自分の甲債権ではなく相手Ｂの自分に対する受働債権乙の記録のほうであるのだから、問題はＡがどうやって乙債権の記録を消せるか、ということである（乙債権の記録を明瞭に消さないと、後は第三者の差押え等に対抗するためには実体法上相殺がいつあったかという主張立証をＡがしなければならないことになって、それではこれまでの問題状況と比べて何ら進歩がない）。もちろん、受働債権乙の債権者Ｂは自分の債権を単独で消せるのだから、Ｂが積極的に乙債権の支払等記録をやってくれればよいのは当然である。

そうしてくれない場合は、②Aとしては、法案25条1項3号イが、支払等記録の請求は電子記録債務者（法案20条1項により、「発生記録における債務者又は電子記録保証人」）が、電子記録義務者やその相続人等の全員の承諾を得た場合には電子記録債務者だけでもできる、としているので、結局乙債権の債権者Bの承諾を得ればAが乙債権の支払等記録を請求できるということになる。そうすると、Aが相殺によって甲乙両電子記録債権の記録までを消すには、実質的にA・B両者間での支払等記録の請求に関する合意が必要ということになる。そうするとそれは結局、A・B間で「甲債権と乙債権とを相殺する」と相殺契約をして、それをもとに両債権の支払等記録をするのと実質的には変わらないということになろう。それでも、このような相殺ないし相殺契約をして電子記録債権同士を支払等記録で消し込むことは、資金移動なしにした相殺による簡易な決済について、記録原簿に明確な記録が残ることになり、これまでの相殺による債権消滅が問題点として持っていた第三者への証明という点で大いに利点があると言ってよい。なお付言すれば、③Aが相殺契約でない民法上の相殺をしてBが乙債権の支払等記録に応じないという場合には、Aは、法案25条2項の規定により、Bを被告として、その承諾を求める訴訟を提起し、当該承諾を命ずる判決を得て、支払等記録の請求をすることになる）。

16) 池田真朗「金融システムの電子化についての法的検討——「電子債権」への新たな取組みを中心に」銀行法務21・634号（2004年7月号）24頁以下（本書第7章所収）、池田真朗「電子債権論序説——産業構造審議会小委員会報告書を契機に」NBL790号（2004年8月1日号）35頁以下（本書第8章所収）。
17) 前掲Ｉ池田「評釈」44頁。
18) 検討の経緯については、池田真朗「電子登録債権——中間試案の検討と若干の試論」金法1781号（2006）8頁以下（「特集・電子登録債権法制と金融」（金融法学会第23回大会資料）の一部である。以下、池田「電子登録債権」として引用。なお、ここでは、当該論文発表時の呼称のままで引用する）（本書第11章所収）、池田真朗「電子登録債権法制立法試論——売掛債権活用の観点から」金法1788号（2006）10頁以下（以下、池田「立法試論」として引用）（本書第12章所収）、およびそれらに掲記した諸論考を参照。
19) 池田・前掲注18)「電子登録債権」15頁、同「立法試論」14頁。
20) 池田・前掲注18)「電子登録債権」15頁、同「立法試論」15頁。
21) 池田・前掲注18)「立法試論」16頁の論理からはそのようになるはずである。
22) 筆者は、このように電子記録債権同士で相殺し支払等登録をすることによって

資金移動なしに決済を完了できることを電子記録債権の大きなメリットとみており、グループ企業間の決済における CMS（キャッシュ・マネジメント・システム）等に活用すべきものと考えている。池田・前掲注18)「立法試論」21～23頁参照。

VII　結びに

　筆者は、一括決済方式の手形レスでの決済の合理性を評価し、(金融機関は譲渡担保や当座貸越などと技法を入れずに適切なリスクも取って) この制度が適切に成長するべきと主張してきた。その意味で、今回の電子記録債権法制の導入についても、そもそも電子記録債権は反復的・定型的な取引に適応性が高いとみて、一括決済方式が電子記録債権法制を生かせる代表的なビジネスモデルの１つであると評価してきた。[23]

　ただ、一方で筆者は、長く中小企業の資金調達の促進・多様化についての検討や制度作りにかかわってきたが、その観点から一括決済方式をみると、この制度は実際には支払側の大企業に大きなメリットを与えるものの、納入企業としての中小企業の資金調達に寄与する部分は比較的乏しい（中小企業側の資金調達という意味では、手形と比較しても、割引依頼先を選べないというデメリットがある）。また電子記録債権法制にもその最初の研究会段階から関与してきたが、この制度も当初は経済産業省において中小企業の資金調達に資する制度として設計を議論されていたのであるが、現在できあがろうとしているものがどのように具体的に中小企業の資金調達に資するものになるかは、いささか見えにくい状況になっている。[24]

　一括決済方式が納入企業にとっての資金調達手法たりうるためには、やはり、期限前資金化、つまり一括決済方式の受託金融機関が納入企業に対して一定の基準で期限前の前払いをする制度が、現在のように納入企業の個別の依頼の審査によるのではなく、何らかの指標化された目利きを前提にした与信システムとして制度的に組み込まれる必要があろう。このような段階にまで進んでこそ、一括決済方式は、支払企業、納入企業、受託金融機関の三者にとってハッピーなスキームとなるのである。電子記録債権を対象とする場合には、その記録電子データの活用（可視性、処理可能性の増大）がそのよう

なスキーム作りに寄与することはできないのか。このあたりが実質的には今後の最大の課題となろう。

　最後に付言すると、筆者は、以前から、「およそ、金融スキームにおいて、参加する各当事者のうちに、利益は得つつリスクをまったく負担しない者が一者だけ存在するスキームというものは、やはり、どこか不当とは言わないまでも不合理なのである」[25]と主張してきた。これが、法科大学院の「金融法」の講義において筆者の最も強調するスタンスでもある。理想論にすぎるという批判もあるかもしれないが、金融は法律関係においてもっとも当事者の利益追求が先鋭に表に出る分野である。それだからこそ、特定のプレーヤーのみの利益に偏しない研究や、実務の要請を公平に根拠づけ、法的な正当性の確保をはかりつつ取引の支援促進に資する研究が強く求められるのであって、金融法にかかわる「学者」の存在意義はまさにそこにあることを忘れてはならないと思うのである。

　23)　池田・前掲16)「電子債権論序説」39頁。
　24)　本章では詳論する余裕がないが、筆者が全国信用保証協会連合会での研究会の座長として制定に関与した、いわゆる「売掛債権担保融資保証制度」(2001 (平成13) 年12月17日より施行) にも、電子記録債権をどう活用できるかが大きな問題となろう。
　25)　池田・前掲Ⅰ「誤謬」1頁。

【追記】　本章の初出論文は、慶應義塾大学法学部の紀要「法学研究」80巻5号 (2007年5月号) 1頁以下に掲載されたが、これは、「誌上シンポジウム」と銘打って、他の2つの論文 (北居功「合意の対外的効力に関する一考察――債権譲渡担保における譲受人の物的納税責任をめぐって」法学研究80巻7号1頁以下、片山直也「脱法的条項の効力規制について(1) (2・完)」法学研究80巻11号1頁以下、81巻2号15頁以下) と併せ読まれることを期待して発表された。これら3論文は、学界・実務界に大きな反響を呼んだ、「一括支払システム契約」という手形レスの決済手法と国税徴収法との関係をめぐって争われた事件に決着をつけた最判平成15・12・19 (民集57巻11号2292頁) を素材として、この判決がその後にもたらした実務上の影響と、そこで提起され、また残された、学理上の論点を、異なる3つの側面から考究しようとするものである。

筆者らには、このような試みをする理由が以下のように存在した。まずありきたりにいえば、平成15年判決という、いささか旧聞に属するとも思われる判決を素材として、一方で実務がその判決の結論を受け入れて変容を進め、さらに新たな立法局面への対応を準備しつつある実情を明らかにし、しかしながら他方でなお残された理論的課題があることに学理的に注意を喚起するということである。そしてそれは実は、法科大学院時代に入って以降の、実務を視野に入れながらの法律学の理論研究というものがいかにあるべきか、という問題に答える１つのモデルを提示するという、筆者らのささやかな野心の現れでもある。さらに、われわれ３名の筆者に内在する、学者としての共通の思いを付記することが許されるならば、この３論文は、ご自身の論文集を１つの寺院を朝昼晩と繰り返して描いた画家の仕事になぞらえた、われわれの共通の師の業績（内池慶四郎『消滅時効法の原理と歴史的課題』（成文堂、1993）にいささかなりとも倣おうとする試みでもある。筆者らはこの３論文を、内池先生の喜寿をお祝いするものとして先生に献呈した次第である。

第4部

電子記録債権法
――公布・施行から運用へ

第 4 部の概要

　第 4 部では、第 3 部で立法作業までを扱った電子記録債権法の、公布・施行から運用にかけての論考を収録する。

　第14章「電子記録債権法の展望と課題」は、成立した電子記録債権法について総合的・包括的に解説し、いくつかの論点を検討するものである。

　第15章「電子記録債権における匿名性と可視性・追跡可能性のバランス」は、筆者が委員長を務める日本学術会議「IT 社会と法分科会」の平成20（2008）年 7 月の報告書に盛り込んだ論考をもとに、電子記録債権における情報の流通と情報の保護のバランスを論じるものである。

　さらに第16章「資金調達における電子記録債権の利便性・安全性と可能性——担保としての活用法を中心に」は、電子記録債権が、手形を代替する決済手段としての機能以外に、現在の指名債権を用いた譲渡担保等の機能を代替する、担保としての活用に優れた適性を持つことを明らかにする、書き下ろしの論考である。

第14章
電子記録債権法の展望と課題

I　はじめに

　電子記録債権法は、第166回通常国会において平成19 (2007) 年6月20日に成立し、同月27日に法律第102号として公布された。同法の施行期日は、附則において公布後1年6月を超えない範囲と定められ、平成20 (2008) 年12月1日に施行された。本章では、この電子記録債権法（以下「本法」と呼ぶ）について、その基本的性格づけ、分析視角、想定される活用形態等を概観し、本書出版までの記録機関設立情報等も加えて、展望と課題の提示を行うものである。

　本法の国会への法案提出理由は、「金銭債権について、その取引の安全を確保することによって事業者の資金調達の円滑化を図る観点から、電子債権記録機関が調製する記録原簿への電子記録をその発生、譲渡等の要件とする電子記録債権について定めるとともに、電子記録債権にかかる電子記録を行う電子債権記録機関の業務、監督等について必要な事項を定めることにより、電子記録債権制度を創設する」というものであった。

　本法は、後述するように経済産業省・法務省・金融庁での研究会等を経て、法務省と金融庁が共同で立案したものである。法文の構成としては、第1章（冒頭の2か条）で総則として趣旨と各概念の定義を行い、第2章で「電子記録債権の発生、譲渡等」としていわゆる電子記録債権の私法的規律の部分を規定し、第3章で「電子債権記録機関」として電子債権記録機関の業務、監

督等について定めている。以下第4章が雑則、第5章が罰則となる。

　本法の創設した電子記録債権の基本的な性質ないし法的位置づけは、以下の3点にある。すなわち、①民法上の指名債権や手形法上の手形債権等の既存の債権とは異なる、新しい類型の金銭債権である。②当事者の意思表示に加えて、電子債権記録機関の記録原簿に記録をすることが、発生、譲渡の効力要件である。③電子記録債権を発生させる原因となった法律関係に基づく債権とは別個の債権となる。

　そして、電子記録債権の実質的な特徴としては、①指名債権と手形のそれぞれが持つ短所を克服し、それらの長所を具有する方向で性格づけがされていることや、②電子記録であることの特性を生かした債権となっていること、が挙げられる。

　さらに、本法自体の特徴ないし法的性格としては、①自由度が高く、多面性、柔軟性のある法律である、②世界でも前例のない、先進的な法律である[1]、などの点が指摘できる。自由度、柔軟性ということは、後述するように、記録をする当事者および電子債権記録機関（民間で複数設置可能）に、法文の取捨選択の可能性や業務規程での相当の裁量を与える点などに、もっとも具体的に現れている。

　いずれにしても、本法は現代のIT化社会における取引法分野に大きな影響を与えると思われる画期的な法律であるといえ、今後の活用が期待される。

　1）　世界的にも、このような指名債権でも手形でもない新類型の電子的に発生・移転する債権を創設した例はいまだないようである。唯一韓国に先行した類似の立法作業があるが、韓国の立法は、指名債権（売掛債権）の電子化と手形の電子化を別々の法律で実現しようとするものである。徐熙錫「韓国電子金融取引法の概要」金法1786号（2006）80頁以下参照。もっとも、韓国の制度については、両者を別々の法で規律することの問題性のほか、券面をなくした手形をなお旧来の手形と同性質のものとする電子手形法（2004年）には概念上の疑問があるものの、新法での電子債権の性質を（第三類型ではなく）なお民法上の指名債権とみてその対抗要件を電子化し、それを電子債権管理機関に登録することによって民法上の第三者対抗要件を備えたことにする電子金融取引法（2007年1月施行）のコンセプトは、UNCITRALの国際債権譲渡条約（2001年成立、未発効。対抗要件はオプションになっているが、国際債権譲渡の世界的登録制度の採用を目指す方向性がある）への適合性という面では、優れたところもあると評しうる。

II　立法の経緯

　立法に至った経緯の概略は以下のとおりである。政府のIT戦略本部による平成15 (2003) 年のe-Japan戦略IIにおいて、「手形の有する裏書や割引機能等を電子的に代替した決済サービス」の普及を図ることが挙げられ（平成15年7月2日）、さらに平成16 (2004) 年2月6日のe-Japan戦略II加速パッケージで、「電子的手段による債権譲渡を推進するための制度の見直しについて、現行法上、原則として確定日付のある通知・承諾が必要とされている債権譲渡の対抗要件のあり方を含めて検討」することとされた。これらを受けて、経済産業省、法務省、金融庁（検討開始順）において電子債権制度（当時の仮称）の検討が進められた。

　最初に立法提言を出したのは経済産業省の小委員会であるが[2]、その後法務省、金融庁でも検討が進められ、金融庁では、平成17 (2005) 年7月に、金融審議会金融分科会の「情報技術革新と金融制度に関するWG」（座長=野村修也・中央大学教授）の検討結果をまとめた座長メモ「金融システム面からみた電子債権法制に関する議論の整理」が公表され、法務省では、同年12月に、「電子債権研究会」（座長=筆者）の報告書「電子債権に関する私法上の論点整理」が公表された。それらを元に、法務省の法制審議会電子債権法部会（部会長=安永正昭・神戸大学教授）と金融庁の金融審議会金融分科会第2部会と上記情報技術革新WGとの合同会合（部会長=岩原紳作・東京大学教授）での審議によって、今回の法律の要綱案が作成されたのである。

　なお、この電子記録債権については、研究段階と立法の最終段階で用語の変遷があったので、そのことを記しておく。当初「電子債権」法制と仮称されていたのであるが、電子商取引から発生する債権全般を指すものと誤解される等の理由から、「電子登録債権」法制と仮称が変更になった。さらに、法制審議会電子債権法部会の審議中およびその終了後平成19 (2007) 年2月の法制審議会で立法要綱として取りまとめられた段階までは、「電子登録債権」法制と呼称されていたのであるが、同年3月13日の閣議決定までに、「電子記録債権」法案に変更されたものである。変更の理由は、「登録」とい

う用語を使うと、国の機関が行う国の事務という印象を生じ、また税（登録免許税）の問題も起きかねないことから、電子的な記録を行うことが債権の発生・譲渡等の効力要件であることを端的に示すものとして「電子記録債権」という用語を使うこととされたものである。[3]

> 2) 省庁における最初の報告書は、平成16年4月28日に出された、経済産業省産業構造審議会産業金融部会に置かれた小委員会（前田庸小委員長。筆者も委員として参加した）による、「金融システム化に関する検討小委員会報告書——電子債権について」である。
> 3) 始関正光＝高橋康文「電子記録債権法の解説(1)」NBL863号（2007）11頁注(3)参照（ちなみに税の問題云々は記載されていない）。以下立法担当官のこの解説は「本法解説」として引用する（なお、同様の解説は金融法務事情でも1810号（2007）以下に連載されている）。

III 電子記録債権法自体の特徴——自由度と柔軟性

電子記録債権法の特徴としては、全般的に、規定の自由度が高く、柔軟性がある法律であるということが挙げられる。具体的には、①そもそも法規定の範囲でどのような取捨選択をして構成するかで当該電子記録債権の性格が大きく変わりうる、②電子債権記録機関がその業務規程で、多様な電子記録債権のうち特定の性質を持ったものだけを扱うというような業務内容の限定ができる、③任意的記載事項については、法律上記載可能としつつ記録機関が業務規程で記載事項に制限を加えることができる規定も置いている等の諸点が適示できる。

1 電子記録債権の組成による性格づけの自由度

たとえば、電子記録債権は電子データであるから、多様な債権属性を記録しうるのであるが、この記載事項を限定・画一化すると、現在の紙の手形に近似した機能を持つものができる。逆に、金融機関の貸付債権の場合は、当該債権に被融資者との返済条件の合意等が様々に付されているのが通例であり、したがって、これら貸付債権を電子記録債権化する場合には、任意的記載事項を多数記載させるのが適切ということになる。さらに、後述する譲渡

禁止の記録の可否、抗弁切断の有無等も当事者の設定によって変更することが可能なしくみになっている（詳細は後述IV 2 (4)参照）。

2　電子債権記録機関にとっての自由度・柔軟性

　電子債権記録機関は、実際にこの法律を運用するための必須の機関ということになるが、電子債権記録機関と債権者・債務者の法的関係は、業務規程に委ねられる。各債権者、債務者が当該電子債権記録機関を利用できるか否かは、それらの者と電子債権記録機関の利用契約による。したがって、電子債権記録機関は、先述したように、取り扱う電子記録債権の性格づけを限定することもできるし（たとえば、記録内容を限定した手形代替の機能を持つものだけを取り扱う、ということも可能である）、利用する債権者、債務者を限定することもできるわけである（たとえば、利用契約締結段階の審査によって、反社会的な活動をする者について利用契約を結ばない自由もある）。

　業務規程についての規律は主務省令に委ねられ、さらに本法51条1項5号が「業務規程が、法令に適合し、かつ、この法律の定めるところにより電子債権記録業を適正かつ確実に遂行するために十分であると認められること」を電子債権記録機関の指定の要件としているので、その範囲での主務官庁たる金融庁の監督は当然に及ぶが、法の建てつけとしては、電子債権記録機関の自主的な判断が尊重され、百貨店型の電子債権記録機関も、専門店型の電子債権記録機関も活動が可能というところにポイントがある。

　また電子債権記録機関は、本法が規定する任意的記録事項について、業務規程で記録を認めないこともできる。したがって、記録機関は自己の扱う電子記録債権を、かなり自由にカスタマイズできるということになる。

　さらに電子債権記録機関は、主務省令で定めるところにより、電子債権記録業の一部を、銀行等、協同組織金融機関その他の者に委託をすることもできる（法58条1項）。

IV 電子記録債権の特徴からみた分析視角

1 基本的位置づけ

　電子記録債権は、電子記録債権を発生させる原因となった法律関係に基づく債権とは別個の金銭債権であって、当事者の意思表示に加えて、電子債権記録機関が作成する記録原簿に記録をしなければ発生または譲渡の効力が生じない債権であり、指名債権・手形債権等既存の債権と異なる類型の債権である。この点、報道等で、「手形を電子化したもの」と解説されたことがあるが、電子記録債権は手形とは別のものであることを強調しておきたい。機能として手形を代替しうるように組成できることは確かであるが、手形を廃止して取って代わろうとするものではなく、また手形とまったく同じ機能を必ずもつという性質のものでもない。さらに、分割ができる（43条以下）という点など、手形にない機能も備わっている。

2 電子記録債権の特徴

　電子記録債権の特徴としては次のようなものがある。当然ながらその特徴は電子データであることに強く結びついているが、ここにも、自由度・柔軟性の要素が色濃く見られ、それが予測される活用形態の多様性につながる。

(1) 権利保護と取引安全の諸手当て

　電子記録債権は、権利として相当に高い保護を受けるように設計されている（法的安定性が高いともいえるが、正確に言えば、権利としての保護が厚いというのがより適切であろう。後述する原因債権との関係や先述の組成の自由度等を考えると、広義での法的安定性が全般に高いとは言い切れない部分があるからである）。

　電子記録債権は、発生記録によって発生するわけであるが、発生の原因となった法律関係（原因関係）とは別の債権であってその無効等の影響を受けない。いわゆる無因性があるということになる。ただし、後述するように債務者保護のために原因債権との一定の牽連性は想定されているのであって、決して原因債権とまったくの無関係な債権というわけではない。また、電子

記録債権を発生させた場合に原因債権を存続させるのも消滅させるのも当事者の意思にゆだねられており、その意思が不明な場合は、電子記録債権は原因債権の支払のために発生されたもので、当該発生によっては原因債権は消滅しないものと解説されている[6]。

　そして、①電子記録の権利推定効（9条2項）、②善意取得制度（19条）、③人的抗弁の切断（20条）等が規定されており、④独自の保証制度である電子記録保証（民法の保証よりも手形保証制度を意識している）には原則的に独立性が認められている（33条）等、手形とほぼ同様のレベルの権利保護が与えられている。このうち電子記録保証は、電子記録債権には手形における遡求の制度がないので、その代わりに譲渡人が当該電子記録債権について独立保証をすることを考えたものである。

　なお、③の人的抗弁の切断については、もともと電子記録債務者が一般の個人である場合は除外とされているが（20条2項3号、後掲注7）も参照）、電子記録債務者が法人または個人事業者である場合も、抗弁の全部または一部を切断しない（対抗可能）とすることも可能である（16条2項10号11号。個人事業者については後述(6)参照）。②の善意取得についても、適用排除の定めをすることもできる（16条2項8号）。

　また、電子記録の請求における相手方に対する意思表示については、民法の無効または取消よりも強い第三者保護の特則があり（12条）、同じく無権代理人の責任についても免責要件を民法よりも強める特則（13条）を定めて、取引の安全を強化している[7]。

　また、無権限者の請求による電子記録については、代理権を有しない者や他人になりすました者によって電子記録がされた場合、電子債権記録機関はその代表者および使用人その他の従業員がその職務を行うについて注意を怠らなかったことを証明しない限り、その電子記録によって第三者に生じた損害を賠償する責任を負うとして（14条）、電子債権記録機関に一定の責任を課す形で当事者の静的安全についても配慮がなされている。

　なお、この保護レベルの高さは、原因債権と別異の処分がされた場合の原因債権取得者と電子債権取得者の優劣関係においても貫徹されることになるが、この点については後述(2)で再度論じる。

(2) 可視性とトレーサビリティ（追跡可能性）

　従来の指名債権や手形以上に存在する性質が、可視性である。またそれに隣接するいわゆるトレーサビリティ（追跡可能性）の問題もあるが、本章ではこの２つを区別して論じる。ここでは、電子記録債権における情報流通と情報保護のバランスの配慮が理解されなければならない[8]。本法では、「雑則」として規定されている中の87条などが、実は情報開示のバランス等を考慮した重要な規定である。

(a) 債務者からみた可視性

　電子記録債権の場合、内容がその記録によって定まるだけでなく、発生・移転のいずれもが、電子債権記録によらなければならない。つまり、後に詳しく述べるように、発生にも移転にも電子債権記録をすることが効力要件である（ただし消滅については、支払等記録は効力要件ではなく、弁済、相殺等（支払等）がなされると、原則として、支払等記録を待つことなく電子記録債権が消滅する）。そこで、まず債務者からみた可視性ということから述べると、これは電子記録債権の情報開示の問題（どのような者が記録を見ることができるか）にかかるのであるが、少なくとも債務者は、常に電子記録簿の情報を得ようとすれば得ることができる。したがって、これまでの、裏書によって手形が回り回って思いがけない取得者から突然に請求されるに至ったというような問題は理論的には起こらないことになる。

　さらに言えば、手形と異なり、取得者つまり電子記録債権名義人として記録されうる者は、おそらく当該電子債権記録機関と取引を開始する段階で一定の審査を受けることとなり、かつその電子債権記録機関と提携する金融機関が仮に決済のために当座預金口座の開設を要求する場合には、金融機関との関係でも一定の信用調査を受けることになる。そして、それらの審査をへて電子記録債権の取引を開始すれば、その名称が電子債権原簿上に記録されるのである。したがって、たとえば反社会的組織が電子記録債権の名義人となることは、ダミー会社等を使うなどしてもある程度の困難が伴うと思われる。これらの点は、現在の手形にない可視性かつ安全性といえる。

　なお指名債権の場合は、存在自体の可視性は（証書に化体していないということから）ゼロであっても、民法上の通知・承諾で対抗要件を具備する場合

は、債務者のところに移転情報が集まる構造の対抗要件（いわば債務者が不完全ながらインフォメーションセンターないし生ける公示機関としての役割を与えられている）であるため、債務者にとって思いがけない譲受人からの突然の請求ということは、対抗要件の観点から見れば本来はありえない。しかし、サイレントで譲渡しておいて、譲受人が譲渡人からの譲渡通知と共に請求してきたという場合は、手形の場合と同様な状況が生じうる（なお、債権譲渡特例法登記で譲渡の第三者対抗要件が具備された場合も、それだけでは債務者には情報が与えられないが、対債務者権利行使要件を具備するためには動産債権譲渡特例法4条2項の登記事項証明書を付しての通知があってからの請求ということが要求されている）。

したがって、少なくとも債務者が現在の債権者を捕捉できるという意味の可視性は、電子記録債権の場合には大幅に向上することになる（なお、この点で関係してくるのは、現在の指名債権に付されることの多い譲渡禁止特約の問題である。この問題については後に詳述するが（Ⅴ1参照）、現在の譲渡禁止特約の中には、思いがけない譲受人から請求されることを嫌うというレベルでの特約付与も多いのであるが、その主張の合理性は減少することになろう）。

なお、譲渡履歴までは開示されないのが原則であり、ただ、債務者保護との関係では、当該電子記録債務者として記録されている者が発生記録もしくは譲渡記録等において債権者、譲受人もしくは質権者として記録されている者（またはそれらの者の一般承継人）に対して人的抗弁を有するときは、当該債権者等から電子記録名義人に至るまでの一連の譲渡記録等において譲受人間または質権者として記録されている者の氏名または名称および住所の開示が請求できる（87条1項2号ロ）。

その意味で、いわゆるトレーサビリティ（追跡可能性）のほうは、それほど十分にあるわけではない。

(b) 譲受人にとっての可視性

指名債権譲渡の場合、譲受人は債権の存在および内容等について譲渡人の説明を信用するしかないわけで、二重譲渡の問題も当然そこに存在する。一方手形では、現物の券面とその裏書を確認することによって譲受人は確実に債権の存在を把握しその権利を取得しうるわけであるが、ただしその債権の

内容は、当然のことながら券面の記載事項に限定される。これに対して電子記録債権の場合は、譲受人は電子債権記録の確認によって手形と同程度の確実性をもって債権の存在を把握し権利を取得しうるし、さらには手形以上に詳細な債権の属性情報を任意的記載事項によって知りうる利点がある。これは、従来の指名債権譲渡において、譲渡契約によってどこまでの債権属性が移転するのかという問題があったものをクリアすることができるだけでなく、もともと付帯する取引約定等も含めて移転の対象としたいローン債権の譲渡などに大きな活用の道を開くものといえる。

(c) 利害関係を持とうとする者にとっての可視性──「公示」との関係で

これに対して、電子記録債権を譲り受けようとする者は、自ら電子債権原簿の閲覧はできない仕組みになっている。現在の債権者等、電子記録名義人から間接的に記録データの提供を受ける等のかたちで情報を得る必要がある。これは、手形と比べるとはるかに多い債権の属性情報が記録できるのであるから、情報保護の観点からみれば当然であろう。その意味では、自分自身では探索できないという意味では従来の手形や指名債権の可視性と変わらないし、概括的な移転情報は誰でも得られる債権譲渡登記に比べれば可視性が後退しているようにも感じられる。この部分は、いわゆる「公示性」の問題とも関連して、今後分析評価の必要なところとなろう。

ただ、ここで若干言及しておけば、債権譲渡登記は、譲渡の事実を公示するにとどまるものであって、権利の存在を公示するものではないのに対して、電子債権記録は、不動産登記と同様に、電子債権記録が債権の存在と内容をも公示するごとき機能を果たすものである。その意味では、示される（証明される）対象の意味は大きいといえる。ただし、消滅の場面では、電子債権記録が残っていてもすでに実際の弁済が行われていれば債権は消滅するということで、ここでいう公示的機能は不完全になる。ここを消滅も記録を効力要件とすれば（当初の法制審議会への諮問段階ではそうなっていた）、より信頼度の高い公示的機能があるといえたのであるが、ここは債務者保護の観点から現実の弁済（金銭振込等）の時点を債権消滅時点として優先させたわけである。

いずれにしても、ここで問題とする「公示性」は、次に述べるように基本

的にこの電子記録債権制度が対抗要件主義を採らないものであるため、従前の民法学で論じられていた対抗要件との関連での公示性の問題ではなく、権利の存在・不存在の証明を目的としての公示性の問題であることに留意しておきたい。

(3) 譲渡手続の簡便性——対抗要件主義との訣別

電子記録債権の譲渡は、譲渡記録によってその効力を生じる（17条）。つまり、譲渡記録が譲渡の効力要件であり、譲渡記録がなされれば債務者、第三者のいずれに対しても譲渡の事実を主張・対抗できる。これは、実務的には、譲渡記録をしさえすれば別異の対抗要件具備が要らない、という感覚になるが、そのように説明するのは学理的には適切ではない。そもそも対抗要件主義というのは、譲渡は当事者の合意だけで効力を生じるのであるが、ただそれを当事者以外の者に主張対抗するのには法定の対抗要件を具備しなければいけない、という考え方であるから、記録を効力要件とするということは、対抗要件主義の不採用、ということに他ならない。したがって、譲渡記録のほかに対抗要件具備が要らないというのは当然のことである。

ただ、実際の実務感覚では、これまでの指名債権のように個別の譲渡についての民法上の通知（第三者対抗要件としては民法467条2項の確定日付のある通知。債務者からの確定日付のある承諾を得てもよい）や動産債権譲渡特例法の登記（第三者対抗要件のみ）および同法4条2項に規定する債務者への通知（債務者対抗要件＝権利行使要件）などの対抗要件具備の手続をとる必要がなくなったことにより、手続きの簡略化とコストの削減が図れることがメリットと感じられるであろうとはいえよう。

ちなみに、電子記録債権はすべて対抗要件主義と無縁になったわけではなく、電子記録債権およびそれを目的とする質権の信託については、信託の電子記録が第三者対抗要件とされている（48条1項）。さらに、後述するように、支払等記録が一部対抗要件的に機能する部分がある。

(4) 内容の自由設計性

電子記録債権の内容は、債権記録の記録により定まる（9条1項）。記録されたものがすなわち当該電子記録債権であり、記録されていないことは当該債権の属性ではない。そして、電子情報であることから、広範な属性内容を

記録することが可能である。債権者、債務者の名称、金額、支払期日等は、（手形法における手形要件と同様に）必要的記録事項であり（16条1項）、すべての電子記録債権において記録されるが、このほかに、口座間送金決済をする場合の口座、分割払等の支払方法、期限の利益喪失約款、債務者が対抗できる抗弁、譲渡制限に関する定め等、さまざまな任意的事項を記録することができる（16条2項）。このような自由設計性が電子記録債権制度の大きな特徴であり、従来の手形にない利点である。この点、本法は明文で、電子債権記録機関に、法が認めた任意的記載事項を記録機関の業務規程で排除できる（記載を受け付けない）権限も与えている（16条5項。後述Ⅴ1の譲渡禁止特約の記述も参照）。

　ただ、この自由設計性は、電子記録債権を手形の代替として用いようとする場合には、逆にデメリットになるというか、余計なものとなる。電子記録債権を手形と同様に流通させ効率的に決済手段として用いる場合には、逆に記載事項を制限し、標準化・画一化を図る必要が出てこよう。

　この意味では、今後創設されるであろう電子債権記録機関は、その記録機関の主たる業務目的に応じて、手形代替の用法を中心とする場合には業務規程で必要的記載事項に限定した電子記録債権を扱うと定めたり、逆に指名債権代替の使い方を念頭に置く場合は任意的記載事項の記載を自由に認める等のやり方をすることが考えられる。

　(5)　権利レベルでの決済可能性

　それほど議論されていないことだが、電子記録債権の大きな特徴の1つは、この権利レベルでの（権利のままでの）決済可能性という点に求められる。

　つまり、手形の場合は、手形債権同士での相殺は法律的には可能ではあるのだが（最判昭和51・6・17民集30巻6号592頁等参照）、実際には手形を見せあって対当額での相殺などがなされることは実務的には考えられず、すべて手形交換に出し現実に資金決済がされているという。また一方、指名債権の場合は、相殺による決済処理はもちろん可能であるが、最大の難点として、どの債権とどの債権がいつどのように相殺されたのかを第三者に対して証明する手段が格別に存在しないということがあり、これが第三者からの差押等に対して相殺を抗弁する際にもそのつど問題となると指摘されてきた。

これに対して、電子記録債権では、金額を明示して記録がされることから、相殺（実際には後述のように相殺契約が適当）によって、権利レベルで（現実の資金移動なしに）そのまま消滅させることができ、かつ客観的にその証明データが残るのである。つまり、電子記録債権同士の相殺の場合は、相殺による権利消滅があったあとで、相殺を理由とする支払等記録（相殺の場合も支払等記録となる。24条1号）をすれば、その記録によって、その記録以前に両債権が相殺によって消滅した事実が客観的に証明できる。この意味では、電子記録債権同士で相殺してその支払等記録を残せば、実質的に資金移動なしにファイナリティのある決済が実現することになると評価できよう。したがって、相殺に関しては、電子記録債権は、手形はもちろんのこと指名債権をも超えた利点を持つわけである。そしてこの利点は、実務的にも今後活用されていくと思われる。

　もっとも、ここで推奨されるのは、いわゆる一方の意思表示による相殺でもよいが、それよりも相殺契約の手法を採ることである。その理由は以下のようなものである。

　民法上のいわゆる相殺自体は一方当事者の一方的な意思表示でできるわけで、それは電子記録債権でも同様と考えられるのであるが、（対当額で消滅する自働債権と受働債権の両者とも電子記録債権であるとして）相殺を理由として両方の債権につき支払等記録（つまり抹消記録）をするについては、一方の債権者のみの単独の請求で2つの債権の記録を消せるわけではない。支払等記録の請求は、①まず当該支払等記録についての電子記録義務者が単独でできるのだが（25条1項1号）、電子記録義務者というのは、2条8項により、「電子記録をすることにより、電子記録上、直接に不利益を受ける者」をいうので、相殺によって消える債権の債権者ということになる。したがって、たとえば自働債権甲の債権者Aが自分の債権の記録は単独で消せるということになる。けれどもそれだけでは無意味であって、Aが消したいのは、自分の甲債権ではなく相手Bの自分に対する受働債権乙の記録のほうであるのだから、問題はAがどうやって乙債権の記録を消せるか、ということである（乙債権の記録を明瞭に消さないと、後は第三者の差押え等に対抗するためには実体法上相殺がいつあったかという主張立証をAがしなければならないことになっ

て、それではこれまでの問題状況と比べて何ら進歩がない)。もちろん、受働債権乙の債権者Bは自分の債権を単独で消せるのだから、Bが積極的に乙債権の支払等記録を行ってくれればよいのは当然である。しかしBがそのような記録を行ってくれない場合は、②Aとしては、25条1項3号イが、支払等記録の請求は電子記録債務者(20条1項により、「発生記録における債務者又は電子記録保証人」)が、電子記録義務者やその相続人等の全員の承諾を得た場合には電子記録債務者だけでもできる、としているので、結局乙債権の債権者Bの承諾を得ればAが乙債権の支払等記録を請求できるということになる。

そうすると、Aが相殺によって甲乙両電子記録債権の記録までを消すには、実質的にA・B両者間での支払等記録の請求に関する合意が必要ということになる。そうするとそれは結局、A・B間で「甲債権と乙債権とを相殺する」と相殺契約をして、それをもとに両債権の支払等記録をするのと実質的には変わらないということになろう。したがって、当初から双方の合意で相殺契約をし、双方の申請によって支払等記録をするのがもっともよいということになる(後述するようにこのメリットはグループ企業間の持ち合いの債権の決済にもっとも有効であるが、そのような場合には、相殺契約の合意も容易に得られると考えられる)。

いずれにしても、このように相殺ないし相殺契約をして電子記録債権同士を支払等記録で消し込むことは、資金移動なしにした相殺による簡易な決済について、記録原簿に明確な記録が残ることになり、これまでの相殺による債権消滅が問題点として持っていた第三者への証明という点で大いに利点があると言ってよい。[11] このメリットは、現在系列企業間などで行われている、いわゆるCMS(キャッシュ・マネジメント・システム)に非常に大きな活用可能性がある。[12]

(6) 取引安全と消費者保護の調整

本法は、さまざまな場面で、利益調整のバランスにも配慮している。先の可視性の観点も、情報の流通と情報の保護のバランスから考察すべきものであったが、消費者保護の要請もそのバランス感覚のもとに配慮されている。電子記録債権による取引の安全の保護は、消費者が当事者となる場合には、消費者保護の観点からの制約を受けるべきということで、12条等の規定にそ

のバランス感覚が盛り込まれているのである。

　まず、本法の中間試案の段階では、消費者を電子記録債権取引から除外すべきという意見もあったのであるが、消費者契約法2条1項の定義からすれば、事業を営んでいる個人であっても、当該事業と関係のない個人的用途のために契約の当事者となる場合は消費者に該当するのであるから、電子債権記録機関としては、消費者か否かの判断は困難であるため、本法は消費者でも電子記録債権の利用者から排除しないこととした[13]。一方で、たとえば動産債権譲渡特例法のように法人限定を付すことは個人事業者の利用を排除することになって適当ではない。したがって、本法では、個人も利用対象者に含め、かつ消費者保護に反する事態が生じないよう配慮したわけである。

　具体的には、電子記録債権の当事者が個人である場合には、個人事業者である旨の記録をすることができるとし（16条2項9号、18条2項2号、32条2項5号）、その旨の記録がされていない場合の個人については（消費者扱いとして）、一律に、意思表示の無効・取消しの場合の第三者保護規定（12条2項2号）、善意取得（19条2項3号）、人的抗弁の切断（20条2項3号）および電子記録保証の独立性（33条2項）の規定の適用がないことにしている。さらに、真実は消費者であるのに、（債権者の圧力等によって）個人事業者である旨の記録がされたという場合には、当該記録はその効力を有しないこととされている（16条4項、18条3項、32条4項）。

4)　この点は立法担当官の解説にもややミスリーディリングなところがあり、解説中に「電子記録債権は、大雑把にいえば、ペーパーレスの手形のようなもの」という記述が見られるが（始関＝髙橋・前掲注3）11頁）、同解説もその直後で、電子記録債権の広範な任意的記載事項について触れて、「この点は電子記録債権が手形と大きく異なる点」と記述している（同12頁）。

5)　始関＝髙橋・前掲注3）13頁。この点は手形債権と同様と解説されている。

6)　始関正光＝坂本三郎＝富田寛＝仁科秀隆「電子記録債権法解説(2)」NBL865号（2007）46頁。

7)　なお、一部の規定については、当事者または債務者が消費者契約法2条による消費者である場合には適用が排除されており（12条2項2号、19条2項3号、20条2項3号等）、取引の安全と消費者保護との調和が図られている。

8)　詳細は日本学術会議法学委員会IT社会と法分科会（委員長は筆者）の報告書『電子社会における匿名性と可視性・追跡可能性——その対立とバランス』（2008年

7月24日公表)、および池田真朗「電子記録債権と匿名性・可視性・追跡可能性」
　　L&T42号（2009年1月）46頁以下（本書第15章所収）。
　9）　電子債権記録機関は民間に複数設置されうるものであり、法務局の登記所での
　　登記のような公的かつ全国統一的なものではない。また当然に誰もが見られるわけ
　　ではない。したがって、本章ではいわゆる「公示」と単純に同視することはせず、
　　「公示するごとき」「公示的機能」等の表現を用いる。しかしながら、後述するよう
　　に立法担当官が電子記録の機能として「公示」という表現を使っている部分もある。
　10）　支払等記録の性質については後述するが（本章Ⅴ3参照）、一部対抗要件的に機
　　能するほか、一定の対抗手段・証明手段としては機能しうる。
　11）　池田真朗「一括決済方式の展開と電子記録債権法制への対応」法学研究（慶應
　　義塾大学）80巻5号20～21頁（本書第13章239～240頁）。
　12）　池田真朗「電子登録債権立法試論——売掛債権活用の観点から」金法1788号
　　（2006）22～23頁参照（本書第12章所収）。
　13）　始関正光＝高橋康文『一問一答電子記録債権法』（商事法務、2008）62頁。

Ⅴ　電子記録債権の課題

1　譲渡禁止特約

　電子記録債権においても、いわゆる譲渡禁止特約を付することは法律上はできることになった（発生記録において、譲渡記録ができないことの定めを記録しうる。発生記録の任意的記録事項を定める16条2項12号参照）。しかしこの点が、手形代替にしても指名債権代替にしても、電子記録債権の流動性を確保しようとする場合には大きな障害になることは言うまでもない。

　この点では、新制度の設計として、本法においては電子記録債権の所与の属性として、譲渡禁止は不可とする立法も考えられえたのであるが[14]、そのような形態は採用されず、ただし、譲渡禁止の記録をすることを電子債権記録機関が業務規程で排斥することができるという規定（16条5項）が置かれることになった。

　しかし、そもそも、この電子記録債権の議論のはじめは、中小企業の資金調達の円滑化を図るための制度作りが目的であったのである（政府のIT戦略本部が取りまとめた平成15（2003）年のe-Japan戦略Ⅱ、e-Japan重点計画2003に明示されている）[15]。しかるに、譲渡禁止特約が付されるのであれば、そ

の電子記録債権は、指名債権代替とすれば現在の資金調達のための債権譲渡において譲渡禁止特約の存在が阻害要因とされている現状はなんら変わらず、またいくら手形代替として定型化した電子記録債権を発生させたとしても、譲渡禁止のそれでは期限前融資の道も閉ざされる単なる決済手段（しかも債務者大企業に納入企業が囲い込まれる固定的決済手段）になってしまい、中小企業の資金調達にとってはよいことは1つもない。

また、中小企業の資金調達と切り離して、資金調達一般から国際的な趨勢をみても、アメリカ UCC 9－401条のように、譲渡禁止特約の効力を明文で一切否定するやり方もあるし、UNCITRAL 国際債権譲渡条約でも、債権の種類を限定しつつ譲渡禁止特約の対外効を否定する（同条約第9条）等、資金調達のために積極的に債権譲渡を活用する発想に立つ場合には、譲渡禁止特約の効力に否定的な対応をするほうが普通なのである[16]。もちろん、金融取引などで一定の譲渡制限を必要とする債権にはその旨を規定で認める処理をすればよいのであって、問題は、単純な売掛債権等に債務者の事務処理上の都合などで全面的な譲渡禁止特約が付されることであるのだから、本来はそれだけ排除できればよいはずである[17]。

もっとも、電子記録債権においては、記載事項以外のところで譲渡禁止特約があってもそれは当該電子記録債権の属性とならず（9条により、電子記録債権の内容は、債権記録の記録により定まる）、また譲渡禁止特約が債務者と電子記録債権の譲渡人の間での人的抗弁として存在するとしても、原則としてそれを譲受人には対抗できない（20条本文。例外は、同条ただし書にある、債務者を害することを知って当該電子記録債権を取得した場合と[18]、20条2項に定める、発生記録に人的抗弁の切断規定を適用しない旨を記録した場合および譲受人が支払期日以後にされた譲渡記録の請求によって譲受人として記録された場合などである）。したがって、現在の指名債権譲渡で現実に問題になっているような、隠れた譲渡禁止特約が後から基本契約書などの中に発見され、しかもそれを調査探究しなかった譲受人に重過失が認定されて譲り受けが否定されるというような、理不尽な問題は起こりえない。その意味では、電子記録債権法は現行の指名債権についての民法規定よりは譲渡禁止特約による弊害を基本的に小さくしているとはいえる[19]。

また、先述のように、電子債権管理機関には、業務規程によって、譲渡禁止特約を付す電子債権記録を受け付けないなどとする自由が明文規定によって確保された。上記の考察からすれば、たとえば手形代替での活用をまず中心の業務としようとする場合には、そのような処理をすることが当然に考えられる（経済産業省の電子債権制度研究会報告書が、譲渡禁止特約のある電子記録債権の記録請求を業務規程によって受け付けない電子債権記録機関の存在を提案したのは適切であったといえる）。[20]

2　将来債権譲渡

電子記録債権の最大の課題と言ってもよいのが、この将来債権への適応可能性ということである。

先に述べたとおり、電子記録債権は現在の規定では、記録時に債権額の確定等を必要とする（16条1項1号）ばかりか、そもそも「記録によって発生する」ものであるので、電子記録債権は基本的に既発生の債権ということになり、したがってこれを未発生の将来債権の譲渡等には使いにくい構成になっている。発生を見込んで額を設定していわば既発生のものと同様に考えて記録するというようなテクニックを使わない限りはうまく記録ができないことになろう（なお、この点は後述VI 2参照）。

そのことに将来改善の余地はもちろんあろうが、それはさておき、そうすると、純然たる将来債権譲渡の場合は、当面はほとんど民法上の指名債権についてなされることになると思われる。

そこで課題となると思われるのは、将来債権譲渡担保契約への影響である。この取引が現在資金調達手法として盛んに行われており、その場合、将来債権を含む集合的な債権群を対象にするのが通例であることから、通常は対抗要件具備には債権譲渡登記が使われているのも周知のとおりである（さらに平成17（2005）年に施行された動産債権譲渡特例法では、第三債務者不特定の将来債権についても債権譲渡登記ができることになった）。

したがって、用途別の住み分けを考えると、とりあえずは、将来債権譲渡には指名債権で債権譲渡登記、金額確定の個別債権には電子記録債権、という住み分けが考えられるのである。けれども問題は、この共存にある。債権

譲渡登記を使った将来債権譲渡は、債権譲渡登記によって債務者に知らせずに第三者対抗要件がかなり確実な形で取れる。しかし、個々の具体的な将来債権が発生してからあるいは発生とほぼ同時に電子記録債権にされると、筆者が別稿で検討したように、手形債権と原因債権の関係とのアナロジーでは、電子記録債権としての処分が優先し、しかも電子記録債権の譲受人のほうが実質的に優先することになる。[21]この結論は、電子記録債権の取得者側には好都合なのであるが、先に指名債権を譲り受けた側には非常に不利になる。

つまり、電子記録債権法施行に際して現在存在する資金調達実務への影響としてもっとも検討しておかなければならないのは、債権譲渡特例法登記を使う将来集合債権の譲渡担保についてなのである。これがどういう影響を受けるかは、今後十分に検討されるべきであろう（もちろん、直接金融としての将来集合債権の流動化においても同じことがいえる）。[22]

ここでは、例の将来債権譲渡の権利移転時期の問題が理論的には関係してくる。[23]ただ、仮に権利移転時期を契約時だと主張しても、現実には、個々の売掛債権の発生時には、電子記録債権としての決済を望む債務者は、当然譲渡担保の譲渡人たる納入者を債権者として電子記録債権を発生させようとするであろう。譲受人を債権者としての電子記録債権が直接に発生記録されることはいささか考えにくい。

この問題に対しては、今後実務上の優れた対処策が提示されることを期待したいが、1つ現時点で考えられるのは、契約中で被融資者たる将来債権譲渡（譲渡担保）の譲渡人の行動規範の強化を図ることである。つまり、電子記録債権の処分が優先するのであれば、逆にこの制度を積極的に契約に取り込み、発生した個々の将来債権をただちに電子記録債権として、融資者たる将来債権譲渡（担保）の譲受人に譲渡記録をする、そうでなければ他の第三者に渡らないように速やかに回収して融資者に回金する、等のことを譲渡契約（譲渡担保契約）の中で被融資者たる譲渡人に義務づけるのである。このようなコベナンツ条項の活用・強化が不可欠と考えられる（コベナンツ条項の違反の場合の契約の帰趨についても契約中に明示する必要があろう）。[24]

3 支払等記録の意味——権利消滅の「対抗（証明）要件」

　最後にもう１つ、理論的に今後検討が深められなければならない論点と思われるものをあげておく。それが、支払等記録の法的意味である。先述のように、発生記録と譲渡記録は効力要件とされたわけであるが、では支払等記録はどのような法的意味を持つのか。法文では、発生記録と譲渡記録とにおけるような意義づけの規定（15条、17条）を欠いているので、非常にわかりにくい。

　立法担当官の解説では、概要解説のところでは、支払等記録は、混同の場合の例外（22条１項ただし書）を除いて、電子記録債権の消滅の「効力要件にも対抗要件にもならない」とされているが、一方で、支払等記録の解説の部分では、「効力要件とはならないものの、以下のような機能を有する」として、①債務消滅原因事実を記録する機能、②法定代位を公示する機能（24条５号参照）、③質権についての権利関係を公示する機能、があると列挙されており、その①の部分では、「支払等記録がされて支払等の債務消滅原因が記録される結果、支払をした者が支払済の抗弁を第三者にも対抗することができるようになる」と説かれている。さらにこの点は、支払期日どおりに支払った場合は、支払等記録がなくても債務者は当該支払の事実を第三者に対抗できるが、期日前弁済を行った場合は、支払済みの抗弁を第三者にするには支払等記録をする必要があると注記されている。

　つまり、支払等記録は、限定された範囲であるが、いわば（比喩的にいえば）「権利消滅の対抗要件」として機能するということになる。そうすると、前掲の「効力要件にも対抗要件にもならない」と書かれている部分とは若干矛盾するようにもみえるが、これは、用語としていわゆる権利取得の法定的対抗要件にはならないという意味で、支払済みの抗弁の「対抗手段」には場合によってなる、という説明と理解すべきであろうか。しかし、後者を、限定的な場面ではあるものの「権利消滅の対抗要件」と位置づけることは可能であろう。

　正確に言えば、これまで対抗要件という概念は、権利「取得」を対抗するものとして要求されていたので、ここで言うような、権利「消滅」の対抗要件という概念は民法上存在しなかった。しかしながら、私見ではこういうも

のが必要であると以前から主張をしてきた。たとえば、免責的債務引受がなされた場合、債務者、引受人、債権者の三当事者で免責的債務引受をしたとして、それを債務者は他の第三者にどう証明するのか。当事者が契約の成立時をなんらかの手段で立証する以外の、公的な証明基準はないことになる。私見は、民法改正によって債務引受の規定を民法上に置くなら、このような場合に「いつ債務者でなくなったか」を主張対抗できる「債務離脱の対抗要件」とでも言うべきものを規定すべきと主張してきた[28]（同様な問題は、債務移転の部分を含む契約譲渡すなわち契約上の地位の移転の場合にも生ずる[29]）。ここで、それに類似する問題が立法上に現れたといってもよかろう。

先に掲げた、電子記録債権同士の相殺についても、相殺のなされた時点で電子記録債権は消滅するのであるが、前述の解説のアナロジーでいくと、支払期日に相殺なり相殺契約をした場合は、支払等記録なしに当該債権の消滅を第三者に対抗しうるが、期限前に相殺なり相殺契約をした場合には、支払等記録をして第三者に対抗する（相殺済みの抗弁を第三者に対してすることができる）ことになろう。さらにいえば、支払期日に相殺等で消し込んだ場合にも、支払等記録までしておけば、第三者に対して債権消滅を主張し証明するのに大変便宜であろう（その支払等記録のあった以前に当該電子記録債権は確実に消滅している、といえる）。このような観点から、支払等記録の機能と実質的意義が認識されるべきである。

14) ちなみに筆者は、譲渡禁止特約の存在が債権流動化取引の阻害事由になっているという認識（池田真朗「電子債権――中間試案の検討と若干の試論」金法1781号（2006）12頁）のもとに、新しい電子記録債権法においては、（何らかの条件を定めての譲渡制限はできるにしても）少なくとも全面的な譲渡禁止特約の付与は認めないという制度にすべきと法制審議会部会において強く主張したが、（反対論は、今後の活用可能性を保持するべき等というものであって説得的な理由は乏しいと感じられたものの）多数の賛同は得られなかった。
15) 「金融システム化に関する検討小委員会報告書――電子債権について」（経済産業省、2004）4～5頁参照。
16) 詳細は、池田真朗『債権譲渡法理の展開』（弘文堂、2001）309頁以下。
17) したがって全面的譲渡禁止特約は排除すべきという私見の主張は、政策論というよりも一歩踏み込んだ制度設計論と評価してほしかったのであるが、審議会での支持は少数にとどまった。日本はこの点では世界の趨勢をリードする思い切った新

制度の設計には踏み切れなかったというべきか、電子債権記録機関の業務規程での排除の方法で適切であったと見るべきかは、今後運用上で明らかになろう。

18) この害意は、手形法17条ただし書についての解釈と同様にされるものと説明されている。始関正光=坂本三郎=富田寛=仁科秀隆「電子記録債権法解説(4)」NBL866号（2007）49頁参照。

19) 池田・前掲12) 25頁に述べた、「見えない譲渡禁止特約」の排斥は、ある程度実現したといえる。

20) 「電子債権制度に関する研究会第二次報告書——中小企業の資金調達円滑化に向けて」（経済産業省、2007）23頁。

21) 原因債権について手形が振り出された場合と同様に考えると、原因債権の譲受人から弁済を請求された債務者は、電子記録債権の記録の抹消と引き換えに支払う、という抗弁ができることになる（最判昭和35・7・8民集14巻9号1720頁参照）。したがって、電子記録債権が別の第三者に譲渡されていた場合は、その第三者は弁済期が来れば当然に弁済請求して受領することができ、支払いを拒まれた原因債権の譲受人のほうは、その第三者におそらく不当利得返還請求もできない（同一債権の二重譲渡ではなく別異の債権の別異の処分ということになるため）という帰結になってしまいそうである。池田・前掲注14) 14〜15頁。

22) 本章では詳論する余裕がないが、筆者も制定に関与した、いわゆる「売掛債権担保融資保証制度」（平成13（2001）年12月17日より施行。現在は、平成19（2007）年8月以降、ABL等の在庫動産担保融資にも対応を拡大した「流動資産担保融資保証制度」となっている）にも、電子記録債権をどう活用できるかが大きな問題となろう。なお、流動資産担保融資保証制度については、六信勝司「中小企業信用保険法および産業活力再生特別措置法の改正による新たな保証の創設(上)」金法1815号（2007）15頁以下を参照。

23) 参考判例として、将来債権譲渡担保と国税債権の優劣を扱った最判平成19・2・15民集61巻1号243頁（ただし本判決が直接権利移転時期の問題に触れているわけではないが、本判決では、権利移転時期を将来債権の発生時とした原審判決を否定した）。

24) 以上詳細は池田・前掲12) 19〜20頁参照。

25) 始関=高橋・前掲注3) 14頁。

26) 始関=坂本=富田=仁科・前掲注18) 51頁。

27) 始関=坂本=富田=仁科・前掲注18) 52頁注(35)。

28) 池田真朗「債務引受と債権譲渡・差押の競合——一括決済方式における債権譲渡方式と併存的債務引受方式の比較を契機に」法学研究（慶應義塾大学）77巻9号（2004）34頁、35頁注(10)。

29) 契約譲渡の対抗要件の立法提案については、池田真朗「契約当事者論」別冊NBL51号『債権法改正の課題と方向——民法100周年を契機として』177頁（1998（平成10）年日本私法学会報告資料）。

VI 電子債権記録機関の業務――予測を含めて

1 手形代替の決済機関

　ここでは、今後設立されていくであろう電子債権記録機関の業務として想定されるものをいくつかあげておきたい（なお、電子債権記録機関の業務を行うためには、主務大臣の指定が必要であり（51条）、資本金は 5 億円以上が必要とされる（53条 2 項））。

　すでに述べたように、電子債権記録機関は、その業務の範囲を自ら自由に設定することができる。もっとも早い段階で設立し営業を開始するであろう電子債権記録機関の主たる業務としては、やはり全国規模での手形を代替する決済機能の実現ということが考えられる。

　そうすると、その場合には、記録機関としては、業務の有効性を高めるためには、①電子記録債権の任意的記載事項をあまり多様に認めず、ある程度の画一化を図ることが適当と考えられるし、さらに、手形割引にあたる資金調達手法の確保のためには、譲渡禁止特約の関係で前述したように、②譲渡を禁ずる旨の記載を業務規程で認めないこととする必要があろう。制度の安定性を図るためには、手形の遡求にあたる、③電子記録保証を義務づけることも考えられる。なお、現在の手形には不渡り制度（銀行取引停止処分）があるが、これも、法的な規制根拠を持つものではない業界自主ルールであり、その意味で、電子記録債権についてもこれに類似する機能を果たす自主ルールが整備される可能性はあるが、法で義務づけたり行政が強制するべきものではないように思われる[30]。

　もっとも、近年は、手形の負担感（発行、管理、交換等の手間、印紙税の負担等）から、手形を使用しない手形レスの決済が多用されるようになっている。①一括決済方式や②期日指定振込がそれである。しかしながらこれらは、中小企業の資金調達の観点からは万能ではなく、①は支払側の大企業にメリットが大きく、下請業者にとっては一種の債権の囲い込みであり、期日前資金化を望む場合はその相手は一括決済方式の受託金融機関に限定されるという難点がある（受託金融機関にとっても、下請け業者が一括決済の対象とすべき

債権をうっかり他に二重譲渡して債権譲渡登記をするようなリスクがあることも知られている）。また②は、振込期日前には資金化ができないという、下請業者にとって明らかな不利がある。中小企業にとって、これらの不利を解消し、さらに資金調達の方途を広げる制度としても、電子記録債権による決済が期待されている。

　なお、そのような手形代替決済機能を主たる業務として措定する場合には、1点、下請代金支払遅延等防止法（以下、「下請法」と略称）との関係が問題になる。当該電子記録債権が、親企業から下請企業への支払いに充てられるものである場合には、下請法の規制内容をクリアするものでなければならないからである。これには、所轄官庁である公正取引委員会の下請法の解釈についての「お墨付き」が必要になる。筆者は、下請代金の電子記録債権による支払に関しては、現金に準ずる支払手段として、下請法上、従来の手形による支払とまったく同等の評価を与えることが適当と考えていたが、この点、公正取引委員会は、平成21（2009）年4月にこの方向でのパブリック・コメントを求める作業を行い、同年6月にその旨の通達や通知が発出された。

　具体的には、以下のような対処がされる。

　①電子記録債権の発生記録または譲渡記録により下請代金の支払を受けた下請事業者が、金融機関に当該電子記録債権についての譲渡記録をすることにより金銭の支払を確実に受けられるようなものとする、つまり譲渡記録が確実にできる（譲渡禁止特約の記録がされない）ことと現金化が確実なことが要求される。②下請法2条2項の下請代金の支払期日の規定（60日の期間内）については、現行の取扱い上、手形払を現金による支払と同様に承認しているが、これを、電子記録債権による支払（発生記録）にも及ぼし、同委員会が昭和41（1966）年3月以来の指導指針としている、繊維業について90日以内、繊維以外の業種について120日以内という下請代金支払手形のサイトと同じサイトを電子記録債権による下請代金支払について課す。③電子記録債権の譲渡記録によって下請代金の支払を行う場合には、親事業者は当該電子記録債権に電子記録債権法2条9項の電子記録保証を付すことが要求される。④支払手段を電子記録債権の発生記録または譲渡記録による支払に変更する場合に、下請事業者に対し支払条件を従来よりも実質的に不利になるよう変

更しないこと、また電子記録債権に係る支払が行われる際に、下請事業者が利用する一般の金融機関の預金口座を利用できないこととしないこと、が要求される（以上平成21（2009）年6月19日公正取引委員会事務総局取引部長通知による指導方針）。なお、当然ながら、⑤電子記録債権により下請代金を支払う場合に、下請事業者が当該下請代金の支払いを受けられなかった場合には、下請法4条1項2号（下請代金の支払遅延の禁止）の規定に違反するものとして扱われることとなる（平成21（2009）年6月19日公正取引委員会事務総長通達）。

　このような措置がなされた結果、業務開始後に法令上の障害が明らかになるリスクも除去され、本法に基づく電子債権記録機関の指定第1号が平成21（2009）年6月24日に誕生した。

2　売掛債権活用の資金調達支援機関

　電子記録債権においては、現在の民法上の指名債権の持つ欠点も除去されている。存在の不確実性、支払いの不確実性、二重譲渡リスク等がそれである。電子記録債権は、まずは手形代替の制度として普及を図られることになると思われるが、結局、手形代替の決済・与信手段としての使用法については活用に限界があるのであって、それよりも資金調達手段としての指名債権代替機能の開拓のほうにその新しい可能性があるといえそうである。

　指名債権代替の場合の活用可能性としては、当然のことながら、売掛債権の担保化という観点が検討の対象となる。「電子手形」に対する「電子債権担保」とでも言うべきものの活用を試みる電子債権記録機関の登場が望まれるのである。

　これには、以下のような手法が現段階で想定しうる。つまり、先述のように、純然たる将来債権は電子記録債権として記録しがたいのだが、電子記録債権を担保に資金調達するという意味では、既契約の請負報酬債権のように、工事の進捗によってある程度長期のスパンで今後発生することが予定されている債権を、その一定の内輪の金額で電子記録債権として現時点で発生させ、それを譲渡担保として提供して現時点での運転資金の調達をするという手法である。これは、金額が定まり支払いの保証がある金銭債権であるから、担保としては現在の指名債権よりもよほど確実で優良な担保手段といえるので、

運転資金の早期調達にはかなり効果があると考えられる。部分的に支払保証がつく慣例のある請負報酬債権などの場合は、この方法は適応可能性がより高いと思われる。

　さらに、現在の売掛債権を手形との対比で考えた場合も、手形が振り出される以前の売掛債権段階での資金調達への活用はどのように図られていて、それを電子債権でさらに図ろうとするとどうなるか、という活用課題が想定できる。これについて、売掛債権は検収後の返品等があれば額が直ちには確定できないことを考えると、電子記録債権は（金額を確定して記録しなければならないので）なかなか発生させることができない。この点については、個々の電子記録債権の発生記録時に、「原因債権に瑕疵がある場合には、支払停止ができる」という特記事項を入れるという案もあるようであるが、しかしこの案は債権者側に不利な条件として下請法上の問題を生じる可能性もあり、債権の信頼性の観点からも適切ではない。

　もっとも問題がないのは、先述の請負債権で提示したプランをあてはめれば、たとえば1,000万円の売掛債権で、通例不良品返品等のダイリューション・リスクが5％程度であるとすれば、それよりも内輪の金額で、たとえば900万円だけ電子記録債権として直ちに発生させ、資金調達の用に供せるようにして、残りの部分は検収後に手形や期日指定振込等で決済する形である。さらに私見では、速やかに金額を（ほぼ全額で）確定させて電子記録債権として流通・決済の用に供してしまい、不良品等の発生による減額については、別に債務者側からのその分の反対債権を発生させることを契約書で合意しておく方法もよいのではないかと提案している。[31]ことにグループ企業間等、取引の継続に双方の信頼関係がある場合にはそのやり方のほうが便宜である（たとえば、減額分の反対債権も電子記録債権として発生させ、その後の取引で発生する売掛債権とで本文に述べたように相殺すればよい）。持ち合いの債権が発生するような企業間ではこの方法がなお有効ということになろう。

　いずれにしても、このような点が工夫されれば、先述した、現在広く行われている売掛債権担保融資が、その対象全体を（将来債権の部分も含めて）指名債権ではなく電子記録債権として実施されるスキームが普及していく可能性も十分にある。ちなみに、発展の理想形と考えられるのは、契約を電子化

し、その電子契約から発注段階で電子記録債権を発生させ、それを直ちに担保の用に供することができるようになることである。

なお、このように電子記録債権が指名債権を代替する担保手段として活用されるようになれば、いわゆるABL（アセット・ベースト・レンディング＝動産債権担保融資）[32]の進展にも大いに寄与すると考えられる。電子記録債権の可視性の高さと確実性は、それを担保に融資をする金融機関にとって大きなメリットであり、またABLの基本的な要素である継続的なモニタリングを、より容易にするという利点もあるからである。

3 貸付債権譲渡の支援機関

先にも触れたように、電子記録債権は、広範な任意的記載事項の記録を可能とする。さらには、法的保護の対象になるかどうかは別にして参考情報としての記録を加えることも禁じられてはいない。そうすると、この性質は、金融機関の貸付債権（ローン債権）の譲渡には大きな適性として評価しうる。つまり、金銭消費貸借に基づく貸付債権は、一般に、通常の売掛債権とは異なり、期限の利益喪失約款等、当該債権の属性情報なり附帯条項が多く存在するのである。したがって、それら多数の情報を記録できる制度設計にして、金融機関相互のシンジケートローン債権のポートフォリオ調整的譲渡や、今後セカンダリーマーケットの成長によってはローン債権の外部への流動化等を考える場合[33]に、それらを支援する電子債権記録機関の存在が想定されるわけである。

4 その他の対象限定的電子債権記録機関

このほか、先に述べた相殺の確実性の活用を図るグループ企業間のCMSを支援する電子債権記録機関や、特定の地方公共団体の関係する債権を中心に、地域の決済システムの電子記録債権化を図る電子債権記録機関も想定しうる。なお、前者のグループ企業間相互の決済については、結局現時点ではマルチ（多数当事者間）の処理までは一度に飛躍はできず、バイ（二者間）の処理を積み重ねることになるが、たとえば最近の民法改正提案の中では、民法典に「一人計算」として当事者多数の債権をCCP（セントラル・カウンタ

ー・パーティ）との二者間の債権に置き換えて処理する方法を規定する案も出されており[34]、電子記録債権による権利段階決済処理の法的根拠づけを支える可能性があるものとして、今後の議論の進展が期待される。

　さらにもう1つ付け加えておけば、将来的には3PL（サード・パーティ・ロジスティクス）を支援する記録機関も考えられる。3PLとは、一般的に、荷主に対して、顧客サービスの向上、物流関連コストの削減、市場競争力の確保、などを目標として物流改革を提案し、包括して物流業務を受託し遂行することをいうが、3PLでは外部委託範囲が単に流通作業のみでなく、受発注や管理業務などロジスティクスに関する広範囲な業務である点が、従来のアウトソーシングと異なる大きな特徴とされる。そうすると、今日では、商品や家畜等についてICタグでの流通管理がされる時代であるが、一方で物の流れをICタグで管理し、他方で売掛金の動きを電子記録債権で管理するという3PL業務の発展形態が想定されるのである[35]。

30）　たとえば、電子債権記録機関が不払いのあった債務者（電子記録義務者）のブラックリストを作成して閲覧可能とするだけでも、電子媒体上のデータであるので、相当の浸透力を持つと思われるが、記録機関では、たとえば発生記録を2年間停止し、停止情報は関連金融機関で共有するなどの措置が考えられているようである。
31）　池田・前掲注11）19〜20頁（本書第13章239頁参照）。
32）　ABL（アセット・ベースト・レンディング＝動産債権担保融資）については、池田真朗『債権譲渡の発展と特例法』（債権譲渡の研究第3巻）（弘文堂、2010）320頁以下参照。
33）　電子記録債権のシンジケートローン対応活用に関しては、池田真朗＝太田穰『解説電子記録債権法』（弘文堂、2010）の各論部分（太田穰弁護士主担当）の記述を参照。
34）　民法（債権法）改正検討委員会『民法（債権法）改正の基本方針』NBL904号（2009）192頁以下（別冊NBL126号同頁以下）。
35）　ちなみに3PLについての解説書としては、齊藤実編著『3PLビジネスとロジスティクス戦略』（白桃書房、2005）が充実している。

VII　おわりに

　以上みてきたように、電子記録債権法は、利用する当事者および電子債権記録機関の意思・意向に委ねる部分の多い、自由度の高い法律である。した

がって、今後の活用度は、なお未知数であり、認可され営業を開始する電子債権記録機関の業務設定や、利用のコスト、使い勝手等によって大きく方向が変わる可能性もある。しかしながら、いずれにしてもこの制度設計が21世紀の電子社会の取引を支えるものとしてあるべき方向をつかんでいることは間違いなく、実務界の工夫と努力が求められているといえる。なお、本法の附則12条で、電子債権記録機関にかかる制度については本法施行後5年を経過した段階で再度検討を加えることとされていることを付記する。

第15章
電子記録債権における匿名性と
可視性・追跡可能性のバランス

I　はじめに

　債権取引においては、その円滑化を図るための権利取得・移転・実現の確実性と、取引当事者の情報保護とのバランスが問題になる。電子社会において、その要請はどのように実現されるべきものであろうか。

　平成19（2007）年6月に公布された電子記録債権法（平成20（2008）年12月1日施行）は、法人の金銭債権について、その取引の安全を確保することによって事業者の資金調達の円滑化を図る観点から、電子債権記録機関が調製する記録原簿への電子記録をその発生・譲渡の要件とする、「電子記録債権」という、従来の指名債権でも手形債権でもない、新類型の債権を創設した。これは、内閣府のIT戦略の指針に沿った、世界でも最先端の立法である。

　この電子記録債権は、指名債権と手形のそれぞれが持つ短所を克服する方向で性格づけがされた。すなわち、手形においては、その「紙」に権利を化体させることからくる発行・管理・交換上の不便さと、印紙税の負担等から実務において近年利用が激減している現状があり、他方で指名債権にはその権利取得の不確実性（二重譲渡や譲渡禁止特約の問題）や権利実現の不確実性（一般に債務者の資力担保がない）があることから、それらの欠点をなくし、簡易かつ確実に債権の移転・回収が図れる制度が望まれたのである。[1]

　本章は、この電子記録債権という新概念・新制度の創設にあたって、上記

の要請がどのように検討され制度に盛り込まれたのかを考察するものである。

なお本章は、筆者が委員長を務めた第20期日本学術会議の法学委員会に設置された「IT 社会と法分科会」が平成20（2008）年7月24日に公表した報告「電子社会における匿名性と可視性・追跡可能性——その対立とバランス」（以下「本報告」と呼ぶ）をもとに、その中の筆者の執筆部分（「6　電子記録債権と匿名性・可視性・追跡可能性」と「10　おわりに——まとめと若干の提言」の部分）を結合し、かつ前者の部分を加筆して、一稿とするものである。[2]

1) 電子記録債権法については、立法担当官の解説として、始関正光=高橋康文『一問一答電子記録債権法』（商事法務、2008）がある。その他、池田真朗=小野傑=中村廉平編『電子記録債権法の理論と実務』（別冊金融商事判例、経済法令研究会、2008）、池田真朗=太田穣『解説電子記録債権法』（弘文堂、2010）等参照。
2) なお、「10　おわりに——まとめと若干の提言」の大部分は、L&T41 号特集の冒頭「特集にあたって」で、松本恒雄教授（日本学術会議連携会員、IT 社会と法分科会委員）が筆者執筆部分の報告書を引用して記述しているので（L&T41 号（2008）27～28頁）、重複のあることをお断りしておく。

II　電子記録債権の可視性と追跡可能性

電子記録債権は、以下に示すように、従来の指名債権や手形よりも可視性をもつ。またいわゆる追跡可能性についても、限定された範囲での機能を有する。

1　債務者からみた可視性

電子記録債権の場合、内容がその記録によって定まるだけでなく、発生・移転のいずれもが、電子債権記録によらなければならない。[3]つまり、発生にも移転にも電子債権記録をすることが効力要件である（ただし消滅については、支払等の電子記録は効力要件ではなく、弁済、相殺等（支払等）がなされると、原則として、支払等記録を待つことなく電子記録債権が消滅する）。[4]そこで、可視性は、電子記録債権の情報開示の問題（どのような者が記録を見ることができるか）にかかるが、少なくとも債務者は、常に電子記録原簿の情報を得

ようとすれば得ることができる[5]。したがって、これまでの、裏書によって手形が回り回って思いがけない取得者から突然に請求されるに至った（債務者にとっての取得者の匿名性）という問題は起こらない（少なくとも債務者には常に確認手段がある）ことになる。さらに言えば、手形と異なり、取得者つまり電子記録債権名義人として記録されうる者は、おそらく当該電子債権記録機関と取引を開始する段階で一定の審査を受けることとなり、かつその電子債権記録機関と提携する金融機関での当座預金口座開設の際には、金融機関との関係で一定の信用調査を受けることになる。そしてその名称が電子債権原簿上に記録されるのである。したがって、たとえば反社会的組織が電子記録債権の名義人となることは、ある程度の困難が伴うと思われる。これらの点は、現在の手形にない可視性かつ安全性といえよう。

　他方指名債権の場合は、本来の当事者の特定（債権債務が誰に存するか）自体は、債権者債務者を明示する形で確実になされている。また移転の場合の可視性は、民法上の通知・承諾で対抗要件を具備する場合は、債務者のところに移転情報が集まる構造の対抗要件（民法467条）であるため、債務者にとって思いがけない譲受人からの突然の請求ということは、対抗要件の観点から見れば本来はありえない。しかし、サイレントで（対抗要件を具備せずに）譲渡しておいて、譲受人が譲渡人からの譲渡通知と共に請求してきたという場合は、手形の場合と同様な状況が生じうる。したがって、少なくとも債務者が現在の債権者を捕捉できるという意味の可視性は、電子記録債権の場合には大幅に向上することになる。

　一方、電子記録債権においては、多数の債権属性情報が任意的記録事項として記録可能であるため、情報保護の観点から、譲渡履歴までは開示されないのが原則である[6]。ただ、債務者保護との関係では、記録上の債務者が、発生や譲渡の記録における債権者、譲受人や質権者等に対して人的抗弁を有するときは、当該債権者等から電子記録名義人に至るまでの一連の譲渡記録等において譲受人や質権者として記録されている者の氏名・名称や住所の開示が請求できるとされた[7]。その意味で、いわゆる追跡可能性のほうは、限定された範囲で存在するのであって、それほど十分ではないが、これは、情報保護とのバランスを考慮した結果といえる。

2　譲受人にとっての可視性

　電子記録債権の場合は、譲受人は記録の確認によって手形と同程度の確実性をもって債権の存在を把握し権利を取得しうるうえ、さらには手形以上に詳細な債権の属性情報を任意的記載事項によって知りうる利点がある。これは、可視性という観点からも評価しうるが、債権譲渡法理からすれば、同一性を維持して移転させる対象債権の属性を明らかにすることによって、どのような債権が移転したのか（どういう属性までを有する債権が移転したのか）を明確に表示できるということになり、付帯する取引約定等も含めて移転の対象としたいローン債権（金融機関等の貸付債権）の譲渡などに大きな活用の道を開くものである。

3　利害関係を持とうとする者にとっての可視性

　一方、電子記録債権を譲り受けようとする者は、自ら電子債権原簿の閲覧はできない仕組みになっており[8]、現在の債権者等（電子記録名義人）から間接的に記録データの提供を受けるなどして情報を得る必要がある。これは、手形と比べるとはるかに多い債権の属性情報が記録できるのであるから、情報保護の観点からみれば当然といえよう[9]。取引社会における情報公開と情報保護の調節点がまさにここに見出されるといってもよい。

3）　電子記録債権法15条、17条。
4）　支払等記録について、その法的意味づけを規定した条文は電子記録債権法に存在しない。
5）　電子記録債権法87条2号。
6）　たとえば、電子記録債権法87条2号の「譲渡記録等であって電子記録名義人以外の者が譲受人又は質権者として記録されているものにおいて記録されている事項（次に掲げるものを除く。）を除き」開示請求できるというのはその意味である（現在の名義人つまり債権者等として書かれている者以外の者が過去に譲り受けた記録等は開示されない）。
7）　前掲注6）に掲げた電子記録債権法87条2号の抜粋部分の中で「（次に掲げるものを除く。）」とされる部分に規定されているのがまさにこの場合である。なお、その他、無権代理人やなりすまし者による記録によって電子記録義務者とされた者が開示請求をする場合も同様に、（そのような者を保護する必要から）当該開示請求者から電子記録名義人に至るまでの一連の譲渡記録等において譲受人または質権者

として記録されている者の氏名・名称や住所の開示が請求できる。電子記録債権法87条3号ロ。
8) 電子記録債権を譲り受けようとする者等、債権記録に自己の氏名や名称がまったく記録されていない者は、87条の開示請求権者に含まれていない。
9) 日本学術会議のIT社会と法分科会が平成19（2007）年10月に開催したシンポジウム「21世紀電子社会の法的課題——情報流通と情報保護」における始関正光氏（法務省）の報告でもこの趣旨が述べられた。

III 電子記録債権の惹起するであろう問題

　それでは、一般論として、債権取引において可視性を高めることがすべて望ましいのかという点をさらに検討しよう。わが国の取引社会においては、いまだに残る債権譲渡に対する偏見がある。つまり、債権譲渡は、危機的状況に陥った当事者が、資金繰りや当座の返済のためにその場しのぎに行う取引という側面も過去には強かったため、正常業務の中での資金調達手段として確立した今日でも、債権を譲渡するような会社は危ないのではないかという信用不安を惹起する可能性が残っているのである。それを避けるために債権譲渡特例法（平成10（1998）年施行、平成16（2004）年からは動産債権譲渡特例法）によって創設された債権譲渡登記の場合は、第三債務者に知らせずに登記によって、民法467条2項の定める確定日付ある証書による通知を代替する第三者対抗要件を得ることができる制度を作った、という事実もある（ただし同登記の最大の眼目は、個々の債務者への通知または承諾を必要としている民法上の対抗要件を、譲渡情報を大量に磁気データに入れて登記することによって代替し債権の流動化を簡略化にするという点にあった）。もっとも、債権譲渡登記で第三者対抗要件を得た譲受人は、それだけでは債務者に情報が与えられないため、対債務者対抗要件（権利行使要件）は別途登記事項証明書を付しての通知をしないと得られないことにされており、情報の秘匿による不利益もある。

　また、本法の施行準備段階において、電子記録債権の記録手続き等を行ううえでの中小企業のデジタル・ディバイドの問題も議論されている（いまだにFAXしか使えない中小企業はどうするか、という議論である。取引金融機関が

記録を代行するという議論もあるが、取引データの漏えいという意味からは適切でないとされる。過渡的には、記録代行業者の出現する余地もあろう）。【補注、平成21（2009）年末に電子記録債権の第１号の運用を開始したJEMCOでは、FAXデータをそのまま電子データに読み込むシステムを活用している。】

10) 債権譲渡取引の利用実態の変容については、池田真朗「債権譲渡に関する判例法理の展開と債権譲渡取引の変容——危機対応型取引から正常業務資金調達取引へ」川井健=田尾桃二編『転換期の取引法——取引法判例10年の軌跡』（商事法務、2004）295頁以下（池田真朗『債権譲渡の発展と特例法』（債権譲渡の研究第３巻）（弘文堂、2010）16頁以下所収）。
11) 当時の債権譲渡特例法２条１項。現在の動産債権譲渡特例法４条１項。
12) 当時の債権譲渡特例法２条２項。現在の動産債権譲渡特例法４条２項。
13) ただしこれは、法理論的には、本来民法467条が債務者への認識付与をもって債務者の保護と第三者への（不完全ながらも）公示の機能を果たさせる対抗要件とを兼ね合わせたという沿革と立法経緯があり（この点については、池田真朗『債権譲渡の研究〔増補２版〕』（弘文堂、2004）107頁以下参照）、そのような債権譲渡の対抗要件の基本構造が民法において維持されている以上は、この処理は妥当なものというべきである。

Ⅳ　小　括

　基本的には、債権取引から匿名性を排除し、可視性、追跡可能性を高めるのは正しい方向であるが、債務者や譲渡人の個人情報・企業情報は適切に保護されなければならない。本章で見たように、電子記録債権法では情報開示の規定においてその配慮はかなりの程度に実現されているので、その意味でも電子記録債権の導入は推奨すべきものである。もっとも、この新制度の「使われ方」が適切な方向に向かうかはまた別の課題である。つまり、この新制度が大企業の業務の効率化にのみ資することになっては本末転倒であり、本法の立案段階から本来の目的とされていた、中小企業の資金調達の活性化につなげなければならない。制度の運用の中で実際に中小企業にどのようなメリットが与えられるかを検証し確保していくことが必要である。
　いずれにしても、この電子記録債権が、それによって信頼性・確実性のある債権取引ができるということを社会に広く認識させるためには、記録の改

ざんを防ぐシステムや、電子債権記録機関の側で生じたトラブルについての記録機関の責任の明示と並んで、このような可視性（バランス感覚のある可視性）の観点を周知せしめることが必要かつ有益であると考えられる。

V　おわりに——まとめと若干の提言

　日本学術会議のIT社会と法分科会の報告書は、項目の2から8までで、想定される代表的な7つの論点を分析し、項目9で、そのような電子社会の構成員たる市民が、現在どのような意識でこれらの問題に対応しようとしているのかを考察する手法を、情報取得とプライバシー侵害というテーマに限ってであるが、試験的に検討した（項目9は、松村良之・千葉大学教授が担当）。そして、項目10で筆者が取りまとめて執筆した結論としての「まとめと若干の提言」は、以下のようなものとなった。

　　これら上掲の検討から明らかになったことは、「はじめに」に記した「電子技術、ネットワーク技術の著しい進展とともに、匿名の社会のようで、可視性の高い社会という、微妙な均衡の上に成り立っている」この現代社会を、今後適正に発展させていくためには、さまざまな社会制度の設計の中に、「電子社会における匿名性と可視性・追跡可能性の対立ないしバランス」という観点を積極的に取り入れていかなければならないということである。

　　具体的には、①匿名性を高めるべき（維持すべき）場面と、②可視性を高めるべき場面、③ことに追跡可能性を高めるべき場面、が存在し、また場合によってはそれらが「混在」するのである（たとえば、プライバシー・個人情報保護においては、個人情報の匿名性を維持しつつも、個人の側からの、自己の情報が漏えいしていないことの確認ができるしくみ——ある意味での個人の側からみた可視性の確保——を作る必要性が論じられる）。しかも、もちろんのことながら、①と②③とは、多くの場合に背反する要請となる。

　　したがって、現代社会の電子化・IT化の制度設計ないし法整備においては、まずは個々の場面でそれらの各要素を十分に分析したうえで、匿名性・可視性・追跡可能性の、量的・質的な最適バランスを図る必要がある

といえる。

　本報告の結論そして主たる提言は、この点に存する。これまで、IT化の社会制度構築ないし法整備においては、それぞれの主目的に即して、「情報の匿名化による保護」とか、「情報の可視化による流通」など、いずれかの側面にやや単純に比重をかけた議論がされてきたように感じられるものも少なくない。今後は、諸要素のバランスを考慮した、より総合的・多角的な検討が望まれるのである（さらに付言すれば、IT化の制度設計において、いわゆるデジタル・ディバイドの問題はさまざまに議論されてきたが、導入される社会の構成員たる市民のほうの意識格差等の問題がどれだけ検討されてきたかという点も指摘されるべきであろう。IT化に対する市民意識のレベルや、その地域あるいは世代による格差も十分に検討されないと、せっかくの新制度が根づかないことも容易に想定できるからである）。

　以上がIT社会と法分科会報告書の「まとめと若干の提言」の部分である。筆者が扱った電子記録債権の問題は、この報告書の問題提起を取引分野において位置づけ、また理解するためには大変適切な素材であったと考えている。

　今後の問題は、国単位で電子化・IT化に関する新制度を設計する場合に、この「匿名性と可視性・追跡可能性との最適バランスの探求」というような視点が、所管の各省庁で個々ばらばらに考えられるのではなく、できれば統括的な組織によって、より包括的な目配りがされるようになるべきということである。[14]

14) なお筆者は、平成20（2008）年10月からスタートした第21期日本学術会議においても、同分科会の委員長として、さらに日本学術会議「日本の展望」委員会情報社会分科会委員として、この問題をさらに探究する予定である。

第16章
資金調達における電子記録債権の利便性・安全性と可能性
―担保としての活用法を中心に

I　はじめに
――電子記録債権が性質として持つ利便性・安全性の確認

　本章では、実際に運用が開始された電子記録債権について、改めて今後の活用形態を考えてみたい。というのも、平成21（2009）年の段階で初めて運用が開始されたケースも、また今後全国銀行協会が平成24（2012）年を目処に開始しようとしているシステムも、ほとんどが手形を代替する決済手段としての活用にとどまっている感がある。本章はそれに対して私見の提言を示そうとするものである。

　まずは前提となる知識の確認である。すでに述べてきたように、電子記録債権は、手形法上の手形でも、民法上の指名債権でもない、新しい第3類型として創設された。そして、その両者の欠点をなくし、利点を伸ばす方向で、さらに電子記録債権独自の安全性を加える形で、設計されている。

　具体的には、①手形なみの取引の安全の方策がとられていること、②手形になく、指名債権にあるメリットが保持されていること、③電子記録債権独自の安全性（可視性）があること、があげられる。①としては、権利推定効、善意取得、人的抗弁の切断、支払免責、手形の遡求に当たるものとしての電子記録保証、などが挙げられる。なお、手形の不渡り制度は、法定の制度ではないので（いわば業界の自主ルールとして整備されている）、電子記録債権法

でも規定はされなかったが、記録機関が自主的に同様のルールを作ることは可能である。②としては、紙の発行や保管の負担がない、印紙税がかからない、分割譲渡ができる、などの諸点が挙げられる。さらに③としては、電子記録債権の情報開示は、当事者ことに債務者に厚く、利害関係を持とうとするだけの者に薄い設計（情報流通と情報保護のバランスの確保）になっており、債務者には常に権利者が誰かの確認が可能であって、手形の場合のように裏書によって回り回って思いがけない取得者から突然に請求されるに至った（債務者にとっての取得者の匿名性の弊害）という問題は起こらないこと、取引参入者の資格審査と原簿上の明記がされるため、そもそも反社会的勢力等の排除が相当に可能であること、万一のハッキングによる改ざんなどの場合は、それが記録機関側で起こった場合は記録機関の責任となる等の立法措置も採られていること、等が挙げられる（以上、詳細は本書第14章、第15章参照）。その意味で、電子記録債権は、ツールとしてすでにリスクの低減が図られているものといえる。

1) 実施の運用事例第1号は、平成21（2009）年秋に、JEMCO（日本電子債権機構株式会社）によってなされた。平成22（2010）年初頭におけるその他の記録機関の設立状況に関しては、池田真朗=太田穣『解説電子記録債権法』（弘文堂、2010）25頁注31) 参照。

II　本　論

1　はじめに——電子記録債権の担保活用とその意義

それでは、電子記録債権の担保活用の意義を考えるところから本論に入ろう。結論から言えば、電子記録債権の活用の真髄は、手形代替にではなく、指名債権代替にあるといえる。

というのも、決済手段としての手形を電子記録債権に置き換えただけでは、債権者たる納入事業者にとって、いわゆる手形割引と同等のレベルの資金調達手段にはなるが、それ以上の資金需要に対応できるものではない。つまり、手形代替では、この法律の能力を十分には生かせないし、手形代替では、メリットがあるのはほとんど大企業側であると考えられる。たとえば、大企業

（支払債務者）側は、電子記録債権による決済処理を採用することにより、手形の発行に係る負担や印紙税の負担を逃れることができるし、現在の一括決済方式（ことにその債権譲渡方式）を電子化したメリットは当然に得られると思われる。しかしこの場面では中小企業側にはメリットは薄い（一括決済方式の中での期限前融資の場合は、特段の仕組みを付加しなければ、同方式の受託金融機関のみからの融資となるのが通例であって、納入債権者の側で資金調達先の選択ができない。いわゆる「囲い込み」の弊害が生まれることになる）。

　これに対して、電子記録債権を指名債権代替として機能させるケース、つまり担保として活用する場合は、手形発行以前の早期段階で担保として利用できるということであれば、まさに資金調達をしようとする中小企業側のメリットになる。新たな資金需要に対応する資金調達を実現できることになる（この点を補足すれば、すでに本書や拙著『債権譲渡の発展と特例法』（弘文堂、2010）でも指摘したように、企業の保有する資産としての売掛金の総額は、不動産の総額にほぼ匹敵する額になっている。またアメリカでは売掛金等の流動資産を10数％資金調達に活用しているというデータがあるが、日本はこの部分が非常に遅れている[2]）。

2　電子記録債権の担保としての適性

　それでは、電子記録債権の担保適性はどう評価されるか。この点については、電子記録債権が、基本的には、額面の確定した、既発生の債権であることにまず注目するべきである。

　電子記録債権は、記録によって確定的に発生する。したがって、電子記録債権は、額面の確定した、すでに発生した債権ということになる。しかも、何の留保もつけなければ、前述のように、善意取得の規定も働き、人的抗弁も切れ、債務者にはその額面どおりの金額の弁済義務がある。

　この点、一般の民法上の指名債権では、手形のような善意取得はもちろんなく、人的抗弁も接続するし、そもそも特段の資力担保がされていなければ、弁済されるかどうかの保証はない。それ以上に、債権が本当に存在するかどうかが、簡単にはわからない（たとえば、売掛債権担保融資保証制度において、当初やや詳細な債権のエビデンスを求めたのはそのためである[3]）。

したがって、電子記録債権は、その存在の確実性、その有する価値の確実性、そして、その支払可能性の高さ、という意味で、民法上の指名債権よりもはるかに担保としての適性が高いといえる。

もっとも、それだけの担保適性の高いものも、債務者が発生に合意してくれなければ利用に供せないことはもちろんである。ただこの点、電子記録債権法は、広く当事者および記録機関の自由裁量を認めている。したがって、たとえば、後述するように、人的抗弁を切断しないという留保をつけること等が可能である。このような部分を上手に活用することが、担保活用の鍵を握る最大のポイントと考えられる。

たとえば、請負報酬代金債権について電子記録債権を発生させる場合を想定すると、（前払い保証などの実務慣行をさておけば）もちろん合意した最終的な債権額、あるいはそれに近い、当初の支払いが合意される金額について、発生記録をすることになる。しかし当然のことながら、工事の完了に不安があれば債務者はそのような電子記録債権の発生記録に協力しないと思われる。そこで、その記録には、「請負工事の未完成部分については支払拒絶の抗弁ができる」等の、抗弁の一部または全部の留保について合意した文言を加えるのである（これが可能であることは本書第14章Ⅳ2(1)参照）。けれども、その場合であっても、そもそもの債権の存在のエビデンスやその他の取引安全の仕組みは非常に明瞭な形で存在することに何も変わりはない。

つまり、このような電子記録債権の担保としての優秀な性格は、本来の電子記録債権に完全な形で備わっているものであり、それを一部の抗弁を留保するなどの処理によって多少弱めて、債務者の協力を得られやすくするのである。この発想は、言うなれば「ゼロからの足し算ではなく、100からの引き算」と考えることによって、よりよく理解できると思われる。

3 電子記録債権の担保取得手続上の利便性・安全性

(1) 利便性

担保取得上の利便性は、電子記録債権の譲渡記録をして電子記録名義人たる名義を獲得するだけでよいということに尽きる。また、別途の対抗要件具備が不要であることも、現在の債権譲渡との比較では、現実の取引における

利便性としてあげられるかもしれない。

つまり、電子記録債権は、発生、移転ともに、記録が効力要件であるので、当然ながら、現在の指名債権のような別途の第三者対抗要件具備手続は不要になる。記録をすれば、それだけで、誰に対しても（時間的に劣後する第三者に対してももちろん）権利主張ができるということになる（なお、実務上では、この効力要件は対抗要件をも含むという説明もされるかもしれないが、それは実務的な実感についてそう表現できるとしても、そもそも効力要件主義を採るということは、対抗要件主義を否定することなのであって、学理的には正確な説明のしかたではない）。

(2) 安全性

安全性としては、二重譲渡リスクの排除や、原因債権の別異の処分にも優先できることをあげることができよう。

(a) 二重譲渡リスクの排除

電子記録債権は、債務者と債権者の合意に基づいて発生記録の申請をし、その同じ記録機関の記録簿に譲渡記録がなされるのであり、またその記録が譲渡の効力要件なのであるから、基本的には、いわゆる二重譲渡は起こりえない（なお、8条1項は、「同一の電子記録債権に関し二以上の電子記録の請求があったときは、当該請求の順序に従って電子記録をしなければならない」と規定するが、これはもちろん法令に従った適式な請求についてであり、AからBへの譲渡記録がされた後でAからCへの譲渡記録の請求がされても、Aはすでに債権者（電子記録名義人）でなくなっているため、AによるAからCへの譲渡記録の請求は適式な請求とは言えず、Cへの譲渡記録はなされえない[4]）。もちろん、万一内容的に抵触する記録がなされていれば、先に記録されたものが優先する。さらに、同時に抵触する記録の申請があった場合は、記録機関はいずれの記録もしてはならない規定がある（法8条2項）。

(b) 原因債権の別異の処分にも優先すること

電子記録債権は、原因債権とは別個の債権である。したがって、原因債権に対応した電子記録債権が発生記録された場合、原因債権と電子記録債権が別異の処分を受けることはありうる。つまり、たとえば、原因債権が債権者AのBに対する債権であり、これにA・Bの合意で電子記録債権を発生させ

ていたとする。その後Aがこの債権をCに譲渡し、Cはそれを債権譲渡登記したとする（この場合、A・C間の債権譲渡契約はA・Cだけでできる。債権譲渡登記もA・Cの共同申請であってBは関与しない。したがってBの不知の間に登記はされうる）。次に、債権者Aが電子記録債権のほうをDに譲渡し、A・Dの合意で譲渡記録がなされたというケースがありうるのである。しかしこの場合に、債務者Bは二重払いしなければならないかという問いに対しては、しなくてよいというのが答えになる。

なぜならこの場合、原因債権について手形が振り出された場合と同様に考えるというのが、立法担当者の見解なのである。そうすると、債務者は、原因債権の債権者からの、もしくは原因債権の譲受人からの弁済請求に対して、手形のケースであれば、「手形の引渡しと引き換えに支払う」という引換給付の抗弁ができる（最判昭和35・7・8民集14巻9号1720頁）。それと同一に考えるのであれば、債務者Bは、原因債権の譲受人Cからの弁済請求に対して、「電子記録債権の抹消つまり支払等記録と引き換えに支払う」という抗弁ができることになる。

そうすると、現在Dが電子記録債権を譲り受けているのだから、CはDが同意しない限り電子記録債権を抹消できない。したがって、債務者Bはその抹消がないかぎりCに支払わなくてよく、支払期限がきてDから請求されたらDにそのまま払えばよい。つまり、Cは、債権譲渡登記をしていても、動産債権譲渡特例法4条2項の通知をするまでは、債務者Bは登記されたことを知らないので、そうすると、民法468条2項の、債務者は通知のあるまでに旧債権者Aに対して生じた抗弁事由を対抗できる、ということになる。

これが、実際予想されている解決で、電子記録債権法の審議過程でも私が問題にして、法務省の担当者からこの旨の回答を得ているところである（金融法学会でもこの趣旨で報告した）。もっとも、条文の解釈論ということでいえば、最終的には判例が出ないと固まらないといえるが、まず解釈論としてこれでいいはずと考えている（ちなみに、上記のケースで債務者Bが電子記録債権を発生させておきながらあえて原因債権の譲受人Cに支払ってしまえば、Dからの請求に対して二重払いをしなければならなくなる）。

4　電子担保スキームの可能性

　それでは、電子記録債権を担保活用するスキーム（これを仮に「電子担保スキーム」と呼んでおく）の、成功のポイントと思われるのはどのようなところになるであろうか。

　第1にあげられるのは、当事者全員の適正なリスクシェアの発想ということである。つまり、まずは発注者（債務者）にも電子記録債権を発生させることへの理解を求めるということである。これは、上記の説示からもわかるように、電子記録債権は、金額の確定した、存在が保証され、支払が確保された、非常に堅い、優れた担保としての性格を有している。したがって、逆に言えば債務者としては、（一定の抗弁留保の場合などを除けば）期限が到来すれば必ず支払わなければならない債務なのである（そういう意味では、電子担保の場合に最適な債務者は、国や公共団体、さらに大企業等の、安定的な支払能力を有する者である）。電子記録債権を発生させる債務者は、請負債権であれば請負人の債務の完全履行、売掛債権であれば売主の瑕疵のない目的物の給付、についての確証を得なければ電子記録債権を発生させられない、という態度に出ることは十分に予想できる。しかしながら、工事が完工して検収が済んでから、あるいは納品が済んで検品がすべて完了してから、の電子記録債権の発生では、それだけ債権者の資金調達需要に応えられる部分が少なくなる。できれば、発注段階で、総債務額の一部の数字でもよいので、速やかな電子記録債権の発生記録が望まれるのである。

　この点、債務者の立場に立つ国や企業等に対しては、筆者としては、そもそも電子記録債権を使うことによってリスクの総量は減少しているのだ、ということを助言したい。

　第2には、経済効率という意味で、ある程度の取引規模が必要ということである。第3には、1つの記録機関について、それを利用する参加金融機関がある程度多数存在することである。つまり、参加金融機関が仮に1行であるとすると、先に述べた「囲い込み」の弊害が一向に解決しないことになるからである。

　そして第4には、リレーションシップ・バンキングの実行ということである。つまり、電子記録債権を担保にした融資については、上記のように債務

者の理解（言い換えれば債務者のある程度のリスクテイク）とともに、債務者の抗弁事由の一部留保というようなことが必要になる。その場合には、万一その留保した抗弁が主張される事態になった場合、そのリスクを誰がどう吸収するか、が重要になる。たとえば、請負報酬債権で債務者は優良なのだが、工事未完工の場合の支払拒絶の抗弁は留保しているというケースで、工事が完工しなかった場合には、融資者たる金融機関がそのリスクを負うスキームが作られるべきなのである（参加当事者の適切なリスクシェアという発想である）。そして、その金融機関のリスクを最小にするためには、このケースでいえば電子記録債権の原債権者つまり融資を受ける建設会社等に対する、金融機関のモニタリングが行われる必要がある[5]（ここで、電子記録債権担保融資は、いわゆるABL（動産債権担保融資）の発想と連結する。筆者は、この視点を大変重要なものと考えている）。

　さて、そうすると、電子担保スキームにおいて、債務者の倒産等による不払いリスクはどう考えるべきか。もちろん、手形の場合の不渡りと同様に、発出債務者には非常に大きなダメージが加えられることになると予想されるので、このリスク自体大きなものとはなりがたいはずであるが、電子担保スキームにおいては、債務者のデフォルトリスクは無視できるものに近いものであるのが理想である[6]。その意味で、当初は大企業や国・地方公共団体という債務者像がイメージされるわけである（将来的に発出債務者にどのように中小企業を取り込むかは1つの課題であるといえる）。

2）　池田真朗『債権譲渡の発展と特例法』（債権譲渡の研究第3巻）（弘文堂、2010）322頁以下参照。
3）　池田・前掲注2）135頁参照。
4）　池田=太田・前掲注1）59頁参照。
5）　この問題意識を持つ参考文献として、有吉尚哉「中小・地域金融機関によるリレーションシップバンキングと電子記録債権の活用」銀行法務21・708号（2009）26頁以下。
6）　電子担保のスキームではあるが、平成22（2010）年4月現在で営業を開始している電子債権記録機関（JEMCO）の場合も、おそらく同様な発想から、債務者を大企業に限定しているものと考えられる。

III　結びに代えて──電子担保への期待と展望

1　中小企業の資金調達の多様化と地域の活性化のために

　以上の考察を踏まえていえば、電子担保スキームは、「優良な商品や役務の供給をする中小企業者には優良な発注者（債務者）がつく」ことが基本にあるスキームといえる。したがって、たとえば国や地方公共団体が、自己が債務者となる契約について、積極的に電子記録債権での決済に協力してくれれば、結果的に、比較的優良な中小企業者を適切に支援できることになり、地域経済のより望ましい活性化につながると思われる。そういう意味で、たとえば一定の地域で、地域金融機関が多数参加する電子債権記録機関が創設され、一定の公共事業においてこのようなスキームが確立できれば、その地域の中小企業が資金調達において他の地域よりも比較優位に立てる、という帰結が想定しうるのである。

2　事務処理の物理的時間的集約化へ

　最後に、手間の問題に触れておく。筆者は、電子記録債権を利用した決済や担保融資取引は、本質的に事務処理集約型の取引であるはずと考えている。紙がなく、定型的な入力処理で反復処理できて、証拠力が十分にある、というわけであるから、スキームを立ち上げる初期投資の後は、低いランニングコストで運用できるはずと思うのである。将来的には、契約をコンピュータ上の電子契約で行い、そこから債権データを抜き出して、受注段階から（契約類型や当事者等によって計算される一定のリスクの織り込み作業をした上で）そのまま電子記録債権発生につなげる、という手順が実現することが、筆者が立法検討段階から想定している理想型なのである。つまり、これが一番スピーディで、資金需要に迅速に対応でき、かつ諸々のデータも残せ、事務処理の集約化が図れるはずと考えるからである。

3　公的支援の期待

　以上考察したように、問題は初期投資と、スキームの確立にある。そこで、

筆者としては、地域経済の振興につながる、地域密着型記録機関の創設を期待するとともに、その立ち上げにおける公的支援も期待したいと考えている。たとえば、そのような記録機関は、創設段階では公共事業中心のスキームを取り扱うことから業務を開始し、他の民間事業を対象とするものに徐々に展開する、という手順が考えられる。その場合、やはりリスクシェアのバランスを取ることが重要である。各保証機関の保証との組み合わせ等も視野に入れた、スキームの工夫が望まれるところである。

第 5 部

フランス金融法の動向
―― ダイイ法の展開と電子化への接近

第5部の概要

　第5部では、フランスにおける1998年から2002年までのダイイ法の展開と、いくつかの電子化への接近の局面を紹介する。いずれも、筆者が金融法学会の学会誌『金融法研究』に、「海外金融法の動向——フランス」として連載したものである。うち3本はダイイ法の関係のものであるので、これを第17章の第1節から第3節とする。ダイイ法は、フランスにおける企業や個人事業者の資金調達を円滑化するためのパイオニア的な法律で、銀行が譲受人になる職業債権の譲渡に関して、債権譲渡に関するフランス民法1690条の重い対抗要件具備手続（通知は執達吏による送達、承諾は公正証書による承諾）を緩和したものであり、現在では通貨・金融法典に取り込まれている。第1節から第3節は、それぞれダイイ法における判例の展開を紹介するもので、加えて第3節ではダイイ法の通貨・金融法典への取り込みを紹介する。第18章は、フランスにおける有価証券・流通証券の概念を見たうえで、同国におけるコマーシャル・ペーパーの券面廃止について紹介するものである。第19章は、証拠法への情報技術の適合と電子署名に関するフランス民法の改正を紹介する。各章とも、初出段階の記述にとどまり、その後の同国での立法や判例の進展をフォローできていないことを遺憾とするが、同国の資金調達関係の法規定の進展の過程、ことにその電子化の過程を示す史料としての価値を、いささかなりとも持ちうるものと考える次第である。

第17章
ダイイ法の展開

第1節　ダイイ法に関する判例の展開 I

I　はじめに——問題の概観

　フランスにおける商業債権（職業債権）流動化立法の嚆矢であるダイイ法（loi Dailly）は、1981年1月2日法律1号[1]として制定され、3年後に一部を改正されて（1984年1月24日法律46号）[2]今日に至っている[3]。【補注、本書第3節に述べるように、現在は通貨・金融法典に組み込まれている。】

　ダイイ法の債権譲渡による資金調達も今日のフランス金融業界において、一定の地歩を占めたと評されるが、同時に、金融機関にとってはある程度のリスクを伴った融資取引形態であると認識されている[4]。それは、同法が、一枚の明細書（bordereau）に多数の債権譲渡を書き込み、それに金融機関が付す日付印をもって確定日付とみなす、という形で、旧来のフランス民法1690条の厳格な対抗要件による債権譲渡手続（通知は執達吏による送達、承諾は公正証書による承諾。条文上は対債務者の関係での方式の簡略化も規定されていない）を簡易化したために、融資者（譲受人）たる金融機関としては、旧来の民法による債権譲渡では起こりえなかった問題に逢着するようになったからである。

　それらの問題は、大きく2とおりの系統に分けることができる。1つは、正に、フランス民法1690条の定める対抗要件の手続を簡易化して継受したわ

が民法467条に関する紛争と類似した内容のものである。すなわち、民法1690条の手続によるときはごく稀にしか起こりえなかった二重譲渡の場合（同一債権について譲渡人が2枚の明細書を作成して2つの金融機関から融資を受ける）の二重譲受人相互の衝突や、（これは民法の手続の場合でも起こるが）譲受人と差押債権者との衝突の問題であり、加えて、ダイイ法特有の局面ともいえる、譲受人と為替手形の受取人との衝突（譲受人のほうにはダイイ明細書による譲渡をしておきながら、通常は回収の手段として譲受金融機関に渡されるべき為替手形を別の金融機関に振り出す）等の問題である。もう1つは、ダイイ法が第三者対抗要件と債務者の保護要件を分離したところに関するもので、これもわが国の債権譲渡対抗要件特例法（本節執筆時点では国会提出原案が確定したところ）に同様な構成があり、参考となるものである。すなわち、ダイイ法では、その4条で、ダイイ法による譲渡または質は、明細書に記入された日付において当事者間で効力を持ち第三者に対抗しうる、とし、その5条で、譲受金融機関（ダイイ法では譲受人は金融機関に限られる）は、いつでも、債務者に通知をすることによって明細書の署名者（譲渡人）に対する弁済を禁じることができる（つまり、債務者は知らされるまでは原債権者たる譲渡人に支払えばよい）と規定する。この通知は、送達（signification）ではない一般の通知（notification）であり、またこの通知は債務者に支払先を指定する性質のものであって、するかしないかは任意である。したがって、明細書の日付では劣後する第2譲受人が先に債務者に通知をして、債務者から債権額を回収してしまった場合の、第1譲受人と第2譲受人との後始末の紛争が起こりうるのである。[5]

　これらについての詳細な検討は他日を期すこととして、本節では、ダイイ法による債権譲渡について、まったく新しい場面の判例と評されるものを1つ紹介しておきたい。

1） Loi no 81-1 du 2 janvier 1981 facilitant le crédit aux entreprises.
2） Loi no 84-46 du 24 janvier 1984 relative l'activité et au contr le des établissements de crédit. 本法律については、翻訳として、早稲田大学フランス商法研究会「フランスの金融法制III」比較法学21巻1号（1987）198頁以下があり、解説として、勝悦子「フランスの新銀行法」東京銀行月報36巻11号（1985）15頁以下がある。なお、山田誠一・後掲注3）の金融法研究資料編6号64頁注(3)参照。

3） ダイイ法に関する本学会での報告として、山田誠一「金融機関を当事者とする債権の譲渡および質入れ――フランスにおける最近の動向」金融法研究7号（1991）58頁以下、同資料編6号50頁以下参照。
4） フランス銀行協会（Association française des Banques）顧問でUNCITRAL（国連国際商取引法委員会）にEU銀行連合会代表として参加しているデュカロワ（P. Ducaroir）氏との面談で、同氏の示した見解である（EU銀行連合会 Fédération bancaire de l'Union européenne は UNCITRAL 国際契約実務作業部会に国際機関としてオブザーバー参加している。なおデュカロワ氏は、Banque誌の編集責任者も務めている）。
5） 前掲注4）に掲げたフランス銀行協会では、これらの各タイプの紛争の処理に関する判例・学説を分析した、実務的解説書の出版を準備中であるが、本節執筆時（1998年1月）にはまだ上梓されていない。

II 被譲債務者の沈黙に民事責任を認めた新判例

1 破毀院1998年2月13日判決

　以下に紹介するのは、ダイイ法の譲渡について通知を受け、承諾は与えていなかった債務者が、譲渡人の譲渡債権の状況についてとくに譲受人に注意を与えなかったケースで民事責任を問われた、破毀院商事部1996年2月13日の判決である（原審はコルマール控訴院1993年6月4日判決）。

　事案の概要は以下のとおりである。Y保険会社は、損害を被った保険契約者であるA社に対し、給付金を一部前払いしたうえで、行政上の手続が済み次第さらに150万フランを支払うという合意を書面でA社に通知し、その写しをA社の取引先のX銀行にも送付した。X銀行は、その結果、A社のY保険会社に対する債権を譲り受けることによって、A社への150万フランの貸付に同意した。ダイイ法に従ってなされたこの譲渡は、Y社に通知された。しかしY社の承諾はなされなかった。その後、Y社は、A社の申告のなかで、A社の被った損害額が詐欺的に過大評価されている事実を確認し、A社と、その給付額を最初に支払われた前払金の合計額に制限するという和解契約を締結した。このような事実関係で、X銀行がY社に対し150万フランの支払を求めて訴を提起した。原審であるコルマール控訴院は、X銀行の請求を民事責任を根拠として認容し、Y社に150万フランの支払を命じた。そこでY

社から上告し、Y社は、ダイイ法6条が、譲渡を承諾した債務者は譲渡人への弁済を強制され、その場合は債務者は譲渡人との間の個人的な関係に基づく抗弁を譲受人に対抗できない、と規定していることから、譲渡を承諾していない債務者であるY社は、譲渡人A社との間の関係に基づく債権不存在の抗弁を譲受人X銀行に対抗しうると主張した。

これに対して破毀院は、ダイイ法の通知があっても、通知された被譲債務者は、債権の存在等について譲受人に対していかなる情報提供義務も負うものではないと確認しつつ、被譲債務者たるY社は、通知を受ける以前、譲渡人に追加給付金を支払うという約定を譲受人たるX銀行に認識させることを自ら積極的に行っており、審査後の一件書類の変更の可能性を考慮して適切な留保を付すこともなく、また、その負債の否認を正当化することのできる新事実の発生を報知することもせずに、軽率に行動したとして、原審が民事責任に基づき判断を下したのは正当であり、上告理由のいう法令判断の違法はないと判示した。

2 被譲債務者の沈黙に対する評価

本1996年判決に対しては、「ダイイ法はこの1996年2月13日の破毀院商事部判決によって、予期しなかった新しい展開を認識することとなった」という評価が与えられている[7]。つまりそれは、「被譲債務者の沈黙について初めて一定の効果が認められた」という意味で、である[8]。

もともと、ダイイ法5条の通知については、それが任意のものであり、債務者に対して、譲渡人に対する支払を禁じるという機能を持つだけであることは判例学説上明瞭に認識されており[9]、本判決のいう、それを受けた債務者になんらの報知義務を負わせるものではないという点も、当然の理解とされている。さらに、同法6条の被譲債務者の承諾（同法6条1項は、この承諾は、「職業債権の譲渡または質入れの承諾書」と題された書面でなされることを定めている。この承諾の法的性質については、フランスではとくに論じられないようであるが、日本流にいえば意思表示にあたるであろう）があればまた議論は別であろうが、それもなされていないのであれば、被譲債務者が譲受人に対して債権の状況について報知する契約上の義務（一種の保護義務）を負うことは

まず考えられないのである。

したがって、私見では、これは保険会社がいわば銀行の融資を誘発するかのように行動した点を捉えて裁判所が民事責任の問題としたもので（わが国でいえば取引的不法行為ということになろうが、いわばレンダーライアビリティの裏返しの形態ともいえる）、必ずしもダイイ法の判例として一般化されるものではないのではないかと感じるが、本判決の評者であるルーティエ講師は後述のように、ここに債務者保護から融資取引簡易化推進への方向性を読み取ろうともしているようである。

実際のところ、下級審には若干異なる傾向があるとされるものの、これまでの破毀院判決は、ダイイ法の譲受人と被譲債務者の紛争においては、一般的に債務者を保護する傾向にあったとされる[10]。したがって、この判決の結論は、破毀院としては特異な感を持たせるものなのである。

もっともルーティエ講師は、民事責任の観点にも触れ、被譲債務者が有責とされる根拠は、彼が無言であったとか消極的であったということではなく、譲受人に影響を与え、故意に譲受人を錯誤に導き、その結果、第1には譲受人の経済状態を悪化させたこと、第2には、もし知らされていれば減少させる道を探しえたはずのその損害を拡大させたということにあるとする[11]。これらの分析は、ごく当然の内容である。

3　今後の展望

ルーティエ評釈は、本1996年判決が銀行家にとってダイイ明細書の評価を回復させる糸口になるだろうかと問い掛け、まだそう答えるのは早計だろうと自答しつつ、それでもこの判決に、「債務者を害することを承知の上で行動する譲受人に対する制裁」という観点から、「譲受人を害することを承知の上で行動する債務者」に対するそれへという視点の動きを見出そうとしている[12]。筆者は、UNCITRAL での議論[13]や現地調査[14]から、フランスの金融界は必ずしもそれほど革新的ではなく、債権流動化の動きについてもアメリカなどと比較すると慎重な姿勢が見えると感じている（ただし今後もそうであるかどうかはわからない[15]）。これからのダイイ法を始めとするフランスの金融取引関係の判例・学説の動向については、同国の金融実務界の基本的なス

タンスがそれらにどう反映されるのか(あるいはされないのか)、という分析視点も必要と感じるものである。

6) Cass. com., 13 févr. 1996、JCP, Ed. G, 1996, n° 22725.
7) Richard Routier, note sur Cass. com. 13 févr. 1996, La Semaine Juridique (JCP), Ed. G, n° 46,1996, n° 22725, p. 437.
8) Richard Routier, supra note 7).
9) ラルーメ教授は、ダイイ法5条の通知について、「公示の手続きの問題ではなく、ただ単に、債務者に対して、譲渡人に支払いがなされることを防ぐことが問題なのである」と解説する。Ch. Larroumet, Le conflit entre cessionnaires successifs d'une créance transmise par bordereau, La semaine juridique (JCP) n° 41,1990, n° 15877.
10) J.-M. Hauptman, La cession Dailly en disgrâce auprès des juges suprêmes? RJ com., 1992, p. 45; J.-P. Dumas, La jurisprudence met-elle en péril la〈loi Dailly〉? D. Affaires 1996, p. 251, etc.
11) Richard Routier, op. cit., p. 438.
12) Richard Routier, op. cit., p. 439.
13) 資金調達のための国際債権譲渡に関する条約案を検討中のUNCITRAL国際契約実務作業部会では、債権譲渡に関する世界統一の登記対抗要件制度が提案されているが、1997年10月の会期(ウィーン)では フランスを始めとして、ドイツ、スペイン等のヨーロッパ諸国の銀行協会が、登録制度構築は時期尚早との見解を示したことが、EU銀行連合会のデュカロワ氏から報告された。
14) 筆者は1997年7月にフランス銀行協会(AFB)にダイイ法資料収集等の目的で調査に赴き、副会頭コルニュ(C. Cornut)氏を始めとしてフランス主要銀行の法務部のメンバーとの意見交換の機会を得た。本節ではそこで得た資料の一部を活用している。
15) 前掲注13)のEU銀行連合会からの意見について、UNCITRALフランス代表のストゥフレ(J. Stoufflet)教授は、議場では同調する態度を示したが(ドイツ代表とともに、登録制度による事務局案の対案を提出した)、個人的に筆者に対しては、フランスの金融界も、4、5年後には登録制度推進論一色になるのではないかとの観測を述べている。

第2節　ダイイ法に関する判例の展開 II

I　はじめに

　本節（初出論文の発表は1999年）では、前節（初出は本節の前年1998年）に引き続き、ダイイ法に関する判例の進展を概観する。フランスにおける職業債権（créance professionelle）流動化立法の嚆矢であるダイイ法（loi Dailly）は、1981年1月2日法律1号として制定され、3年後に一部を改正されて（1984年1月24日法律46号）、今日に（1999年）至っている。すでに制定後18年、改正後からでも15年を経過したわけである。この間、フランス民法の規定する債権譲渡手続を簡略化した同法の債権譲渡による資金調達ないし債権流動化は、フランス金融取引界において一定の地位を占め、同法についての破毀院判例もかなり現れるに至っている。本節は、この1年のダイイ法に関する判例を紹介して、わが国における同種の取引をめぐる法律問題――とくに1998年10月1日施行の債権譲渡特例法をめぐる議論の参考に供しようとするものである。

　1）　前節初出は、池田真朗「海外金融法の動向――フランス〔ダイイ法に関するその後の展開〕」金融法研究14号（1998）144頁以下。ダイイ法については、筆者が最初に簡単な紹介を行ったが（池田真朗「フランス民法における指名債権譲渡法理の展開」法学研究56巻5号（1983）、同『債権譲渡の研究』（弘文堂、1993（増補2版2004））269頁以下参照）、その他の邦語紹介文献については、金融法研究14号147頁注(2)参照。

II　ダイイ法に関するこの1年の判例の概観

　1997年末からの約1年間に現れた、ダイイ法に関する破毀院判決は、主要

判例集からは5件を数えることができる。それらの概要を判決年月日順に紹介すると、以下のようである。

① 破毀院商事部1997年11月17日判決[2]は、請負契約から発生した債権のダイイ法による譲渡に関するものであるが、下請負人が請負債権の譲受人たる銀行に対してした直接訴権の行使につき、この譲渡が下請負人に対抗できないとした原判決は、銀行は債権の移転を受諾する前に、当該債権が下請負の仕事に関するものかどうか、また請負人が1975年12月31日法14条[3]によって規定された人的保証を取得していたか、を確認したはずであるという理由で破棄されるとし、かつ、当該原審判決が触れ、また銀行側も抗弁で主張しているように、銀行が注文主を支払人として振り出された為替手形の被裏書人であったこと、および1975年12月31日法13-1条[4]が規定した下請負から生じる債権の移転の対抗不能が、支払人によって引き受けられたか支払われた商業手形の裏書には適用されないこと、の考慮を欠いているので、控訴院は上記各法条と商法116条および135条に照らして同判決に法的基礎を与えられないとした（破棄差戻）。

② 破毀院商事部1997年11月25日判決[5]は、公共事業請負契約から発生した債権のダイイ法による譲渡に関するものであるが、被譲債務者たる注文主からの、請負人の工事の不手際から生じた損害賠償債権と譲渡債権との相殺の主張を、控訴院が棄却したのを正当としたものである。実際、この損害賠償債権は、譲渡人たる請負人の更生手続の開始判決以前に発生したものであるが、注文主は反対債権の存在を宣告しておらず、そこから、不履行の抗弁は譲受人たる銀行に対抗できず、すなわち被譲債務者は譲渡人に対して主張しえた権利を譲受人に対して行使しえないとの結論を導いたものである（棄却）。したがって本判決の内容は、ダイイ法特有の論点を扱うものではなく、破産と相殺の一般法理に関するものである。

③ 破毀院商事部1997年12月2日判決は、ダイイ法における債権譲渡の承諾書について、ファクシミリによる書面の証拠力を認めたものであるが、これについては後に詳しく紹介する。

④ 破毀院商事部1998年6月30日判決[6]は、ダイイ法による譲渡の譲受人たる銀行と為替手形の割引人との間の紛争に関するものであるが、控訴院が、

振出人と第三取得者との間の後の合意は譲受人に対抗できないとし、第三取得者に対し、支払人から支払われた手形金額の返還を命じたのを正当としたものである（棄却）。

⑤　破毀院商事部1998年10月6日判決[7]は、ダイイ法による譲渡の譲渡人と被譲債務者とが相互に手形を振り出したケースで、譲受人に対する相殺の抗弁の対抗が問題となったものである。判決は、まず、法定相殺（法上当然相殺 compensation légale）は、相互の同種債権が譲渡通知の前に確定し、処分可能で、かつ請求可能であった場合でなければ債権譲受人に対抗できないことを述べ、また、債権回収のために為替手形が振り出された場合には、支払人は、その手形を引き受けなかった場合は、手形上に記載された期限のすべての考慮と独立して法定相殺の利益を享受しうるが、もし支払人が手形の引受をした場合は、法定相殺は、手形上に記載された支払期日からのみ、または支払人と手形所持人とがともにその期限の利益を放棄する合意をした時からのみ、両者の間において発生すると一般論を述べる。そのうえで、譲渡人と債務者が相互に振り出した手形上の権利に基づく法定相殺の抗弁は、たとえ譲渡前であっても、相互の手形が引き受けられていたか、またもしそうであれば、両当事者がその金額を相殺する合意をしていたか、を検討することなく、2つの債務が同時に存在すると認められた時点で当然に相殺が生じるという理由からダイイ法の譲渡の譲受人に対抗しうるとした控訴院判決には、民法1291条および1981年1月2日法5条に照らし、法的基礎を与えられないとしたものである（破棄差戻）。

2）　Cass. com., 18 nov. 1997, JCP G IV 1003.
3）　Loi n° 75-1334 du décembre 1975 relative à la sous-traitance（J. O. 3 janvier 1976, p. 148）は、下請負の保護のために下請負人の直接訴権等を定めたものであり、その第14条では、請負人から下請負人に支払われるべき金額について、請負人は、一定の例外の場合を除き、保証を得ておかなければならないことが規定されている。
4）　第13-1条は Loi n° 75-1334 du décembre 1975 の原初規定にはなく、本節執筆段階で条文内容は確認できていない。
5）　Cass. com., 25 nov. 1997, JCP G IV 1059.
6）　Cass. com., 30 juin 1998, JCP G IV 2941.
7）　Cass. com., 6 oct. 1998, JCP G IV 3242.

III ダイイ法における債権譲渡の承諾書とファックスの書証性に関する新判例

1 問題の所在

1981年1月2日法(以下「ダイイ法」と表記する)6条は、債務者は、ダイイ明細書の受益者(譲受人)の要求に基づいて、直接の支払を約することができるが、その合意は、「職業債権の譲渡または質入れの承諾書」と題された書面によってしなければ効力を発しないと定めている[8]。破毀院商事部1997年12月2日判決は、このダイイ法6条における債権譲渡の承諾書について、ファクシミリ(télécopie)による書面でもよいと判断した新判例である[9]。

もちろんこれは、後述するように、たとえば商業手形における書面性の基準等とは異なるものであり、正確にはダイイ法6条の承諾書の書面性に限っての判断とみたほうがよいものと思われる。しかし、ファクシミリ(télécopie)による書面(以下、本節ではこの「ファクシミリによって受信・印字された書面」を単に「ファックス」と呼ぶこととする)の法律上の評価は、わが国においても大いに参考になるところと思われるので、以下にやや詳しく紹介したい。

2 事実の概要

原審(Douai 控訴院1994年12月15日判決)によると、X銀行は、ダイイ法6条の債権譲渡に関して、債務者たるY社から発信されたファックスによって、職業債権の譲渡の承諾証書を有効に得たとして、Y社に支払を求めた。Y社は、当該債権(売掛金債権)に対応して譲渡人Aから引き渡された商品の、注文との不一致の抗弁の受理可能性を論じつつ、その承諾を記載した書面の原本の不存在とX銀行の悪意を援用したものである。

原審はファックスをダイイ法の債権譲渡における承諾の証拠として認めたので、Y社より上告した。上告理由の第1点は以下のようなものである。ファックスは、ダイイ法6条の意味における書面ではないので、控訴院判決は法文の解釈に誤りがある。また職業債権の譲渡の承諾証書のコピーは、その

承諾の間接証拠あるいは書証の端緒でしかない。したがって、X銀行から提示されたファックスのコピーを、Y社から異議を申し立てられている承諾の完全な証拠として評価したことで、控訴院の判断には法令違反の違法がある。

3　判　旨

「ダイイ法6条の意味での、職業債権の譲渡もしくは質入れの承諾証書を構成する書面は、その内容の完全さと、作成者として指し示された者の作成になることとが確認されまたは異議を唱えられない時から、確定し、ファックス（原文 télécopie）を含むすべての媒体で保存されうる。係争中の当該ファックスが発信された状況の分析において、それについての虚偽性は主張されなかったことに鑑みて、控訴院は、債権譲渡の承諾の書証は確立されたものであるとの結論を導くことができた。上告理由第1点はいずれにおいても根拠がない」（第2点——おそらく悪意の問題——については判例集でも記載が省略されている）。上告棄却。

4　解　説

本判決については、フランスでいくつかの評釈がなされているが[10]、それらによれば、本判決の結論としたところは、まず予想されていたものであった。

フランスにおいて、テレコピー（télécopie、わが国でいうファクシミリやファックスにあたる）の語は、「原本類似の書記資料の隔地者間の複製を許容する方式」[11]などと説明されるが、その伝達方式を指すと同時にそれによって作出された書面をも指す[12]。したがって、本節ではわが国での用語のイメージとわかりやすさを勘案して、その「作出された書面」の意味でファックスの語を用いるのであるが、そうすると、当然に、ファックスとコピー機によるコピーとの比較が問題になる。この点について、破毀院第一民事部は、以前は、コピーは民法1347条に定めるいわゆる書証の端緒（commencement de preuve par écrit）であると評価していたが[13]、最近、コピーは「忠実なかつ持続性のある複製」であるとして、「書証の端緒を構成するものではなく、民法1348条2項に従い、十分に契約の存在の証拠となるものである」と判示した（1996年6月25日判決）[14]。しかし、複製と通信が複合する方式であるファックス

については、まだ破毀院の十分な法的判断はなされていなかったのである[15]。

　それでは、本判決はどのように位置づけられるものか。これをもってファックスの書証性一般の評価がなされたと言い切ることは必ずしも適切ではなさそうである。なぜなら、ダイイ法６条が書面を要求している、そのことの意味がまず問われなければならないからである。

　ダイイ法６条における書面の要求は、債務者の承諾が債務者に負担を与える（ダイイ法６条ではこの債務者の承諾は単なる債権譲渡の事実の認識ではなく、債務者から譲受人への直接弁済の約束を構成するものと規定されている）ことから、その承諾の確実性を担保するために要求されているものである。この点で、たとえば手形の書面性の要求とは、形式要件といっても書面性の要求の次元が異なる。ダイイ法６条における書面性は債務者の意思が確認できるものでありさえすれば緩く解してよいのである[16]。

　ちなみに本件では、ファックスされた原本の承諾書は、債務者の手元に残されており、また、債務者は、承諾の意思の有無そのものについては争わず、ファックスが承諾書にあたらないという点のみを争っていたという事実関係が、評釈で明らかにされている[17]。

　ダイイ法６条が書面を要求しているというそのことは、またもう１つの角度から本判決の態度決定に大きく影響する。つまり、ここで緩い要求ながらも書面が要求される以上、これは書証の端緒では足りないのである[18]。そうすると、本判決の評釈の１つが適切に指摘するように[19]、裁判所は書証の端緒と性質決定することでは、ダイイ法６条の要求を満たせない。その結果、本件のファックスについての性質決定の範囲はおのずから限られてくる。完全な書証たる私署証書と同一視するか、あるいは、他の方法によって完成される必要はないが、受訴裁判所が、事件ごとに価値を評価する、間接証拠（indice）の価値しか持たない書証とみるか、しかないのである。しかし、ファックスは、私署証書という性質決定はされえない。それは、原本署名の不存在という事実から論理必然的に帰結されるところである[20]。したがって、本判決のケースでは、答はおのずから定まるということになる。それが本件判旨なのである。

　そこで、ファックスの扱いは、いわゆるコピーのそれに類似することにな

る。しかし、商事部の本判決は、コピーについての前掲の第一民事部の扱いとは一線を画して、ファックスに「忠実な」かつ「持続性のある」コピーと同等という性質決定を明示的に適用しないように注意を払っているようにみえる。[21]

結局、作成に疑義がなく、かつ異議が唱えられていない、という留保を付して、ファックスは、私署証書よりも弱く、書証の端緒よりは強い、間接証拠という効力を持つ（その意味で民法1348条2項の「忠実な」かつ「持続性のある」コピーと同種の）、書証となるのである。[22] この結論はしたがって、ダイイ法6条の書面としてファックスを評価するときの基準としては、問題なく承認されるものであろう。そして、一般論としての基準としても、まずは想定される「基準」としては適当なところと思えるが、一般論として敷衍するには、今後いくつかの具体的事例での判断を経ていく必要があるように思える。

5　今後の展望——書証の媒体の広がりと「書面」自体の変容

最後に付言するならば、本判決の採用した、「（ファックスを含む）あらゆる媒体」が書面としての証拠手段となりうるという表現は、コピーやファックス以外の、磁気ディスク等によるものも書証として受け入れられるという可能性を開くものである。この点は、フランスでももちろん重要なポイントになるが、わが国の判例・実務にも参考となろう。

さらにいえば、磁気ディスク等によるものも書証として受け入れられるということは、一歩進めれば、「書面」の概念自体を電子取引に適合的なものに変容させるという発想になる。[23] 電子署名の処理が可能になれば、私署証書等の電子化も可能になる。本判決のような、現行法の解釈論としての書面や書証の概念把握は、電子商取引の立法化によってドラスティックに変化するものといえよう。その意味では、「紙」概念に立った書面や書証の議論は、過渡的な議論ということになるのかもしれない。

8）　この「職業債権の譲渡または質入れの承諾書」およびそこにおける債務者の承諾の意味については、池田・前掲注1）金融法研究14号146頁参照（本章第1節300頁）。

9）　Cass. com., 2 déc. 1997, JCP G II 10097.

10) D. 1998, p. 192, note D. -R. Martin; JCP E 1998, p. 178, note Th. Bonneau; JCP G 1998, n° 25 p. 1105, note L. Grynbaum, etc..
11) Dictionnaire Le nouveau petit Robert. ちなみに、フランスでもファックス、fax の語は用いられており、同辞書では「電話回線によるテレコピーのシステム」と定義されている。
12) Note L. Grynbaum, p. 1105.
13) Cass. 1er civ., 14 févr. 1995, JCP G 1995 II 22402 note Y. Chartier; Cass. 1er civ., 7 juill. 1976, Bull. civ. I n° 250.
14) Cass. 1er civ., 25 juin 1996, Bull. civ. I n° 270, JCP G 1996 IV 1960. ちなみに、フランス民法は、1341条以下で、（書面による証拠がない）証言による証拠についての規定を置き、その例外として、1347条で書証の端緒がある場合と、1348条で書証を得られない場合等の特則を置く。1348条2項も「それらの規則はまた、当事者又は（原本の）受寄者が証書原本を保存していず、かつ、単に（原本に）忠実であるだけでなく耐久性のあるその複製としての写しを提出するときも、例外を有する。用紙の不可逆的な変質をもたらす、原本の消去不可能な複製はすべて、耐久性があるものとみなされる。」と規定する（訳は法務資料「フランス民法典」による）。
15) 通信日の証拠に関して、コンセイユ・デタは、通信媒体上に現れた日付を考慮することを拒絶している。CE, 27 avr. 1994, D. 1994, p. 341. また、ドイツ連邦最高裁判所は、「結果OK」と記載された通信記録は、あるファックスの送付の証拠としては認められないとしているという。G. Pickrahn, Le statut des raports de transmission de télécopie en droit allemand, Gaz. Pal. 19-20 sept. 1997, p. 16.
16) クレルモンフェラン大学の Stoufflet 教授（UNCITRAL 国際契約実務作業部会フランス代表）は、筆者が面談して本判決について直接見解を求めた際に、この点を強調して、ダイイ法6条の書面性の要求はそれだけ緩いものであると述べていた。
17) 前掲注10) の Grynbaum 評釈 p. 1107。
18) J. Ghestin, G. Goubeaux, Traité de droit civil, Introduction générale, 4e éd., LGDJ, 1994, n° 669.
19) 前掲注10) の Grynbaum 評釈 p. 1107。
20) I. Dauriac, La signature, Thèse Paris II, 1997, n° 124.
21) 前掲注10) の Grynbaum 評釈 p. 1107〜1108。
22) 前掲注10) の Grynbaum 評釈 p. 1108。
23) たとえば、現在 UNCITRAL（国連国際商取引法委員会）の国際契約実務作業部会が準備中の、資金調達のための国際債権譲渡に関する条約草案（未確定）の第5条(e)では、「『書面』とは、後の参照の用に供することのできる通信のあらゆる方法を意味する。本条約が署名された書面を要求するときは、その要求は、一般に受容される手段または署名が要求される人によって合意された手続のいずれかによって、書面がその人を特定し、書面に含まれる内容についてその人の承認を示すならば、満たされる。」と定義されている（1999年3月会期終了時点での条文案）。

第3節　ダイイ法に関する判例の展開IIIと通貨・金融法典

I　はじめに

　本節では、1998年と1999年に発表された本章第1節第2節の論考に引き続き、ダイイ法に関する判例の進展を概観する。フランスにおける債権流動化立法の嚆矢であるダイイ法（loi Dailly）は、1981年1月2日法律1号として制定され、3年後に一部を改正されて（1984年1月24日法律46号）今日に至っている。この間、フランス民法の規定する債権譲渡手続を簡略化した同法の債権譲渡による資金調達ないし債権流動化は、フランス金融取引界において確立した地位を占め、同法についての破毀院判例も毎年かなりの数が現れるようになっている。今回、2000年末からの約1年間に現れたダイイ法に関する破毀院判決は、主要判例集からは6件を数えることができる（すべて破毀院商事部判決）。それらの概要を以下判決年月日順に紹介する。なお、各判決については、位置づけを理解する若干の手助けとなるよう、私見の簡単なコメントを付すこととする（ちなみに、ダイイ法においては、ダイイ法上の債権譲渡の譲受人となれるのは銀行等の金融機関に限定されている）。

　なお、ダイイ法は、最近のフランスにおけるいわゆるcodification（法典化、法令集成）の進展の結果、現在では、通貨・金融法典（Code monétaire et financier）のL. 313-23条からL. 313-35条に組み込まれている。そのこともあり、判例雑誌等でも現在ではダイイ法（loi Dailly）という呼称は使われていない。また判例の原文では、1981年1月2日法第何条と書かれるか、「通貨・金融法典第何条となった1981年1月2日法第何条」と表記されている。判例の分類・検索の項目としては、職業債権の譲渡（cession de créances professionnelles）という項目になる。

1) それぞれの初出は、池田真朗「海外金融法の動向――フランス（ダイイ法に関するその後の展開）」金融法研究14号（1998）144頁以下、同「海外金融法の動向――フランス（ダイイ法に関するその後の展開II）」金融法研究15号（1999）146頁以下。

II ダイイ法に関する2000年度の判例の概観

　以下には、ダイイ法に関してこの１年に出された判決のうち、６つの破毀院判例を掲げて、筆者の若干のコメントを付して紹介する。
　① 破毀院商事部2000年11月21日判決は、ダイイ法による譲渡の譲受人たる銀行の弁済請求に対して、被譲債務者が、契約の相手方たる譲渡人との間の、事前の書面による同意がなければ譲渡を禁じるという契約条項を対抗し、また譲渡人に対して有する損害賠償債権による相殺の抗弁を対抗すると主張した事案である。判決は、控訴院は、２会社間の仕事の実現を目的とした契約によって生じた債権の譲受人たる銀行が当該契約に関与していなかったことを正当に判定したうえで、譲受人銀行は当該契約に記された同意条項を自らが承諾しない限りは同条項によって義務づけられてはおらず、かつ債務者はその承諾を立証していないと正当に結論づけているとし、さらに、債務者が書状を送付したという譲渡人会社の債権者集団の代理人が、その損害賠償債権について何らの陳述も受け取っていないことを指摘し、譲渡人会社も当該債権の存在についての不記載を理由とする訴えも起こさず権利喪失の認定も請求しなかったことを指摘して、これらの認定事実からすれば、主張されている当該損害賠償債権はすでに消滅しており、債務者はもはや相殺を主張できないとして、譲渡債権額の譲受人への支払を命じた控訴院判決には正当な法的基礎を与えられるとした（棄却）。
〔コメント〕　本判決は、わが国の譲渡禁止特約をめぐる近時の議論に大きな示唆を与えるものである。すなわち、日本民法466条２項のような、譲渡禁止特約の対外的効力を定める規定のないフランス民法（世界的にはフランスのほうが圧倒的な多数派で、日本はごく少数派に属する）などの場合は、譲渡禁止の合意は当事者間のみで有効であり、それを第三者が積極的に承認した場

合のみ、第三者に効力が及ぶことになる。本判決は、その、いわゆる「合意の相対効」を説示したものであるが、その場合の第三者には単純悪意ではなく積極的な承諾が必要と判断されていることになる。

② 破毀院商事部2000年12月19日判決は、ダイイ法による譲渡の譲受人たる甲銀行と、引き受けた為替手形を割り引いた乙銀行との間の紛争であるが、支払人による手形期日の支払をした乙銀行に対して、ダイイ法明細書により同一債権についての譲受人とされる甲銀行への支払を命じるために、原審判決は、両者の紛争を断ずるのは債権の取得とその第三者対抗要件の具備の先後であり、支払人による為替手形の引受はその状況を変更するものではないと判断した。しかしながら本判決は、引き受けられた為替手形の善意の所持人たる第三者の資格と、商法典 L. 511-19 条によって、乙銀行は、金銭支払の正当な権限を有していたとして、原判決を破棄し自判して譲受人の乙銀行への請求を棄却した（破棄自判）。ちなみに商法典 L. 511-19 条は、引受によって、支払人（引受人）は為替手形の期日に支払をする義務を負い、もし支払がなければ、所持人は引受人に対して直接訴権を有すると規定する。

〔コメント〕 紹介する判例雑誌からは譲渡債権と手形上の債権の関係についての論理の詳細が不明であるが、おそらく事案は、すでに本章第1節で紹介したような、ダイイ法特有の局面ともいえる、譲受人と為替手形の受取人との衝突（譲受人のほうにはダイイ明細書による譲渡をしておきながら、通常は回収の手段として譲受金融機関に渡されるべき為替手形を別の金融機関に振り出す）の問題であろう。結論は単純に手形法の論理を優先させたということになるのか、結果的に、本件のような善意の手形所持人は、ダイイ明細書への日付の記入をもって第三者対抗要件とするダイイ法4条の規定にいう第三者に含まれないという位置づけになるものなのか、フランスでの評釈等を待ちたい。いずれにしても、譲受金融機関にしてみれば、ダイイ法譲渡のリスクを負う一例となる。

③ もう1つの破毀院商事部2000年12月19日判決は、錯誤によって譲渡人の銀行口座に弁済金の振込がなされたケースである。(a)原判決は、債務者の錯誤によって譲渡人の口座に振り込まれた弁済を受領した譲渡人の銀行の民事責任を肯定し、譲渡が通知されていたので二度払いを余儀なくされた債務

者に生じた損害を塡補するために、譲渡人の銀行は、譲受人銀行のために行なわれた債権譲渡に関して第三者にあたり、譲受人銀行は、ダイイ明細書記載の日付をもって譲渡人の銀行に譲渡を対抗できるとした。しかし本判決は、譲渡人の銀行は、係争の対象となっている支払を名宛人たる譲渡人の名で譲渡人のために受領したことを認め、控訴院は民法1937条（受寄物返還の相手方）・1993条（受任者の報告・引渡義務）の解釈を誤ったと判示した。(b)原判決はまた、譲渡人の銀行の民事責任を認めるために、譲渡人の銀行は、不自然な外形のある支払指示を受けたにもかかわらず、係争金額を自己の顧客の口座に入金するにつき、用心・警戒する義務を欠いたと理由づけた。しかしながら本判決は、控訴院は、銀行の過失を不適切な理由によって構成して、民法1382条（過失による不法行為）の解釈を誤ったと判示した（破棄差戻）。

〔コメント〕 譲渡人の金融機関は、指示どおりの入金をしたものであって不法行為責任はないという判断である。金融機関が債権の所在について悪意であり、譲渡人と緊密な関連性がある等の、かなりの事情がない限りは、金融機関の不法行為責任を問うのは困難であろう。ただし、もとより譲渡人自身の不当利得を問うことは可能であるはずであるが、譲渡人の倒産等の事情があったのではないかと推測される。

④ 破毀院商事部2001年5月22日判決[7]は、ダイイ法による譲渡の譲受人たる銀行と下請人との間の紛争に関するものである。ダイイ法に規定される様式によって、請負報酬債権の譲受人となった銀行は、被譲債務者たる注文主に支払請求をしたところ、注文主は、1975年12月31日法によって規定される直接訴権を行使した複数の下請人のために支払を実行済みであると抗弁した。銀行は、下請人らによる、同法12条が要求する訴求手続の合致について、譲渡人たる元請企業は会社更生手続に入っているため、下請人らの催告は管財人に対してなされなければならず、あるいは債権の申告がなされなければならないとして争った。控訴院は、下請人らは合意しており、その結果弁済は彼らの利益のために行われたと判定した。それゆえ、譲渡人たる元請企業も譲受人たる銀行も、承諾の瑕疵も合意の瑕疵も、催告の不備も対抗できないとした控訴院の判断は正当であり、上告は理由がないとした（棄却）。

〔コメント〕 1975年12月31日法75-1334号（下請法）は、すでに本章第2節

でも紹介したように、下請業者と注文主との間の直接支払、直接訴権等を定める。同法による弁済済みである債権について、ダイイ法の譲受金融機関が手続の瑕疵等を争った事案であるが、元請企業に融資をした金融機関からみれば、結果的にダイイ法譲渡のリスクを負担するケースとなる。なお、このフランス下請法は、わが国の下請代金支払遅延等防止法と比較すると、下請業者の保護についてはかなり強力な内容となっている。今後、下請業者の保護の観点と、本判決にみられるような、資金調達のための債権譲渡の阻害要因となる可能性の有無との両面から、わが国での法制と比較して検討する意義があろう。

⑤　破毀院商事部2001年5月29日判決は、訴訟法に関する判示事項と、ダイイ法による譲渡の通知についての判示事項があるが、後者のみに限定して紹介する。原判決は、銀行に譲渡されたという債権に対応する申告額の一部のみが譲渡されたと債務者が争っている事実にかかわらず、銀行によって申告された債権の総額を認めるために、被譲債務者たる会社は、債権者の発行した請求書の受領に際し何ら異議を述べておらず、債権譲渡の通知に対しても、銀行はもし異議があれば報知を受けるという意思を表示していたにもかかわらず、沈黙していたという理由をあげていた。しかしながら本判決は、債務者とされる者による承諾がなければ、債権の証明は、その債務者とされる者に対して債権を主張する者に課されるのであり、ダイイ法5条に規定される通知は、本件では主張されていない詐欺の場合を除けば、譲渡債権の存在および価額を譲受人のために報知する義務を債務者に課するものではないとして、控訴院は、民法1315条とダイイ法5条の解釈を誤ったと判示した（一部破棄差戻）。ちなみに民法1315条は、債務に関する挙証責任を定めるもので、その1項は、「債務の履行を要求する者は、債務を証明しなければならない」と規定する。

〔コメント〕　通知を受けたのみで承諾をしていない債務者が、譲渡債権額等を争うことは当然に認められるはずであり、ダイイ法5条の通知の意味づけについても、当然の判決といえよう。ただ、破毀院には、債務者の沈黙に民事責任を認めた判決が過去に存在する。本欄ですでに紹介した、破毀院商事部1996年2月13日判決がそれである。これは、ダイイ法の譲渡について通知

を受け、承諾は与えていなかった債務者が、譲渡人の譲渡債権の状況についてとくに譲受人に注意を与えなかったケースで民事責任を問われたものである。ただこれは特殊なケースで、被譲債務者たるY保険会社は、通知を受ける以前、譲渡人に追加補償金を支払うという約定を譲受人たるX銀行に認識させることを自ら積極的に行っており、審査後の一件書類の変更の可能性を考慮して適切な留保を付すこともなく、また、その負債の否認を正当化することのできる新事実の発生を報知することもせずに、軽率に行動したということを理由としてあげている。本判決が、「本件では主張されていない詐欺の場合を除けば」と言及するのは、この1996年判決を意識してのことと思われる。

⑥　破毀院商事部2001年10月23日判決[11]は、通貨・金融法 L. 313-23 条となったダイイ法1条の3項3号に規定する、明細書の必要的記載事項に関するものである。同条の文言に従えば、ダイイ法の債権譲渡の明細書は、融資金融機関の名称もしくは法律上の呼称を含まなければならない。控訴院は、被譲債務者に譲受人銀行に対する支払を命じるために、融資機関を「某銀行グループのレピュブリック支店」と記載した本件債権譲渡証書はダイイ法1条によって要求される形式に合致していると判断した。しかし本判決は、明細書は融資機関の名称も法律上の呼称も含んでいないと判定して、控訴院は上記条文の解釈を誤ったと判示した。そして新民事訴訟法627条2項を適用し、譲受人銀行は結局請求を棄却されるとして自判したものである（破棄自判）。
〔コメント〕　ダイイ明細書の必要的記載事項の問題であるが、わが国では、ごく最近、債権譲渡特例法による債権譲渡登記の場合の必要的記載事項が適切に記載されているか否かによって債権譲渡登記の有効性を争う事案が出てきており[12]、その対比において参考になる。

　　2）　Cass. com., 21 nov. 2000, JCP G IV 1110.
　　3）　この問題に言及するものとして、池田真朗「債権譲渡禁止特約再考」法学研究（慶應義塾大学）72巻12号（1999）205頁以下、とくに242頁（同『債権譲渡法理の展開』（弘文堂、2000）304頁以下所収、とくに339頁）。
　　4）　Cass. com., 19 d c. 2000, JCP G IV 1334.
　　5）　池田・前掲注1）金融法研究(14)144頁参照（本章第1節298頁）。
　　6）　Cass. com., 19 d c. 2000, JCP G IV 1335.

7) Cass. com., 22 mai 2001, JCP G IV 2312.
8) Loi n° 75-1334 du décembre 1975 relative à la sous-traitance（J. O. 3 janvier 1976, p. 148). 池田・前掲注1）金融法研究(15)151頁注(3)参照（本章第2節305頁)。
9) Cass. com., 29 mai 2001, JCP G IV 2353.
10) Cass. com., 13 févr. 1996, JCP, Ed. G, 1996, n° 22725. 本判決については、池田・前掲注1）金融法研究(14)140頁以下（本章第1節所収）で詳細に紹介した。
11) Cass. com., 23 oct. 2001, JCP G IV 2960.
12) 東京高判平成13・11・13金融法務事情1634号66頁（池田真朗『債権譲渡の発展と特例法』（弘文堂、2010) 86頁以下所収)。

III 2000年度におけるフランス金融法のその他の展開

　わが国での問題関心から、この1年のフランスにおけるこの他の金融関係の判例や立法をみると、判例としては、将来債権譲渡に関して、債権の十分な識別可能性を求める破毀院第一民事部2001年3月20日判決が目を引く[13]。これについては、わが国の最高裁判決[14]との対比において考察する意義があると考えられるので、いずれ別稿で詳細に分析したい。また、立法については、金融商品の勧誘に関して、DDOEFと略される「経済・金融秩序の諸規定に関する1998年7月2日法」[15]の大規模な改正案が財務省によって準備されていたが[16]、2002年3月現在、いまだ国会を通過していないので、本章での紹介は見送らざるをえなかった。

13) Cass. 1er civ., 20 mars 2001, JCP G IV 1915.
14) 最三小判平成11・1・29民集53巻1号151頁、金融法務事情1541号6頁、最二小判平成12・4・21民集54巻4号1562頁、金融法務事情1590号49頁。
15) Loi du 2 juillet 1998 portant diverses dispositions d'ordre économique et financier.
16) 筆者は、この金融商品勧誘に関する改正法の財務省案（2000年6月段階のもの）を、(財)金融情報システムセンター深谷清之氏のご好意によって入手することができたが、本節初出論考出稿段階までフランスでの立法の進捗を待ったものの、法案成立の情報を得られなかった。なお、この情報確認には、トゥールーズ大学のモンセリエ教授（Professeur Marie-Hélène Monsérié）と、慶應義塾大学法学部の片山直也教授のご協力を得たことを付記する。

第18章
フランスにおける有価証券・流通証券の概念とコマーシャル・ペーパーの券面廃止

I　はじめに

　今日、おびただしい数の債権取引が行われるなかで、債権を証券上に化体させて流通を図るという従来世界各国で当然のように行われてきた手法が、大きな転機を迎えている。端的にはそれは手形等の「紙」の「洪水」と表現される。債権の流通決済の簡易迅速化のために案出された「紙」の利用が、今日では逆にその簡易迅速化の足かせになっているのである。このような、有価証券類のペーパーレス化は、一方で、資金移動・決済の電子的処理の進展によっても促進されようとしている。

　フランスは、近年、この有価証券類のペーパーレス化に意を用いており、本書で紹介したダイイ法[1]も、後述するように、それに資する立法であった。本章では、フランスにおけるコマーシャル・ペーパーの券面廃止について概観することを主題とするが、その際、まずフランスにおける「有価証券」の概念に注意をする必要がある。

　1）　ダイイ法（loi Dailly）は1981年に制定され（loi 81-1 du 2 janvier 1981）、1984年に改正されている（loi 84-46 du 24 janvier 1984）。本書第17章第1節～第3節参照。

II　フランスにおける「有価証券」の概念

1　有価証券（valeurs mobilières）の概念

　フランスにおける valeurs mobilières の語には、わが国では「有価証券」という訳語が与えられている。しかし、それは、日本における有価証券の概念とは異なる概念を有している。

　日本において有価証券は、一般に、「財産権を表章する証券であって、その権利の移転・行使が証券をもってなされることを必要とするもの」などと定義される。これに対して、valeurs mobilières は、「そのような証券を発行することが認められた法人または国あるいは地方公共団体に対する社員権または債権を表章する流通証券（titres négociables）である」と定義される。また、簡易な方法によって譲渡される証券（titre）であるとも定義され、同一の権利を与える種目ごとに発行されるため、有価証券は、相互に交換可能であり、代替が可能であり、その特徴ゆえに、取引所（bourse）における取引の対象となると理解されている。したがって、このような有価証券の主要な例は、株式（action）、社債（obligation）、および国債（rente sur l'Etat）であり、手形や小切手は有価証券には含まれないのである。（なおフランスでは、ドイツなどと異なり、株式と社債、国債が同じ有価証券（valeurs mobilières）に分類される点にも注意を要する）。

2　流通証券（titres négociables）の概念

　一方、フランスでは、流通証券（titres négociables）という概念があり、これは内容として3つに区分される。すなわち、①無記名証券または所持人払証券（titres au porteur）、②記名証券（titres nominatifs）、③指図証券（titres à ordre）の3種である。

　指図証券（titres à ordre）は、「民事または商事の債権を表章するもので、民法の一般規定（民法1690条）よりも簡易な移転方法に従うもの」と定義される。無記名証券は、「債権者名を記載しない債権証券で、債務者が、支払期日に当該証券を実際に所持している者に支払うよう義務づけられるもの」と

定義される[10]。指図証券には商業証券（effet de commerce）が含まれる[11]。商業証券は、為替手形、約束手形、小切手、質入証券に区分される[12]。したがって、手形・小切手は、商業証券であり、商業証券は指図証券に含まれ、指図証券は流通証券の一種であるということになる。

ちなみに、記名証券については、指名債権（créance nominative）とははっきり異なる概念であることを念のために述べておく。1966年の商事会社法では、記名証券を定義する規定は置かれていないが[13]、同法263条1項は、株式会社（société par action）の発行する有価証券は、株式または社債であると定め、同条2項は、これらの有価証券は、記名証券または無記名証券の形式を有すると定めていた。この規定は、1983年1月3日法83-1号44条によって改正され[14]、現在は、株式会社が発行する有価証券は、記名証券または無記名証券の形式を有するとのみ定めている[15]。

3　有価証券（valeurs mobilières）と商業証券（effet de commerce）の区別

それでは、先の有価証券（valeurs mobilières）と商業証券（effet de commerce）とは、どのように区別されるのか。たとえば、ジュグラーらは、この両者を以下のように区別する[16]。

①商業証券は、短期の債権が証券化されているのに対し、有価証券は中期・長期の債権が証券に化体している。②商業証券は利息をもたらさない。③有価証券の譲渡人は被譲債務者の支払能力を保証しない。商業証券の譲渡人は期日における証券の支払を保証する。以上の3点で両者は区別されるというのである。

4　小　括

わが国で「有価証券」と訳されるvaleurs mobilièresは、株式、社員権、社債、国債のようなものを意味し、それらは、記名証券または無記名証券となるのであるから、流通証券の概念に包摂されると考えてよい。流通証券の概念には、手形・小切手のような指図証券も含まれる。したがって、フランスでは、流通証券の概念のほうが、わが国の有価証券概念に近似すると考えられるのである。

以上の認識を前提に、券面廃止（dématérialization）の議論に入ろう。

2）　中村紘一ほか監訳『フランス法律用語辞典』（三省堂、1996）301頁。これは Lexique de termes juridiques, 9e éd. Dalloz, 1993 の翻訳である。
3）　たとえば、金子宏ほか編『法律学小辞典〔新版〕』（有斐閣、1994）1092頁。
4）　Guide Juridique Dallz, V, p. 534.
5）　Ripert et Roblot, Traité de droit commercial, tome 2, 15e éd, 1996, p. 14.
6）　Ripert et Roblot, loc. cit.
7）　この点は、後掲注17）の山田論文310頁も正確に指摘している。
8）　Terré, Simler et Lequette, Droit civil, Les obligations, 6e éd 1996, n° 1201, p. 963.
9）　Guide Juridique Dallz, V, p. 506.
10）　Guide Juridique Dallz, V, p. 506.
11）　Terré, Simler et Lequette, op. cit., n° 1204, p. 965.
12）　中村ほか監訳・前掲注2）125頁。
13）　Hémard, Terré et Mabilat, Sociétés commerciales, t. 3, 1978, p. 9.
14）　法務大臣官房司法法制調査部調査統計課『1966年フランス商事会社法（法務資料398号）』（1967）71頁参照。
15）　以上については、山田・後掲注17）311頁注(11)に記述がある。
16）　Juglart et Ipolito, Traité de droit commercial, t. 2, Les effets de commerce, 3ème éd., par Dupichot et Guével, 1996, n° 47, p. 25 et s.

III　フランスにおける有価証券（valeurs mobilières）の券面廃止

1　はじめに

　フランスでは、1984年11月3日以降、原則として、有価証券（valeurs mobilières）の券面が廃止された。この点については、わが国では、すでに、山田誠一教授による詳細な紹介がなされている[17]。しかし、ここでいう有価証券（valeurs mobilières）には、上述のように、手形・小切手等は含まれないことを注意しなければならない。

　以下には、本章の文脈に必要な範囲で、山田教授の論考の概要を引用する[18]。1982年財政法94-11条によって、フランスにおける有価証券（valeurs mobilières）の券面廃止が立法された。同法11条1項は、フランス国内で発行さ

れ、フランス法の適用を受ける有価証券は、その形式がどうあれ、発行法人または資格を有する仲介機関に開設された口座に登録されなければならないと定めた。そしてこの法律についての施行規則としてデクレ1983年5月2日83-395号が、本デクレの公布から18ヵ月経過後は、有価証券はその権利者名義の口座への登録によってのみ具体化されると定めたので、1984年11月3日から、券面の完全廃止が実現したのである。本立法による有価証券の券面廃止の特徴は、第1に義務的な券面廃止であること、第2に、過渡的な例外措置を除けば、全面的な券面廃止であること、にあった。したがって、1984年11月以後、フランスにおいて、株式や社債などの有価証券（valeurs mobilières）は、すべて、口座登録という形態で存在する。そして、これらの有価証券は、口座振替によって、移転する。そのことは、券面廃止前と比較すると、現物の記名証券とSICOVAM（société interprofessionnelle pour la compensation des valeurs mobilières 有価証券決済業際会社）寄託の無記名証券については、登録簿上の移転ということではほぼ共通するが、現物の無記名証券についての引渡しによる移転というタイプが消滅したことになる。

　以上のような、フランスにおける有価証券つまり株式や社債等の券面廃止について、山田教授は、「有価証券について、債務者または第三者が権利の帰属に関する情報を有するタイプに一本化し、債務者または第三者が権利の帰属に関する情報を有しないタイプを廃止したということを意味している」と評価されている。[19]

2　フランスにおける手形の枚数削減の試み

　繰り返すが、以上みた有価証券（valeurs mobilières）には、手形や小切手は含まれない。それでは、フランスでは、たとえば手形についての券面廃止等に関する動きはどのようになっているのであろうか。フランスでは、手形枚数の多さは従来から実務上の大問題とされており、たとえば、中小企業の資金調達を容易にした前述のダイイ法（債権譲渡の通知手続を簡略化した法律としても知られる）も、手形枚数の削減が意図されていたものであった。というのもフランスでは、フランス民法1690条が定める債権譲渡の対抗要件具備手続が、執達吏による送達か公正証書による債務者の承諾と重いため、資

金調達実務では債権譲渡を避けて弁済による代位を使ったり、為替手形割引を多用する状況があった。ダイイ法では、bordereau と呼ばれる明細書 1 枚にいくつもの債権譲渡を書き込め、それに譲受人たる金融機関が日付を入れれば確定日付となる（さらに bordereau は金融機関相手に再譲渡もできる）、というやり方で、債権譲渡の対抗要件具備の簡素化と、合わせて手形枚数の削減を図ったのである。しかしながら、これはもちろん、手形自体の券面廃止に結びつくものではなかった。

3　フランスのコマーシャル・ペーパーについて

(1)　billet de trésorerie の導入

さて、今日、企業の短期資金調達手法としてわが国でもかなり活用されているものに、いわゆるコマーシャル・ペーパーの発行がある。これは、わが国では後述するように約束手形の一種とされているが、迅速な資金調達・決済のためには、コマーシャル・ペーパーの「紙」の処理が効率化の妨げとなっている。これについての券面廃止の議論が、わが国でも最近ようやく盛んになってきた。そこで、コマーシャル・ペーパーに関するフランスの法的整備の概要を知ることも大いに参考になろう。

いわゆる commercial paper は、フランスでは、billet de trésorerie という名称で導入され、1985年12月14日法85-1321号32条によって法的に承認された。その当時は、券面を有する無記名証券として理解されていたのである。しかしこの扱いは、その後、流通債権証券（titres de créances négociables）という概念が新たに規定されることによって変化する。

(2)　流通債権証券（titres de créances négociables）の概念

1991年7月26日の法律91-716号19条1項が、流通債権証券の定義規定である。そこでは、「流通債権証券は発行者の意思で発行された、法定された（または合意による）取引によって流通しうる証券で、定められた期間についての債権の各権利を表章したものである」とされている（括弧内の文言は、1996年7月2日の法律96-597号96条4項によって加えられたものである）。さらに同条2項が、流通債権証券は、所持人に支払が約束され、資格を有する仲介機関によって維持管理される口座に登録されると規定する。なおこの基本構

造は、前述の valeurs mobilières の券面廃止から発想を得ているとされる。[24]

そして、1992年2月13日デクレ92-137号1条が、具体的に4つの流通債権証券を示す。その3番目に billet de trésorerie があげられている。

その4つとは、①金融機関によって発行された寄託証明書（les certificats de dépôt）、②金融機関・金融会社の債権証書（les bons des institutions et socétés financières）、③主として商業的企業によって発行されたコマーシャル・ペーパー（les billets de trésorerie）、④上記3つの発行者によって発行された、流通する中期の債権証書（les bons à moyen terme négociables）でただし1年以上のものである。

このように、フランスではコマーシャル・ペーパーにあたる billets de trésorerie は券面廃止がなされた流通債権証券のなかに含まれている。つまり、フランスでは、わが国と異なり、コマーシャル・ペーパーはすでに券面廃止がなされているのである。具体的には、この billets de trésorerie の義務的な券面廃止は、1993年1月27日に発効した。[25]

(3) billet de trésorerie の特徴

このようなフランスのコマーシャル・ペーパーたる billet de trésorerie は、最近の学説ではどのように解説されているのか。ジュグラーらは、以下のように説明する。

billet de trésorerie は券面廃止された無記名証券であり、利子をもたらす。定められた期間で発行され、支払銀行の指定の条項が含まれている。指図の条項は含まず、発行の原因も記載しない。現在の最小額は100万フランである。期限は最長1年であるが、実際には3ヵ月以内の融資のために発行される。銀行が取引の悪化を担保するなど、何らかの保証や担保が必要となる。発行の主体は、銀行ではなく、150万フラン以上の資本金を有する、信用力のある株式会社である。[26] なお、ジュグラーらは、billet de trésorerie 導入の主たる目的は、銀行を介さない企業間の資金の借入れないし運用を実現することにあったと説明している（なおフランスでは bon de caisse という方法もあったが、これはもっぱら銀行が利用するだけだったと述べられている）。

(4) billet de trésorerie の法的性質

それでは結局、この billet de trésorerie はどのような法的性質を持つもの

となるのか。商業証券（effet de commerce）なのか有価証券（valeurs mobilières）なのか。あるいは、いずれとも異なるのか。この点については、フランスでもいくつか議論があるが、上記の商業証券と有価証券の区別からすると、いずれもぴったりとあてはまる説明にはならないようである。券面廃止という点からは、valeurs mobilièresに類似性を見出すことができるが、前掲の商業証券と有価証券の区別からすると、短期の債権が対象となっている点でそぐわない。effet de commerceとする見解もあるようだが、それでは商業証券は利息をもたらさないという点がそぐわないのである。

そうするとやはり、両者のいずれでもない、流通証券（titres négociables）のなかの無記名証券が券面廃止されたもの、とするのがよいのかと思われる（それとも、流通債権証券（titres de créances négociables）という新設の概念に含まれる、というにとどめるのがよいか）。

17) 山田誠一「フランスにおける有価証券の券面廃止」北村一郎編『現代ヨーロッパ法の展望』（東京大学出版会、1998）309頁以下。
18) 山田・前掲注17) 316頁以下。
19) 山田・前掲注17) 321頁。
20) 池田真朗『債権譲渡の研究〔増補2版〕』（弘文堂、2004）299頁。
21) 山田誠一「金融機関を当事者とする債権の譲渡および質入れ——フランスにおける最近の動向」金融法研究資料編(6) (1990) 52頁。
22) 山田教授は、すでに1990年の金融法学会研究報告の時点で、フランスにおける取引のペーパーレス化の流れとして、このダイイ法と、前掲（注16)参照）の株式や社債などの有価証券の券面廃止をあげていた。山田・前掲注21) 63～64頁。
23) Gavalda, Les billets de trésorerie, Revue des sociétés. 1986, n° 10 et s., p. 362 et s.
24) Cause, Titres de créances négociables, J. -Cl. com., fasc. 535, n° 15.
25) Gavalda et Stoufflet, Droit bancaire, Institutions-Comptes, Opérations-Services, 8ᵉ éd, 1999, n° 565.
26) Juglart et Ippolito, Traité de droit commercial, t. 2, Les effets de commerce, 3ème éd., par Dupichot et Guével, 1996, n° 396 et s., p. 240 et s.

IV　結びに代えて

従来、コマーシャル・ペーパーのわが国での一般的な定義は、「信用力あ

る企業が、短期資金調達のためにオープン市場で発行する無担保の約束手形」というものであった。つまり、わが国ではコマーシャル・ペーパーの法的性質は手形とされてきたのである。一方、フランスでは、コマーシャル・ペーパーは券面廃止がされているし、もともと約束手形とも考えられていない。なお、フランスでは約束手形は effet de commerce に含まれるが、effet de commerce そのものの券面廃止については、私見の及ぶ範囲では、まだ議論は少ないようである。

　以上のことから、わが国でのコマーシャル・ペーパーの券面廃止を考える場合、その法的性質としては、このフランスでの無記名証券構成を参考にするとすれば、わが国の既成法典のなかでは、民法中の無記名債権に近づけて考えるのが１つの方法である。その場合は、無記名債権の規定（民法86条３項、473条、178条）をどう解釈するかが問題になろう。しかし、無記名債権を動産とみなす（したがって引渡しが対抗要件となる）という規定を持ちつつ、券面を廃止するのは解釈論上の抵抗があるかもしれない（ただし、無記名証券を有体動産とみなして引渡しを対抗要件と考えるのはフランスの伝統的な考え方でも同様である）。そこで、新たな「流通債権証券」にあたるジャンルを民商法の特別法で立法・創設するのも１つのやり方と考えられる。

　また、もう１つのやり方は、最初から証券つまり「紙」の概念を離れて、このコマーシャル・ペーパーを一貫して電子的な資金移動のなかで扱うという発想に立つことであろう（この考え方は、短期資金調達の処理の迅速化・簡易化を図るという取引実務の要請に沿うものと考えられる）。つまり、何らかの電子的な登録・証明制度を考えて、その仕組みのなかで、コマーシャル・ペーパー債権の発生・移転・決済をすべてコンピュータ上で処理するのである。そこでは、いわば「電子債権」というべきものが観念されることになる。もしこのような仕組みが新たに考えられるとすれば、そこでの「電子債権」の法的性質はどのようなものになるか等が今後論じられる必要があろう。

第19章
フランスにおける証拠法の情報技術への適合と電子署名とに関する民法改正

I　はじめに

　本章が紹介するのは、フランスの「証拠法の情報技術への適合及び電子署名に関する2000年3月13日法律第230号」である。6ヵ条からなるこの法律によって、フランス民法典の「債務の証明及び弁済の証明」に関する章は、第1316条、第1317条、および第1326条が改正され、新たに数ヵ条が新設された。またこの法律は、1999年12月13日 EC 指令93号の適用措置でもある。世界的な民商法の電子化の動きが、フランスにおいてどのように現れているのかの一端を検討する。

　なお、筆者はすでに1999年の論考（本書第17章第2節）で、ダイイ法における債権譲渡の承諾書についてファクシミリによる書面の証拠力を認めた破毀院商事部1997年12月2日判決を紹介した際に、今後の展望として、書証の媒体の広がりと「書面」自体の変容の可能性について触れ、「本（1997年）判決の採用した、「（ファックスを含む）あらゆる媒体」が書面としての証拠手段となりうるという表現は、コピーやファックス以外の、磁気ディスク等によるものも書証として受入れられるという可能性を開くものである」と述べ、「さらにいえば、磁気ディスク等によるものも書証として受け入れられるということは、一歩進めれば、「書面」の概念自体を電子取引に適合的なものに変容させるという発想になる。電子署名の処理が可能になれば、私署証書等の電子化も可能になる。本判決のような、現行法の解釈論としての書面や

書証の概念把握は、電子商取引の立法化によってドラスティックに変化するものといえよう」と述べておいた。本法は、まさにこの「書面の概念自体を電子取引に適合的なものに変容させる」という趣旨を、非常にフランスらしいやり方で実現したものでもあり、本法の起草にあたった学者グループは、後述するように、上記のダイイ法に関する破毀院商事部1997年12月2日判決を、注目すべき重要判例として評価している。

1) Loi nº 2000-230 du 13 mars 2000 portant adaptation du droit de la preuve aux technologies de l'information et relative à 1a signature électronique. JO 14 mars 2000, p. 3968.
2) 本法については、すでに弥永真生「電子取引とEU諸国の取組み」ジュリスト1183号（2000）136頁以下に、他のEU諸国の立法と対比しつつ一部が紹介されている。
3) 池田真朗「ダイイ法に関するその後の展開 II」（海外金融法の動向・フランス）金融法研究15号（1999）146頁以下。
4) 池田・前掲注3）151頁。

II　新法制定の経緯と新法の内容

　民法典に電子的証拠を導入しようとするこの法律の制定の経緯としては、まずその草案作成を司法省が当初8人の学者グループに委託した（委託の正確な時点は明らかにしえなかったが、すでに最初の草案は1998年初めに提示され、1998年5月の公証人会議等で検討されている）。このうちの5人によって最終草案がまとめられて司法省に報告され、1999年9月1日に閣議を通過して国会に提出されたものである（ただし、この学者クループによる最終草案は、国会提出法案と、また制定された新法と、若干の相違がある）。

　それほど長いものではないので、まず2000年3月13日法の全文の訳を掲げて、その後に解説を加えたい。

〔証拠法の情報技術への適合及び電子署名に関する2000年3月13日法律第230号〕

　第1条　①　民法典第1316条は、第1315条の1とする。

② 民法典第3編第3部第6章第1節の第1款、第2款、第3款、第4款、及び第5款は、それぞれ、第2款、第3款、第4款、第5款、及び第6款とする。

③ 民法典第3編第3部第6章第1節の第2款の前に、「総則」と題する第1款を加え、同款に以下の第1316条から第1316条の2までを親定する。

「第1316条　書証または書面による証拠は、媒体及び伝達方式の如何を問わず、一連の文字、活字、数字または理解可能な意味を与えられた他のすべての記号もしくは表象によって生じる。」

「第1316条の1　電子形式の書面は、その発行者を正式に識別することができ、かつ完全性を保証できる条件において作成され保存されているかぎり、紙媒体の書面と同格の証拠として認められる。」

「第1316条の2　法律が他の原則を定めず、また当事者間で有効な約定がない場合には、裁判官は、媒体がいかなるものであっても、すべての方法によって最も真実と思われる権原を決定して、書証に関する紛争を解決する。」

第2条　民法典第1317条は、次のように起草された項によって補充される。

「公署証書は、コンセイユ・デタ（国務院）のデクレによって定められた条件において作成され保存されるかぎり、電子媒体上に作成することができる。」

第3条　民法典第1316条の2の後に、次のように起草された第1316条の3が加えられる。

「第1316条の3　電子媒体上の書面は、紙媒体上の書面と同一の証拠力を持つ。」

第4条　民法典第1316条の3の後に、次のように起草された第1316条の4が加えられる。

「第1316条の4　① 法的証書の完成に必要とされる署名は、署名者を識別する。その署名は、この証書により発生する義務に対する当事者の同意を表明する。署名が公の吏員によってなされたとき、署名は証書に公署性（真正さ）を付与する。

② 署名が電子的である場合、署名はそれが付された証書との関連を保証しうる識別の信頼できる方式の利用によって成立する。その方式の信頼性は、

コンセイユ・デタのデクレによって定められた条件において電子署名が作成され、署名の識別が確認され、証書の完全さが保証されたときには、反対の証明があるまで、推定される。」

　第5条　民法典第1326条における「その者の自筆で」の文言は、「その者自身により」に置き換えられる。

　第6条　①　この法律は、ニューカレドニア、仏領ポリネシア、ワリス・エ・フトゥナ、マイヨット地方公共団体においても適用される。

　②　この法律は、国の法律として施行される。

〈この法律は、1999年12月13日 EC 指令93号の適用措置である。〉

  5) この8名は、P. Catala, P. -Y. Gautier, J. Huet, I. de Lamberterie, X. Linant de Bellefonds, A. Lucas, C. Lucas de Leyssac, M. Vivant であり、その最後の3名を除いた5名が最終草案提出にかかわった。cf. Groupe d'Universitaires, L'introduction de la preuve électronique dans le Code civil, JCP, 1999. I. n° 182, p. 2069.（本資料は、起草にあたった学者グループが連名で公にしたもので、法律案の議会提出段階で、作業の経緯と学者グループ草案の内容を解説したものである。）
  6) Jérôme Huet, Vers une consération de la preuve et de la signature électroniques. D. 2000 Chr. p. 95. 本資料も起草委員の1人が法律案の議会提出段階で書いたものである。

III　法改正の形態

　本法は、フランス民法典のいわゆる証拠法に関する部分、すなわち「債務の証明及び弁済の証明」（De la preuve des obligations et de celle du payement）に関する第3編第3部の第6章（Chapitre VI）を改正する形を採っている。この第6章は、もともと、債務に関する挙証責任を規定する第1315条と、証拠方法について規定する第1316条の2ヵ条が前置的に置かれ、その後に第1節「書面による証拠」（Section première, De la preuve littérale）と題して第1款「公署名義」（Du titre authentique）が第1317条から第1321条まで、第2款「私署証書」（De l'acte sous seing privé）が第1322条から第1332条まで、と続いている。

　今回の改正は、まず、証拠方法について規定する第1316条を、第1315条の

1と改め（したがって前置規定は第1315条と第1315条の1の2ヵ条となる）、その後の、第1317条から始まっていた第1節第1款を第2款に直し（以下款は第2款を第3款にと順次繰下げ）、新たな第1節第1款として、「総則」と題する款を加え、同款に新設の第1316条から第1316条の4までを規定する。そして第2款となった公署証書の規定である第1317条に、電子媒体上にも作成可能という文言を追加し、第3款となった私署証書の規定のうち、第1326条の「自筆」という表現を訂正するというものである。したがって今回の改正は、基本的には、第6章第1節「書面による証拠」の冒頭に「総則」を追加してそのなかで処理をするという形態を採ったことになる。

このように、もともとフランス民法典が民事訴訟法に当たる部分も一部含んだ内容をもっていたため、今回の改正は民法の改正という形態を採り、しかもそのなかの「書面による証拠」の問題としての処理となったことは、他のEC諸国と比較して独特の様相を呈していることをまず注意しておきたい。

なお、学者グループの草案をもとに国会に提出された法律案と、この施行法との差は、施行法では第1316条の3と第1316条の4になっている部分にほぼ該当するものが、法律案では、第2款「私署証書」のなかで、私署証書を定義する1322条の後に、第1322条の1、第1322条の2として組み込まれる形態になっていた。しかしこの構成については、学者グループのメンバーにも、手書き署名と電子署名の区別をさらにするべき等の異論があったところで[7]、施行法ではこの2ヵ条分も、「私署証書」の款ではなく（つまり私署証書の規定はいじらず）、公署証書や私署証書に共通する、「総則」として前に出したということになる。

7）　前掲注6）Jérôme Huet, op. cit., p. 97.

IV　今回の法改正形態のもつ意味

1　積極面と消極面

フランスにおいても、若干異なる方法による法改正も可能ではあった。つまり、民法典第1347条（書証の端緒）において、書証の端緒を提供すること

ができる場合に一例を付け加える、または第1348条（書証を得られない場合等の特則。1項は証書を偶然もしくは不可抗力で失った場合、2項は証書原本がなくても原本に忠実なかつ耐久性のある複製としての写しを有する場合を規定する）に新たな例外を加えるという対処方法も当初考えられたのである。しかしこれらは原案の起草にあたった学者グループによって否定され[8]、起草者たちはより単刀直入に、書証の概念自体および書面それ自体に取り組むほうを選んだ[9]。そこで今回の改正は、「限られているとはいえ民法典の証拠に関する規定の根本的な修正」[10]との自己評価がなされているのである。

一方、この法改正の限界は、いうまでもなくそれが法的書面の証拠力の側面と署名の問題にとどまっており、それらを用いた場合の有効性の問題には触れていないことである。上にみたように、この法改正は、民法典の証拠に関する条文のなかに挿入されたのであり、したがって、フランスの諸法規において、契約等の有効性の要件として紙媒体の書面を要求している規定については、何ら修正をもたらさないことが指摘されている[11]。

2 フランスにおける「書証」、「書面」に関する判例法理の蓄積

今回の法改正が、フランスにおける「書証」、「書面」に関する従来からの判例法理の蓄積の上になされたものであることも指摘されなければならない。たとえば、破毀院第1民事部は、かつてはコピーの法的な証拠力を全面的に否定していたが[12]、その後民法1347条に定める書証の端緒であると評価するようになり[13]、さらに1996年6月25日の判決で、民法1348条2項に従い、「忠実なかつ耐久性のある複製」として十分に契約の証拠となるものであるとした[14]。また同じ第1民事部は一方で、支払用磁気カードの交付を伴う証拠に関する約定の有効性について、それがなければこのような弁済方法は期待できなかったという論理で、（本来は1341条によって公証人証書や私署証書が必要になるべきところを）支払用カードの存在によって、当事者の証拠に関する約定が法的に有効であると認められるとした[15]。さらに破毀院商事部は、前掲の1997年12月2日判決で、ダイイ法における債権譲渡の承諾書についてファクシミリによる書面の証拠力を認めた。本判決についてはすでに本欄で詳しく紹介したが[16]、そこでも明らかにしたように、この判決で一般論としてファクシミ

リの証拠力が認められたとするのは疑問があるものの、本法の起草者である学者グループは、(コピーや支払用カードに関する上記各判例を掲記したうえで)この判例を、破毀院が、電信的な手段によって作成された文書の証拠価値について必要となる要件を明瞭に判示した注目すべきものとして評価・紹介している[17]。

このようにみてくると、今回の法改正は、もちろん、EC指令の適用措置であり、さらには1996年にUNCITRALが発表した電子商取引モデル法で示されていた、契約の証拠や有効性について書面を要求することに対する懸念への対応であったことはたしかであるが[18]、このような形態を取って実現されたのは、以上のようなフランス民法典の「書面による証拠」に関する国内の判例法理の展開をふまえた、必然性のあるものであったことが理解されよう。

8) Groupe d'universitaires, op. cit., p. 2070.
9) Jèrôme Huet, op. cit., p. 95.
10) Jèrôme Huet, loc. cit.
11) Jèrôme Huet, loc. cit. しかし今後、契約の性質によっては(消費者保護の要請などが少ないところではとくに)、有効性の面においても各規定についての立法措置や判例法理の形成が進むことは当然に予測されよう。
12) Cass. com., 15 déc 1992, Bull. civ.IV,nº 419.
13) Cass. 1er civ., 14 févr. 1995, JCP G 1995,II, 22402. note Y. Chartier.
14) Cass. 1er civ., 25 juin 1996, Bull. civ. I nº 270, JCP G 1996 IV1960. なお本1996年判決については、池田・前掲注3) 149頁および152頁注14) 参照。
15) Cass. 1er civ., 8 nov. 1989, Bull. civ. I nº 342, JCP G 1990 II 21576.
16) 池田・前掲注3) 148〜150頁。
17) Groupe d'uiversitaires, op. cit., p. 2069.
18) 前掲注6) Jérôme Huet, op. cit., p. 97 がこの点に触れる。

【追記、本章初出論文執筆にあたっては、Clermont-Ferrand大学のJean-Stoufflet教授(UNCITRAL国際契約実務作業部会フランス代表)より、一部資料の提供を受けた。】

第6部

債権譲渡と周辺問題

第6部の概要

　第6部では、債権譲渡とその他の規定の適用が交錯する場面を論じる。第20章が扱うのは、債権譲渡通知と詐害行為取消権の関係である。危急時の債権譲渡が詐害行為になりうることは異論がないが、取消しの対象となるのは債権譲渡行為（債権譲渡契約）かその対抗要件具備行為かという点については、過去に議論があった。本章が扱う最判平成10・6・12民集52巻4号1121頁は、詐害行為たる債務者の財産を減少させる行為は、債権譲渡契約そのものなのであって、債権譲渡の通知は、詐害行為取消権行使の対象とならないとしたもので、債権譲渡の対抗要件具備行為に対する詐害行為取消の可否を正面から論じた初めての最高裁判決である。これによって、債権譲渡の通知は不動産の場合の登記とパラレルに考えてよいことが明らかになった。もっとも、この結論には賛成しうるが、本判決の事案が停止条件付の債権譲渡担保という点では、議論が残る。

　続く第21章が扱うのは、債権譲渡と債権準占有者に対する弁済の規定との関係である。かつて最高裁は、二重譲渡の場合の第三者対抗要件具備において劣後した譲受人、すなわち新債権者となりえない者に対して弁済をした場合に、それが民法478条にいう債権準占有者に対する弁済として有効となりうる判決したことがある（最判昭和61・4・11民集40巻3号558頁、ただし結論は弁済者に過失ありとして否定。評釈は拙著『債権譲渡の研究〔増補2版〕』（弘文堂、2004）231頁以下）。本章の扱う東京高判平成11・8・26判タ1084号197頁は、通知到達後の譲渡人（旧債権者）への弁済と認定したものを、民法478条の規定する債権準占有者に対する弁済であるとして有効とした。これは、文字どおりに受け止めれば、法の定める対抗要件主義に対する否定ともいえるものであって、重大な問題を孕むので、高裁判決ではあるが（その後確定）、あえて本章では、判決の事実評価それ自体も含めて論評しておくこととする。

第20章
債権譲渡通知に対する詐害行為取消の許否
——最二小判平成10年6月12日民集52巻4号1121頁

I　はじめに

　債権譲渡と詐害行為取消の関係については、取消しの対象となるのは債権譲渡行為（債権譲渡契約）かその対抗要件具備行為かという点について、議論があった。本判決は、債権譲渡の通知は、詐害行為取消権行使の対象とならないとしたもので、債権譲渡の対抗要件具備行為に対する詐害行為取消の可否が正面から論じられた初めての最高裁判決である。不動産物権変動の対抗要件たる登記については、古く大審院に先例とみてよいものがあるが、債権譲渡の対抗要件たる確定日付ある通知については、これが最初の最上級審判決である。

　なお、本件判決の結論は、一般の無条件の債権譲渡ないし債権譲渡担保であれば問題がないと思われるものの、停止条件付債権譲渡ということでは、一部疑問が提示されると思われる。

II　事案の概要と判旨

1　事案の概要

　訴外製本業者Aは、平成5年12月1日、X会社（本訴原告・反訴被告、上告人）から920万円の貸付を受け、右貸金債務の担保として、Aが訴外B書店

に対して現に有しもしくは将来取得する売掛代金債権全部を、右貸金債務の不履行を停止条件としてXに譲渡する旨約した（以下「本件債権譲渡契約」と呼ぶが、正確には、停止条件付債権譲渡担保契約というべきものである）。その際XとAは、右停止条件が成就した場合には、あらかじめAから作成交付を受けた債権譲渡兼譲受通知書を、XがAとの連名でBに送付する旨合意した。しかしAはさらに、同月7日にY_1会社（本訴被告・反訴原告、被上告人）から100万円、同月10日にY_2会社（本訴被告・反訴原告、被上告人）から300万円をそれぞれ借り入れるとともに、Y_1・Y_2に対してそれぞれ本件債権を同様の停止条件付で譲渡した。

ところがAは同年12月20日と21日に手形の不渡りを出し、銀行取引停止処分を受けるとともに、同月20日にXに支払うべき前記貸金の返済をしなかった。そこでXは、AがBに対して有していた192万円の製本代金債権（以下「本件代金債権」と呼ぶ）を譲り受けたとして、前記合意に基づき同月21日に、預託を受けていた通知書を内容証明郵便でBに発送し、同通知書は翌22日にBに到達した（以下「本件譲渡通知」と呼ぶ）。これに対して、Y_1への本件債権の譲渡の通知がBに到達したのは同月27日、Y_2への本件債権の譲渡の通知がBに到達したのは同月24日と、いずれも本件譲渡通知よりも遅れてBのもとに到達している。Bは、同月28日に、債権者を確知することができないとして代金額192万円を供託した。

XはY_1・Y_2らを被告として右供託金につきXが還付請求権を有することの確認を求めて本訴を提起したが、Y_1・Y_2らは反訴として本件譲渡通知につき詐害行為による取消を求めた（反訴）。

原審は、詐害行為取消の対象となる債権者を害する法律行為について、「責任財産を減少させる法律効果を伴う債務者の行為である限り、債権譲渡の通知、時効中断事由たる債務承認、追認などの準法律行為についても民法424条を準用すべきである」とし、債権譲渡の通知は、「債務者に対する関係では、債務者のする承諾と共に、債権者の変更を債務者に主張し得る必須の要件となるものであって、これによってはじめて当該債権が譲渡人の責任財産から確定的に逸出することになるという意味において、第三者に対する関係で対抗要件を具備することになる以上の機能を持つものである」として、

不動産譲渡における登記とは異なり、詐害行為取消の対象となりうると判示し、Y₁・Y₂の反訴請求を認容した。そこでXから上告した。

2 判 旨

破棄自判「債務者が自己の第三者に対する債権を譲渡した場合において、債務者がこれについてした確定日付のある債権譲渡の通知は、詐害行為取消権行使の対象とならないと解するのが相当である。けだし、詐害行為取消権の対象となるのは、債務者の財産の減少を目的とする行為そのものであるところ、債権の譲渡行為とこれについての譲渡通知とはもとより別個の行為であって、後者は単にその時から初めて債権の移転を債務者その他の第三者に対抗し得る効果を生じさせるにすぎず、譲渡通知の時に右債権移転行為がされたこととなったり、債権移転の効果が生じたりするわけではなく、債権譲渡行為自体が詐害行為を構成しない場合には、これについてされた譲渡通知のみを切り離して詐害行為として取り扱い、これに対する詐害行為取消権の行使を認めることは相当とはいい難いからである（大審院大正6年……10月30日判決・民録23輯1624頁、最高裁昭和……55年1月24日第一小法廷判決・民集34巻1号110頁参照）。」

III 先例と学説

1 本判決の位置づけ

本判決は、不動産物権変動における登記、指名債権譲渡における確定日付ある通知という、対抗要件具備行為を詐害行為として取り消せるか否かについて、正面から論じられた初の最高裁判決である。もっとも、不動産物権変動における登記については、後掲のように大審院時代に先例と呼んでよいと思われる判例が取消はできないとしており、本判決はそれと同趣旨の結論に立つものであるが、指名債権譲渡の確定日付ある通知については、これが最上級審の初めての判断と位置づけてよい（なお、指名債権譲渡の対抗要件としては、民法467条では債務者の確定日付のある承諾も規定されているが、この承諾のほうはいわゆる第三債務者の行為であって、424条の予定する債務者（債権譲渡

の譲渡人）の行為ではないので、そもそも議論の対象とならないと考えられる）。

2　先例との比較

　すなわち、既存債務（義務）の履行としての移転登記は詐害行為とならないと判示した古い大審院判決として、大判明治40・3・11民録13輯253頁と大判大正7・7・15民録24輯1453頁がある。前者の明治40年判決の判決要旨は、「民法第四百二十四条ニ所謂債務者カ其債権者ヲ害スルコトヲ知リテ為シタル法律行為トハ債務者カ之ヲ為シ若クハ為ササルヲ得ヘキ自由ヲ有スル時ニ於テ債権者ヲ害スルコトヲ知リ乍ラ任意ニ之ヲ為シタル場合ノミヲ指称シ法律上履行スヘキ債務ヲ履行シタル場合ノ如キハ之ヲ包含セス」として、被保全債権の成立より前になされた不動産贈与契約の、被保全債権の成立後になされた移転登記を、「法律上履行セサルヘカラサル債務ヲ履行」したものに過ぎず、取消権行使の対象とならないとしたものである。後者の大正7年判決は、「詐害行為取消権ハ債務者カ債権者ヲ害スルノ悪意ヲ以テ為シタル法律行為ノ取消ヲ目的トスルモノニシテ債務者カ既存ノ義務ヲ履行スルカ為メニ為シタル行為ノ取消ヲ為スコトヲ得ルモノニ非ス」として、相続開始前になされていた不動産の移転につき、相続開始後に移転登記を経た事例で、前者の明治40年判決を引用しつつ、登記を詐害行為として取り消すことはできないとした。

　したがって、本判決に対しては、これら大審院時代の判例を踏襲したものとの評価も当然可能と思われるのであるが、本判決はそれらを直接引用してはいない。本判決が上に掲げた判旨中で先例として引用する大判大正6・10・30、最判昭和55・1・24は、むしろ本事案とは紛争類型を異にする判決である。これらは、不動産物権の譲渡行為後、移転登記前に成立した債権に基づいて、その債権成立前になされた譲渡行為自体を取り消すことができるか否かが争われた判決であるが（結論否定）、そこでは、債権成立前になされた譲渡行為それ自体の詐害行為取消が争われていたのに対し、本判決の事案で争われているのは、譲渡行為それ自体ではなく、それについての対抗要件具備行為を、詐害行為として取り消せるかということなのである。

　ただ、もう1つの引用判例である最判昭和55・1・24民集34巻1号110頁

のほうは、同様に、不動産譲渡行為の後で債権が成立しその後に登記がなされている事例であるが、こちらでは、「債務者の行為が詐害行為として債権者による取消の対象となるためには、その行為が右債権者の債権の発生後にされたものであることを必要とするから、詐害行為と主張される不動産物権の譲渡行為が債権者の債権成立前にされたものである場合には、たといその登記が右債権成立後にされたときであっても、債権者において取消権を行使するに由はない」という主たる判旨の文章に続けて、その理由づけとして、よりはっきり、「けだし、物権の譲渡行為とこれについての登記とはもとより別個の行為であって、後者は単にその時からはじめて物権の移転を第三者に対抗しうる効果を生ぜしめるにすぎず、登記の時に右物権移転行為がされたこととなったり、物権移転の効果が生じたりするわけのものではないし、また、物権移転行為自体が詐害行為を構成しない以上、これについてされた登記のみを切り離して詐害行為として取り扱い、これに対する詐害行為取消権の行使を認めることも、相当とはいい難いからである」と述べていた[3]。そこで最高裁は、昭和55年判決（および同判決が引用する大正6年判決）を参照判例として引用し、右傍論部分に依拠しつつ本判決を下したものと推察される[4]。

　ちなみに本件の原審判決は、債権譲渡の通知は、「債務者に対する関係では、債権者の変更を債務者に主張し得る必須の要件であって、これによって初めて当該債権が譲渡人の責任財産から確定的に逸出することになるものであり、第三者に対する関係での対抗要件の具備以上の機能を持つ」として、不動産譲渡における登記と異なる取扱いをすることとして取消可の結論を導いているが、本最高裁判決は、両者を対抗要件具備行為として同一に取り扱うという結論になっている（この点の問題については後に再説する）。

3　これまでの学説

　学説は、この、対抗要件具備行為のみを詐害行為の取消の対象にしうるかという論点については、不動産の登記についてはともかく、債権譲渡の通知については、必ずしも十分に論じてきたとはいえない。

(1) 不動産登記の評価

不動産登記については、言及する学説の多くがその取消を認めない方向を承認してきたように思われる。たとえば、①先に紹介した大審院の先例の表現に近い説明で、弁済（履行行為）の詐害性一般の問題として、債務の履行としてなされる登記は詐害行為とならないと論じる説[5]、②登記原因である実体的な法律関係の取消を問題とすべきであり、登記自体は実体的な法律行為が取り消されたときにその効果として抹消されるにすぎないから登記行為だけを問題とすべきではないとする説[6]、③問題を倒産法との比較の側面からアプローチするものとして、倒産法上の対抗要件否認規定（破産法74条、会社更生法80条）【補注、いずれも旧法であり、現行法では破産法164条、会社更生法88条となるが、本章では以下旧法のままで掲載する】は、それらの手続の特殊性に鑑みてかつ制限された範囲で設けられた規定にすぎず、それとの対比からすると民法上の詐害行為取消権が対抗要件の取消を認める趣旨とは到底考えられないと主張する説[7]（なお後述するように前掲昭和55年判決もこの点にふれる）などがある。

これに対して一部の学説には、基本的に取消の対象とはならないとしつつも、「債務者が受益者と通謀して、財産処分後わざと登記を遅らせてその間に信用をえたような場合には、……本旨弁済の詐害性に関する判例法理（さらには旧破産法74条、旧会社更生法80条の趣旨）によって、原因行為と切り離して対抗要件充足行為のみの取消を許すことも考えられないではない」と指摘するものもあった[8]。

(2) 債権譲渡の通知についての議論

一方、債権譲渡の通知については、どのように解するのか、登記と同一に解するのか、という点などにつき、これまでの学説は十分な考察をしてこなかったといわざるをえない。そこでは、通知を権利移転の対抗要件として登記と同列に位置づけて論じるよりも、通知のいわゆる準法律行為という法的性質に着目して議論することが一般によく行われていた。そしてどちらかといえばその観点からのみの形式的議論と思えるものもみられたのである。

すなわち、一般的に取消の対象が424条にいう「法律行為」に限られず準法律行為も含まれると論じる文脈で、その例として催告、時効中断のための

債務承認などとともに、債権譲渡の通知をあげるのが旧来の通説的説明であった。本件の原審も、これら通説的見解と同様の理由を述べている。ただ、片山・前掲評釈が正しく指摘するように、上記の通説の説明は、必ずしも本件のような紛争を想定してなされたものではなさそうである。一般論として、わが国の学説は、準法律行為の取扱いについて、個々の状況の具体的な検討をせずに、安直に全体をまとめて法律行為規定の準用とか、意思表示規定の類推適用とかを認める傾向が見られるが、ここにもそのきらいがないとはいえないのである。

1) この点については、甲斐道太郎「昭和55年判決判批」『民法判例百選Ⅱ〔第3版〕』(有斐閣、1989) 39頁参照。
2) この点は、片山直也「本件評釈」法教220号 (1999) 124頁の指摘が正確である。
3) したがってこの部分は、「傍論」と扱われている。甲斐・前掲注1) 39頁、下森定・昭和55年度重判解85頁 (1981) 参照。
4) 片山・前掲注2) 125頁。本判決の要旨は、右に引用した「傍論」とされる説示を、その中の「物権の譲渡」「登記」とあるところを「債権譲渡」「通知」に置き換えて述べたに過ぎない。
5) 於保不二雄『債権総論〔新版〕』(有斐閣、1972) 186頁等。
6) 我妻栄『新訂債権総論』(岩波書店、1964) 177～178頁。ただし我妻説は、前掲大正6年判決に反対して、債権成立前の行為として取消権が及ばないというためには、登記も債権の成立前になされることを必要とするという少数説である。同179頁。
7) 船越隆司「判例評釈」判評261号 (1980) 16頁、円谷峻「判例評釈」金判597号 (1980) 55頁等。
8) 下森・前掲注3) 85頁。
9) 松坂佐一「債権者取消権」小野清一郎ほか編『総合判例研究叢書民法(7)』(有斐閣、1957) 143頁、於保・前掲注5) 181頁、倉田卓次『要件事実の証明責任 (債権総論)』(西神田編集室、1993) 188頁等。
10) 例外として、担保法の観点から道垣内弘人『担保物権法』(有斐閣、1990) 300頁は、後述する対抗要件を備えない債権譲渡の実情を述べて、対抗要件具備行為が詐害行為取消の対象となるとしている。なお、内田貴『民法Ⅲ』(東京大学出版会、1996) 493頁。
11) この点を指摘するものとして池田真朗「準法律行為」法教197号 (1997) 87頁以下参照 (池田真朗=吉村良一=松本恒雄=高橋眞『マルチラテラル民法』(有斐閣、2002) 19頁以下所収)。

IV 評　論

1　結論の評価

　本判決によって、対抗要件具備行為は詐害行為取消の対象にならないという判例法理がほぼ確立したとみてよかろう。登記が詐害行為取消の対象とならないことは、前掲明治40年判決・大正7年判決までのところで固まっていた判断と見てよかろうが、債権譲渡の通知について同様に判示したことで、初めて明確に対抗要件具備行為一般が取消権行使の対象とならないという形になったことに本判決の意義がある。

　たしかに、わが国では物権変動にも債権譲渡にも共通して対抗要件主義を採用しており、不動産の移転登記と債権譲渡の通知とは、対抗要件具備行為として同一の地位を有しているのであって、法的構造からは、詐害行為取消の可否を判断するに際して両者を区別する合理的な根拠を見出すことはできないはずである。[12]

　ただ、現実の取引においては（権利移転契約だけを先にしておいて対抗要件具備行為を遅らせることがあるという現象の存在自体は不動産譲渡も債権譲渡も同様なのであるが）、債権譲渡をとくに担保としてする場合には、従来、債務者の信用不安を惹起しないようにわざと対抗要件を具備しないでおくケースが多かったことは確かに指摘されるところである。[13]とりわけ近時は、まさにこのケースがそうであるように、あらかじめ譲渡人の名での通知書を作成して譲受人が保管しておいて、譲渡人（融資の債務者）が取引停止等になったことを停止条件として、譲渡契約がなされ通知が発せられるという停止条件付譲渡担保契約が多く行われていた。

　このような実情に鑑みると、先に掲げた下森説のいうように、例外的に一定の加重された要件の下で対抗要件具備行為を取り消せる余地を残しておくべきという考え方も出てくるのである。[14]【追補、後述するように、さらに今日的には別途の構成が考えられる。】

2 理論的分析

　そこで、再度理論的な検討から順序立てて考えてみたい。まず、①対抗要件の構造からは不動産物権変動と債権譲渡とを区別する合理的な理由はない（なお本件原審は、登記は公法的行為の色彩が強く、通知は純然たる私法行為であるとするが、それが効果面で取扱いを違える理由になるとは思われない）。つぎに、②民法424条の「法律行為」の趣旨が問題になるが、私見では、準法律行為の概念は、わが民法が法律行為の概念を採用して、それに意思表示を必須の要素とする法律要件という定義を与えたことによって、そこからはみ出すもの（当事者の意図したとおりの法律効果が発生するものではなく、法律効果が法定的に与えられているもの等）を準法律行為と呼ばざるをえなくなったという基本的理解[15]から、民法424条においては、「責任財産を減少させる法律効果を伴う債務者の行為」であれば、それが準法律行為に分類されるものだからといって、424条の対象範囲から排除することは正しくないと考える。つまり、準法律行為が詐害行為取消の対象となるかという問いに対しては、その行為が詐害行為に該当する（権利創設的効果を持つ）ならなりうる、と答えるべきと考えるものである。

　しかしながら問題は、準法律行為の１つとしての債権譲渡の通知が詐害行為になるか否かなのであって、その判断は、責任財産を逸出させる権利移転が、いつ、どの行為によって発生するかにかかるのである。そこで、権利移転が債権譲渡契約のほうで起こるのであれば、詐害行為になるかどうかは債権譲渡契約のほうで決まる。したがって、対抗要件具備行為としての通知は論理必然的に詐害行為性を持たないということになるのである（それゆえ本判決は、「準法律行為は詐害行為取消の対象外」などと判示したものではないというべきである）。そうすると、次に問題とすべきは、まさに③本件のような停止条件付債権譲渡（担保）契約においては、実質的な権利移転はいつ、何によって生じるか、という点になる。

　対抗要件をわざと具備しない、いわゆるサイレントの債権譲渡（譲渡担保）の場合でも、債権譲渡契約としては当事者間では有効に完了しており、ただ、対抗要件具備がないので第三者に対抗できない状態である（したがって担保としてもリスクが大きい）ということであって、理論上債権は契約時に

移転している。それゆえ通知が詐害行為となることは理論上はありえない。しかるに、近時実務で盛んになった、停止条件付債権譲渡担保契約の場合、そう構成する当事者の意図は、停止条件（譲渡人の支払停止等）成就の際に債権譲渡契約が効力を生じ、その時に初めて債権が移転するという点にある（これは主として後述する否認権行使を逃れることを狙ったものである）。この場合が問題になる。

　しかし実は、最近の下級審判決は、このような契約当事者の意図を認めず、停止条件付債権譲渡担保契約と構成されるものの場合にも、担保権の実質は契約時に発生しているという構成で、否認権行使を認めるものが続々と登場している（大阪高判平成10・7・31金判1050号3頁等。上告中のものもあるので詳細は上告審の判断を待ちたい）。

　そうすると、本判決でも、債権譲渡の権利移転は当初の契約時に発生している、との把握のもとに本判決の論理が貫徹される、と理解すれば、それらの下級審判決と理論的な符丁は合うことになる（ただし本判決は、債権譲渡担保における詐害行為取消の対象として担保設定行為を問題にするのか実行行為を問題にするのかという論点に触れるものではない)[16]。ただ、その結果、運用面で逆に違いが出てくるのは、そのような停止条件付債権譲渡担保契約については、対抗要件具備行為を詐害行為で取り消すことはできないが否認権行使で対抗要件否認をすることはできる、という点である。

3　私見の理解

【追補、上述したところでは、本判決は、債権譲渡の権利移転は当初の契約時に発生している、との把握のもとに本判決の論理が貫徹される、と理解すれば、上記の下級審判決と理論的な符丁は合うことになると述べた。しかし、本判決では、先に掲げた「判旨」にあるように、「債務者が自己の第三者に対する債権を譲渡した場合において、債務者がこれについてした確定日付のある債権譲渡の通知は、詐害行為取消権行使の対象とならないと解するのが相当である」「けだし、詐害行為取消権の対象となるのは、債務者の財産の減少を目的とする行為そのものであるところ、債権の譲渡行為とこれについての譲渡通知とはもとより別個の行為であって、後者は単にその時から初めて債権の移転を債務者その他の第三者に対抗

し得る効果を生じさせるにすぎず、譲渡通知の時に右債権移転行為がされたこととなったり、債権移転の効果が生じたりするわけではなく、……」と言うのみであって、そこではその債権譲渡が「停止条件付」であることにはなんら注目がされていないのである。そして本判決は平成10年の判決であり、当時はまだ、債権譲渡の予約について確定日付のある通知・承諾があっても、それによって予約完結による債権譲渡の効力を第三者に対抗することはできないと判示した、最判平成13・11・27民集55巻6号1090頁[17]が出されていない。この平成13年判決によって、最高裁は、真正譲渡であろうと譲渡担保であろうと、債権譲渡契約があればそれによって権利が移転するが、予約ではまだ権利移転が起こっていない（したがってその予約について確定日付のある通知をしても債権譲渡の通知にならない）という考え方を明瞭に示すに至ったのである。それゆえ筆者はこの平成13年判決の評釈で、予約の場合の判断が出たことで、残されたのは停止条件付債権譲渡契約の場合であると論じ、停止条件付債権譲渡契約も債権譲渡の予約と同様に理解するならば、停止条件成就時に債権譲渡がなされて権利が移転する、と理解すべきであって、その点の最高裁の判断が待たれる、と述べたのである[18]。そしてその点に解答を与える形になったのが、（破産法の事案であったが）停止条件付債権譲渡契約と否認権行使に関してなされた、最判平成16・7・16民集58巻5号1744頁であった[19]。筆者はこの平成16年判決が、「本件債権譲渡契約に係る債権譲渡は、債務者に支払停止等の危機時期が到来した後に行われた債権譲渡と同視すべきもの」と述べて、対抗要件否認ではなく、旧破産法72条2号の危機否認を適用したのを、停止条件付債権譲渡契約においては、停止条件成就の時に初めて債権譲渡があることになる、という論理で説明がつけられるものと理解して、従来の債権譲渡の判例法理と整合性の高い判決であると論じたのである[20]。そうすると、現時点では本判決は、基本的に、条件付でない譲渡の事案についての説示として正しいものと理解すべきであると思われるのである[21]。

　そのような理解に立てば、本判決の事案のより正しい解決は、停止条件付債権譲渡でも実質は停止条件付の契約をした時点で権利が移転している、という当時の下級審判決のように理解すべきではなく（実際これらの下級審判決の考え方は上記の最判平成16・7・16民集58巻5号1744頁の論理と矛盾するので否定される）、停止条件付債権譲渡の場合は条件成就の時点、つまり本件では、事案にある

とおり、Aが平成5年12月20日と21日に手形の不渡りを出し、銀行取引停止処分を受けるとともに、同月20日にXに支払うべき前記貸金の返済をしなかった、ということであるから、この12月20日の段階で停止条件が成就して債権譲渡が実際になされたということになり、その時点の債権譲渡行為が詐害行為取消とか、旧破産法等でいう危機否認の対象になるかが吟味されるべきだったのである（したがって12月20日から15日間が倒産法上の対抗要件否認の検討対象となる期間ということになる。ただしその期間に通知を詐害行為で取り消せないことは本判決の判断のとおりでよい）。

　以上、初出段階での筆者の評釈に上記のように記述を加える。】

　そこで、最後に否認権行使と詐害行為取消の関係について簡単に述べる。前掲昭和55年判決は、その「傍論」として紹介した部分に続けて、「（破産法74条、会社更生法80条の規定は、これらの手続の特殊性にかんがみて特に設けられた規定であって、これを民法上の詐害行為取消の場合に類推することはできない。）」と述べている。私見も、昭和55年判決の見解と同じく、旧破産法74条、旧会社更生法80条の対抗要件の否認は、特別法の手続の実効性をはかるもので、詐害行為取消権とは多少別の目的を持つものと理解している。したがって、すべての場合に、否認権行使ができるのであれば詐害行為取消もできなければならないという関係にはない。逆に言えば、本判決の結論が示された結果、債権譲渡の通知を詐害行為取消権で取り消せなくなっても、倒産の場合は所定の期間は対抗要件否認はできるのであるからそれでよい、という肯定論が成り立つと考える。

　それでもなお、登記と債権譲渡通知を比較した場合に違和感が残る部分があるとすれば、それは、不動産譲渡も債権譲渡も同じく担保として用いられる場合があるのにもかかわらず、これまでその担保設定の公示性に差があったからではなかろうか。つまり、不動産の場合には、仮登記のような公示手段が用いられてきたのに対し、サイレントの債権譲渡の場合は、それがまったくなかったのである。しかしこの最後の点は、私見では、平成10年10月施行の債権譲渡特例法に基づく債権譲渡登記をすることによって公示機能を果たせることになったので、違和感の存在は、完全にではないかもしれないがある程度逓減されるものと考える。

4　小　括

　最後に、詐害行為取消権の本質論として、債務者に帰属する財産と、保全可能な責任財産の概念とを峻別し、一般債権者において差押えによる追及可能性の残る状態の既処分財産は、なお責任財産を構成するという考え方に触れておく(この考え方は、明治以来の判例法理に完全に反する)。私見は、この立場でも債権譲渡の通知は不動産の移転登記とパラレルに問題とすべきであり、また取り消すべきはなお譲渡行為であって、詐害行為の成立要件も、譲渡行為時で判断されるべきと考える。

　また前掲下森説、片山説は傾聴に値するが、私見としては、対抗要件具備行為については画一的評価を与えることによる法的安定性のほうを評価したい。【追補、この部分も、前述の追補部分と同様に言を加えれば、下森説、片山説とは違う論理構成で、①停止条件成就時に債権譲渡があったことになるので、その時点での債権譲渡が詐害行為かどうか(危機否認の対象となるかどうか)が問われることになる、②いずれにしても通知のほうは詐害行為取消しの対象ではないと考える、ということになる。】

　以上の考察を加えて、私見としては本判決の結論に賛成する[23]。

12)　片山・前掲注2)125頁も参照。
13)　道垣内弘人『担保物権法』(有斐閣、1990)294頁、内田貴『民法III』(東京大学出版会、1996)493頁等参照。
14)　片山・前掲注2)125頁も危機対応型についてこの考え方に理解を示す。
15)　池田・前掲注11)89頁、94頁。
16)　なおこの問題については、椿寿夫『集合債権担保の研究』(有斐閣、1989)308頁以下参照。
17)　池田真朗『債権譲渡の発展と特例法』(弘文堂、2010)159頁参照。
18)　池田・前掲注17)166～168頁。
19)　池田・前掲注17)174頁以下参照。
20)　山本和彦、角紀代恵らの理解と同視。池田・前掲注17)178頁参照。
21)　池田・前掲注17)177頁。
22)　我妻・前掲注6)179頁も参照。
23)　他の参考文献として、潮見佳男「本件評釈」平成10年度重判解71頁がある。

第21章
債権譲渡と債権準占有者への弁済
（債権譲渡通知到達日に譲渡人に対してした弁済と
債権の準占有者への弁済の成否）
——東京高判平成11年8月26日判夕1084号197頁

I　はじめに

　周知のように、わが民法は、指名債権の譲渡において、物権変動と同様に、意思主義・対抗要件主義を採用している。したがって指名債権譲渡は、譲渡人・譲受人の両者のみで有効に契約をすることができ、当該債権は、両当事者の間では契約時にその合意のみをもって移転すると考えられるが、この権利移転を当事者以外の第三者（債権譲渡の場合は債務者も含む）に対抗するためには、法定の対抗要件（民法467条1項、2項）を具備しなければならない。このうち、いわゆる第三者対抗要件としては、確定日付ある証書による債務者への通知または債務者による承諾が規定されているが（同条2項）、債務者に対する対抗要件（権利行使要件）としては、無方式の通知・承諾で足りる（同条1項）のも周知のとおりである。そして、これらの対抗要件が効力を持つのは、通知の場合、債務者に到達した時点つまり債務者の元で了知可能になった時点からであることも異論はない。

　したがって、通知到達後は、債務者は新債権者たる譲受人に支払わなければならず、またそうしなければ免責されない。しかしながら、本章の扱う東京高判平成11・8・26判夕1084号197頁（金判1074号6頁）は、通知到達後の

譲渡人（旧債権者）への弁済と認定したものを（この認定自体についても後に論評する）、民法478条の規定する債権準占有者に対する弁済であるとして有効とした。

通知到達後の旧債権者に弁済してそれが債権準占有者に対する弁済として有効となるということは、かつてその可能性を肯定したともとれる最高裁判決（最判昭和61・4・11民集40巻3号558頁、ただしこれは二重譲渡のケースで対抗要件具備が劣後した者への弁済に民法478条の適用可能性を肯定したものであり、しかも結論は弁済者に過失ありとして債権準占有者に対する弁済としての免責を否定したものである）が1件あるものの、文字どおりに受け止めれば、法の定める対抗要件主義に対する否定ともいえるものであって、重大な問題をはらむ。もっとも、債権の準占有者に対する弁済の規定は、やむをえない過誤弁済をした弁済者を保護する規定であって、対抗要件の規定が必ずしもこの弁済者保護規定よりも優位に立つというべきものでもないが、逆に弁済者保護規定が対抗要件規定を安易に破ってよいというものでもないのは当然である[1]。

そこで本章では、この裁判例を取りあげて吟味したい。なお、本判決は平成11（1999）年に言い渡されたものであり、すでに同年に判例雑誌にも掲載され（金判1074号6頁）、評釈も出されている[2]が、平成12（2000）年になって判例タイムズ誌に掲載されたものである。

  1） 池田真朗「対抗要件の規定と他の規定との衝突」法教185号（1996）66頁以下（池田真朗=吉村良一他『マルチラテラル民法』（有斐閣、2002）202頁以下所収）参照）。
  2） 吉田光碩「債権譲渡と民法478条」銀法570号（1999）44頁。

II　事案の概要と判旨

1　事案の概要

Xは、Aに対する債権の代物弁済として、AのYに対する売掛債権（以下「本件債権」という）の譲渡を受け、AはYに対してそれについて内容証明郵便による債権譲渡通知をした（内容証明郵便は、民法施行法5条により確定日付ある証書となる）。その通知がYの事務所に配達されたのは、平成9年4月

28日の午前11時頃から正午頃までの間であったが、代表者が留守であったため、同郵便は同日の6時頃まで開封されないままとなっていた。このため、Yは、従前のAとの約束に従い、同日、従業員Zの手で、本件債権の弁済金をB銀行の支店を通じて電信扱いでC銀行のAの口座に振り込む手続きをとったが、これによる振込金がAの預金口座に入金記帳されたのは、同日の午後3時16分以降であった。なお、この振込の経緯の詳細は、裁判所の認定によれば以下のとおりである。Yの従業員Zは、日常の慣行として、預金払戻請求書や振込依頼書等をB銀行支店の窓口に預けていったん同支店から退出し、午後3時頃に再度赴いて、銀行の事務処理の済んだ書類を受け取るというやり方をしており、この日もそのやり方をしたものであって、午前10時過ぎころ、本件書類をB銀行支店の窓口に預けたようである。しかし、本件債権の弁済金の振込についての書類には、同支店では午後2時30分以降くらいに受け付けたものに窓口行員が押捺する、「この振込は、受付時間の関係で本日中にお受取人さまにご入金されない場合がございますのでご了承下さい」との印が押捺されていた。この点は、本判決では、「当日は、日曜日と祭日にはさまれた日で、同支店は大変に混雑していたので、いつも午後3時頃に書類を取りに来ることがわかっているZの預けた書類の取扱いが後へ回されたと考えれば、両立しないものではない」とされている。

　Aは、同年6月24日、破産宣告を受けた。Xは、Yに対して、Aになされた弁済は無効であるとして、本件債権についての支払いを求めて提訴した。これに対して、Yは、民法478条に定める債権の準占有者に対する弁済として免責されると主張した。

　原審(東京地判平成11・1・27金判1062号17頁)は、次のように述べたうえで、Yの善意・無過失を認定して、Xの請求を棄却した。

　「債務者に対して事前に相談ないし連絡をすることなく譲渡人と譲受人の間で債権譲渡契約が締結された場合においては、債権譲渡が真実有効に行われたという認識を債務者が現実に有するに至るまでの間は、右債務者に対する債権譲渡の対抗要件が具備された後であっても、なお、債権譲渡契約締結後の債権譲受人は、債権の準占有者に当たるものというべきである。(中略)債権譲渡がされた場合における債務者との間の関係における債権の帰属の問

題は、債務者に対する通知又は債務者の承諾という債務者対抗要件の具備に時期により決すべきものであるが（民法467条1項）、右規定は債務者が行った弁済の効力についてまで定めているものとはいえず、その弁済の効力は債権の消滅に関する民法の規定を併せて考慮して決すべきである。すなわち、債権譲渡についての債務者対抗要件の規定（民法467条1項）は、債務者に対する関係において「債権の帰属する者」を定めるものにすぎず、これに対して、民法478条の規定は「債権の帰属しない者」に対する弁済により債務が消滅するという効果が発生するための要件を定めるものであるから、「債権の帰属しない者」である対抗要件具備後の債権譲渡人が債権の準占有者に当たるとする余地を認めることに格別問題はない。対抗要件具備後の債権譲渡人に対する弁済については、当該弁済が行われた個別具体的事情により、債務者が善意無過失といえる場合には債権の消滅という効果を発生させ、善意無過失とはいえない場合には債権の消滅という効果を発生させないことにより、債務者と債権の譲受人間の公平を図るのが、法律の趣旨であると解されるのである」。

Xより控訴したのが本件である。本控訴審でXは、Aは「自己ノ為メニスル意思」をもって債権を所持している者ではないから、債権の準占有者たりえない、Yは善意無過失とはいえない、等と主張した。

2　判　旨

控訴棄却・上告（その後上告棄却、上告不受理）

原判決をほぼそのまま維持して、Yが債権の準占有者に該当しない旨のXの主張を採用できないとして退け、さらに「右経過からは、遅くとも同日正午ころまでに配達された本件債権譲渡通知の封入された封書を、間もなくZが自己の判断で又はY代表者に連絡の上開封して内容を読み、自己の判断で又はY代表者に連絡して指示を受けて、前記B銀行支店にAへの送金を取り消すよう連絡すれば、Aへの送金を停止できたものと推認されるが、配達された封書が速達書留の内容証明郵便であっても、同日夜にはY代表者が帰社する見込みであるのに、右封書をZが自己の判断で又はY代表者に連絡の上開封して内容を読み、自己の判断で又はY代表者に連絡の上指示を受けて、

前記B銀行支店にAへの送金を取り消すよう連絡すべき注意義務があったとか、Y代表者が、Zにそのような処理をするように日頃から指導監督すべき義務があったとはいうことができず」として、YのAに対する弁済につきYが善意無過失であると認めた。

III 検 討

1 評価の概要

　本判決については、Yの弁済を有効とした結論は妥当なものであると考えるが、その理由づけとして、債権準占有者に対する弁済であるとした点は反対する。

　本事案は、1つの限界事例である。掲載誌の表題は、「債権譲受人が債務者に対する債権譲渡の対抗要件を具備した後における債権譲渡人に対して債務者のした弁済が債権の準占有者への弁済として有効とされた事例」であるが【補注、初出評釈の表題は、この掲載誌の表題をそのまま採った。しかし本章では、より正確と思われる、「債権譲渡通知到達日に譲渡人に対してした弁済と債権の準占有者への弁済の成否」と改めておく】、文字どおりそのとおりの内容であるとすれば、これは大変理不尽な判決といわざるを得ない。しかし、表題のつけ方自体は誤りではないが、実態は本来そのような判決と評価されるような処理をすべきものではなかったように思われる。

　厳しい言い方をすれば、本判決は、わが国におけるいささか安直な債権準占有者への弁済法理の濫用（と私見はあえて言う）の1つと位置づけられる（そもそも債権準占有者への弁済は、真の債権者以外の者への弁済である。それが簡単に有効とされていいはずがない。類似規定のある諸外国の民法で、これほど債権準占有者への弁済の規定、つまり過誤弁済の保護規定が多用される国がどこにあるのかを私は知りたい）。以下、その点を論証する。

2 分析の前提

　最初に述べておかなければならないことは、沿革的に見ても、債権準占有者という概念は、本来フランスの債権占有者、つまり債権者その人らしい地

位を外観的に保有する人をいうのであって（フランスでは、債権占有と身分占有——家族法上の地位を外観的に保有する——があり、これらは、フランス民法上、所有権以外の他物権の占有である「準占有」とは別個の、広義の占有と呼ばれるもので、その実質は「状態もしくは権利の外観を意味するもの」と理解されている。そしてフランスでは債権占有者の概念は、表見相続人等が例にあげられ、それ自体非常に狭いものとして捉えられている）、その意味では、債権準占有者に対する弁済の規定は、もともと民法205条の準占有（所有権以外の物権の占有）における占有の心素の問題とは必ずしも完全につながらない、外観信頼保護の問題であるということである。ただし、沿革的にいう債権準占有者たる地位を表す外観というのは、ひとり当該債務者がその者を債権者らしいと善意無過失で信じればいいというものではなく、「世間の誰から見ても債権者らしい外観」が必要なのであり、それだからこそ、誰でも間違える（いわゆる「万人の錯誤」による）弁済であるとして、これを有効にすることに合理性があるのである。

　この点、本件登載判例雑誌コメントは、205条の準占有概念における「自己ノ為ニスル意思【補注、現行民法では「自己のためにする意思」】」を要件とする説として我妻説をあげ、それを不要とする学説として内田説をあげるが、これは安易かつ勉強不足な紹介である。というのは、何も内田説が新説ないし一方を代表する説であるわけではなく（加えて同説のこの点の記述は簡略であり、「自己ノ為ニスル意思」を不要と断言する表現にはなっていない）、「自己のためにする意思」が不要であり受領権限ありとの外観を備えていれば足りると明示する説としては、前田説等本来引用すべき説がすでに存在する。一方、我妻説は、占有には代理占有も認められることを根拠に詐称代理人も債権準占有者たりうるとする文脈で205条の占有の心素を要件とするものである（これは、かつての判例が「代理人として債権を行使する者は「自己ノ為ニスル意思」がないから債権準占有者たりえないとしていた（大判昭和10・8・8民集14巻1541頁）のを否定するための論理構成であった）。ただし現在の学問上の認識からみると、我妻説は、たしかに今日の圧倒的な通説を形成した代表説ではあったが、そもそも同説は民法478条の沿革（フランス民法1240条）に疎く、同条を徹底した取引安全保護の規定として認識・称揚している点でかな

りの極論に属するものであることを知らなければならない。しかし内田説のように、沿革に言及せずに「相手方から見た外観」というだけで要件立てをした場合には、これまた債権準占有者概念を不当に拡大するおそれがあり、適切でないことには変わりはないということになろう。[7][8]

たしかに、現行日本民法では、形式上、他物権の準占有と債権の準占有の間に区別がなされていない。[9]かつ、債権者でない者が債権者らしく振る舞うことによって「債権者らしい外観」を生ずることはあり、その場合の「債権者らしく振る舞っている者」に債権を占有する心素としての「自己のためにする意思」があることは認められるが、必ずしも積極的にそれがなければ債権準占有者たる外観を生じえないわけではない（別の理由で周囲から同人に債権者らしいと評価しうる状況が付与されるのでもよい。これは表見相続人のケースで考えれば明らかであろう）。実際の問題としても、本件のAはもともと債権者だったのであり、債権者でないものが債権者らしく振る舞ったりしたのかという意味で債権準占有者性の有無をAについて論じることは、本件ではあまり意味がない。いずれにしても、205条をあげてその要件論から債権準占有者性の否定を立論しようとしたX（原告・控訴人）の主張は無理がある。

しかし、今回のケースでは、譲渡通知の内容に疑義があったり、通知の撤回等、外観上権利の帰属に疑念を生じさせる事情があったわけでもない。それゆえ、Aについて債権準占有者か否かを論じる余地はもともとないのである。つまり、Yの目から見ても、かつ客観的に誰の目から見ても、譲渡通知到達前はAが債権者、到達後はXが債権者なのである。譲渡通知到達後は、譲渡人Yは、「自己ノ為ニスル意思」がないから準占有者にならないのではなく、準占有者たる外観を持ちえないので準占有者たりえないのである。以下その点を詳論する。

なお、以下の検討に入るに際して、周知のことであるが、わが国の判例は、沿革に忠実な少数説[10]とは異なり、債権準占有者たりうる者の範囲を詐称代理人や預金通帳の占有者などにも広く認め、その上で478条の条文に「善意」とのみ規定されている要件を、「善意かつ無過失」と読み替えている（最判昭和37・8・21民集16巻9号1809頁）ことを述べておく。私見はこの点にも異論があるが、本章ではこの判例法理のいう「善意・無過失」要件を前提に以下の

議論を進める。【補注、民法478条は、その後平成16（2004）年の民法現代語化改正の際に、確立した判例法理の取り込みとして、それまでの条文にあった「善意」の要件が「善意・無過失」に修正された。】

3　最高裁昭和61年判決

本判決の検討の前提となる、指名債権の二重譲渡における劣後譲受人に対する弁済が債権準占有者に対する弁済となりうるとした、最判昭和61・4・11民集40巻3号558頁の詳細については、別稿評釈を参照していただきたいが、その事実は、概要以下のとおりであった。[11)]

X社は、昭和54年6月27日に、訴外A社から、AのY社に対する運送代金債権約511万円の譲渡を受け、AはYに対し、同年6月28日頃到達した確定日付ある書面で債権譲渡の通知をした（これに基づきXは同年7月に、Yから約266万円の弁済を受けた）。しかし、Aはその後同年8月8日頃に、Xの債務不履行を理由に、本件債権譲渡契約をいったん解除し、その頃Yに対して（Aから）その旨通知したが、右解除はAの誤解に基づくものであることが判明したので、同年9月1日頃、Yに対し前記解除を撤回する旨の通知をした。一方、訴外Bは、Aに対する債権に基づき、AのYに対する本件債権中約215万円について、同年8月15日に仮差押命令を、さらに同年11月1日債権差押・取立命令を得、右命令は、それぞれその頃Yに送達された。Yは、前記解除通知により本件債権の残存部分はAに復帰したものと信じていたところ、その後右仮差押命令の送達を受けたのちにAから右解除の撤回通知を受け、さらに右債権差押・取立命令が送達され、かつ右命令により取立権者とされるBの代理人弁護士から再三の催告を受けて、裁判所の判断に過誤なきものと考えて、右命令に従って、同年11月21日、本件債権差押部分の金額をBの右代理人に対して支払った。なおこの間Xのほうも、Yに対し書面と口頭で支払催告をしていた。

以上の事実関係に対して、第一審と第二審は、Yの弁済を債権準占有者に対する弁済と認めて有効としたが、最高裁は、民法478条の適用の可能性は肯定しつつも、Yは善意ではあったが無過失ではなかったという理由で、破棄自判してXがYに対して残存額の債権を有することを認めた。その理由の

骨子は、「仮差押命令等を得たBは本件債権部分の取立権者としての外形を有し、右債権の準占有者にあたるということができるから、同人に対する弁済につき民法478条の規定の適用があるものというべきである」としながらも、「債務者において、劣後譲受人が真正の債権者であると信じてした弁済につき過失がなかったというためには、優先譲受人の債権譲受行為又は対抗要件に瑕疵があるためその効力を生じないと誤信してもやむを得ない事情があるなど劣後譲受人を真の債権者であると信ずるにつき相当な理由があることが必要であると解すべきである」として、本件譲渡通知の到達日のほうが早かったのだからYとしては少なくともBに弁済すべきか否かにつき疑問を抱くべき事情があったというべきであって、YにBが真の債権者であると信ずるにつき相当の理由があったとはいえず、Yに過失がなかったものとすることはできない、というものである。

なお、この判決が、民法478条の適用可能性を肯定した論理は、「右規定（民法467条を指す）は、債務者の劣後譲受人に対する弁済の効力についてまで定めているものとはいえず、その弁済の効力は、債権の消滅に関する民法の規定によって決すべきものであり、債務者が、右弁済をするについて、劣後譲受人の債権者としての外観を信頼し、右譲受人を真の債権者と信じ、かつ、そのように信ずるにつき過失のないときは、債務者の右信頼を保護し、取引の安全を図る必要があるので、民法478条の規定により、右譲受人に対する弁済はその効力を有するものと解すべきであるからである」というものであった。

この判決に対して私見は、結論に賛成しつつ、その理論構成に反対し、とくに、判旨のように過失の問題で処理するのではなく、本事案における弁済受領者Bには債権準占有者性がないというべきであるとした。その理由は要旨以下のとおりである。

債務者への認識付与を基軸とする民法467条の対抗要件の具備は、必然的に、生じうる外観を限定するので、完全な公示性を持つ対抗要件が規定されていれば、「対抗要件の公示」に反する内容の外観を信頼するという状況自体、存在しえない。しかしわが国の指名債権譲渡法理においては、対抗要件として規定される（債務者への通知・承諾という）手続のもつ公示性が不十分

なため、「公示に反する外観」が作出される懸念が否定しえない。したがって、本判決は、「公示に反する外観」の作出される場面（具体的には、対抗要件具備の手続に瑕疵があったりして、本来の権利関係の公示を逆に否定するような外観が生じたというような例外的な場合）に限って適用されうると考えるべきである、というものであった。つまりこの昭和61年判決が過失判断の際に加えた限定を、債権準占有者性の判断の段階でなすことになる。私見はそのような観点から、本件の事実関係において、AがXへの債権譲渡をいったん解除し、それを撤回する前の段階でBからの仮差押命令が届いているという一連の事情を、「公示に反する外観」すなわちBについての真の債権者らしい外観の創出という意味でどれだけ評価できるのかを吟味し、解除に伴う債権のAへの復帰についてのXからYに対する通知（本来これが必要）もなかったので、YはXが債権者たる地位を失ったことを主張できないことは明らかであるのだから、「公示に反する外観」というほどのものはなく、Bは債権準占有者たりえないと論じたのである。

4　第一審判決（および本判決）に対する批判

　本件第一審判決は、前掲のように、「債務者に対して事前に相談ないし連絡をすることなく譲渡人と譲受人の間で債権譲渡契約が締結された場合においては、債権譲渡が真実有効に行われたという認識を債務者が現実に有するに至るまでの間は、右債務者に対する債権譲渡の対抗要件が具備された後であっても、なお、債権譲渡契約締結後の債権譲受人は、債権の準占有者に当たるものというべきである。」とするが、そもそも債権譲渡は、債務者に対して事前に相談ないし連絡をすることなく譲渡人と譲受人の間で債権譲渡契約を締結することができるものである。そして、それを債務者に対抗するための法定的要件として規定されているのが、467条1項の債務者への通知または債務者による承諾である。したがって、同判決がいう、「債権譲渡が真実有効に行われたという認識を債務者が現実に有するに至るまでの間」というのは、通知が問題なくなされて、債務者のもとに到達つまり債務者が了知可能な状態に至った後にはありえない時間なのであり、通知が問題なく到達した時点からは、債務者がそれを実際に読んで認識したかどうかにかかわり

なく、譲渡人はすでに債権者たりえず、かつ、債権者らしい外観をも持ちえない者というべきなのである（そうでなければ、野口弁護士も第一審評釈で述べるように、実際にも、通知の郵便の開封をわざと遅らせたり、開封しないで返送した者が不当に保護され、対抗要件による画一的処理という対抗要件主義の基本が成り立たなくなる）。

　この点、掲載誌コメントにも他の評釈等にも言及されていないが、本件には先例となる裁判例が1つ存在する。債務者は債権譲渡の通知後に譲渡人に対してなされた弁済をもって譲受人に対抗しえないとした、東京地判昭和43・11・29金法536号24頁がそれであり、同判決では、被告会社の工場に債権譲渡通知の内容証明郵便が到達した日に担当者が出張中で同郵便がそのまま放置され、翌日同社の経理担当者が譲渡人に代金を支払ったというケースで、被告の、債権準占有者に対する弁済の抗弁について、「無過失とは到底いい難い」として否定している。この判決が、まさに正当なのである。

　すなわち、債権譲渡の対抗要件が、債務者の認識を基軸とする対抗要件である以上、債権譲渡の通知が問題なく到達した後は、旧債権者となった譲渡人には、もはや債権準占有者たる外観は生じえない。弁済者の善意・無過失を論じる前提の債権準占有者性を欠くというべきである。例外的に、通知のなされた態様・経緯に問題があって、新債権者たる譲受人以外の者（多くの場合は旧債権者たる譲渡人か、実際には通知到達の劣後していた他の譲受人または差押債権者となろう）について、債務者が権利者と誤認するような外観が発生した場合にのみ、債権準占有者に対する弁済の問題は起こりうるのである。

　その意味で、本件一審判決のいう、「債権譲渡についての債務者対抗要件の規定（民法467条1項）は、債務者に対する関係において「債権の帰属する者」を定めるものにすぎず、これに対して、民法478条の規定は「債権の帰属しない者」に対する弁済により債務が消滅するという効果が発生するための要件を定めるものであるから、「債権の帰属しない者」である対抗要件具備後の債権譲渡人が債権の準占有者に当たるとする余地を認めることに格別問題はない」という論理は、「対抗要件具備後の債権譲渡人が債権の準占有者に当たるとする余地」が場合によってありうることは否定しないが、「債

務者対抗要件（本控訴審で「債務者に対する対抗要件」と表現を訂正）の規定（民法467条1項）は、債務者に対する関係において「債権の帰属する者」を定めるものにすぎず、これに対して、民法478条の規定は「債権の帰属しない者」に対する弁済により債務が消滅するという効果が発生するための要件を定めるものであるから」とする点は、まったくの形式論理であると批判せざるをえない。前述のように、債権譲渡の通知が債務者を不完全ながらも譲渡情報のインフォメーション・センターと措定するものである以上、債務者が「債権の帰属する者」を知ってなおそれ以外の「債権の帰属しない者」に弁済して救済されることは原則的にはありえないといわざるをえないはずである。私見が昭和61年判決の評釈で述べたように、民法467条の通知は、債務者の認識を基軸とする対抗要件であって、公示が債務者の認識と有機的・構造的に結びついているのであるから、通知の手続自体に齟齬がなければ、債務者が持つに至る「債権者たる者の外観」は「債権者たる者が誰かという認識」から乖離するはずがないのである。

　以上第一審判決について批判したが、この批判は、第一審判決を一部の字句の修正のみで維持した本判決にもまったく同様にあてはまる。

5　私見による解決

　では、本件はどう裁かれるべきであったのか。要するに、債務者の弁済行為という観点で、今回の事案を捉えるならば、Y（Z）は、一切の振込依頼書類を銀行の窓口に提出した4月28日10時の時点で、なすべき弁済行為を完了したのである。その時点では未だXへの譲渡に関する通知はYに到達していないのであるから、基本的には、Yは本来の債権者に対して正当な弁済をしたもの（つまり、Xへの譲渡通知がYに到達した時点では、当該債権は弁済済みということになる）と解決すればよかった事案ではなかろうか。要するに、民法478条の問題にはならず、民法467条1項だけの問題で処理できた事例であったのである。

　ただ、本件では実際にはB銀行の窓口で書類の処理が止まっている間にXへの譲渡についての通知がYに到達した。したがって、Yの弁済の時点を、Aの口座への振込完了時として、通知到達時と比較するならば、Yは債権者

でない者に弁済したことになる。しかし、正午にYのもとに通知が到達して、その後の午後3時にYがAに金銭を持参して弁済したのならば、これは債権者でない（そして弁済受領権もない）者への過誤弁済であるが、午前10時にYがAに弁済（振込依頼）をして、正午にYのもとにXへの譲渡通知が到着したのであれば、これは正当な弁済である。

　つまり、本判決は、Y（Z）には、Aを債権者として認識し続けてAに弁済したことに何の過失もなかった、といいたいのであろう。そして、譲渡通知の到達が弁済時点より前にあると認定したことで、Xが弁済されるべき新債権者になってしまったので、落ち度のないY（Z）の弁済を有効とするためには、民法478条の債権準占有者に対する弁済しか使えるものがない、ということで、Aを債権準占有者に仕立てた、ということになると思う。

　けれども、くどいようだが、Yに了知可能な状態で、内容に疑義のないXへの譲渡通知が到達したのであれば、その時点から債権者は（そして債権者らしい外観を持つのは）Xしかいないのであって、Aには（Aがなお自分が債権者であるなどといって弁済請求をしているという事情でもなければ）もはや債権者らしい外観はまったくないと言わなければならない。これが、467条の法定する対抗要件からしても当然の帰結である（くりかえすが、昭和61年判決の478条適用の「可能性」の議論は、同判決が無過失判断に関してまさに述べるように、信頼すべき外観に問題が生じたという状況で正当化されるにすぎないのである）。

　ただ、現実の紛争解決という意味では、本事案に限っていえば、本判決のように債権準占有者に対する弁済として小規模会社であるYを二度払いの危険から開放するということは確かに適切ではあった。もしこの弁済を無効とすると、YはXに再度弁済した上で、倒産して回収のあてのないAに対して不当利得返還請求をせざるをえない。場合によっては、Yの経営も危うくなり、事務処理を遅延させたことを理由にB銀行に損害賠償を請求するなどという、立証や因果関係の点でいささか困難のある道も考えなければならないことになろう。

　しかし、同一の結論に至るためには、Xへの譲渡についての通知は、到達がYの弁済までに間に合わなかった、と論決できれば、より簡明であり、よ

り適切であったのである。ちなみに平成9年4月28日は月曜日であり、前日の27日が日曜日、次の29日が祭日である。本件は、著名な大企業であるXが、信用状態の悪化した取引先旅行会社Aから急遽債権回収をはかるためにした「駆け込み」の債権譲渡の対抗要件具備が、社長と従業員1名だけという小規模旅行代理業者である債務者Yの、Aに対する予定どおりの弁済に間に合わなかったというだけの事案と思われる。この点、X側としては、吉田教授が本件評釈で懇切に指摘するとおり、「債権譲渡を受ける際に、支払期日と支払方法を確認し、第三債務者がどのような規模の会社であるかも把握して、本事例のようにごく小規模な会社であることがわかれば、時間とコストを惜しむことなく直接第三債務者の承諾を得るか、少なくとも電話連絡などによって譲渡の事実を通知し、その事実を記録しておくことが必要となろう」ということであったのである（民法467条1項は、債務者に対する対抗要件つまり対債務者権利行使要件としては、無方式の通知・承諾でよいといっているのであるから、電話による通知であっても、立証できればそれで十分である）。

3） Mazeaud, Leçons de droit civil. t. 2, 1966, n°1416. 池田真朗「民法478条論序説」慶應義塾大学大学院法学研究科論文集（1973）21頁、23頁注(7)。
4） 我妻栄『新訂債権総論』（岩波書店、1964）278頁。
5） 内田貴『民法III』（東京大学出版会、1998）40頁。
6） 前田達明『口述債権総論』（成文堂、1987）415頁、同第3版（1993）では448頁以下。さらに平井宜雄『債権総論』（弘文堂、1985）142頁がより早い。
7） この説が、「およそ債権を行使する者はすべて債権の準占有者である」（藤原弘道「判批」民商95巻6号126頁）などという極論と結びつくと、後は個々の債務者の善意・無過失だけが問題になるという極端な処理になってしまう。
8） フランス法の沿革の詳細は、新関輝夫「フランス民法における債権占有」名古屋大学法政論集41号（1967）81頁以下、および池田・前掲注3）参照。後者は、ボアソナード旧民法においてこの他物権の準占有概念と債権占有概念が統合され、両者の区別が明瞭でなくなった経緯等についても記述する（池田・前掲注3）31頁以下）。なお、学説・判例の歴史的展開については、池田真朗「民法478条の解釈・適用論の過去・現在・未来」慶應義塾大学法学部法律学科開設百年記念論文集法律学科編（1990）315頁以下。
9） 478条の準占有と205条のそれとが同一であるか否かについての学説の状況の詳細は、奥田昌道『債権総論〔増補版〕』（悠々社、1992）503頁注(3)参照。なお全般につき中舎寛樹「表見的債権者と弁済」民法講座4（有斐閣、1984）305頁以下も参照。

10) 詐称代理人への適用を否定する少数説として、来栖三郎「債権の準占有と免責証券」民商33巻4号（1956）1頁以下、内池慶四郎「債権の準占有と受取証書」法学研究34巻1号（1961）58頁以下、三宅正男・判民昭和16年60事件。私見も、沿革論に加え（フランス民法では債権者その人らしい法的地位の外観を問題にするので詐称代理人は当然排除される）、債権者本人たる外観の作出と代理人たる外観の作出の難易に差があることを説いて適用否定説に立つ。池田真朗「債権の準占有者に対する弁済」山田卓生ほか『分析と展開 民法II債権〔第3版〕』（弘文堂、2000）102頁参照。来栖説・内池説は判例の「善意・無過失」という読み替えにも反対し、本来の狭い準占有概念を前提とすれば善意のみで足りるとする。これも沿革からは正当な論理である。
11) 池田真朗・判評340号（1987）34頁（判時1227号180頁）以下、同『債権譲渡の研究〔増補2版〕』（弘文堂、2004）231頁以下所収。
12) 池田・前掲注11）判評38頁。
13) 池田・前掲注11）判評39頁。
14) 野口恵三「判批」NBL663号64頁。
15) 吉田・前掲注2）47頁。なお秦光昭「本件一審判批」金法1546号（1999）5頁にもほぼ同趣旨を述べる部分がある。

IV　小　括

　くりかえすが、本件では、通知到達の態様等に問題がない以上、通知到達後のAには債権準占有者の問題は生じないというべきである。Aは、Yとの関係では（そして確定日付ある通知である以上他の誰との関係でも）、通知到達を境として、債権者であるか、債権者でないか、のいずれかになるだけなのである。そして、債権準占有者に対する弁済として有効となしうるためには、単に当該債務者の特殊事情から債務者がその者を真の債権者と信じた、というのでは足りないのであって、その債務者の立場であれば誰であってもその者を真の債権者と信じてそのような弁済をして仕方がない、という「万人の錯誤を引き起こす外観」がやはり沿革どおりに必要なのである（それでなければ、債務者ごとの主観的事情の斟酌という場あたり的な判断になってしまい、それでは過誤弁済をあえて有効にする合理性は見出せない）。Yが従業員の少ない小規模業者であって、従業員Zが通知の郵便を開披しなかったことに過失がない、などと、「個別事情」をもって債権準占有者に対する弁済と認める

ことは、やはり誤りである。あくまでも譲渡通知は債務者の会社・自宅等、債務者の支配領域に、債務者の了知可能な状態で到達した時点から効力を持つのであり、それについての法の不知による免責主張も、「自分は見られなかった」という言い訳による免責主張も、認められるものではない。債務者がいかに零細企業であっても、債務者が大企業であって社内を郵便物の束が延々と回送されていた、というのであっても、この点の取扱いは変わってはならないはずである。その意味では、前掲野口弁護士の説示はまったく当然であり、前掲東京地判昭和43・11・29は正当である。

したがって、本判決が、文字どおり「債権譲受人が債務者に対する債権譲渡の対抗要件を具備した後における債権譲渡人に対して債務者のした弁済が債権の準占有者への弁済として有効とされた事例」となるのであれば、冒頭に述べたとおり、これははなはだ理不尽な判決といわざるをえないのである。本件では、当事者の主張や争点の展開の状況から、上告棄却・上告不受理という結末にならざるをえなかったのであろうが、このような形で確定した裁判例が残る結果となったことを、残念に思う次第である。

第 7 部

民法（債権法）の改正と債権譲渡

第7部の概要

　第7部では、民法（債権法）の改正問題を、債権譲渡規定を中心に論じる。民法（債権法）改正については、2008年あたりから学者の議論が本格化し、平成20（2008）年から平成21（2009）年にかけていくつかの立法提案が出された。それを受けて2009年10月には法制審議会への諮問がなされ、同年11月には第1回の法制審議会民法（債権関係）部会が開始されるに至った。しかしながら、この流れは、もし民法という私法の基本法を大々的に改正するということであれば、かなり急な展開である。学者グループの議論はかなりの程度に深まったとはいえ、民法の使い手であり主体である、弁護士、市民団体、企業法務担当者らの意見がほとんど集約されないまま法制審議会の開催に至ったのは、わが国の近年の立法プロセスからすればかなり異例と言わざるをえない。筆者は、各界の意見の早急かつ十分な集約が望まれることを、第7部の各章で繰り返し説いている。

　いずれにしても、法制審議会の議論もまだ開始されたばかりであり、開始後約1年半後に中間の論点整理をする予定ということであるが、それは文字どおり論点の整理にとどまるであろうし、またそうするべきであろうと思われる。

　この段階で、筆者の個人的な見解を示すことは、必ずしも適切ではないかもしれないが、具体的な案に対して是非を論じることよりも、どのようなスタンスでこの改正論議に向かうかという議論は、早い段階で十分にしておいたほうがよさそうである。とくに債権譲渡は、それによって立法提案の内容がまったく変わってしまうという問題点を有している（そしてそれは債権法全体の中でもおそらく最も先鋭に示されるものである）と思われるからである。第7部の各章については、そのような観点から読まれることを期待するものである。

　具体的には、第22章は、平成20（2008）年末までの状況を踏まえて、債権譲渡について世界の改正動向をも参照しながら、問題点とその洗い出しの姿勢を論じるものである。第23章は、平成21（2009）年4月以降

の段階で、学者グループの改正提案、ことに民法（債権法）改正検討委員会案について全体を概観し若干の検討を加えるものである。第24章は、その中でも債権譲渡規定の改正提案に焦点をあてて検討している。第25章は、法制審議会が開始された後の、平成22（2010）年初めの段階で、法制審議会に対する期待と希望を述べたものである。

第22章
民法(債権法)改正論議と債権譲渡規定のあり方

I　はじめに

　債権譲渡は、1970年代前半までは、物権変動などと比較すると判例・学説の蓄積も少なく、さしたる注目度もない分野であったが、この四半世紀に非常に大きな展開を遂げ、今やわが国の民法典の中でも、屈指の重要分野に成長したと言ってよい。その急激な展開は、債権譲渡自体が、危機に瀕した事業者等が苦しまぎれに行う多重譲渡や差押と競合する取引から、資金調達のために正常な経済活動の中で頻繁に行われる取引に大きく転換したことによって起こっている[1]。

　したがって、平成20(2008)年から平成21(2009)年にかけて、大きな盛り上がりを見せることになったわが国の民法(ことに債権法)改正論議[2]の中でも、債権譲渡規定をどう扱うべきかは重要な論点となった。しかしながら、債権譲渡については、後述するように、その議論の立脚点をどう取るかによって、おそらく改正提案がまったく異なってしまうと思われる。

　筆者は、平成20(2008)年7月までの議論を踏まえて、「民法(債権法)改正論議と債権譲渡規定のあり方[3]」と題する論考を発表した。その後、わが国では、いくつかの学者グループの検討結果が公表されたところであるが、ここではまだ、債権譲渡規定の見直しについて具体的に1つの方向性を提示することは避け、右論考にその後の改正論議の展開を加えて、世界の動向にも言及しつつ、考えられる発想とその選択肢を広く摘示して考察を加えること

としたい。ただ、いずれにしてもたとえば多重譲渡の優劣基準や将来債権譲渡についての何らかの規定を置くことなどは必要になろうし、また、隣接領域である債務引受や契約譲渡についての規定を置くことは、諸外国の立法例を見ても必須となることは明らかである。

1) 池田真朗「債権譲渡に関する判例法理の展開と債権譲渡取引の変容」川井健=田尾桃二編『転換期の取引法——取引法判例10年の軌跡』（商事法務、2004）295頁以下参照（池田真朗『債権譲渡の発展と特例法』（弘文堂、2010）16頁以下所収）。

2) 平成20（2008）年10月の日本私法学会では、別の2つの学者グループ（加藤雅信・上智大学教授をリーダーとする民法改正研究会と、金山直樹・慶應義塾大学教授をリーダーとするグループ）が民法改正をテーマに報告を行った。財産法全体を対象とした前者の試案は、『日本民法改正試案・仮案（平成20年10月13日案）』（有斐閣、私法学会会場限定頒布版）および「日本民法改正試案・仮案（平成21年1月1日案）」（判例タイムズ1281号（2009）39頁以下）として発表された（さらにこれら2つの案は、本章の初出本である民法改正研究会『民法改正と世界の民法典』（信山社、2009）にも493頁以下、545頁以下に収録されている）。時効をテーマとした後者のそれは、金山直樹編『消滅時効法の現状と改正提言』（別冊NBL122号（2008））として発表されている。また、法務省のメンバーも加わった民法（債権法）改正検討委員会（座長＝鎌田薫・早稲田大学教授）は、約2年半にわたる検討作業を終えて平成21（2009）年4月29日に民法（債権法）改正検討委員会編『債権法改正の基本方針』NBL904号（2009）（同・別冊NBL126号（2009））を発表したところである。同委員会は、平成18（2006）年10月に組織されたもので、全体で36名の学者と法務省関係者で構成されていた。同委員会の紹介文としては、内田貴「いまなぜ『債権法改正』か」NBL871号（2007）16頁以下、872号（2008）72頁以下、同「債権法改正の意義」NBL872号1頁ほかがある。なお、同委員会の全体会議の議事録は、ホームページに公開されるが（アドレスは、http://www.shojihomu.or.jp/saikenhou/）、本章初出論文執筆時点（2009年4月）では、まだ公開は最初の3分の1程度のものにとどまっている。

3) 池田真朗「民法（債権法）改正論議と債権譲渡規定のあり方」慶應義塾大学法学部編・慶應義塾創立150年記念論文集『慶應の法律学・民事編』（慶應義塾大学法学部、2008）25頁以下。なお筆者は、この論稿の概要にあたるものを「債権譲渡の見直しの発想と選択肢」として、椿寿夫=新美育文ほか編『民法改正を考える』（法律時報臨時増刊、2008）239頁以下に発表している。

4) 具体的には本章のIIからXの前半までは基本的には池田・前掲注3）「民法（債権法）改正論議と債権譲渡規定のあり方」と重複するが、IとX後半、およびXIは、前稿に修正を加え、また新たな文書を書き加えて、前掲注2）の『民法改正と世界の民法典』に発表の際にはタイトルも『債権譲渡論』と変更している。

II　民法改正自体の基本思想

　まず、民法改正というそのこと自体の意味づけないし基本思想であるが、現時点でも論者によってかなりの見解の相違があるように思われる。つまり、①現在運用上の不都合が具体的にあるとされる部分を修正する、というレベルにとどめるべきという意見もあるし[5]、②特段不都合がなくても、判例学説の（少なくとも確立した判例法理の）進展があるならばそれを取り込み、法律の可視性を上げるべきであるという意見もある。③さらに、現在不都合はなくても、今後10年、20年を見据えて、あるべき姿をこの機会に立法すべきという積極論もあろう。この③の立場と重複するかもしれないが、④世界的な立法動向や、国際的立法提案にできるだけ合わせる方向で改正を考えるべき、という議論もある。

　筆者としては、現時点では極力これらの諸見解に公平に対処したいが、ただ、民法という、市民生活にとってもっとも身近な、私法の基本法を扱うにあたっては、（筆者は、そもそも民法の大部分の規定は、市民社会の取引形態や市民感覚を法が吸い上げて規定とするものと考えているので）もっぱら学者の知的関心のみを先行させた改正論議には、与しがたいという感覚を持っている。学者は、あくまでも謙虚に、民法の使い手であり対象者である市民のために、民法改正の議論をするべきである。

　いずれにしても、これら基本思想の違いによって、債権譲渡の部分の議論は大きく変わってくる。つまり、上記①のような発想からすれば、そもそも規定の見直しの是非なり必要性の有無という段階から検討されるべきであるが、他方、判例や学説の進展を取り入れるとか、国際動向に合わせるということになれば、直ちにかなりの改正案の提示が可能になると思われるのである。

　　5）　平成20（2008）年3月1日、2日に上智大学において開催された「民法改正国際シンポジウム――日本・ヨーロッパ・アジアの改正動向比較研究」（民法改正研究会主催。筆者が司会を務めた）でも、ドイツのリーゼンフーバー教授から、「壊れていないものを修理するな」という考え方が紹介された（前掲注2）『民法改正

と世界の民法典』268頁注100。初出は、カール・リーゼンフーバー〔渡辺達徳訳〕「不履行による損害賠償と過失責任」ジュリスト1358号（2008）155頁注100）。

III　民法という法典の性格づけ

　さらに、具体的な改正論議に入る前にもう１つ論じておかなければならないことは、民法典そのものの性格づけである。つまり、民法典は、あくまでも市民生活の基本的一般的な規範と性格づけられるべきものなのか、それとももはや取引社会を整序するための規範と割りきってよい存在になっているとみるのか、ということである。債権譲渡について具体的にいえば、親子間の債権を兄弟間で譲渡するような債権譲渡をも念頭に置いてルールを考えるのか、そのような形態は捨象して、もっぱら資金調達手段や決済手段としての債権譲渡をイメージしてルール作りをすればよいのか、という問題である（ことに、債権譲渡に関しては、企業の資金調達においても、基本的に民法の債権譲渡規定（およびその特例法）の対象となるという法状況があり、本質的に取引法の色彩が強い分野となっているという特殊性がある）。

　このいずれに立つかによって、個々の立法案はまた大きく異なることになるのである。そしておそらくはこの民法典全体の性格づけ（ないしは債権譲渡固有の状況の勘案）の問題が、債権譲渡においては立法案の最終的選択に決定的な影響を与えるように思われる。

　なお、右の議論は、民法の取引法化、商事化という問題として把握されているが、もう一方で、本来民法が扱う、市民としての自然人も、「消費者という色のついた人」が主となり、「取引の世界に登場する登場人物が、多くの場合、商人か消費者かという色つきの人になったとき、民法の想定する人の意味も変化せざるを得」ないという見解が示されている。しかし、この点についても、世界的にもなお両論があるのであり、前掲注５）の平成20（2008）年３月の民法改正国際シンポジウムでは、オランダ代表のハートカンプ氏は、消費者法や商法までも民法典に取り込もうとするオランダ民法典の立場を説いていたが、2006年発表のフランス債務法改正案をまとめた本人であるフランス代表のカタラ教授は、なお民法がニュートラルなものである

べきことを強調し、民法典に消費者法を決して取り込まず、商事法的な処理ともはっきり区別するという同教授の見解(そしてそれは現在までのフランスの立法の方向性でもあり、フランスは民法典とは別に「消費法典」(消費者法典ではない)を有している)を明瞭に述べている。

6) 資産担保証券を発行しての債権流動化等は、もちろんそれぞれの商事分野の法律の規制に服することになるが、資金調達目的であっても指名債権の譲渡それ自体は商行為の問題にならない(商法501条以下参照)、ただ会社がその事業のためにする指名債権譲渡は会社法5条によって商行為となるのみでありかつ会社法等では指名債権譲渡に関する特段の規定がなく、結局、企業等が指名債権を譲渡する場合は、対抗要件全般について民法および動産債権譲渡特例法の規定によって規律されることになる。
7) 内田・前掲注2) 論文 NBL872号74頁。
8) 前記民法改正国際シンポジウム報告資料で、カタラ教授は、自ら編纂した改正草案について、「まず何よりも、その核心は、民事法に特有の考え方を示すことである。すなわち、一般性と中立性という機能における民事法の優位を復活させることである。民法典は、すべての市民に対して、分け隔てなく適用される。(中略)消費者の保護のように、問題となっている法的状況と、商業的な利益のように、求められている社会的な利益に応じて、契約的な均衡をより効率的ないし安全な方向に調節するのは、民法典以外の法律である。民法典にとって、債務法編は、もっとも一般的な規定を置くところでなければならず、特別法の個別的な利益を包含しつつ調節する、現実に即した普通法を規定するものである」と記述している(ピエール・カタラ「民法典から債務法改正草案へ」〔野澤正充訳〕『民法改正国際シンポジウム――日本・ヨーロッパ・アジアの改正動向比較研究』(シンポジウム配布資料) 19頁(雑誌初出はピエール・カタラ〔野澤正充訳〕「フランス――民法典から債務法改正草案へ」ジュリ1357号(2008)136頁以下、前掲注2)『民法改正と世界の民法典』371頁以下に所収)。ちなみにハートカンプ教授の論文については、アーサー・S・ハートカンプ〔平林美紀訳〕「オランダにおける、民法典の公布」ジュリ1358号(2008)134頁以下、前掲注2)『民法改正と世界の民法典』381頁以下所収)。なお筆者はシンポジウム終了後、カタラ教授にこの点が同教授の明確な基本コンセプトであることを直接確認した。さらに、筆者は未見であるが、フランスでは2008年7月に、新たに司法省による民法(契約総論部分)改正草案が発表されたとのことである。【補注、この草案(テレ草案)は、Pour une réforme du droit des contrats : Réflections et propositions d'un groupe de travail sous la direction de François Terré, Dalloz 2009. 本書については、平野裕之慶應義塾大学教授のご教示を得た。】

IV 各論1 債権譲渡禁止特約の問題

　もし、現在運用上の不都合が具体的にあるとされる部分を修正する、というレベルにとどめるべきという意見に立つとすると、債権譲渡分野は全体にそれほど大きな不都合があるわけではない、という議論も成り立たないわけではない。ただ、現在の条文で実務において最も問題とされているのは、民法466条2項の譲渡禁止特約である。これが、前述した企業等の資金調達取引にとって大きな阻害事由になっていることは、盛んに議論されているところである。

　すでに拙著に詳細に紹介しているように、そもそも世界的にもこのような明文規定を置く国は従来から大変少数派であり（明治民法制定当時からヨーロッパの主要国ではドイツ民法、スイス債務法くらいであり、梅謙次郎ら起草委員もその事実を正確に認識していた）、加えて今日の国際的傾向も、アメリカ統一商事法典 UCC や、ユニドロワ国際商事契約原則2004（第9.1.9条）のように全面的に譲渡禁止特約の効力を否定するものから、UNCITRAL の国連国際債権譲渡条約（2001年成立、未発効。本書第2部第4章から第6章参照）のように対象債権に限定を加えつつ効力を否定するもの（同条約9条）等、否定例が多数であるということは間違いないからである（なお、ヨーロッパ契約法原則 PECL11：301条では、将来の金銭債権の譲渡については譲渡禁止特約の効力が制限されるが、その他の場合は債務者が譲渡に同意するか、譲受人が特約について善意無過失でなければ譲渡禁止特約が有効としているが、これについては、もっぱらファクタリングにおける債権譲渡の安定性を狙ったものと説明されている）。

　もっとも、そこで問題になるのが、前述の民法典の性格づけである。商事分野ないし取引法分野を視点の中心においた議論では、かなり説得的に譲渡禁止特約の否定ないし制限を語れるとしても、基本法たる民法の世界では、このような特約を保護すること自体は契約自由の観点から許容されるべきであり、また実際に多様な取引形態がありうるのだから、禁止特約を有効とする規定を残しておいてもよい、という議論も強い。すなわち、譲渡禁止特約

の資金調達取引上の弊害は明らかであるとしても、条文として削除するとか、積極的に効力否定の規定を置くまでには至らない、という議論である。一般法としての民法という位置づけからすれば、結局このような見解が優位を占めることになることは十分に予想できる。

　しかしながら、仮にわが民法466条を現状維持するとなると、おそらくはわが国固有の不適切な問題が残るように思われる。というのは、わが民法466条1項2項は、本来の規定からすれば、契約の相対効を定めたものとして、文字どおり譲渡禁止特約を知らない善意の第三者にはこの特約は効果がない、と適用範囲を比較的限定できたはずなのであるが、判例が（預金契約における譲渡禁止特約の存在の公知性などを理由に掲げつつ）重過失は悪意と同視しうるという論法で善意要件を「善意無重過失」と置き換えた（最判昭和48・7・19民集27巻7号823頁）ところから、現在のわが国では、現実には結局譲受人が一定レベルの調査をしないと（重過失を認定されて）譲渡禁止特約を対抗されてしまう可能性が高い、という誤った方向でこの規定を処理することが確立してしまった。ここに問題の根本がある（その結果、譲受人に調査義務を課すごとき裁判例まで見られることは、本来の規定の趣旨から遠く離れるものであって非常に遺憾である）。したがって、この問題点を重視するならば、現行債権譲渡規定を全体にそれほど不都合がないと見る立場からも、民法466条2項の表現には何らかの修正が加えられるべきという議論が提示されることに合理性がある。

　さらに、もう1つの検討を加えておこう。確かに金融取引の一部などで、相手方が変更されては困る取引などがあることは広く認められているのであって、一律に譲渡禁止特約の効力を否定する明文規定を置くことは行き過ぎであるという見解に従うにしても、現行規定の466条1項（債権の譲渡性を宣明した規定）のみを残し、2項の規定を全面的に削除した場合はどうなるか。要するに、禁止特約を当事者間で結ぶことは契約自由として可能であるとしても、その特約の対外効についてはまったく特別規定がない、という状態にするのである。

　実はこれが現在のフランス民法典の債権譲渡規定における形態である。つまりフランス民法は、譲渡禁止特約に関しての明文規定を持たない。その場

合は、どのような結論になるのか。特別の規定がなく、一般論としての合意の相対効の原則が優先するとなれば、譲渡禁止特約は、もちろん締結当事者間では有効であっても、債務者は、譲渡禁止特約について悪意の、つまり実際には禁止特約を結んだ段階でそれに関与していたような譲受人に対してでなければ、譲渡禁止特約を対抗できないはずである。そして、フランスの近年の破毀院の判決は、まさにその理を明らかにしている[13]。

したがって、わが国でも、民法466条の１項を維持しつつ２項を削除すれば、（解釈論に委ねられる部分は残るのだが）善意の第三者が保護される場面は相当に増えることになろう。そのような観点からすれば、この466条２項削除案も一案として検討の対象になるべきである[14]。ただし、このような形態の立法は、結局その後の解釈に委ねる部分が大きくなるため、利用者の予測可能性は低くなり、その意味では好ましい立法とは言えないという批判が当然になされよう。そうすると結局、上記のフランス破毀院判例の論理を一般化したような、「譲渡禁止特約は、譲受人が譲渡の時にその存在を知っていたことを債務者が証明した場合に限って対抗しうる」というような規定を明文で置くことも考えられるわけである[15]（そのほかには、銀行預金債権等、適用除外の債権を規定しつつ譲渡禁止特約の有効性を否定するやり方や、逆に、適用される債権を制限列挙してそれらの債権についてのみ譲渡禁止特約は無効とするやり方も考えられる）。

9） 池田真朗『債権譲渡法理の展開』（弘文堂、2001）304頁以下。
10） ヨーロッパ契約法原則（PECL）については、債権譲渡を含む第Ⅲ部の翻訳として、オーレ・ランドー他編、潮見佳男=中田邦博=松岡久和監訳『ヨーロッパ契約法原則Ⅲ』（法律文化社、2008）があり、本章のテーマに関しては、藤井徳展「ヨーロッパ契約法原則（PECL）における債権譲渡法制──債権譲渡による資金調達という視点を中心に据えて(1)未完」大阪市立大学法学雑誌53巻４号（2007）369頁以下が詳細に紹介している。
11） 内田貴「ユニドロワ国際商事契約原則2004──改訂版の解説(2)」NBL812号（2005）73頁。もっともPECLは内田論文も紹介するように、消費者取引をも射程に含んでいると考えられるので、国際間の商事取引を適用対象とするユニドロワ原則などよりも譲渡禁止特約の有効な場面を多く認めるのも当然といえよう。
12） 池田真朗「判批」金法1748号（2005）36頁、同・判タ1241号（2007）37頁以下参照（それぞれ池田真朗『債権譲渡の発展と特例法』（弘文堂、2010）226頁以下、

232頁以下所収)。たとえば大阪地判平成15・5・15金法1700号103頁は、「調査義務」を措定し、その「調査義務」が尽くされなかったことを重過失としている (池田・判タ1150号 (2004) 89頁)。加えていえば、同判決の事案では、債務者は早々に供託をしていて、譲渡人の管財人が、譲渡人と譲受人との間の基本契約書に譲渡禁止特約が存在していたことを(同契約書を管財人が探し出してきて)主張している (同・判タ1150号 (2004) 94頁、1241号 (2007) 43頁等)。本来債務者の利益保護のために付されたはずの譲渡禁止特約が、このような用いられ方をしていることに対しても、何らかの立法上の対処が必要であろう。

13) Cass. com. 21 nov. 2000, D. 2001, p. 123. 事案はダイイ法の事案。譲受人金融機関が、譲渡禁止特約のある原契約の締結当事者になっていないのであれば、債務者は譲受人に譲渡禁止特約を対抗できないとしたもの。債務者が譲受人に譲渡禁止特約を対抗できるとしていたパリ控訴院の裁判例 CA Paris, 26 janv. 1996, Dalloz Affaires 1996, p. 352, RJ com. 1996, p. 188, note Grua; RTD com. 1996, p. 310, obs. Cabrillac を否定したものである。ただし学説には、なお譲渡禁止特約の有効性を肯定する議論もある。

14) ちなみに、2006年に発表されたカタラ教授による「フランス債務法および時効法の改正草案」では、譲渡禁止特約そのものに関する明文規定は存在しないのだが、本文で後のⅦに掲げるように、「債務者は書面で譲渡人に対する全部または一部の抗弁を明示的に放棄して承諾したのでなければ、負債に内属するすべての抗弁を譲受人に対抗しうる」とする趣旨の規定を置く中に、「債務の移転不可能性を含め」という文言を入れている (カタラ草案1257条。この移転不可能性 intransmissibilité が債務の性質によるものを指すのか、禁止特約によるそれを含むのかは未確認である)。

15) 譲受人が知っていたことの立証責任は債務者にあることになる。このような規定をしようとするのは、たとえばヨーロッパ私法学者アカデミー(イタリア・パヴィア大学)によるヨーロッパ契約法草案(いわゆるパヴィア草案、2002年公表)である。同草案121条4項は、「合意による禁止は、譲受人が譲渡の時にその事実を知っていたことを、債務者が証明した場合に限り、譲受人に対抗できる。この場合において、禁止は譲受人が債務者に対して権利を取得することを妨げるが、譲渡人に対する権利の取得は妨げられない」とする (Gaz. Pal, Recueil Janvier-Fevrier 2003, Doctrine, p. 262 より翻訳。同草案は、フランス語で起草されている)。なおパヴィア草案については、平野裕之教授の翻訳紹介がある。解説部分は平野裕之「ヨーロッパ契約法典草案(パヴィア草案) 第一編(1)」法律論叢76巻 2 = 3 号 (2004) 75頁以下、本章該当部分は、「同論文(2)・完」法律論叢76巻 6 号 (2004) 115頁以下を参照。

V 各論 2 判例法理の進展を取り込む追加的改正

　民法467条の債権譲渡の対抗要件については、昭和49（1974）年以来、わが国の判例法理は大きく進展した。つまり、最判昭和49・3・7民集28巻2号174頁によって二重譲渡の優劣基準についてはいわゆる到達時説が確立している。さらに、最判昭和55・1・11民集34巻1号42頁によって、その基準で決まらない通知同時到達の場合は同順位譲受人は全員が債務者に対して全額の請求をしうる立場に立つとされ、さらに最判平成5・3・30民集47巻4号3334頁は、そのようなケースで債務者が供託をした場合は、譲受債権額（ないし被差押債権額）に応じて按分されるとした。この3判決で、わが国の一連の二重譲渡優劣基準の判例法理は確立したと考えてよい。

　そうすると、ここまでの判例法理の進展は、（債権譲渡の対抗要件主義という基本的な条文構造を維持するのであれば）条文に追加的に記載しておいたほうが、民法のユーザーたる市民の側の可視性（予測可能性）を高めるということはいえる。したがって、そのような判例法理の到達点を改正の機会に条文として民法典に含ましめるということも1つの発想であり、現に、日本の民法学者グループ[16]の支援によって起草され2007年12月に公布されたカンボジア民法典は、まさにそのような規定になっている（カンボジア民法504条）[17]。このような立法提案もありうるものと考えてよい。各国の立法案でも、「複数譲渡があった場合の優劣基準」を条文に掲げるものは多い。

16)　森嶋昭夫・名古屋大学名誉教授を中心とする。
17)　公布済みであるが、本章執筆時点では未施行である。同法典の日本語版については、新美育文・明治大学教授と櫻木和代弁護士（日本カンボジア法律家の会）のご教示を得た。

VI 各論 3 特別法や特例法を取り込む改正
　　　——動産債権譲渡特例法の影響

　さらに、ここでは詳論しないが、民法改正にあたって、特別法や特例法を

取り込むかどうかも問題になる。これも考え方によるが、おそらく、一般には、借地借家法や製造物責任法など、それぞれの領域の確立した特別法を民法に取り込むということには手をつけない、という方針を考えるのが妥当ではないかと思われる。ただ、中でも特例法と名づけられているものは、民法の条文の適用そのものに特例（代替措置等）を定めるもので、民法改正にかなり近い性格を持っている。[18]そうすると、この特例法の部分についてこの機会に民法典に取り入れるという改正案が立つことはそれなりに理由がある。この観点からすると、債権譲渡の部分では、動産債権譲渡特例法の規定を取り込むことの是非・必要性が論じられることになろう。具体的には、従来の民法467条2項の対抗要件（確定日付ある通知）を代替しうる動産債権譲渡特例法上の債権譲渡登記による対抗要件具備を、民法典の中に併記すること等が考えられるわけである（なお後述X、XIも参照）。

18) 池田真朗「現代語化新民法典の誕生」池田編『新しい民法——現代語化の経緯と解説』（有斐閣、2005）5頁。

VII　各論4　理論的な不整合（説明の困難さ）を除去する改正

次に、これは実務上の不都合とはそれほど深刻な関係がないが、日本民法に特有な理論的問題（説明のつけにくさ）という観点からの改正議論も考えられる。それは、いわゆる異議をとどめない承諾について規定する現在の468条の、「前条の承諾」という用語法にある。これは学説の法律行為論が「作ってしまった」難点ともいえるのであるが、前条すなわち467条に規定される対抗要件としての「通知」および「承諾」は、それによって権利移転を生ずるものではないので（権利移転は債権譲渡契約で生じており、その事実を知ったことを伝えるという意味での対抗要件具備によって権利移転が起こるものではない）、法律行為を構成する意思表示ではなく、観念通知（準法律行為）とされ、しかし意思表示の規定が準用される、というのが現在のわが国での定説である。そのため、468条の「前条の承諾」も観念通知であって、意思表示としての債務承認や抗弁放棄（あるいは対抗事由主張の放棄）ではないというのが通説である（ただし筆者の二重法定効果説では、債権譲渡の承諾は、観

念の表示の場合も債務承認などの意思表示である場合もあり、468条ではそのいずれについても同じ法的効果が与えられるということになる[19]）。そうすると、債務者は、意思表示でない、譲渡の事実を知ったという単なる観念表示によって、譲渡人に対して有していたあらゆる抗弁を喪失するという強大な効果が発生することになりその根拠が疑問である、という批判が従来から有力に展開されてきている[20]）。

　実際、この異議をとどめない承諾は、フランス民法の acceptation sans réserve を引いているので（ボアソナードの考えていた acceptation は、意思表示にあたるものであったと思われるのだが、当時のフランスにはドイツ法流の法律行為の概念がない）[21]）、訳せば「無留保承諾」ということで、「異議をとどめない」という明示的な表現をつける必要はないというのが通説なのであるが、わが国の今日の実務は、（ある意味で賢明に）債務者の抗弁を切断したい場合には「異議をとどめず承諾します」というような文言を要求している。

　問題は、「承諾」という用語の日本民法典の中での意味にある。つまり、代表的な用例である契約総論の場面（521条以下）での承諾は、もちろん、申込みとあいまって契約を成立させる「意思表示」である。そうすると、このような基本的な重要用語について、同一法典の中で意義を異ならせるということが、法典のわかりやすさという意味で適切かどうか、ということになるのである。この観点から手当てをするとなると、思い切って債権譲渡の通知・承諾という概念について、対抗要件としての「承諾」を別の用語に置き換えるという提案がありうる（一例として「了知」「了解」など）。そしてそのような提案をする場合には、さらに468条については、①「了知」「了解」というような観念通知で抗弁が切れるという特殊規定としてなお存続させるか、②観念通知で抗弁が切れるというのは国際的には通用しがたい規定なので、もはやそのような規定は維持せず、意思表示としての承諾（債務承認や抗弁放棄を含む）によって抗弁が切れるという当然の規定に作り直すか、という2つの方向が考えられるのである（この後者はかなり有力な考え方であって、抗弁放棄の規定を置くことは UNCITRAL 国際債権条約等、いくつかの立法例に見られるものである）。そうでなければ、もう「承諾」はすべて意思表示を表すものとし、467条の債権譲渡の対抗要件としての承諾は、「観念通知でも足

りる」と説明する（したがって468条の「前条の承諾」は、前掲の二重法定効果説の説くように、意思表示の場合も観念通知の場合もあってよい）、と割り切ったほうがよい。

　ちなみに、前掲のフランスのカタラ草案では、債務者は書面で債権譲渡を承諾する場合には譲渡人になしえた抗弁を譲受人に対して主張することを明示的に放棄しうるという規定を置き（1257条1項）、そのような承諾 acceptation がない場合は債務者はすべての抗弁を譲受人に対抗しうると規定している（1257条2項）[22]。これならばかなり明瞭である。

　なお、この問題は、後述のように債務引受や契約譲渡の規定を新設することになれば、さらに検討の必要性が高くなる。債務引受における債権者の「承諾」、契約譲渡における相手方の「承諾」は、もちろんいずれも観念通知ではなく意思表示であるはずであり、これらを「同意」とか「承認」などと言い換えて債権譲渡の対抗要件の承諾と区別するか、それともこちらは承諾のままで債権譲渡の用語のほうを上述のように変えるか、という議論が不可避となる、ということである。

19）池田真朗『債権譲渡の研究』（弘文堂、1993〔増補2版、2004〕）418頁。
20）星野英一『民法概論Ⅲ』（良書普及会、1978）210頁等。
21）池田・前掲注19）374頁。
22）Pierre Catala, Avant-projet de réforme du droit des obligations et de la prescription, 2006, p. 132.

Ⅷ　各論5　将来債権譲渡についての規定

　本章の冒頭にも述べたように、現代の債権譲渡は、資金調達目的の取引として広く行われている。そして、その形態の債権譲渡にとって、もっとも重要といってよいのは、集合的な将来債権の譲渡である。これも民法の性格づけをどのように捉えるかによってかなり変わる問題ではあるが、取引法的色彩を無視するのでなければ、将来債権譲渡に関する規定を民法典にどう盛り込むかは必ず論じなければならない問題となろう。そのことは、各国の立法草案等も如実に示している。

わが国でもすでに判例法理は複数年にわたる先の時点までに発生する将来債権の譲渡を認めている（最判平成11・1・29民集53巻1号151頁。さらに、特定性について識別可能性でよいとした最判平成12・4・21民集54巻4号1562頁やその後続の判例については、別稿参照）。したがってこの問題も、一部は、確立した判例法理の条文への取り込み、というカテゴリーの問題になる。ただ、判例がかならずしも明らかにしていない要素もあり、そこまでを書き込むことの是非は、十分に議論する必要があろう。

この点に関連して、将来債権譲渡契約の当事者が変更になった場合の効力も問題になる。また、担保のための債権譲渡と一般の（真正）譲渡を規定し分ける必要があるかどうかも議論されるべき課題ではあるが、これを区別しないのが UNCITRAL 国連国際債権譲渡条約等の方向性である。

23) 池田・前掲注1）305頁以下（池田『債権譲渡の発展と特例法』（弘文堂、2010）22頁以下所収）参照。
24) 将来債権譲渡の権利移転時期の問題などがこれにあたる。池田真朗「将来債権譲渡担保における債権移転時期と譲渡担保権者の国税徴収法24条による物的納税責任」金法1736号（2005）8頁（同『債権譲渡の発展と特例法』179頁以下所収）、道垣内弘人「将来債権譲渡担保における債権移転時期と国税徴収法24条による譲渡担保権者の物的納税責任」金法1748号（2005）30頁、潮見佳男「将来債権譲渡担保と国税債権の優劣」NBL856号（2007）11頁以下（とくに15頁）、その他池田真朗「判批」金法1812号（2007）30頁以下等、最判平成19・2・15民集61巻1号243頁の諸評釈を参照。
25) 国連国際債権譲渡条約第2条は、第1文で、譲渡を権利の移転と定義して、第2文で、「負債またはその他の義務の担保としての権利の設定は、移転とみなす」と規定する。同条約の条文（英文）とその翻訳については、慶應義塾大学大学院国際債権流動化法研究会訳・小堀悟監訳「「国際取引における債権譲渡に関する条約」草案」NBL722号（2001）37頁以下参照（タイトルには草案とあるが、これがほぼそのまま条約正文となっている）。【補注、同訳文は修正して本書末尾に収録している。】

IX　各論6　取り込みが遅れている規定の追加
　　　　──債務引受と契約譲渡

現在日本民法典には存在しないが、第二次世界大戦後に作られた諸外国の

民法典にはまず存在するのが普通、というものが、債務引受と契約譲渡の規定である。わが国では、これらが問題になった判例も出ており（たとえば最判平成8・7・12民集50巻7号1918頁は、契約上の地位の移転の1つであるゴルフ会員権譲渡のケースで、対抗要件具備は債権譲渡の対抗要件で足りるとしたもの）[26]、さらに債務引受の現代金融実務での活用例としては、手形レスの一括決済取引の中の併存的債務引受方式などもある[27]。債務引受と契約譲渡の民法典への取り込みは、あまり議論が盛んとは思われないが、諸外国の現代の民法典と比較すれば、必須の議論のはずである（筆者はすでに平成10（1998）年の日本私法学会シンポジウムでこれらについての立法試案を発表している[28]）。

26) 預託金返還請求権を主たる価値内容とするゴルフ会員権の譲渡などの場合にはこれでもよいかもしれないが、本来契約譲渡には、二面契約でできる債権譲渡の要素と三面契約ないし債権者の意思表示としての承諾が必要な免責的債務引受の要素が並存すると考えれば、債権譲渡の対抗要件での代用では理論的に不十分なことは明らかである。池田真朗「判批」民商116巻6号（1997）132頁以下参照。

27) 池田真朗「債務引受と債権譲渡・差押の競合――一括決済方式における債権譲渡方式と併存的債務引受方式の比較を契機に」法学研究77巻9号（2004）1頁以下（本書第2章所収）。

28) 池田真朗「契約当事者論――現代民法における契約当事者像の探求」別冊NBL51号（1998）147頁以下、とくに立法提案は174頁以下。また最近の論考として、野澤正充「契約当事者の地位の移転の立法論的考察(1)」立教法務研究1号（2008）1頁がある。

X 通知型対抗要件システムの維持か改変か

1 問題提起

今回の債権法改正議論でそこまで論じることが適切かどうかはさておいて、1つの非常にドラスティックな改正発想として、通知型対抗要件主義の見直しというものが考えられうる。これは、日本民法が物権・債権の両者にわたって、権利移転の基本構造としてフランス民法型の対抗要件主義を採り、かつ指名債権譲渡については、これまた完全にフランス型の債務者をインフォメーション・センターとする通知型（正確には通知・承諾型）対抗要件を採用してきたことを考えると、非常に重大な問題であり、論じること自体が適

切かどうかは留保したうえで、「考えられうる1つのモデル」として紹介するものである。それは、債権譲渡を徹底して取引法ルールと見た場合には、多数債権の譲渡に際しての個別債務者への通知という発想自体が合理性のないものとならざるをえない、ということから、通知・承諾型対抗要件システムを放棄するという考え方である。英米法でもイギリス法には一部通知型の伝統があるものの、アメリカの学者・実務家には、このような通知型対抗要件に対する批判が比較的強いようである[29]。もっとも、ここでしっかり考えなければならないことは、たとえばアメリカはわが国における民法典を持たないことである。彼らが日本民法の債権譲渡規定と比較する対象は、契約書のファイリングによる Perfection（とりあえず一種のゆるやかな対抗要件と呼んでおく）を規定する UCC 統一商事法典[30]なのであるから、すでに取引法の世界に完全に入り込んでの議論なのである。したがって、たとえば生前贈与目的で成立させた親子間の債権を兄弟間で譲渡するケース、などというものは、そもそもがほとんど考慮の対象ではないということに注意しなければならない。先述のカタラ教授の民法観などからすれば、およそ容認しがたい考え方ということになる。

　いずれにしても、わが国でも動産債権譲渡特例法（当初は債権譲渡特例法）においては、債務者への認識付与というメリット（債務者にとっては、通知型対抗要件は、移転情報が自分自身のところに集まるという意味で保護に厚いものである）を捨てて登記型対抗要件を採用したわけであり、これは UCC のファイリング・システムにも、国際債権譲渡条約のオプションの中の登録型優先決定方式にも適合性が高い[31]。さらに言えば、平成20（2008）年12月施行の電子記録債権法は、発生と譲渡に効力要件主義を採用して、電子記録債権内部での二重譲渡防止を図っている[32]。債権譲渡における通知型対抗要件からの全面的な訣別ということは、現在の債権譲渡登記（法人の有する金銭債権の譲渡に限定）でどこまで拡張してカヴァーできるか、親族間の譲渡などでは登記よりも通知・承諾のほうが負担が軽くまた簡明ではないか等の点に関する検証を経なければならないため、現時点ではにわかに賛成しがたいが、将来の改正提案として考えられないものではない。ここでも、本章IIIで述べた、「民法という法典の性格づけ」の問題が、判断についての決定的な要素とい

うことになろう。

2 フランス・カタラ草案の検討

　上に述べたように、フランスと日本は、これまで指名債権譲渡について、通知・承諾型の対抗要件システムを採用してきた。沿革的には、フランス民法1690条の規定が、ボアソナード旧民法財産編347条を経由して日本民法467条に継受されたことが明瞭な形で論証できる[33]。

　しかし、この、債務者をインフォメーション・センターとする対抗要件の構造は、以前からその不完全さやフィクション性が指摘されてきている（債務者が譲り受けようとする者からの問い合わせに正確に答えない可能性があるばかりか、債務者には回答義務はない等）。ただし、そのことはもともと十分勘案した上で、なおこの対抗要件システムには、債務者に情報を集める構造のゆえに、債務者の保護をもっとも簡易に果たせる等の利点もあることも、また忘れられてはならない。しかしながら、民法のいっそうの取引法化の観点から、債権譲渡自体の確実性、効率化を重視するのであれば、より合理的な方向が模索されることになろう。

　この点、フランスでは、フランス民法1690条の要求する対抗要件がわが国のそれに比して相当に重いものであるため（条文上、通知は執達吏による送達、承諾は公正証書による承諾である。またわが国の民法467条1項にあたる、対債務者権利行使要件のみについての要件緩和の規定もない）、すでにダイイ法などによって、債権譲渡取引の促進のために通知を簡略化する試みがされてきたのは周知のとおりである[34]。このような歴史的背景のもとで、先述のカタラ草案が（譲渡禁止特約についてはすでに言及したが）、対抗要件システムについてどのような改正提案をしたのかをここで考察しておこう。

　カタラ草案は、第4章「債権に関する取引」の第1節「債権譲渡」において、以下のような規定を置く[35]。

　第1251条
　　債権譲渡は、売買、贈与、またはその他の特定名義によって譲渡人が自己の債権の全部又は一部を第三者たる譲受人に移転する約定である。

　第1252条

既発生の、または発生すべき債権は譲渡しうる。将来債権の譲渡の場合は、証書は、時期の到来の時に譲渡債権の特定を可能にする要素を含まなければならない。

第1253条
　債権譲渡は、書面でなされなければ無効であり、公正証書（公署証書）が要求される場合はそれに従う。

第1254条
　当事者間では、反対の約定のある場合を除き、証書の作成は、それだけで債権の移転をなすのに十分である。
　その時点から、私見の移転は第三者に対しても完了したとみなされ、手続き（対抗要件）なしに第三者に対抗しうる。第三者から譲渡の日について異議を申し立てる場合、日付の正確さについての証明は譲受人に課され、譲受人はすべての証拠方法を用いることができる。

第1254-1条
　しかしながら、将来債権の移転は、当事者間でも、第三者に対しても、その発生の日にのみ起こる。

第1254-2条
　債権譲渡は、譲渡人又は譲受人からの、紙又は電子媒体による通知がなければ、債務者に対して対抗できない。

第1254-3条
　同一の債権についての複数の譲受人間の紛争では、日付の先の者が優先する。日付の証明はすべての証拠方法によることができる。

第1255条
　反対の約定がなければ、債権譲渡はその付属物すなわち保証、先取特権、抵当権等を包含する。譲受人はそれらを他の手続きなしに利用できる。

　（以下略）

　すなわち、カタラ草案は、債権譲渡の第三者対抗要件としては、書面の作成で十分であるとし（ただし第三者との係争の場合の立証責任は譲受人にある。第1254条）、また対債務者権利行使要件としては、譲渡人または譲受人からの紙または電子媒体による通知があればよいとして（第1254-2条）、現行民法

典の規定を大幅に緩和したのである。二重譲渡の場合の優劣基準は譲渡の日付の先後であり、その先後はすべての証拠方法で証明しうる（第1254-3条）。そして、これらの提案は、フランス民法1690条の要件を緩和するのみで、別にそれ以外の新規の登記方法等を採用しようとするものでもない。

そうすると、今回のカタラ草案では、確定日付型の通知型対抗要件による明確かつ画一的な優劣決定機能はほとんど放棄されている（念のためにいえば、現行フランス民法1690条では、執達吏の作成する送達証書も、公証人の作成する公正証書も、日本民法でいう確定日付を当然に含むものである）。このような規定に修正すれば確かに債権譲渡取引の促進は図られようが、その分、対抗要件主義のメリットである明確かつ画一的な紛争処理機能は大幅に弱まると思われる。仮にこのような改正が実現した場合を考えると、現実にこれで実務が機能するのか、紛争が多発しないか、等、相当に疑問も感じられる（カタラ草案の提案内容は、現行1690条の厳格すぎる対抗要件への反動でもあり、具体的には前述のダイイ法の発想の発展でもあろうが、実際、これまでの1690条の下では、通知を執達吏の送達とするために、内容証明郵便での通知等が認められているわが国のような二重譲渡事案が多発することはなく、「通知同時到達」などという紛争はまったく考えられないという安定性は存在したのである）。様式の緩和の要請と紛争防止の要請は明らかに二律背反となるのであり、そのどこに最適な調和点を見出すのかは、やはり債権譲渡取引の位置づけ、そして民法典の性格づけにかかってくることになろう。

なおフランスでは、すでに述べたように、他にも民法改正案の提示がなされつつある。債権譲渡についても、司法省案など他の改正案とその情報が出そろったところで、改めて「フランスの選択」を見極めたいと考えている。

29) 筆者が1995年から2001年にUNCITRALの国際債権譲渡条約作業部会で日本政府代表を務めた際のアメリカ代表の１人であったハリー・シグマン氏は、その後慶應義塾大学や九州大学の招きで何度か来日しているが、たとえば同氏は通知システムの不合理性を強く批判する。

30) 対比的に言うなら、UCCはいわば一種の登録型対抗要件主義ということになろう。詳細は、たとえば角紀代恵「UCC登録制度の史的素描——新たな債権譲渡の対抗要件の構築のために」金法1448号（1996）22頁以下、同「債権流動化と債権譲渡の対抗要件(1)～(4)」NBL595号（1996）6頁以下、597号（1996）24頁以下、

598号（1996）53頁以下、599号（1996）33頁以下。なお、比較的早い時期にUCC第9編を検討した論文として、小山泰史「アメリカ法における浮動担保と売買代金担保権の競合(1)(2)・完」民商法雑誌105巻6号（1992）816頁、106巻1号（1992）57頁（同『流動財産担保論』（成文堂、2009）14頁以下所収）等がある。

31) 1998年に、UNCITRALの議場で、わが国の当時の債権譲渡特例法制定を紹介したところ、ただちにいくつかの質問があったが、通知型対抗要件の国である日本が登録型対抗要件を採用したことそれ自体には、高い評価を受けた。池田・前掲注9）140頁等参照。

32) 池田真朗「電子記録債権法の展望と課題」池田真朗=小野傑=中村廉平編『電子記録債権法の理論と実務』（別冊金融商事判例、経済法令研究会、2008）9頁以下（増補して本書第14章所収）参照。

33) 池田・前掲注19)〔増補2版〕10〜104頁参照。

34) 1981年制定のダイイ法では、金融機関が譲受人になる職業債権（1984年の改正後は譲渡人が法人ならば債権に限定なし）の譲渡においては、執達吏による送達（signification）は必要がなく、譲受人たる銀行が明細書に日付を入れるだけで対抗力を生じ、かつ債務者善意の状態をなくすための通知は無方式の通知（notification）でよいことにした。ダイイ法については、池田・前掲注19）319頁以下で若干の紹介をしたが、詳細は山田誠一「金融機関を当事者とする債権の譲渡および質入れ──フランスにおける最近の動向」金融法研究7号（1991）58頁以下、および同資料編(6)（1990）50〜69頁。なお池田・前掲注9）87頁以下、および本書第5部第17章等も参照。

35) カタラ草案については、最近もいくつかの紹介文献があるが、草案条文を仏和対訳としたものとして、Cartwright, Vogenauer and Whittaker, Reforming the French Law of Obligations, Comparative Reflections on the Avant-projet de réforme du droit des obligations et de la prescription ('the Avant-projet Catala'), Oxford and Portland, 2009 がある。ここでの引用条文は同書754頁以下。

36) かつて筆者がストラスブール大学のシムレール教授に質問した際の回答は、そのような問題はフランスでは生じ得ないので、そういう問題が生じる国で考えていただきたいというものであった。「シムレール教授『債権譲渡から契約譲渡へ』『新たな人的担保』」のうち池田真朗「債権譲渡論・契約譲渡論」法律時報66巻12号（1994）98頁参照。

XI　まとめと展望

　以上見てきたように、この四半世紀で刮目すべき発展を遂げた債権譲渡分野は、民法典の性格づけや債権譲渡取引の実務での用いられ方等をどう評価

のうちに取り込むかによって、改正案が大きく変わってくる。本章では、なるべく客観的にさまざまな可能性に言及したつもりである。

さて、現段階（平成21 (2009) 年4月末）では、債権譲渡規定に関しては、2つの民法改正提案が公表されている。民法改正研究会の「日本民法改正試案」に示されたものは、筆者の提案を基礎に検討されたもので、最終的にも筆者の意見も相当に反映されているが、基本的には通知・承諾システムを維持したままで、これまでの判例法理をリステイトした部分も多い、比較的穏当な提案である。現行法と異なる部分としては、①譲渡禁止特約については明文規定を置かない（本章に解説したような解釈問題になる）、②債務者の承諾については承諾と了知表示の双方を規定する、③動産債権譲渡特例法登記について民法にも取り込んで規定する（第三者対抗要件は通知承諾型と登記型の併用となる）、④複数譲受人がある場合の法律関係を条文化し、その内容はほぼ判例法理と同様とするが、ただし判例と異なり同順位譲受人または差押債権者からの按分額の請求を認める、⑤異議をとどめない承諾については、債務者の抗弁の規定に作り変え、異議をとどめない旨を明示したときは、対抗事由の主張を放棄する旨の意思表示とみなす、等である[37]。これに対して、平成21 (2009) 年4月29日に公表された民法（債権法）改正検討委員会の「債権法改正の基本方針」は、①金銭債権の譲渡については第三者対抗要件を債権譲渡登記に一本化し、②対債務者権利行使要件についても、承諾を外して通知のみとする、かなりラディカルなものである（その他同方針では、③譲渡禁止特約に反する譲渡も有効とする（ただし債務者はこの特約をもって譲受人に対抗できる）、④異議をとどめない承諾の規定は廃止して、抗弁放棄の規定を置く）[38]。こちらについては、筆者は委員会原案の作成作業にはまったく関与しておらず、全体会議ではいくつかの反対や懸念を表明している[39]。この委員会案の評価の詳細については今後別稿で論じることとしたい。

さて、債権譲渡取引は、今後もさらに発展を続けることが見込まれる。たとえば中小企業の資金調達を考えると、不動産担保貸付や個人保証に限界があるのが明白な以上、貸借対照表の費目からも明らかなように、流動資産、つまり売掛債権や在庫動産を活用した資金調達の進展は、必須かつ必然の方向である[40]。しかし、わが国におけるそれら流動資産の資金調達への活用は、

アメリカと比較すると未だ非常に遅れている[41]。他方、大企業の債権流動化等を考えると、クレジット債権、リース債権などでは、債務者が一般の個人消費者というケースもかなり想定され、個人情報保護の問題等まで視野に入れておく必要がある。加えて、それらの対極にある個人間の債権譲渡をどう扱うか。そこまで登記で一本化するとなると、手間や費用の問題をはじめとして、オンライン化する場合における個人の同定のための国民総背番号制の問題まで、議論は拡がらざるを得ない。このように諸状況を勘案していくと、債権譲渡は、やはり民法の全分野の中でも、改正論議にもっとも時代感覚と広い視野を必要とする分野なのではないかと感じられるのである。

37) 前掲注2)「日本民法改正試案・仮案(平成21年1月1日案)」第360条から第473条(判例タイムズ1281号87〜88頁参照)。【補注、その後同試案は修正を加えて『民法改正 国民・法曹・学界有志案』(法律時報増刊、2009年10月25日)となる。本書第23章393頁参照。】

38) 提案内容は、前掲注2)『債権法改正の基本方針』220頁以下。

39) 前掲注2)に記したアドレスに、今後全体会議の議事録が逐次公表されるので参照願いたい。

40) 池田真朗「ABL等にみる動産・債権担保の展開と課題——新しい担保概念の認知に向けて」伊藤進先生古稀記念論文集『担保制度の現代的展開』(日本評論社、2006) 275頁以下(池田・前掲注1)『債権譲渡の発展と特例法』320頁以下所収)、同「ABLの展望と課題——そのあるべき発展形態と「生かす担保」論」NBL864号(2007) 21頁以下(池田『債権譲渡の発展と特例法』335頁以下所収)、等参照。

41) 中小企業庁の資料によると、2000年代に入った段階で、2000(平成12)年にアメリカでは債権・動産という流動資産を資金調達に活用する比率が約13%であったのに対し、わが国では(1999年の資料で)わずかに1%であった(中小企業庁・中小企業債権流動化研究会報告書「債権の流動化等による中小企業の資金調達の円滑化について」(2001年3月) 10頁)。売掛金等の債権や棚卸資産を含む動産を担保対象とするABL(アセット・ベースト・レンディング)は、わが国では開始後日が浅いが、米国ではすでに、取引残高が2005年末には米国企業(非金融事業)の借入残高全体の20%を占めるに至っているという(高木新二郎「アセット・ベースト・レンディング普及のために——米国での実態調査を踏まえて」NBL864号(2007) 21頁以下)。

第23章
民法（債権法）改正論議と学者グループの提案

I　はじめに——検討委員会案の提示

　今般の民法ことに債権法の改正の動きを広く世に知らしめた出来事として、民法（債権法）改正検討委員会（委員長＝鎌田薫・早稲田大学法務研究科長、事務局長＝内田貴・法務省参与。以下本章では「検討委員会」と略称する）が、平成21（2009）年4月29日のシンポジウムでその改正試案である「債権法改正の基本方針」（NBL904号（2009）、別冊NBL126号に収録）を公表したことが挙げられよう。この検討委員会は、平成18（2006）年10月7日に内田貴・東京大学教授（当時）以下9名の学者によって設立趣意書が明らかにされたもので、今回の「基本方針」は同委員会がそれ以来2年半ほどをかけた作業の成果である（この「基本方針」は、修文された条文案に近いものもあるが、条文そのものの案ではないとするのが委員会の立場である）。

　この検討委員会は、全体会議が、学者33名と、法務省の3名（内田参与の他に、官房審議官、民事局参事官）からなる委員で組織されており、さらにそのうちの一部の委員が5つの準備会を構成し（このすべての準備会に内田参与と筒井健夫・法務省民事局参事官が入っている）、さらに準備会には委員以外に幹事という名称で比較的若手の学者4名と法務省民事局付6名が付属する。準備会の原案は幹事会（鎌田委員長、内田参与、筒井参事官ほか学者委員6名）がとりまとめて全体会議にかける、という手順である。このように、学者に法務省の委員が加わった構成であるが、しかし公式な位置づけは、学者の私

的な勉強会というものである。検討対象は、「民法典債権法を中心とし、必要に応じて総則編等に及ぶ」とされていた（上記設立趣意書より）。筆者も、この検討委員会に全体会議メンバーの１人として参加したが、同委員会の原案を作成した各準備会には加わっていない（なお同委員会は平成21（2009）年３月31日付で解散した形になっているが、同年秋の段階では、同委員会の議事録がなお順次公開の途中であるし、また解説書が各準備会・幹事会委員の手によって順次出版されつつある状況である）。

II　学界における他の民法改正論議の動き

　日本民法の改正を論議する学者グループの活動としては、この検討委員会のほかに、主要なものとして２つのグループがあり、これらは平成20（2008）年10月の日本私法学会（名古屋大学）でシンポジウムを行い、それぞれの試案も発表している。第１は、加藤雅信・上智大学教授を代表とする「民法改正研究会」（加藤グループ）であり、第２は、金山直樹・慶應義塾大学教授を代表とする「時効研究会」（金山グループ）である。さらに、上記検討委員会に属しない学者を中心に、民法改正に対する見解や提言を集めた論集として、『民法改正を考える』（日本評論社、2008）も出されている（この論集の執筆者グループを、代表者名を取って仮に椿グループと呼んでおく。ちなみに、民法（債権法）改正検討委員会と民法改正研究会、時効研究会のメンバーには、かなりの重複もある（ただ、たまたまの結果であるが、上記検討委員会と上記３グループのすべてに関与ないし寄稿した学者は、筆者のみである）。

　加藤グループの改正提案は、民法財産法全体にわたるもので、私法学会当日の試案から修正した「日本民法改正試案・仮案」が判例タイムズ1281号（2009年１月１日号）に発表され、その後さらに弁護士、裁判官、司法書士、企業法務担当者等とのシンポジウムや懇談会等での意見をいれて修正を重ねたものを、『民法改正　国民・法曹・学界有志案』として平成21（2009）年10月25日の法律時報増刊に発表している。金山グループの提案は、消滅時効に限定されたものであるが、これも別冊 NBL122 号（2008）『消滅時効法の現状と改正提言』にまとめられ公表されている。

加藤グループ、金山グループとも、構成メンバーはすべて学者のみであるが、加藤グループは、最初の試案発表後、実務家との検討会、グループ外の学者との研究会や、他の専門の学者との学際的シンポジウムや、法曹・実務家・市民団体等との国民シンポジウムを、積極的に行ってきた。さらに加藤グループは、平成20（2008）年3月に行った民法改正国際シンポジウムの報告等を収めた書物『民法改正と世界の民法典』（信山社、2009）を出版している。加藤、金山両グループの提案内容の詳細な紹介まではここでは言及する余裕がないが、本「検討委員会」も学者の私的な研究会と位置づけるのであれば（内田参与は自らその旨を強調している）、本来はこれら2グループのものと等価なのであり、その意味でこれらの試案（および椿グループの成果）ももちろん相応の評価対象とすべきであろう。

【追記、なお、平成21（2009）年11月に開始された法制審議会民法（債権関係）部会の第1回では、上記の①『債権法改正の基本方針』、②『民法改正　国民・法曹・学界有志案』、③『消滅時効法の現状と改正提言』がいずれも配布されたとのことであるが、同民法部会の構成メンバーのうち学者は、圧倒的に民法（債権法）改正検討委員会に所属していた者が多数を占めている（部会の座長も同委員会の委員長であった鎌田薫教授が選任されている）。】

III　各グループの比較

　ここでは、大づかみに、上記の各グループの比較をしておきたい。まず、民法（債権法）改正検討委員会と、民法改正研究会の比較をすると、前者が、国際的動向も意識して、かなり先進的な立法提案をしているのに対し、後者の民法改正研究会は、「国民にわかりやすい法典にする」「壊れていないところを直さない」ということを基本的な立場（10月4日民法学際シンポジウムでの磯村報告）として、より穏当な改正案を提示しているといえる。

　まず、前者改正検討委員会が、債権法を中心としながら民法総則の再編も図り、消費者法の一部を民法に取り込み、債権時効を債権法に移す提案をしているのに対し、後者の改正研究会は、民法総則の内容を維持しつつ、国民にわかりにくい「心裡留保」の表現を変えて「真意留保」の用語を採用し、

代理の部分では無権代理と表見代理の規定の順序を、表見代理が無権代理の一部であることをよりわかりやすくするために、現行民法の規定の順序から入れ替える、等のことをしている。成年年齢については、改正検討委員会の18歳案と異なり、現在の国民の意識等も勘案して、（メンバー内には異論もあったが）なお20歳案を維持している。なお、錯誤の効果を無効ではなく取り消しとする点などは、改正検討委員会も改正研究会も同様である（しかし動機錯誤については改正検討委員会が積極的な規定を提案しているのに対し改正研究会は提案がない）。

　ちなみに、民法改正委員会しか扱っていない物権法の部分について一言すれば、民法改正研究会は、たとえば物権変動において、効力要件主義とすべきという有力説も内部にあったが意思主義・対抗要件主義を維持する案を成案として提示し、その上で各界の意見を徴している。同研究会の把握しているところでは、学界の評価は効力要件主義と意思主義・効力要件主義の支持はほぼ拮抗しており、司法書士会からは効力要件主義のほうがよいという意見が出ているという（平成21（2009）年10月4日のシンポジウムにおける松岡委員報告）。

　なお、時効に関しては、債権の消滅時効を別扱いする方向になった（改正検討委員会では不動産賃借権の消滅時効を除いたものを債権時効として従来の時効規定からくくりだす）。ちなみに債権の消滅時効に関しては、どのグループも短縮化ということと、現在ある職業別の1年2年3年という短期時効の区別（現行169条から174条）には理由がないのでこれらを同一期間に揃える、という整理の方向には相違がないようである。ただ、そのあたりで止まっていればとくに異論はないと思われるのだが、改正検討委員会はそこから、債権時効について、3年や5年の短期で権利が消滅するのはおかしいという理由で、もっぱら学理的な話ではあるが、権利消滅構成は無理があるとして履行拒絶権構成を採る案も提示している。そして、さらにその段階にとどまらず、そのことを時効の援用権者の議論にも響かせるのである。つまり、検討委員会の最終的に多数を占めた甲案ではそれほど現在の取り扱いと変わらないのであるが、当初からの委員会幹事会案（最終的には乙案）では、債権時効期間満了後の請求があったときは、保証人や物上保証人は、債務者に履行拒絶

権を行使するかどうかを催告させ、債務者の確答があるまでは債務の履行を留保することができる、とする（前掲「基本方針【3.1.3.70】」）。そのほうが現状の規定よりも学理的に説明がつけやすいということなのであるが、一箇所理屈を変えるとほかも同じく理屈を変えるほうがよい、その結果説明がきれいになる、といっているだけで、そう変えなければならない必然性がどこにあるのかは不明であるという感もある。

IV 「債権法改正の基本方針」の評価と問題点

1 今なぜ民法改正か

以下には、債権法部分について検討するが、改正検討委員会の「改正の基本方針」についての言及を中心とし、必要に応じて改正研究会・時効研究会の議論に言及する。

そもそも、今なぜ民法改正か、という問いに対しては、いろいろな説明がなされているが（明治29（1896）年施行後111年経過した民法典の内容を現代に即したものにする等）、決定的な必然性と呼べるものはないのではないか、という疑問はぬぐえない。筆者は、複数の民法学界の重鎮から、今なぜという疑問はあるのだが、今やらないと当分できないだろう、という評価を聞いている。また、ある弁護士は、立法事実はあるのか、つまり改正しなければならない問題や紛争形態が現実に存在しているのか、と疑問を提示されているが、この疑問もかなりの場面で当たっていると言わざるを得ないであろう。

ただ、わが国では、近年、会社法、信託法、金商法というビジネスローの大改正・抜本改正が続いてきたことからすれば、（民法を後述するように取引法の1つと積極的に位置づけるのであれば）今度は民法の番、という論理は、企業法務の担当者には、それほど抵抗なく受け入れられるものかと思われる（本検討委員会の発足自体、平成18（2006）年に法務省が債権法改正の必要性について検討を開始する方針を明らかにしたことが要因になっているとされる）。しかしながら、それも民法の性格づけ次第であって、民法をあくまでも市民生活の一般法、と位置づけるのであれば、その改正は「今でなければならない必然性」までは見出しがたい。

加えて、消費者庁が平成21（2009）年9月1日に発足して、（政権交代によって先行きは不透明ながらも）同庁とその関係者による今後の消費者法制への具体的な取り組みが予想される現在、消費者法と商法の一部をも民法に取り込もうとする今回の上記改正検討委員会の提案が、審議すべき時宜を得たものなのかどうかは、大いに疑問が残るところと思われる（消費者関係法の所轄官庁が変われば、その立法力学にも当然影響があろう）。

2　検討委員会の基本発想
(1)　国際基準への対応

　上記の疑問に対し、内田参与（事務局長）は、今次の改正を「日本民法の立ち位置を決めるもの」という表現で説明していたが、それはどういう意味をもつのか。やはりそこには、国際的な動向への意識が感じられることは確かである。ユニドロワ国際商事契約原則やヨーロッパ契約法原則のような欧州における取引法の改良・統一の動きはここにきて顕著なものとなっており、それは国際取引ルールの共通化・平準化という意味で、内容的に英米法への接近融合という面もあると理解されるのだが、そういう国際的な動向に日本も乗り遅れないようにしようという意識は強く感じられる。その中でもことに、今回は学者だけでの検討ということもあって、実務上の処理を意識した国際基準というよりも、解釈論上の成熟（問題点の解決）を立法論につなげる、という学理的な面での国際標準への同化、が色濃く出ているように感じられるのである。実際、本検討委員会案が、多くの点でウィーン国際売買条約（CISG）の内容と類似していることも指摘されている（なお、国際私法学者からの見方については、末尾注1）参照）。

　そして、ユニドロワ国際商事契約原則やヨーロッパ契約法原則も、UCCアメリカ統一商事法典などを意識しながら、民事取引の事業者法化に傾斜している面があり（しかもそれらは国際的な取引を主として念頭に置いているものであって、一国の民法典改正の議論とは必ずしも発想が一致しないところもある）、今回の検討委員会案もその発想に親和的である。そうすると、事業者の対極の消費者を保護する必要がクローズアップされ、検討委員会案は、一方で民法の事業者法化を図り、一方で消費者法を民法に取り込もうとする形

を取っている。内田事務局長の、取引の世界の当事者は「商人か消費者かという色つきの人」が多くなっているという趣旨の記述（NBL872号（2008）参照）は、それを如実に表している。ただし、これは世界のすべての趨勢かというとそうではない。たとえば、フランスは、現在までのところ、あくまでも民法は市民の基本法として、ニュートラルな、内田氏の表現を使えば色のついていない人を対象にし、商法の要素は取り込まず、消費者法は別法典にしている。先述の加藤グループが2008（平成20）年3月に開催した国際シンポジウム（筆者が司会を務めた）に招かれたフランスのカタラ教授（2006（平成18）年にフランス民法典の改正案〔カタラ案〕を明らかにしている）は、ことにその旨を明瞭に述べていた（本書第22章374頁参照）。さらに、たとえばアメリカやイギリスなどいわゆる英米法の国は民法典を持たない判例法の国であり、UCCはまさに「統一商事法典」であって民法典ではないことに注意しなければならない。

　ちなみに、今回の民法改正研究会案では、基本的に商法や消費者法の規定を民法に移すという発想は採用せず、必要があれば、商法等の規定を民法でリファーするという考え方で作成されている。

　(2)　契約を中心とした民法債権法の再構成
　今回、実質的にみて検討委員会案の最も強い基本理念といえるのは、現代取引において重要性を増している「契約」を中心として民法債権法の再構成を図ろうとするものである。これが、とくに原案を作成した準備会、幹事会のメンバーの多数が意図した方向であることは間違いなく、そしてそれは改正の方向性として肯定されるべきものである。

　ただそれは内容面だけでなく形式面にも表れていて、当初の全体会議に提示された幹事会案では、具体的には、①商法の商行為に関する規定を民法（債権法）に取り込む、②消費者契約法など、消費者法の一部を民法（債権法）に取り込む、③債権の消滅時効のうち不動産質借権に関するものを除いたものを「債権時効」と称して債権法に規定する、という諸点にその方向性が示されている。

　さらに加えて、当初の全体会議に提示された幹事会原案は、民法総則のかなりの部分を債権法に規定するというものであった。具体的には、債権時効

以外に、法律行為の規定も総則にはごく一部の原則規定のみを置き、ほとんど全部（代理、無効取消し、条件期限等も含む）を債権法に移す、というものである（実質的には現在の民法総則の主要部分がほとんど解体される。この段階ではこれが甲案で、現行の総則を維持する案が乙案として提示された）。しかしこの提案は、我々の反対により、全体会議でわずかの差ながら相対少数となって否定され、最終的に今回検討委員会が「民法典の編成案」として公表したものには、相対多数の、総則をほぼ現行どおり維持する案のほうが甲案として記載され、当初の原案は乙案として記載されている。この点、いくら契約を中心に民法典を再構成するといっても、たとえば代理には約定代理以外に法定代理があるのであるから、代理全体を債権法に持っていくというのは無理がある。この逆転は一般的に妥当なものと評価されよう。

(3) 学理的水準と社会的・実務的評価

① 学理的水準

今回公表された検討委員会案は、400ページを超える膨大なものであり、これは30回近い全体会議を積み重ねた成果である。ことに平成20（2008）年12月後半から平成21（2009）年3月末にかけては、年始を除きすべての土曜日を終日使い、終わらない場合は日曜日も使って全体会議を繰り返した。構成メンバーについては、地域、出身大学等に偏りがあるとの声も聞かれ、また構成メンバー以外に優秀な学者が多数おられることも事実であるが、現代の民法学者の精鋭を集めた形になっていることは確かであり、今回の検討委員会案が、現代の世界的な議論を渉猟し咀嚼したもので（また分野によって濃淡はあるがわが国の判例法理のリステイトメント等も行ったもので）、全体として、世界の民法学界に示して相当の評価を受けるものであることはほぼ疑いがない。しかし一方で、それが、市民に対するわかりやすい民法典、実務にとって予測可能性が高く紛争解決可能性の高い、その意味で使い勝手のよい民法典、を提示するものとなっているか、と言われると、疑問符のつくところも相当にあるように思われる。

② 社会的・実務的評価

問題はやはり、学者（および法務省）だけの研究会の成果物ということで、どこまで改正の必要があるのか社会的・実務的には疑問も呈される部分もあ

るということである。それは、弁護士、企業法務担当者らの、民法の使い手の感覚からすれば疑問というところだけでなく、今回の改正の主たる名宛人とされる一般市民にとっても、日本語的に決してわかりやすいものになっていないところもある、という批判がある。ここでは、いくつかの例を掲げるにとどめる。

3 検討委員会案の若干の各論的評価

(1) 債務不履行の要件

たとえば、債務不履行の要件から帰責事由を外し、（といっても無過失責任にするわけではなく）その代わりに「債務者が引き受けていなかった事由」による免責を認める（【3.1.1.63】第1準備会の解説参照）というのは、市民のわかりやすさからしても、法曹の使い勝手からいっても、適切でないとの批判も多いところである（平成21（2009）年4月29日のシンポジウムでも、コメンテーターの米山弁護士からその趣旨の発言があった）。

検討委員会は、「契約の拘束力に基づく責任」の強調という観点から、「帰責事由はドイツ民法流の過失責任主義に結びつく概念で、過失責任主義は行動の自由の保障の原則であってここでの契約の拘束力の問題とは別であるので、帰責事由の用語の採用は適切でなく、契約当事者の合意の中でのリスク配分について、もともとリスクを引き受けていなかったと思われる事由については債務不履行の責任を負わないとする」という説明をするのであるが、それは、一般市民に決してわかりやすいものではない。「引き受けていなかった」という日本語からは、リスクを引き受けていなかったということではなく、債務を引き受けていなかった、と理解するのが通常であろう。

本委員会の起草担当者側からは、「帰責事由」という表現も決して一般市民にわかりやすいものではない、という正当化理由も語られているが、「引き受けていなかった事由」という、一見よりわかりやすいが実は誤解を招きやすい表現を使うほうが混乱のもとになるのではなかろうか。私見はこの「引き受けていなかった事由」という日本語を使うのであれば、「帰責事由」のほうが、一般市民にも文字の印象から想像できるという意味でより適切と考えている。

何よりも、帰責事由は過失責任主義に結びつくものだから不適当という出発点が、学理的には理解できるものだとしても、まさにそれは学理的な理由から出発した改正案であり、今そう直さなければ紛争解決に支障があるのか、つまり民法典が機能していない部分であるのか、といわれれば、答えに窮するところではなかろうか。

(2) 解　除

さらに、この発想はどのように展開されているかというと、解除と危険負担についての検討委員会案では、解除の要件として帰責事由を要件としない【3.1.1.77】、そのことから、危険負担の規定の必要性がほとんどなくなる、という発想になり、危険負担の規定はほぼ排除された形態になっている【3.1.1.85】。

この点を少し詳しく説明する必要があろう。

まず、解除についていえば、検討委員会案では、解除は、債務不履行をした債務者に対するサンクションというよりも、相手側に重大な不履行をされた債権者が、契約の拘束から解放されるための制度と理解すべきとする。

したがって、解除の要件は、相手方の債務不履行がこのまま債権者を契約に拘束しておくのが不適切なほどに重大なものであることであり（この「契約の重大な不履行」というのは UNIDROIT の国際商事契約原則に類似の表現がある）、この重大な不履行があれば解除ができ、その場合債務者の帰責事由はいらないというのである。

(3) 危険負担

そうすると、この問題は危険負担の問題に結びつく。つまり、これまでは、双方の当事者が無責というケースで契約の目的物が滅失した場合には、解除はその要件としての帰責事由がないのでできず、したがって、生きたまま残るその契約について、反対債権が消滅するのか残存するのかという問題を解決するために危険負担の制度があった。しかしこの危険負担という制度は一般には非常にわかりにくいし、反対債権が残るいわゆる債権者主義、つまり売買の目的の家が当事者双方の責めに帰さない事由で、たとえば他から起こった火事の類焼などで燃えてしまった、という場合にも、売主の売買代金は残存し、買主はリスクを負担し、家は手に入らないのに代金を払わなければ

ならない、という現行民法534条1項には、任意規定とはいえ批判も多い。と考えると、債務不履行の成立要件からも解除の要件からも帰責事由を抜くならば、今のようなケースでは買主は売主の債務不履行を理由に契約を解除してしまえれば、反対債権が残るという問題もなくなる。ということは、危険負担の条文がなくても解決するではないか、というわけである。

ただ、これも論理としてはもっともなのであるが、自分たちで解除の要件から帰責事由を外す、と提案し、その結果危険負担は不要になる、と玉突き的に論理の整合性を取るという改正提案であるところに違和感がないわけではない。それから、「契約の重大な不履行」という要件が、何が重要と判断されるのかという点で、現在の弁護実務などに新たな考慮要素を持ち込むことになるという指摘もある。

この点、民法改正研究会案は、検討委員会案が新しく「重大な契約違反」という要件を立てているのに対して、現行民法の規定中にある「契約の目的が達成できない」ことを要件としている。なお法定解除の要件については、改正研究会も、解除の要件として、いわゆる帰責事由は要件としていない。しかし改正研究会は、債務の消滅原因としての不能概念を存置し、債務者に帰責事由のある場合は損害賠償義務を生じさせることとしている。したがって、双務契約において債務者に帰責事由がない場合における危険負担規定を存続させている。

なお、改正検討委員会の提案の中でも、学界・実務界でもっとも議論を呼んでいる項目の1つといえるのが、債権譲渡であるが（たとえば金融法務事情の編集後記でも弁護士の執筆希望がもっとも多い項目とされている）、これについては別稿として次章で論じることとする。

(4) 消費者契約法の扱い

本改正検討委員会は、消費者契約法などを民法に取り込む提案をするにあたって、「一般法化」と「（民法への）統合」という2つのやり方をしている。「一般法化」というのは、消費者法特有のルールではなく、一般法上のルールとして民法に置く、というやり方である。「統合」というのは、民法のルールとして統合し、特別法のルールは民法が吸収するというものである。

一般法化の代表例が、不実表示【1.5.15】である。不実表示については、

消費者契約法に「重要事項の不実告知」4条1項、「不利益事実の不告知」4条2項が規定されている。これらは、消費者契約法に規定されているが、消費者という限定をはずして、契約一般のルールにすること（一般法化）が望ましいとするのである（民法の詐欺だと欺罔の故意の認定が難しい等が理由とされている）。

これに対して、消費者契約法の断定的判断（同法4条1項）と困惑（同法4条3項）については、民法の詐欺や強迫と同じレベルのものとして、民法規定に統合することにしている。これについて、詐欺や強迫と同じものとするというのなら民法総則に規定するのが当然とも思われるのであるが、債権法改正検討委員会では、契約のところに規定しようという意見も多く、両意見が同数となり議長決裁で総則に置くことになった。

これは、実は、改正検討委員会のかなりの委員のスタンスを表している。債権法中心の民法改正を強く意識し、総則規定も特別法も債権法に取り込むという発想である。しかも、一般法化はその合理性があればまだわかるのだが、統合というのは、一般法化はせず消費者契約にだけ用いられる規定という性格づけは維持しつつ民法に統合して、現在の消費者契約法の規定は削除するというのであるから、統合とはいうが、要するに、消費者契約にだけ使う規定なのに民法に移籍させる（民法が吸収する）ということである。なぜそうしなければいけないのか、という必然性については、正直に言って疑問が多い。

実際、こういう発想がいささか行き過ぎと感じたのは、全体会議での議論において、消費者契約法の主要部分を一般法化や統合で民法に取り込もうとすると、消費者契約法にはあまり残らない、ということになった時に、複数の委員から、それでは残りの消費者契約法は廃止するという提案をしようという意見が出たのである。私はこれには強く反対した。つまり、この改正検討委員会で消費者契約法の一部を民法に取り込もうという議論をするところまではまだ許容範囲であろう。しかし、一方でカウンターパートとなるような消費者契約法の改正委員会が存在していないところで、残りの部分は廃止するなどというところまで提案するのは、越権であり僭越であると私は述べたのである（ウェブ上に公開されるはずの議事録を参照されたい）。ただこうい

う意見に対しては、改正検討委員会は学者の集まりなのであるから、学者として一番いいと思う意見を積極的に出すべきだという反論があった。それも一理あろう。ただしかし、学者が学理上で一番いいと思ったことを貫いたほうがいいという立場を取ることは、実務家や弁護士、消費者団体関係者等には別の意見があるだろう、ということを当然想定する姿勢のはずであるから、そういうスタンスで自分たちの意見だけで作った提案を、たとえばそのまま法制審議会の原案にしようとするというのはそもそもおかしな話、ということになる。

　以下個別の提案については省略するが、ことに消費者法関係の弁護士や消費者団体の関係者からの十分な検証を期待したい。

(5)　「一人計算」の提案――電子記録債権法との接合

　もう1つ、検討委員会案における全く新しい提案に触れておこう。それは、多数当事者相殺（集中決済）の新規定の提案【3.1.3.37】である。多数の当事者が債権債務を持ち合っている場合に、債権譲渡や債務引受で2当事者間の債権債務に置き換えて相殺することが現在でもグループ企業内などで行われている（CMS、キャッシュ・マネジメント・システム）。しかし、たとえばその対象債権の1つに差押がかかったときに、それはすでに債権譲渡や債務引受をして相殺で消されている、ということを主張するというような不明瞭さがあるのではないかという批判がされたりする。こういう点を改善するため、このような多数当事者決済ルールを民法に定めようというものである。

　筆者自身は、このような規定が置かれることには賛成である。ただ、それが民法の中であることが適切なのか、というところには議論があろう。

　もっとも、最大の問題は、そもそも多数当事者相殺で消し込んでいく1つ1つの指名債権の存在のエビデンスをどう証明するかというところにある。

　そういう意味では、これが指名債権でなく電子記録債権でやれると、電子記録債権の場合は記録が発生と譲渡の効力要件なので、その存在のエビデンスはまさに明瞭な形で存在する（電子記録債権全般の解説については、本書第14章以下を参照）。

　したがってこの一人計算が最も効果を発揮するのは、まさに電子記録債権の場合であろう。しかしその場合も、そういう計算をする法的な（基本的

な) 根拠が一般法としての民法に存在することはそれ自体はよいことであろうと考える。

　ちなみに電子記録債権は消滅については記録を効力要件とはしなかった。相手方の口座に実際に入金がなされた時点で電子記録債権は消滅する。ただし、その後に消滅記録（「支払等記録」と呼ぶ）をして証拠を残すことはもちろんできる。相殺の場合はこれを利用して、両当事者が相殺契約をしてそれを支払等記録（相殺の場合も名称は「支払等記録」となる）に残せば、どの債権とどの債権をいつ対当額で消し込んだのかについて完全な記録を残すことができよう。これは、現在の手形の決済などと違い（手形は持ち合いの手形があっても慣行上またリスク回避の観点からもすべて交換に回し銀行間の資金移動をして決済している）、資金移動なしにファイナリティのある決済ができるということになる。筆者はこれを電子記録債権の大きなメリットとしてみている（電子記録債権と相殺契約については、本書第13章参照）。

V　結びに代えて——民法債権法改正の今後の展望

　以上のように、本改正検討委員会案は、非常に意欲的に国際水準を意識し、かつ中には国際水準をリードしようという先端的な規定の提案もある。この姿勢はまずは評価されるべきであろう。[1]しかし一方で、学者グループのみの検討案というところからくる問題点も多数包摂しているように思われる。今後の法制審議会民法部会において、これがそのままそこでの主要なたたき台になってよいものかは、かなり疑問もある。

　もちろん、上記に具体的に言及した点も単なる例示に過ぎず、評価されるべき提案も多いことは述べておかなければならない。また、改正提案の全部を一度に手を付けるのか（問題のなさそうな提案からまず実現させるべきではないか）、という意見もあろう。

　けれども、そもそも学者だけの意見でまとめた原案でよいのか、また学者グループが複数あって別々の立法提案がされているのにそのうちの一グループだけのものを主としてとり上げて原案として法律作りをしてよいのか、は大いに問題である。

もともと、昨今の立法作業においては、法制審議会にかける原案を作る段階で、弁護士、実務家、業界団体、消費者団体等の意見を徴するのが通例であった。たとえば電子記録債権法はその典型的先例である。というわけで、上記３案のうち、『民法改正　国民・法曹・学界有志案』はある程度法曹界・実務界の検証を経ているといえるものの、他のものはまったく学者（および法務省関係者）のみによる成果物であるわけで、仮にそれらを原案として審議が進行するとすれば、その点ですでに立法のいわばデュープロセスを経ていないということは明らかである。実際、今回の民法債権法改正は、政治的課題というわけではないので、いつまでと時間を限って急ぐ話ではない。

　しかしながら、このような状態で平成21（2009）年11月から法制審議会民法部会の審議が始まるということで、私としては、提案全体に対して、法曹や金融実務家、消費者団体等、各界の意見が積極的にかつできるだけ速やかに表明され、結集されることを望んでやまないのである。現に、大阪弁護士会からの大部の意見書を皮切りに、弁護士会等の意見が次々に表明されていると聞くが、これは当然の健全な反応といえる。とにかく、私法の基本法たる民法は、さまざまな立場の国民の意見を総結集して制定・改正されるべきものであるということは、誰にも異論のないところであろう。

　　1）　国際私法学者であり弁護士でもある道垣内正人教授は、法の適用に関する通則法の観点から、物権法や知的財産法、租税法、独禁法、労働法などは、適用範囲が確固たるものとなっているが、債権法は真の意味で国際競争の中にあり、法の適用に関する通則法７条は契約の準拠法について当事者自治を認めているので、「国際取引に関する契約の当事者が外国法の適用を合意すれば、日本の契約法の出る幕はなくなる」として、日本の債権法が当事者によって選択されるような国際競争力をつけるべきことを主張する（道垣内正人「「債権法改正」の国際競争上の必要性」ビジネス法務2009年8月号1頁）。もっともな意見であるが、そうすると、問題は、本書のはじめにも書いた（本書11頁注19））、わが国の「国際化」のレベルの問題に帰着する部分も大いにありそうである（つまり、注19）に記した問題は、国際私法学界自身が逢着した「わが国の国際化しきれていない部分」を表しているともいえる）。UNCITRALの代表も経験した筆者の立場からしても、取引法の分野での国際化を推進したい一方で、わが国の現状にふさわしい、国民にとって最適な民法（債権法）をいかに探求すべきかという視点との調整に思案するところである。

第24章
債権譲渡規定の改正提案とその問題点

I　はじめに

　平成21（2009）年11月に開始された法制審議会民法（債権関係）部会における審議にあたっては、前章で述べたように、学者による複数の提案、およびそれらに対する弁護士会等の対案、等が十分に吟味されることを期待したいが、ここではとりあえず、民法（債権法）改正検討委員会案を中心に検討し、民法改正研究会（加藤グループ）の提案等にも言及することにする。
　債権譲渡に関する今回の民法（債権法）改正検討委員会の案については、おそらくさまざまに評価が分かれる。それは、債権譲渡の規定は、すでに述べたように民法典の性格づけや債権譲渡取引の実務での用いられ方をどう評価に取り込むかによって大きく変わってしまうものと考えられるというばかりでなく、今回の規定の提案が、まさに同委員会の学者だけのグループによる提案という問題点を包含しているからにほかならない。私自身、同委員会の全体会議のメンバーの1人であり、会議では是々非々の議論をしたつもりであるが、債権譲渡の部分では、私見の主張が少数意見として否決された部分も多い（末尾追記も参照。ちなみに私は委員会の原案作成にはかかわっていない。全体会議の議事録は順次公開中である）。

1）　本書第22章Ⅲ参照。
2）　民法（債権法）改正検討委員会のホームページから入ることができる。タイトルは民法（債権法）改正検討委員会全体会議・議事録および資料（アドレスは

http://www.shojihomu.or.jp/saikenhou/shingiroku/index.html）で、債権譲渡関係は第12回と第13回冒頭を参照）。

Ⅱ 各 論

1 債権譲渡の対抗要件

(1) 総説と第三者対抗要件

　実務的に最も問題の多いと思われる提案としては、債権譲渡の対抗要件が挙げられる。内容の概略は、①金銭債権の譲渡については第三者対抗要件を債権譲渡登記に一本化し、非金銭債権については譲渡契約書に確定日付を付すのが第三者対抗要件となる（以上【3.1.4.04】[3]）。②対債務者権利行使要件については、金銭債権の場合は、債権譲渡登記の登記事項証明書を付しての通知、非金銭債権の場合は確定日付ある譲渡契約書の写しを付しての通知、をするか、それらを備えなくても、譲渡人が債務者に通知をすれば、譲受人の権利行使要件になる（以上【3.1.4.05】）。というもので、金銭債権については第三者対抗要件は個人間の譲渡も少額債権の譲渡もすべて登記に一本化し、対債務者権利行使要件については、承諾を外して通知のみとする、かなりラディカルなものである。

　これらは、現行民法467条の債務者に情報を集める形態の対抗要件において、いわゆる債務者をインフォメーションセンターとすることの不完全さに対する批判を徹底した結果の提案なのであるが（その意味でもともと学理的な理由から検討が始まっている）、確かに、画一性、簡明性という意味では、現在の民法上の第三者対抗要件（確定日付ある通知・承諾）と動産債権譲渡特例法登記上の第三者対抗要件の複線構成を一本化するので、大企業の法務担当者などには、チェックするべきものが減るので都合がいい、と評価されるかもしれない。しかし、そもそも現在の債権譲渡登記は法人だけが対象となっている（それには当事者の同定可能性等の理由がある）ので、これを個人に広げるのにはさまざまな問題がある。また、原案提案が不徹底さを批判していた、債務者に情報を集める通知・承諾型の対抗要件についても、実務ではその便利さを評価する声は多いということを述べておきたい。

今回の案への批判の第1は、個人間の譲渡でも第三者対抗要件を取るには登記がいるという手間とコスト（現在は内容証明郵便よりも登記のほうがはるかに高額になる。また法務局まで出向くことと郵便局で済むことの差も大きい）の問題である。これが仮に技術的にクリアできるとしても、個人名で登記させて、婚姻や養子縁組で姓が変わった場合はどうするのか、さらに現在の債権譲渡登記はオンライン化されているが、個人についてもオンライン化するとなると、いわゆる国民総背番号制の問題が出てくる。現行の類似制度を活用するにしても、現在、IT化して活用されていない国家的諸制度を考えた場合に、費用対効果の見合う新システムができるのか、等々、疑問は尽きない。

また実務では、集合的な債権譲渡において登記が広く活用されていることは事実であるが、一方で、債務者数が少ない単発の債権譲渡については、内容証明郵便による通知のほうが簡略で便利であり、郵便局の本局からなら24時間出せるという便宜もあることが弁護士らから指摘されている。また、債務者に知らせずに資金調達をするニーズからすれば確かに登記が便利なのだが、特段秘密にする必要のない譲渡の場合には、通知・承諾によって、債務者が支払先がどこかを了解していることが大きな利益とする実務家の声もよく耳にする。

たしかに筆者自身、かつて論文および著作で、将来は通知承諾ではなく登記一本化の時代が来る可能性も予言したが[4]、それは、そこにも明示したように、「その時代には、親族間の譲渡等でも、個人が登記登録のシステムにアクセスすることの負担等はそれほど考慮しなくてよい状況にあると予測されるからである」という前提で書いていたのであり、問題はまさに、それが今か、という話なのである。

さらに、登記に一本化するとしても、今回の提案でも、差押えについては登記は要しないとしている（【3.1.4.07】〈2〉）。したがって、その限りでは一本化といっても、差押えとの先後の比較をしなければならないことは変わりはないということになる。

(2) 対債務者権利行使要件

さらに、通知・承諾を第三者対抗要件から外すだけでなく、最終的には承

諾を対債務者対抗要件（権利行使要件）から外すという提案になった（これも筆者は反対案を提出したが少数で否決された）が、現在の金融実務では、債務者の承諾があってはじめて債権譲渡による担保融資をするとか、承諾が（あるいは異議を留めない承諾が）あるかないかによって融資の担保掛け目を変える等、債務者の承諾は現実の取引では非常に重要な機能を果たしているので、これらの活用場面が失われるという大きな疑問がある。

ちなみに、今回の改正検討委員会案では、対抗要件の言葉を正確に用いて、第三者対抗要件と債務者に対する権利行使要件を区別しているが、この点は、筆者が従来から提唱していたところであり、全面的に賛成である。

(3) 改正提案のあり方

なお、今回の検討委員会案では、議論の結果、アステリスクを付して、「金銭債権譲渡の対抗要件を登記に一本化することが、そのコストや手続へのバリアのゆえに困難であると判断された場合には、当然に現行制度に戻るのではなく、新たな制度についてさらに検討することが必要である」との記述が置かれた（【3.1.4.04】）。しかし、その「新たな制度」については、検討委員会の全体会議でまったく議論はされていない（筆者は全体会議でも登記と通知承諾の併存案を主張し、登記一本化が困難となれば先ず現行制度に戻るべきと主張した）。実現可能性に疑問符がつけられながらもそれを最終提案とし、さらに実現できなければ別の（未検討の）新制度を検討すべき、というこのような提案の仕方は、学者の意欲的な提案ではあっても、現行民法を一定期間内に実際に改正しようとする場合の提案としては、いささか無責任、不適切と言われても仕方がないのではなかろうか。

ちなみに、筆者が関与した民法改正研究会の案では、指名債権譲渡の対抗要件としては通知または承諾（了知した旨の表示）と、法人の場合における動産・債権譲渡特例法に定める登記とを併置する規定を提案している（同案361条362条）。筆者はこの趣旨の案を全体会議に修正案として提出したが、少数で否決されている（詳細は商事法務のwebで公開されている検討委員会全体会議議事録の第12回と第13回を参照されたい。なお、そのうちの一部は本章末尾417頁以下に収録した）。

2 譲渡禁止特約

譲渡禁止特約については、委員会は、【3.1.4.03】(債権譲渡禁止特約の効力)の〈1〉(条文でいえば1項)で、「債権者および債務者が特約により債権の譲渡を許さない旨を定めていた場合であっても、当該特約に反してなされた譲渡の効力は妨げられない。ただし、債務者はこの特約をもって譲受人に対抗することができる。」とし、〈2〉では、「〈1〉ただし書にかかわらず、債務者は、次に掲げる場合には、〈1〉の特約をもって譲受人に対抗することができない。」として、「〈ア〉債務者が、譲渡人または譲受人に対し、当該譲渡を承認したとき〈イ〉譲受人が、〈1〉の特約につき善意であり、かつ、重大な過失がないとき〈ウ〉第三者対抗要件が備えられている場合で、譲渡人について倒産手続の開始決定があったとき」の3つの場合をあげている(さらに〈3〉では、譲渡禁止特約のある債権が差し押さえられたときは、債務者は、差押債権者に対して禁止特約をもって対抗することができないとするが、これは現行の考え方に変更がない[7])。

以上の【3.1.4.03】の考え方は、まず基本的に、譲渡禁止特約の効力に関して現在の債権的効力説を採用し、特約に反する譲渡も、譲渡当事者(譲渡人・譲受人)間および債務者との関係で有効であり、ただ債務者は、悪意または重過失のある譲受人に対して譲渡禁止特約の抗弁を主張することができるものとする考え方に立つものであるが(〈1〉本文)、現在の債権的効力説とは若干の違いがある。つまり、現行法における債権的効力説は、特約に反する譲渡が、譲渡当事者(譲渡人・譲受人)間および債務者との関係で有効であるとしつつ、債務者は、譲受人に悪意または重過失がある場合に限って、譲受人に対して悪意の抗弁権を主張することができるとするものであるが、本提案の考え方は、特約に反する譲渡も有効であるが、譲渡当事者・第三者関係と、対債務者との関係を切り離して別に考え、債務者は、原則として、譲受人に対して特約の抗弁を主張することができるが(〈1〉ただし書)、譲受人が善意かつ無重過失であるときなどは譲受人に特約の抗弁を主張できない、とするのである(〈2〉〈イ〉ほか)。債権的効力説を採用して「債権譲渡の安定性に配慮しつつ」、一方で「特約によって保護すべき債務者の利益を守ろうという趣旨」で、「〈2〉〈ア〉～〈ウ〉および〈3〉に掲げる事由——特約

によって保護すべき債務者の利益が失われたと考えるべき場合——のない限り、債務者は、そのような譲渡をなかったものとして行動してよい」というものである。ただしこの折衷的配慮は、結局債務者には譲渡をなかったものとして譲渡人のほうに弁済することができるケース（譲受人は譲渡人に不当利得返還請求をすることになる）を生むので、その限りでは譲渡の安定性は図れず、文字通り折衷的な結果を惹起することになろう。

そしてさらに、〈2〉〈ウ〉では、この規定を設けないと、譲渡人倒産後も、この提案では債務者はなお譲渡人側を債権者として扱って弁済することが可能であるので、破産管財人・再生債務者などによる債権の回収が積極的に可能となる。これでは、債権譲渡による倒産隔離ははなはだ不完全なものとなってしまう。そこで、譲渡人について倒産手続の開始決定があったときには（提案の〈イ〉と〈ウ〉の構造からして譲受人が特約について悪意であっても）、破産財団との関係でも債務者との関係でも、譲受人に債権者としての地位を認めることにしたわけである。この意味で、この改正提案は、最判平成21・3・27（民集63巻3号449頁、金法1870号44頁、譲渡人からの譲渡禁止特約の援用を否定したもの。ただし譲渡人の管財人による譲渡禁止特約の主張については直接判示していない）よりもはっきりした範囲での帰結を、より截然と規定することになる。

以上、本提案は、学者（および法務省官吏）だけで構成された研究会の産物であるから、理論的な整合性は取れていても、実務でうまく機能するかについては検証されているわけではない（なお、筆者はこの提案の審議には加わっているが、【3.1.4.03】の具体的な立案作業にはかかわっていない）。上記〈2〉〈ウ〉についても、債権流動化の実務からは歓迎されるであろうが、逆に倒産処理実務からは異論を十分に予想できるところである。こういう提案が多数の支持を得られるのかどうかは、今後の各界からの評価の集積によって明らかになろう。ただ、この提案が、債権的効力説を取りこみ、また譲渡人倒産の場合を具体的に取り上げて譲渡禁止特約の効力を否定する規定を置いていることは、（その是非は別として）記憶されるべきである。

なお、筆者の関与した民法改正研究会案では、譲渡禁止特約の明文規定をあえて置かず、合意の相対効の原則に従わしめる（したがって一般に譲渡禁止

特約は当事者間では有効だが第三者には過失の有無は問わずに対抗できず、ただその第三者が当該禁止特約に関与している等のことがあれば当該禁止特約の効力が及ぶ）という立場を取っている[9]。もちろん、このような個別解釈にゆだねる方法に対しては批判も考えられるので、私見としては、他にはUNCITRALの国連国際債権譲渡条約に見られるように、譲渡禁止特約の対第三者効を原則として否定したうえで、銀行預金債権など、適用除外の債権の種類を明記する方法も有効と考え、その旨学会でも表明している[10]。

3 将来債権譲渡

将来債権譲渡については、わが国では平成10年代に入ってから、判例法理の大きな進展をみたところである。しかしながら今回の検討委員会案では、将来債権譲渡を肯定する規定のほかには、一点、譲渡契約後に、当該将来債権を生じさせる譲渡人の契約上の地位を承継した者に対してもその譲渡の効力を対抗することができるという提案がされたのみである（【3.1.4.02】〈2〉）[11]。ただしこの規定には倒産実務の観点から、議論が噴出し、解釈上の明確化が求められている。

今回の上記規定は、具体的には、たとえば建物所有者が将来の賃料債権を譲渡していて、その後に当該建物を第三者に譲渡した場合の問題などが想定されている。その場面での結論（建物の新譲受人は、将来債権が譲渡されている範囲では建物取得後の賃料債権を得られない）についても議論はあろうが、その結論を是としても、問題はそれが倒産実務にどうあてはめられるかということである。

現在の実務では、将来債権譲渡の効力として、倒産手続開始後の債権について、譲渡の効力が及ぶのかという問題がクローズアップされている。いわゆる真正の将来債権譲渡の効力としても、将来債権譲渡担保の効力としても、問題となっており、現在の実務では、手探りの状態で非常に不安定な処理がされているので、民法に規定を置いてほしいという金融実務からの要請がある。この点について、本提案の規定では、承継人か第三者かという区別を立てるものであるとして、管財人は第三者であるということになると将来債権譲渡の効力が一律に管財人には及ばなくなるということで、債権流動化を扱

う弁護士グループからは非常に強い反対があるところである（この検討委員会案【3.1.4.02】〈2〉をいわば裏から読んで、当該将来債権を生じさせる譲渡人の契約上の地位を承継した者に対してもその譲渡の効力を対抗することができるということは、契約上の地位の承継者でない第三者に移った後は、将来債権譲渡はその第三者には対抗できないという意味になる。しかも倒産の場合の管財人はその第三者にあたるとすれば、倒産手続きに入って管財人の下で行われる契約には将来債権譲渡の効力は及ばない、ということになる[12]）。もっとも、倒産処理を専門とする（管財人側に立つ）弁護士からはおそらく正反対の意見が出されるということになろう。

　ちなみに、民法（債権法）改正検討委員会の平成21（2009）年4月29日のシンポジウムにおける説明でも、その方向（管財人は第三者であり将来債権譲渡の目的債権を自由に処分できる）に傾くような表現があると論じられているが、しかし、全体会議ではそういう決めつけの議論をした意識はなく、シンポジウムでも、提案作成者（第3準備会）は、管財人がどう扱われるかの「議論の土俵を設定」することにとどまり、「倒産管財人の下での契約締結をどのような性格のものととらえるかは、倒産法の問題でもあり、債権法のみで片付けられるものではありません」と説明されている[13]。筆者自身も、本提案では、この問題は、管財人が第三者にあたるかどうかも含め、今後の議論にゆだねる趣旨であるという姿勢であることは確認しているが、しかし本提案は、将来債権譲渡に関しては、【3.1.4.02】のみしか置かず、権利移転時期などの問題には触れないという全体的に謙抑的な姿勢を取っているわりには、この〈2〉の部分が大きな議論を巻き起こすことになった。

4　異議をとどめない承諾の廃止

　この点は、筆者は従来から、国連国際債権譲渡条約の作成作業に際しても感じたところであるが、債権譲渡の承諾しかも譲渡の事実についての了知という、観念表示で、譲渡人に対して有していた抗弁をすべて譲受人に主張できなくなるという現在の民法468条1項の規定は、およそ国際的には理解されないのではないかと考え、はっきりと抗弁（ないし対抗事由）放棄の意思表示の規定に作り替えたほうがよいと言ってきたところであるので[14]、したが

って、異議を留めない承諾を廃止して抗弁放棄の意思表示の規定に置き換える委員会の処理に全面的に賛成である（抗弁放棄は置くまでもないあたり前の規定という批判もあるが、上記の国連国際債権譲渡条約（第19条）を含め、規定を置くのが一般である）。

3） 以下【3.1.4.04】等の数字は、民法（債権法）改正検討委員会の『債権法改正の基本方針』（NBL904 号）参照。債権譲渡の対抗要件は221頁以下（別冊 NBL126号でも同頁）。

4） 「これは今後21世紀を見通した場合の仮説であるが、将来的には、債権譲渡については、民法の規定する個別の債権譲渡通知を電子化するよりも、システムを電子的な登記登録に一本化するほうがよいという可能性もある。その時代には、親族間の譲渡等でも、個人が登記登録のシステムにアクセスすることの負担等はそれほど考慮しなくてよい状況にあると予測されるからである」池田真朗『債権譲渡法理の展開』（弘文堂、2001）160頁。

5） 池田真朗『債権譲渡の研究』（弘文堂、1993）78頁（同増補2版（2004）同頁）、池田真朗「対抗要件・権利保護資格要件・権利行使要件」池田ほか『マルチラテラル民法』（有斐閣、2002）78頁。

6） 最新版は法律時報増刊『民法改正　国民・法曹・学界有志案』（2009年10月25日刊行）に収録。債権譲渡関係は同書167頁以下。

7） NBL904 号（2009）220〜221頁（別冊 NBL126 号『債権法改正の基本方針』でも同頁）。

8） 池田・前掲注5）参照。

9） 360条167頁。なお、この改正研究会案360条の本文「債権は、これを譲り渡すことができる。」は、平成21（2009）年10月25日のシンポジウムでの議論を受けて、将来債権譲渡の有効性を明示するため、「債権は、現存するものであれ将来発生するものであれ、これを譲り渡すことができる」と改められている。

10） 池田真朗・2009年金融法学会シンポジウムでの質問内容。金融法研究26号（2010）88頁参照。

11） NBL904 号（2009）220頁（別冊 NBL126 号『債権法改正の基本方針』でも同頁）。

12） 流動化・証券化協議会における法制委員会民法改正 WG において将来債権譲渡を議論した際にも、複数の弁護士委員から、そのような意見が出されていた。同 WG の活動については、片岡義広「民法（債権法）改正の動向と流動化・証券化——流動化・証券化協議会における対応と今後の課題」SFJ Journal Vol.2（2010）8頁以下参照。

13） 民法（債権法）改正検討委員会編『シンポジウム　債権法改正の基本方針』別冊 NBL127 号（2009）44頁の沖野発言参照。

14) 池田・前掲注5）増補2版541頁。ちなみにこの部分は同書増補2版に書き下ろしで加えた「総合判例研究・指名債権譲渡における債務者の異議を留めない承諾」の内容である。

III　今後の展望

　以上、債権譲渡については今回の検討委員会案は、国際水準からみてもその先端を行こうとする部分（学理的には意欲的とはいえる）と、一方ではかなり慎重かつ消極的な部分とに極端に分かれるように思われる。さらに周辺領域でいえば、国際基準からしてもわが新民法では必ず規定を置くべきと思われる、債務引受や契約譲渡の部分についても、規定をするというだけで特筆すべき内容はない（たとえば、紛争解決のために有用と思われる、契約譲渡の対抗要件——筆者は10年以上前からこの必要性を提言している[15]——については、画一的な規定が困難という理由で、何も提案されていない）。つまり、直さなくてもいいところを直そうとするよりも、必要なところで現在の民法典に入っていない規定があれば、それを入れるのが最優先の課題ではないのかと考えるのである。それであれば、戦後にできた各国の民法典にはことごとく入っている債務引受や契約譲渡については、もっと熱心に議論して充実した規定を置くべきということになろう。

　しかも、先に述べたように、学者グループのみの検討案という問題点をいくつか包摂していることは否めない。これからの法制審議会民法部会での審議において、これらがこのままそこでのたたき台になってよいものか、また、実際にこの2年程度の近い将来でこの検討委員会案のような内容の規定が債権譲渡に関して採用されてもよいものか、法曹や金融実務家等、各界の意見ができるだけ速やかに表明され、結集されることを望んでやまないのである。

15) 池田真朗「契約当事者論——現代民法における契約当事者像の探究」『債権法改正の課題と方向——民法100周年を契機として』別冊NBL51号（1998）147頁以下、とくに立法提案は174頁以下。

【追録、以下には、筆者が平成21（2009）年3月14日の民法（債権法）改正検討委員会全体会議で提出した、債権譲渡についての修正提案を参考のために収録する。

これらは、委員会案の最終案に対する対案として提案したものであるが、いずれも賛成少数で否決された。同委員会全体会議は議事録が web（アドレスは本文前掲注２）に掲記）で公表されているので、以下の内容の筆者の発言は、そちらで読むこともできる。】

債権譲渡についての提案

1．ブラケット内の、承諾を権利行使要件とするところを残し、見え消しで削除されている、承諾を権利行使要件とすることに関する記述をすべて残すことを提案する。
〔理由〕
　今回の案は、登記への一本化を性急に図りすぎ、インフォメーションセンター論の否定にとらわれすぎて、取引の実態から乖離している。全体に、論理的整合性ばかり追って、使い勝手を考えていないという印象が強い。
　債務者の承諾によって債権譲渡が安全簡略にできているのは事実である。現在の取引実務でもその旨認識されている（銀行法務21・700号（2009年３月号）の座談会参照）。
　承諾はもっとも簡易な権利行使要件と考えるのが素直であり、これはインフォメーションセンター論の否定とは関係がない。
　承諾は、譲渡契約を自分の関与しないところでされてしまう債務者にとって、自分の関与場面（場合によってはイニシアチブ）を残す部分として意味がある。
　異議を留めない承諾に代わる抗弁放棄の意思表示の規定では代替しきれない。
　今回の提案では譲渡人の通知を権利行使要件として残すのであるから（これは絶対必要である。登記事項証明書を付しての通知だけでは手続きが重すぎるという強い批判が当然になされる）、承諾を権利行使要件からなくす理由はなお希薄となる。
2．１つ前の提案の、小口債権については簡易な対抗要件制度を置くという「検討の方向」準備会報告（７月21日第６回全体会議）を、（適切かどうかはさておき）より難点が少ないという趣旨のものとして再検討すべきである。具

体的には、非金銭債権だけでなく小額の債権譲渡についても確定日付のある譲渡契約書を登記とみなす規定【Ⅲ-5-4】を再度復活させることも議論すべきである。

〔理由〕

　前回の議論では、準備会提案がこのように全面的登記一本化に変わったが、1つ前の「検討の方向」との優劣がまったく議論されなかった。

　コストの問題は、前回も指摘したが、今回の資料にもあるように、金額的にもかなり高額になる。やや高額というレベルではない。また手続的にも簡略でない。「検討の方向」準備会報告（7月21日第6回全体会議）では、まさに「コスト倒れになる危険性」から、この簡易な対抗要件が、Ⅲ-5-4として提案されていた。

　さらに、実務家の間でも、通知なら金融機関の各支店で処理できるが、登記では支店ごとにというのは無理になるという批判がある。

　もともと個人の場合は債権譲渡登記について当事者の同定が十分できないという大きな問題がある。

　さらに、現在電子化が進んでいるのでより進展し改善されることを考えるとあるが、そもそも平成10（1998）年の債権譲渡特例法では、電子化（オンライン申請）するために法人限定にして商業登記簿とリンクさせた経緯がある。個人についても、電子化を図るとなるとなおのこと、提案書ではそこまでの公示機能は考えていないと逃げているところの、国民個人番号付与の問題が避けられない。したがって、そもそも個人まで含んでの電子化はまず無理と見るべきである。

　実際に、金融機関やその関係会社において、クレジット、キャッシング等の小口の債権を大量に持つ場合も多く、現実に簡易な対抗要件・権利行使要件が必要といわれている（前掲銀行法務21参照）。

　以上の諸点から、金銭債権についても完全登記一本化はしないという修正案を提出する。

第25章
民法（債権法）改正のプロセスと法制審議会部会への提言
―― 債権譲渡関係規定による例証とともに

I　はじめに

　平成21（2009）年10月28日に開催された法制審議会で、諮問第88号として、契約を中心とする民法債権法の改正要綱の提示が法務大臣から諮問された。具体的な諮問内容は、「民事基本法典である民法のうち債権関係の規定について、同法制定以来の社会・経済の変化への対応を図り、国民一般に分かりやすいものとする等の観点から、国民の日常生活や経済活動にかかわりの深い契約に関する規定を中心に見直しを行う必要があると思われるので、その要綱を示されたい。」というものである。これでいよいよ民法（債権法）改正が具体的な俎上にのったわけである。翌11月24日には第1回の法制審議会民法（債権関係）部会が開催された。この部会は、とりあえず終了時期は定めず、月1回程度のペースで開催され、1年半後には中間論点整理を目指すということがホームページで公表されている。

　しかし、いまだに、その始まりが不明瞭であったと筆者は感じている。法務省経済関係民刑基本法整備推進本部参与の内田貴氏は、著作や論文の中で、「2006年に法務省が施行以来100年以上大きな改正を経ていない債権法を中心とする民法典の抜本改正の検討に着手することを決め」、「それを受けて、学界からたたき台となり得るような案を出そうと、2006年10月に民法学者の有

志を中心に民法（債権法）改正検討委員会が組織された」と書かれている[1]。しかし、この法務省の「決定」なるものは、どのようになされたのか。少なくとも筆者は新聞の予測記事的なもので初めて動向を知った記憶があるし、角紀代恵教授も、債権法全面改正が既定路線のように言われてきたように感じるということについて、「よくよく考えてみると、いったい、誰が、全面改正だと言っていたのか、少なくとも、国家機関である法務省が、正式にそのように言っていたわけではないようである[2]」と書かれている。

そして、より本質的な問題は、少なくとも、平成18（2006）年当時のわが国において、ほとんどすべての法曹や実務家や、そしておそらく圧倒的多数の学者も、民法（債権法）の改正の必然性を感じてはいなかったと思われるというところにある。けれども、事実として、（あえて一部の関係者の意向によって、というべきか）民法（債権法）改正路線のきっかけは作られた。筆者は、今回の民法（債権関係）改正について、国際基準への対応等の理由づけはそれなりに理解するけれども、「この始まり方は決して『民意の反映』ではない」という思いは、いまだに筆者の胸の中から消えていないのである。

1) 内田貴『債権法の新時代──「債権改正の基本方針」の概要』（商事法務、2009）はしがき1頁、同「消費者と債権法改正」消費者法ニュース80号（2009）109頁等。
2) 角紀代恵「債権法改正の必要性を問う──『契約ルールの世界的・地理的統一化』への批判を中心に」法律時報82巻2号（2010）74頁。

II　筆者の民法観と法改正の「デュープロセス」

さらに、筆者がこの時点で整理しておきたいのは、現代における法改正のプロセスの問題である。そしてそれが私法の基本法である民法典の場合には、他のどの法律の場合よりも十分に履践されなければならないという考え方を提示したいのである。

筆者は、他の学問分野の学士号を持って民法学に転じたという、わが国の民法学界では異色に属する経歴を持つ者として、民法に対する思い入れが強すぎるのかもしれないし、自らの民法観それ自体がもはや時代遅れなのかも

しれないが、筆者は、民法ことに債権法の、私人の間のルール作りを基本とする部分（意思自治の原則）を民法の最大の特徴と認識し、私法の基本法たる民法典の、とりわけ任意規定を中心とする契約法などの部分は、市民の中で行われているルールをいわば法が吸い上げて規定しているという色彩を持つものである、と説明してきた。

　明治に作られた民法典は、いまだ社会に市民法ルールのなかったところに西欧から輸入されたものという理解もあるが、実はその官主導の近代法文化移入の軋轢は、わが国最初の民法典として公布されながら施行されなかったボアソナード旧民法典（明治23（1890）年公布）が大部分を引き受けていたとみるべきなのであり、現行明治民法典（財産法部分）の起草者たちは、当時のわが国の「国情」を意識した、「吸い上げ」の立法を十分に行っていることが、法典調査会議事速記録の記述から明らかである（たとえば贈与規定を無償諾成とする説明でもわが国独特の贈与観を強調しているし、解約手付や買戻しの規定も、当時の取引慣行に従っている。また当時でも世界の少数派であることを自認しつつ制定した466条の債権譲渡禁止特約の規定もしかりである）。これは、公法分野の立法の発想とは相当に異質のものであり、また私法分野においても、取引規制法としての性質を持つ特別法の多くにおいて監督官庁主導の立法がなされる（これは性質上当然という部分がある）のとは、はっきり異なっているものである。

　したがって、施行後112年を経過して民法の内容が時代遅れになったから改正する、というのであれば、現代の先進国の１つとなったわが国では、その間の判例法理の蓄積はもとより、「民法の使い手」としての市民たちにもそれだけの経験と蓄積があるのであるから、まずは市民に、実務家に、在野法曹にと、広く意見を問うてから具体的な改正作業に入るべきだったと思うのである。

　実際、たとえば筆者が最初から最後まで関与したごく最近の立法例である電子記録債権法（平成21（2009）年12月１日施行）を見ても、最初の提言をした経済産業省の小委員会報告書の段階から、法務省の論点整理の研究会、金融庁のワーキンググループ、という各段階で、企業関係者（大企業側と中小企業側）、法曹、学者、消費者団体関係者、等の幅広い委員構成で検討が進

められてきた。学者もその一部であって決して過半数を占めるような存在ではなかった。そのような各段階の検討を経て、いわゆる審議会部会のレベルに進んだのである。筆者は、それが多くの場合現代の私法分野の立法の「デュープロセス」ではないかと理解していた。

　ましてや民法において、である。しかし、今回の民法債権法改正においては、(法務省が何を理由に急いでいたのかわからないが)ほとんど学者だけの検討がされただけで法制審議会の部会段階に至ってしまった。より正確にいえば、加藤雅信教授の主宰する民法改正研究会は、その改正提案の最終案『民法改正　国民・法曹・学界有志案』作成までに法曹や市民団体の意見を取り入れているが、前述の内田参与が事務局長をした民法(債権法)改正検討委員会は、学者と法務省のメンバーだけでその提案『債権法改正の基本方針』を提示して解散している(さらに金山直樹教授を代表者とする時効研究会も、時効関係の詳細な提案をしているが、その構成は学者のみであった。その他椿寿夫教授らのグループの論文集も寄稿者は大多数は学者であるが一部弁護士も寄稿している)。

　上に述べた私見の「デュープロセス」からすれば、法務省は、法制審議会に諮問する前に、弁護士や市民団体関係者や企業法務担当者らも構成員に含めた研究会を開催し、そこでの意見の集約をもとに法制審議会に諮問し部会審議を始めるべきであったと思うのである。

　ちなみに筆者自身は、不偏不党の観点から、乞われるままに、右の4つのグループのすべてに参加ないし寄稿した(偶然の結果ではあるが4グループすべてにかかわった者は筆者だけのようである)。そして、ことに民法(債権法)検討委員会(全体会議のメンバーとして参加)の議論の中では、折にふれて、学者の学理的な議論に偏してはならないこと、取引実務を理解し、弁護士や市民団体関係者の見解を斟酌すべき筋のものであることを強調した(同委員会の全体会議の議事録参照)。これらの学者グループの努力の結集とその成果物の価値については、大いに評価されてよいものと自認しているが、そのことと、民法典(債権関係)の全面的な改正のプロセスにおける正当性は別の話である。

　法制審議会民法(債権関係)部会の第1回会議では、上記の3提案が配布

され、特定のものをたたき台にはしないということが申し合わされたと伝えられる（ただし、委員と幹事を構成する学者メンバーの中では民法（債権法）改正検討委員会に属していた者が多数であることは事実であるが）。これは賢明かつ適切な判断と思う。そもそも、何を「たたき台」にするかという議論であるが、先にも述べたように、各界の委員を集めた研究会のようなものは行われてこなかったのである。たたき台も何も、ほとんど学者の議論した成果しかないところで、どれをたたき台にするかという議論自体が失当と筆者は考える。ことは学者の勢力争いの話ではない。筆者は、民法とともに金融法分野を専攻とする自分自身の実感からしても、学者にわかっていることは一部だけ、という認識を持っている。学者だけで作った案は、どんなに優れた学者の集まりであっても、なお実務感覚や市民感覚に欠ける等、不十分なところがあるということは謙虚に認めなければならないと思うのである。

3） 平成16（2004）年4月に出された、「金融システム化に関する検討小委員会報告書——電子債権について」（経済産業省産業構造審議会産業金融部会）である。
4） ちなみに内田貴氏は、民法（債権法）改正検討委員会の作業の解説書のはしがきで、「民法典の全面改正ではないとはいえ、法典の中核をなす部分の改正であるから、10年20年かけて慎重に進めるべきだという考え方もあろう。しかし、今日の日本の政治的環境のもとでは、そのような悠長な法改正はなかなか受け入れられない」と書いている（内田・前掲注1）『債権法の新時代』はしがき1頁）。しかし、同委員会が2年半で予定どおり提案をまとめるに至ったのはまことに慶賀すべきことであるが、そこから先の立法プロセスに何年をかけるかは、（10年20年とはいわないものの）「政治的環境」の問題とは切り離して論じられるべきものであろう。
5） 民法改正研究会編『民法改正　国民・法曹・学界有志案』（法律時報増刊、2009）。
6） 民法（債権法）改正検討委員会「債権法改正の基本方針」NBL904号（2009）。なお「債権法改正の基本方針」別冊NBL126号（2009）も同内容である。
7） 改正提案は、時効研究会『消滅時効法の現状と改正提言』別冊NBL122号（2008）所収。
8） 椿寿夫＝新見育文ほか編『民法改正を考える』（法律時報増刊、2008）。
9） ただし筆者は、時効研究会にはほとんど傍聴者として参加し、日本私法学会シンポジウムの司会者の1人としてわずかに貢献しただけであり、立法提案の内容作成に寄与しているわけではない。
10） 議事録は民法（債権法）改正検討委員会のホームページから入ることができる。タイトルは「民法（債権法）改正検討委員会全体会議・議事録および資料」（アド

レスは http://www.shojihomu.or.jp/saikenhou/shingiroku/index.html）である。この議事録は、発言者の名前も明記されていて、すべてホームページ上に公開するという約束であった。本章執筆時点でなお未公開部分のあることは遺憾である。現在同委員会の提案に関する出版物が公刊されつつあるが、全体会議での審議状況とその少数意見を正確に知るためには、是非議事録を参照していただきたい。

III 法務省の対応に対する評価

　しかしこの段階で法制審議会民法（債権関係）部会を開いた法務省側には、これまでの学者中心に議論がなされてきた成果を、それなりに上手に（かつ冷静に）汲み取っているところが見て取れる。上の「たたき台」の扱いもそうであるが、まず部会名は、民法（債権法）部会ではなく、民法（債権関係）部会となった。これは、民法（債権法）改正検討委員会の提案する「基本方針」が、現在の民法典の債権法分野（第3編債権）の範囲を超えて、意思表示、債権時効等、民法総則の分野にまで入り込んでいる（さらに消費者契約法や商法の商行為法の部分を取り込む提案である）ことを意識した命名と思われる。そして、諮問の文章も、「民事基本法典である民法のうち債権関係の規定について、同法制定以来の社会・経済の変化への対応を図り、国民一般に分かりやすいものとする等の観点から、国民の日常生活や経済活動にかかわりの深い契約に関する規定を中心に見直しを行う必要があると思われるので、その要綱を示されたい」とされた。これについて角教授は、いみじくも「債権法の文字どおりの全面改正から、極端に言えば「大山鳴動してねずみ1匹」という改正まで、すべての規模の改正を射程に含む典型的な「霞ヶ関の役人作文」」と論評されたが、そのような批判も確かにあたっているとは思われるものの、一応「契約に関する規定を中心に」と限定を入れて（これが限定になるかどうかも、ほとんどの事項は契約にかかわると考えられるという批判がされうるのだが）、「基本方針」に見られる学者のかなり思い切った広範な提案と、すでにそれに対して向けられ始めている各界の批判や違和感を2つながら意識して、改正の規模、内容の着地点に含みを持たせているものと理解できる。また、漏れ聞くところでは、検討の部会内部資料でも、法務省側は、実現の必要性・可能性が高いと考えている項目とそれほどでもない

項目とを、文章を微妙に変えて表現しているように感じる。これらの検討資料についても、今回は（上述の経緯からして）できるだけ対外的に公表していっていただきたいと考えるのは、筆者だけではないであろう。

11) 角・前掲注2) 74頁。

IV 法制審議会民法（債権関係）部会への提言

　以上のことから筆者は、あえて法制審議会民法（債権関係）部会に対して意見を述べるなら、1年半後の「中間論点整理」に至る以前に、法制審議会部会開催までに意見を述べる機会の少なかった人々へのヒアリングを積極的に行うべきであると考える。確かに、今回の民法（債権関係）部会には、学者以外の法曹、企業代表、消費者代表等の委員も含まれている。ただ、たとえば同じ弁護士といっても、その主として扱う業務によって、意見は正反対に異なる場面さえある（それを本章では後述Vで取り上げる）。また、民法（債権関係）の改正で対処しきれる問題とそうでない問題がある。今回の民法（債権関係）改正が、時間的にいつまでと期限の切られている話ではないことは法務省も認めているところと思われる。今回の民法（債権関係）部会については、その発足までの経緯を考慮して、十二分に各界の意見を徴するべきであり、それは中間整理以前の段階からなされるべきと筆者は考えるのである。もっとも、今回の民法（債権関係）部会では、委員をバックアップするチームを作る体制を採るようであるから、そのルートで各分野からの意見の吸い上げがなされることが期待される。加えて言うなら、そのいわば公式の意見集約ルートに乗っていないグループからの意見表明等があった場合も、寛容に検討対象としていただきたいと思う。繰り返すが、民法は、私法全分野の一般法であり、市民生活の根本規定である。[12]「市民が参加しない民法改正」は民主主義国家のすることではない。

12) 星野英一博士は、民法を社会のConstitution（ある組織の構成原理・基本原理といった意味）と表現して、国家のConstitutionたる憲法と対比させて説明する。星野『民法のもう一つの学び方〔補訂版〕』（有斐閣、2006) 27～28頁。

V 債権譲渡規定を用いての例証

1 問題の所在

　債権譲渡に関する民法（債権法）改正の提案のあり方については、すでに前章までにも書いているのでここでは包括的な記述は省略し、ただ本章の趣旨に沿って、2点のみを取り上げる。つまり、そもそも債権譲渡の規定は、民法典の性格づけや債権譲渡取引の実務での用いられ方をどう評価に取り込むかによって大きく変わってしまうものと考えられるし[13]、さらに、事業者間の取引を考えるか市民間の取引を考えるかというレベルの問題だけでなく、たとえば同じ弁護士の業務であっても、何を主として扱っているかということで先鋭に賛否が変わってしまうという、民法（債権法）改正の中でも非常に処理の困難な問題をはらむ分野なのである[14]。本書ではいささか記述が重複するが、それを以下の諸点で例証したい。

2 債権譲渡の対抗要件

　民法（債権法）改正検討委員会（以下、検討委員会という）の提案で見た場合に、実務的にもっとも問題の多いと思われる提案としては、債権譲渡の対抗要件があげられる。内容の概略は、①金銭債権の譲渡については第三者対抗要件を債権譲渡登記に一元化し、非金銭債権については譲渡契約書に確定日付を付すのが第三者対抗要件となる（以上【3.1.4.04】）[15]。②対債務者権利行使要件については、金銭債権の場合は、債権譲渡登記の登記事項証明書を付しての通知、非金銭債権の場合は確定日付ある譲渡契約書の写しを付しての通知、をするか、それらを備えなくても、譲渡人が債務者に通知をすれば、譲受人の権利行使要件になる（以上【3.1.4.05】）。というもので、金銭債権については第三者対抗要件は個人間の譲渡も少額債権の譲渡もすべて登記に一元化し、対債務者権利行使要件については、承諾を外して通知のみとする、かなりラディカルなものである。

　これらは、現行民法467条の債務者に情報を集める形態の対抗要件において、いわゆる債務者をインフォメーションセンターとすることの不完全さに

対する批判を徹底した結果の提案なのであるが（その意味でもともと学理的な理由から検討が始まっている）、確かに、画一性、簡明性という意味では、現在の民法上の第三者対抗要件（確定日付ある通知・承諾）と債権譲渡特例法登記上の第三者対抗要件の複線構成を一元化するので、大企業の法務担当者などには、チェックするべきものが減るので都合がいい、と評価されるかもしれない。しかし、そもそも現在の債権譲渡登記は法人だけが対象となっている（それには当事者の同定可能性等の理由がある）ので、これを個人に広げるのにはさまざまな問題がある。また、提案が不徹底さを批判している、債務者に情報を集める通知・承諾型の対抗要件についても、実務ではその便利さを評価する声は多いということを述べておきたい。

　さらに、登記に一元化するとしても、今回の提案でも、差押えについては登記は要しないとしている（【3.1.4.07】〈2〉）。したがって、その限りでは一元化といっても、差押えとの先後の比較をしなければならないことには変わりはないということになる。

　具体的な批判の第1は、個人間の譲渡でも第三者対抗要件を取るには登記がいるという手間とコスト（現在は内容証明郵便よりも登記のほうがはるかに高額になる。また法務局まで出向くことと郵便局で済むことの差も大きい）の問題である。これが仮に技術的にクリアできるとしても、個人名で登記させて、婚姻や養子縁組で姓が変わった場合はどうするのか。さらに現在の債権譲渡登記はオンライン化されているが、個人についてもオンライン化するとなると、個人情報の論点を含む、いわゆる国民総背番号制の問題が出てくる。現行の類似制度を活用するにしても、現在、IT化して活用されていない国家的諸制度が問題とされている状況を考えた場合に、費用対効果の見合う新システムができるのか、等々、疑問は尽きない（これらについては、民法改正を超えた問題として、租税、医療等に関する他の行政組織での取扱いと国家的連携を図ってインフラ設計が検討される必要があると思われる）[16]。

　また実務では、集合的な債権譲渡において登記が広く活用されていることは事実であるが、一方で、債務者数が少ない単発の債権譲渡については、内容証明郵便による通知のほうが簡略で便利であり、郵便局の本局からなら24時間出せるという便宜もあることが実務で指摘されている。また、債務者に

知らせずに資金調達をするニーズからすれば確かに登記が便利なのだが、特段秘密にする必要のない譲渡の場合には、通知・承諾によって、債務者が支払先がどこかを了解していることが大きな利益とする実務家の声もよく耳にする。つまり、債権譲渡を扱う弁護士の業務においても、大掛かりな債権流動化や多数の将来債権をまとめて扱う譲渡担保の取引では、登記一元化に賛成ないし期待する声があるが、取扱債権の数が少ないケースでは、個別の通知・承諾の便利さに言及する意見が多いという状況があるのである。

　この点については、筆者自身も確かに、かつて論文および著作で、登記一元化の方向を予言し、「これは今後21世紀を見とおした場合の仮説であるが、将来的には、債権譲渡については、民法の規定する個別の債権譲渡通知を電子化するよりも、システムを電子的な登記登録に一本化するほうがよいという可能性もある。その時代には、親族間の譲渡等でも、個人が登記登録のシステムにアクセスすることの負担等はそれほど考慮しなくてよい状況にあると予測されるからである」と書いた。しかしそれはあくまでも、「親族間の譲渡等でも、個人が登記登録のシステムにアクセスすることの負担等はそれほど考慮しなくてよい状況」が到来して、という前提で書いていたのであり（たとえば、第三者から継続的に給付を受けるような債権の親族間での譲渡などを考えた場合も、譲渡人の資産状況によっては譲渡人が差押えを受ける可能性は常に存在するので、譲受人としては第三者対抗要件具備は必要である）、問題はまさに、それが今か、という話なのである。そして、こういう場面では、誰の声がどう吸い上げられるのか、が問題となろう。

　なお、第一東京弁護士会からは、すでにこの提案に対して、7点の理由から反対が述べられ（金銭債権と非金銭債権の峻別の困難性、現在の実務における承諾の重要性、特別法で債権譲渡の対抗要件が規定されている場合との関係、外国法人間での債権譲渡の場合の不便性等）、少なくとも、第三者に対する対抗要件として債務者の承諾を残すべきという指摘がされている[18]。

　さらに、検討委員会の案では、通知・承諾を第三者対抗要件から外すだけでなく、最終的には承諾を対債務者対抗要件（権利行使要件）から外すという提案になっている（これも筆者は反対案を提出したが少数で否決された）。第三者対抗要件としても残すべきという上の第一東京弁護士会の批判もあると

ころであるが、筆者も、現在の金融実務では、債務者の承諾があってはじめて債権譲渡による担保融資をするとか、承諾が（あるいは異議を留めない承諾が）あるかないかによって融資の担保掛け目を変える等、債務者の承諾は現実の取引では非常に重要な機能を果たしているので、これらの活用場面が失われるという大きな疑問があることを全体会議でも述べたところである。[19]

ちなみに、今回の検討委員会案では、対抗要件の言葉を正確に用いて、第三者対抗要件と債務者に対する権利行使要件を区別しているが、この点は、私が従来から提唱していたところであり、全面的に賛成である。[20]

なお、今回の検討委員会案では、議論の結果、アステリスクを付して、「金銭債権譲渡の対抗要件を登記に一元化することが、そのコストや手続へのバリアのゆえに困難であると判断された場合には、当然に現行制度に戻るのではなく、新たな制度についてさらに検討することが必要である」との記述が置かれた（【3.1.4.04】）。しかし、その「新たな制度」については、検討委員会の全体会議で全く議論はされていない（筆者は全体会議でも登記と通知承諾の併存案を主張し、登記一元化が困難となれば先ず現行制度に戻るべきと主張した）。実現可能性に疑問符が付けられながらもそれを最終提案とし、さらに実現できなければ別の（未検討の）新制度を検討すべき、というこのような提案の仕方は、学者の意欲的な提案ではあっても、現行民法を一定期間内に実際に改正しようとする場合の提案としては、いささか無責任、不適切と言われても仕方がないのではなかろうか。

ちなみに、私が関与した民法改正研究会の改正試案では、指名債権譲渡の対抗要件としては通知または承諾（了知した旨の表示）と、法人の場合における動産・債権譲渡特例法に定める登記とを併置する規定を提案している[21]（同試案361条、362条）。[22]

3 将来債権譲渡

一方で、債権譲渡は今日では事業者の資金調達取引として広範に行われている。将来債権譲渡については、わが国では平成10年代に入ってから、判例法理の大きな進展をみたところである。今回の検討委員会案では、将来債権譲渡を肯定する規定のほかには、1点、「将来債権が譲渡された場合には、

その後、当該将来債権を生じさせる譲渡人の契約上の地位を承継した者に対してもその譲渡の効力を対抗することができる」という提案がされたのみである（【3.1.4.02】〈2〉）[23]。しかしまさにこの唯一の提案が、債権流動化と倒産実務の観点から、弁護士の間で大きな議論を巻き起こしている。つまり、ここでは、債権流動化に関与する弁護士と倒産実務に管財人の立場で関与する弁護士とでは完全に利害が対立するので、いずれに有利な解釈になるのかで、非常に敏感な反応を呼んでいるのである。

今回の上記提案は、基本的には、たとえば建物所有者が将来の賃料債権を譲渡していて、その後に当該建物を第三者に譲渡した場合の問題などを想定している。その場面での結論（建物の新譲受人は、将来債権が譲渡されている範囲では建物取得後の賃料債権を得られない）についても議論はあろうが、その結論は肯定されるとしても、問題はそれが倒産実務にどうあてはめられるかということである。

現在の実務では、将来債権譲渡の効力として、倒産手続開始後の債権について、譲渡の効力が及ぶのかという問題がクローズアップされている。将来債権の真正譲渡としても、譲渡担保としても、その効力が問題となっており、現在の実務では、手探りの状態で非常に不安定な処理がされているので、民法に規定を置いてほしいという金融実務からの要請もあると聞く。この点について、本提案の規定は、承継人か第三者かという区別を立てるものであるとして、管財人は第三者であるということになると将来債権譲渡の効力が一律に管財人には及ばなくなるということで、債権流動化を扱う弁護士グループからは非常に強い反対があるところである（この検討委員会案【3.1.4.02】〈2〉が、当該将来債権を生じさせる譲渡人の契約上の地位を承継した者に対してもその譲渡の効力を対抗することができるということは、契約上の地位の承継者でない第三者に移った後は、将来債権譲渡はその第三者には対抗できないという意味で、しかも倒産の場合の管財人はその第三者にあたるとすれば、倒産手続に入って管財人の下で行われる契約には将来債権譲渡の効力は及ばない、ということになる）[24]。もっとも、倒産処理を専門とする（管財人側に立つ）弁護士からは、再生原資の確保等の観点から、おそらく正反対の意見が出されるということになろう。ここでも、誰の声をどう吸い上げるか、が先鋭な問題となる。

ちなみに、民法（債権法）改正検討委員会の平成21（2009）年4月29日のシンポジウムにおける説明でも、管財人は第三者であると考える方向（将来債権譲渡の目的債権を自由に処分できる）に傾いているという趣旨の発言があったと論じられているが、しかし、筆者には全体会議ではそこまでの踏み込んだ議論をした意識はなく、シンポジウムでも、提案作成者（第3準備会）は、管財人がどう扱われるかの「議論の土俵を設定」することにとどまり、「倒産管財人の下での契約締結をどのような性格のものととらえるかは、倒産法の問題でもあり、債権法のみで片づけられるものではありません」と説明されている。[25]

　筆者自身も、本提案が、管財人が第三者にあたるかどうかも含め、今後の議論にゆだねる趣旨であるという姿勢であることは確認している。しかし、おそらく問題は、この提案のように、管財人が第三者かどうかという、第三者性という基準で一律に判断しようとすることが必ずしも適切ではないという点にあるのではなかろうか。このように規定して解釈を倒産法プロパーに預けるのが良いか、そもそもこのような形態の規定を民法典に置くことの可否自体を再考するか、というあたりから、問題は吟味されるべきであろう（筆者が関与した民法改正研究会の案では、この問題に対処する規定を置いていないが、それもまた責任ある態度かどうか、検証していただければと思う）。

13)　池田真朗「民法（債権法）改正論議と債権譲渡規定のあり方」慶應義塾大学創立150年記念法学部論文集『慶應の法律学』（慶應義塾大学法学部、2008）25頁以下（増補して池田真朗「債権譲渡」民法改正研究会編『民法改正と世界の民法典』（信山社、2009）307頁以下、本書第22章収録）。

14)　ちなみに筆者は民法（債権法）改正検討委員会の原案作成にはかかわっていない。民法改正研究会の債権譲渡部分の原案作成には関与しており、そちらでは筆者の意見の反映されている部分もかなりある。

15)　以下【3.1.4.04】等の数字は、民法（債権法）改正検討委員会の『債権法改正の基本方針』NBL904号（2009）参照。債権譲渡の対抗要件は221頁以下（別冊NBL126号（2009）でも同旨）。

16)　筆者は日本学術会議第一部法学委員会に設置された「IT社会と法分科会」の委員長を務めており、同分科会が平成20（2008）年に発表した報告「電子社会における匿名性と可視性・追跡可能性――その対立とバランス」において、電子システムにおける「匿名性と可視性・追跡可能性との最適バランスの探求」という視点の必

要性を提示し、それをさらに補足した論考において、今後の問題は、国単位で電子化・IT化に関する新制度を設計する場合に、このような視点が、所管の各省庁で個々ばらばらに考えられるのではなく、できれば統括的な組織によって、より包括的な目配りがされるようになるべきということである、と提言した。池田真朗「電子記録債権と匿名性・可視性・追跡可能性」L&T42号（2009）49頁。
17) 池田真朗「債権譲渡特例法の評価と今後の展望(下)」NBL657号（1999）28頁（同『債権譲渡法理の展開』（弘文堂、2001）160頁所収）。
18) 澤野正明「民法（債権法）改正の動向に対する問題提起(2)」第一東京弁護士会会報440号（2009）5頁以下。
19) 前掲注10)の民法（債権法）改正検討委員会全体会議事録第12回と第13回冒頭を参照。
20) 池田真朗『債権譲渡の研究』（弘文堂、1993）78頁（同・〔増補2版〕（2004）同頁）、池田「対抗要件・権利保護資格要件・権利行使要件」池田ほか『マルチラテラル民法』（有斐閣、2002）78頁。
21) 最新版は法律時報増刊『民法改正 国民・法曹・学界有志案』（2009年10月25日刊行）に収録。債権譲渡関係は同書167頁以下。
22) 筆者はこの趣旨の案を民法（債権法）改正検討委員会の全体会議に修正案として提出したが、少数で否決されている。この点も詳細は前掲注10)の検討委員会全体会議事録第12回と第13回を参照されたい。
23) 前掲注6) NBL904号220頁。
24) 流動化・証券化協議会における法制委員会第2回民法改正WGにおいての議論の際にも、複数の弁護士委員からこのような意見が出されていた。具体的な意見整理については、片岡義広「民法（債権法）改正の動向と流動化・証券化——流動化・証券化協議会における対応と今後の課題」SFJ Journal Vol. 2（2010）8頁以下参照。
25) 民法（債権法）改正検討委員会編『シンポジウム 債権法改正の基本方針』別冊NBL127号（2009）44頁の沖野眞已委員発言参照。

VI 小 括

以上、問題状況を示す例示はごく一部にとどめざるを得なかったが、私見の理想とするのは、各界のさまざまな意見を最大限に集めて行う民法改正である。意見の受け手としての法制審議会民法（債権関係）部会に要望をするだけでなく、意見の出し手としての市民や法曹の積極的な発言が、早急に積み重ねられることが望まれるのである。

結　章

　平成 5（1993）年に出版した、拙著『債権譲渡の研究』（第 1 巻）の結章は、「現実の問題状況を語ることは、十分な観察力があれば、それほど難しいことではない」という一文で始まっていた。しかし、その時の筆者は、動きを止めない被写体を文章で表現することの困難さ、までを想定していたわけではなかった。確かに、その段階で、債権譲渡の取引上の機能ないし役割の変化は、ある程度感じ取ってはいたのであるが、それでもその後の増殖・発展の規模と速度は、筆者の予測と期待をはるかに超えていた。

　筆者は、第 3 巻のまえがきに、「とりあえず第 1 巻からの合計 4 冊で、20世紀から21世紀にかけての債権譲渡の学理上・実務上の大発展を把握し検証する作業に、1 つの区切りをつけたい」と書いたが、第 4 巻をまとめての率直な感想は、本当に、区切れないものをあえて区切っただけ、という思いに尽きる。「区切り方」についての見識も、美学も示されていない。それらを持ち出す余裕がなかったというのが正直なところである。ただこれも第 3 巻の序説に書いた、「動態を動態のままに描き出す」という作業それ自体は、何とか精一杯にやれたのではないかと考えている。

　もっとも、考えてみれば、債権譲渡は、物権変動と並ぶ、民法中の二大権利の移転の話のはずである。古くから法学者たちがあれだけ物権変動論に時間と人手をかけてきたことを思えば、債権譲渡に対するそれは、つい20〜30年前までは、非常に貧しい（貧しすぎる）ものであった。今日の債権譲渡をめぐる議論の隆盛は、遅すぎた当然の脚光、と表現してもよかろう。

　筆者の取り組み方も、この10数年で大きく変わった。その変化は、端的に

言えば、「解釈論から立法論へ、そして具体的な立法作業への参画へ」と表現できる。もちろん、第1巻で示した、解釈論に対する初心は忘れてはいない。しかし、債権譲渡という分野は、解釈論の対象となる器自体がさまざまに作り替えられる状況に立ち至ったのである。

　ちなみに、第1巻の結章では、筆者は、指名債権自体の変質とか、指名債権自体をいくつかのカテゴリーに分ける議論などにも言及していた。電子記録債権の誕生は、まさにその延長線上にあるものといえる。

　そして平成22（2010）年現在、民法（債権関係）それ自体の改正検討作業が始まっている。債権譲渡については、先鋭な改正提案から、慎重な現状維持の議論まで、これまた幅広く展開され始めている状況である。

　そのような状況の中で、この結章は、第1巻の結章の末尾の表現を再び掲げて、しめくくることになる。そこには、こう書いていた。

　「おそらく、すべての営みは、課題を持って終わる。いや、その課題によって再び始まるというべきであろうか。指名債権譲渡論は、これからどこへいくのか。どこへ向かうべきなのか。日暮れ近くに、ようやく探しあてた人の後ろ姿に、Quo vadis? と問い掛けて、本書の結語としたい。」

　しかしながら、平成5（1993）年とは、問い掛けの対象も違い、問い掛ける私自身も違っているということを、ここでしっかりと述べておかなければならない。

　平成5（1993）年にいみじくも「指名債権譲渡論」と書いたところは、今は電子記録債権も含めた「債権譲渡論」に変わっている。そして私にとって債権譲渡は、もはやようやく探しあてた人ではなく、長年一緒に歩いてきた「相棒」である。再びの Quo vadis? の問い掛けも、親しい友人の将来を案じるがごとくである。

　ただ、学者として、研究対象に対する謙虚さは、終生持ち続けるべきであろう。そして、これだけ親しくなれたこの巨人の後ろ姿を、いつまでも見失わないように追って行きたいと思うのである。

付　国連国際債権譲渡条約条文対訳

〔解題〕

　ここに掲げるのは、かつて筆者の執筆した「UNCITRAL国際債権譲渡条約草案──草案の紹介と完成までの経緯」NBL722号（2001年10月）27頁以下の論考の後に、「付・『国際取引における債権譲渡に関する条約』草案（対訳）」（慶應義塾大学大学院国際債権流動化研究会訳・小堀悟監訳）として発表したもの（対訳部分はNBL722号37頁以下）を、さらに修正したものである（なお、NBL722号発表時には「草案」であったが、その後、2001年12月の国連総会で、内容的に大きな修正は加えられずに条約正文として採択されている。ただし、第31条1項2項においては、草案段階で「第28条及び第29条」とされていたところが、条約正文では「第27条から第29条まで」と変更された。また第34条では、草案段階でブランケットとされていた期限が、条約正文では「2003年12月31日」と定められた）。

　今次の修正においては、慶應義塾大学大学院プロジェクト科目・国際新種契約法（池田真朗、北澤安紀、君嶋祐子の共同担当）の、共同担当者および大学院生（留学生を含む）の協力を得た。修正作業にあたっては、2004年版の国連出版物"United Nations Convention on the Assignment of Receivables in International Trade"の英語版、仏語版、中国語版を比較して検討した。作業を主導された北澤安紀慶應義塾大学法学部教授には、心からの謝意を表する。

United Nations Convention on the Assignment of Receivables in International Trade	「国際取引における債権譲渡に関する国連条約」
Contents	目次
Preamble	前文
1. Scope of application (§§1-4)	第1章　適用範囲（1条―4条）
2. General provisions (§§5-7)	第2章　総則（5条―7条）
3. Effects of assignment (§§8-10)	第3章　譲渡の効果（8条―10条）
4. Rights, obligations and defences	第4章　権利、義務及び抗弁
(1) Assignor and assignee (§§11-14)	第1節　譲渡人及び譲受人（11条―14条）
(2) Debtor (§§15-21)	第2節　債務者（15条―21条）

(3) Third parties (§§22-25)
5. Autonomous conflict-of-laws rules (§§26-32)
6. Final provisions (§§33-47)
Annex to the Convention
   (1) Priority rules based on registration (§1, §2)
   (2) Registration (§§3-5)
   (3) Priority rules based on the time of the contract of assignment (§§6-8)
   (4) Priority rules based on the time of the notification of assignment (§9, §10)

Preamble

The Contracting States,
Reaffirming their conviction that international trade on the basis of equality and mutual benefit is an important element in the promotion of friendly relations among States,
Considering that problems created by uncertainties as to the content and the choice of legal regime applicable to the assignment of receivables constitute an obstacle to international trade,
Desiring to establish principles and to adopt rules relating to the assignment of receivables that would create certainty and transparency and promote the modernization of the law relating to assignments of receivables, while protecting existing assignment practices and facilitating the development of new practices,
Desiring also to ensure adequate protection of the interests of debtors in assignments of receivables,
Being of the opinion that the adoption of uniform rules governing the assignment of receivables would promote the availability of capital and credit at more affordable rates and thus facilitate the development of inter-

第3節　第三者（22条―25条）
第5章　独立の抵触規定（26条―32条）

第6章　最終条項（33条―47条）
附属書
　第1部　登録に基づく優先関係の規則（1条・2条）

　第2部　登録（3条―5条）
　第3部　譲渡契約の時に基づく優先関係の規則（6条―8条）

　第4部　譲渡通知の時に基づく優先関係の規則（9条・10条）

前文

締約国は、
　平等及び相互の利益に基礎を置く国際取引が国家間の友好な関係を促進する重要な要素であるとの確信を再認識し、

　債権譲渡に適用されうる法制度の内容及び選択に関する不明確性によってもたらされる問題が国際取引の障害になっていることを考慮し、

　既存の譲渡の実務を保護し、新しい実務の発展を円滑にしながら、明確性及び透明性を創出し債権譲渡に関する法律の現代化を促進する債権譲渡に関する原則を確立し、かつその規則を採択することを希望し、

　債権譲渡における債務者の利益の適切な保護を確保することも希望し、

　債権譲渡を規律する統一規則の採択が、より好適な利率による資本及び与信の獲得を促進し、国際取引の発展を円滑にするとの見解に立ち、

national trade,

Have agreed as follows:

Chapter I
Scope of application

Article 1
Scope of application
1. This Convention applies to:
    (a) Assignments of international receivables and to international assignments of receivables as defined in this chapter, if, at the time of conclusion of the contract of assignment, the assignor is located in a Contracting State; and
    (b) Subsequent assignments, provided that any prior assignment is governed by this Convention.
2. This Convention applies to subsequent assignments that satisfy the criteria set forth in paragraph 1 (a) of this article, even if it did not apply to any prior assignment of the same receivable.
3. This Convention does not affect the rights and obligations of the debtor unless, at the time of conclusion of the original contract, the debtor is located in a Contracting State or the law governing the original contract is the law of a Contracting State.
4. The provisions of chapter V apply to assignments of international receivables and to international assignments of receivables as defined in this chapter independently of paragraphs 1 to 3 of this article. However, those provisions do not apply if a State makes a declaration under article 39.
5. The provisions of the annex to this Convention apply as provided in article 42.

Article 2
Assignment of receivables
For the purposes of this Convention:
    (a) "Assignment" means the transfer by

以下のとおり合意した。

第1章　適用範囲

第1条　適用範囲

1．この条約は次の譲渡に適用される。
    (a) この章で定める国際的債権の譲渡及び債権の国際的譲渡であって、譲渡契約の締結時に譲渡人が締約国に所在するもの

    (b) いずれかの先行譲渡がこの条約によって規律される場合の後続譲渡

2．この条約は、先行譲渡にこの条約が適用されない場合でも、同一の債権の前項(a)の規準を満たす後続譲渡に適用される。

3．この条約は、原因契約の締結時に、債務者が締約国に所在していなかった場合又は原因契約を規律する法律が締約国法でない場合には、債務者の権利義務に影響を及ぼさない。

4．第5章の規定は、前三項とは独立して、この章に定められる国際的債権の譲渡及び債権の国際的譲渡に適用される。ただし、第39条に基づき締約国が宣言を行っている場合は、この限りでない。

5．この条約の附属書の規定の適用については、第42条に定める。

第2条　債権の譲渡

この条約の適用上、
    (a) 「譲渡」とは、一方（「譲渡人」）から他

agreement from one person ("assignor") to another person ("assignee") of all or part of or an undivided interest in the assignor's contractual right to payment of a monetary sum ("receivable") from a third person ("the debtor"). The creation of rights in receivables as security for indebtedness or other obligation is deemed to be a transfer;

　(b)　In the case of an assignment by the initial or any other assignee ("subsequent assignment"), the person who makes that assignment is the assignor and the person to whom that assignment is made is the assignee.

方（「譲受人」）に対し、譲渡人の第三者（「債務者」）に対する契約上の金銭支払請求権（「債権」）の全部若しくは一部又はその全体についての支配権を合意によって移転することをいう。負債又はその他の義務の担保としての権利の設定は、移転とみなす。

　(b)　最初の又はその他の譲受人による譲渡（「後続譲渡」）においては、譲渡する者を譲渡人といい、譲渡される者を譲受人という。

Article 3
Internationality

A receivable is international if, at the time of conclusion of the original contract, the assignor and the debtor are located in different States. An assignment is international if, at the time of conclusion of the contract of assignment, the assignor and the assignee are located in different States.

第3条　国際性

債権は、原因契約の締結時に譲渡人及び債務者が異なる国に所在する場合に国際的なものとする。譲渡は、譲渡契約の締結時に譲渡人及び譲受人が異なる国に所在する場合に国際的なものとする。

Article 4
Exclusions

1. This Convention does not apply to assignments made:

　(a)　To an individual for his or her personal, family or household purposes;

　(b)　As part of the sale or change in the ownership or legal status of the business out of which the assigned receivables arose.

2. This Convention does not apply to assignments of receivables arising under or from:

　(a)　Transactions on a regulated exchange;

　(b)　Financial contracts governed by netting agreements, except a receivable owed on the termination of all outstanding transactions;

　(c)　Foreign exchange transactions;

第4条　除外事項

1．この条約は、次の譲渡には適用しない。

　(a)　個人的、家族的又は日常的な目的のため個人に対してされる譲渡

　(b)　譲渡される債権が発生した営業の売買又は所有形態若しくは法的地位の変更の一部としてされる譲渡

2．この条約は、次の債権には適用しない。

　(a)　規制された取引所における取引から生ずる債権

　(b)　ネッティング合意によって規律される金融契約から生ずる債権。ただし、すべての未決済の取引の終了により生ずる債権を除く。

　(c)　外国為替取引から生ずる債権

(d) Inter-bank payment systems, inter-bank payment agreements or clearance and settlement systems relating to securities or other financial assets or instruments;

(e) The transfer of security rights in, sale, loan or holding of or agreement to repurchase securities or other financial assets or instruments held with an intermediary;

(f) Bank deposits;

(g) A letter of credit or independent guarantee.

3. Nothing in this Convention affects the rights and obligations of any person under the law governing negotiable instruments.

4. Nothing in this Convention affects the rights and obligations of the assignor and the debtor under special laws governing the protection of parties to transactions made for personal, family or household purposes.

5. Nothing in this Convention:

(a) Affects the application of the law of a State in which real property is situated to either:

(i) An interest in that real property to the extent that under that law the assignment of a receivable confers such an interest; or

(ii) The priority of a right in a receivable to the extent that under that law an interest in that real property confers such a right;

(b) Makes lawful the acquisition of an interest in real property not permitted under the law of the State in which the real property is situated.

Chapter II
General provisions

Article 5
Definitions and rules of interpretation

For the purposes of this Convention:

(d) 銀行間の支払いのシステム、銀行間の支払いの合意又は証券その他の金融資産若しくは金融商品に関する清算及び決済のシステムの下の債権

(e) 仲介者により保有される証券その他の金融資産若しくは金融商品における担保権の移転又はこれらの売買、貸借、保持若しくは買戻しの合意から生ずる債権

(f) 銀行預金債権

(g) 信用状又は独立信用保証の下の債権

3．この条約は、流通証券を規律する法律に基づくいかなる者の権利及び義務にも影響を及ぼさない。

4．この条約は、個人的、家族的又は日常的な目的のためにされた取引の当事者の保護を規律する特別法に基づく譲渡人及び債務者の権利及び義務に影響を及ぼさない。

5．

(a) この条約は、次の各号に掲げるものに対し、当該各号に記載する限度において、不動産が所在する国の法律の適用に影響を及ぼさない。

(i) その不動産における権益　その法律に基づき債権譲渡によって権益が生じる限度

(ii) 債権上の権利についての優先権　その法律に基づきその不動産における権益によって権利が生じる限度

(b) この条約は、不動産が所在する国の法律によれば許容されない不動産からの権益の取得を適法なものとはしない。

第2章　総則

第5条　定義及び解釈の原則

この条約の適用上、

(a) "Original contract" means the contract between the assignor and the debtor from which the assigned receivable arises;

(b) "Existing receivable" means a receivable that arises upon or before the conclusion of the contract of assignment and "future receivable" means a receivable that arises after the conclusion of the contract of assignment;

(c) "Writing" means any form of information that is accessible so as to be usable for subsequent reference. Where this Convention requires a writing to be signed, that requirement is met if, by generally accepted means or a procedure agreed to by the person whose signature is required, the writing identifies that person and indicates that person's approval of the information contained in the writing;

(d) "Notification of the assignment" means a communication in writing that reasonably identifies the assigned receivables and the assignee;

(e) "Insolvency administrator" means a person or body, including one appointed on an interim basis, authorized in an insolvency proceeding to administer the reorganization or liquidation of the assignor's assets or affairs;

(f) "Insolvency proceeding" means a collective judicial or administrative proceeding, including an interim proceeding, in which the assets and affairs of the assignor are subject to control or supervision by a court or other competent authority for the purpose of reorganization or liquidation;

(g) "Priority" means the right of a person in preference to the right of another person and, to the extent relevant for such purpose, includes the determination whether the right is a personal or a property right, whether or not it is a security right for indebtedness or other obligation and

(a) 「原因契約」とは、譲渡される債権が発生する、譲渡人と債務者との間の契約をいう。

(b) 「既存債権」とは、譲渡契約締結時又はそれ以前に発生する債権をいい、「将来債権」とは、譲渡契約締結時より後に発生する債権をいう。

(c) 「書面」とは、後の参照の用に供することのできる情報のあらゆる形式をいう。この条約において、書面に署名を要求している場合、その書面が、一般的に受容される方法又は当該署名を要求される者が同意した手続により、署名者を特定し、かつ書面に含まれる情報への署名者の承認を示すものであるときは、その要求は満たされるものとする。

(d) 「譲渡通知」とは、書面による通信であって、譲渡される債権及び譲受人を合理的に特定するものをいう。

(e) 「倒産管財人」とは、倒産手続において、譲渡人の財産若しくは事業の再建又は清算を管理する権限を付与された人又は機関をいい、暫定的に選任された者を含む。

(f) 「倒産手続」とは、集団的な司法又は行政手続（暫定的な手続を含む。）であって、譲渡人の財産及び事業が再建又は清算の目的のために裁判所その他の権限を有する機関の指揮又は監督に服するものをいう。

(g) 「優先権」とは、他の人の権利に優先する人の権利をいい、その目的に関係する範囲で、権利が人的権利であるか物的権利であるか、権利が負債その他の義務の担保権であるか否か、及び競合する権利の主張者に対してその権利を有効とするのに必要な要件が満たされるかについての確定を含む。

whether any requirements necessary to render the right effective against a competing claimant have been satisfied;

(h) A person is located in the State in which it has its place of business. If the assignor or the assignee has a place of business in more than one State, the place of business is that place where the central administration of the assignor or the assignee is exercised. If the debtor has a place of business in more than one State, the place of business is that which has the closest relationship to the original contract. If a person does not have a place of business, reference is to be made to the habitual residence of that person;

(i) "Law" means the law in force in a State other than its rules of private international law;

(j) "Proceeds" means whatever is received in respect of an assigned receivable, whether in total or partial payment or other satisfaction of the receivable. The term includes whatever is received in respect of proceeds. The term does not include returned goods;

(k) "Financial contract" means any spot, forward, future, option or swap transaction involving interest rates, commodities, currencies, equities, bonds, indices or any other financial instrument, any repurchase or securities lending transaction, and any other transaction similar to any transaction referred to above entered into in financial markets and any combination of the transactions mentioned above;

(l) "Netting agreement" means an agreement between two or more parties that provides for one or more of the following:

(i) The net settlement of payments due in the same currency on the same date whether by novation or otherwise;

(ii) Upon the insolvency or other

(h) 人は、その営業所を有する国に所在するものとする。譲渡人又は譲受人が二以上の国に営業所を有する場合は、営業所は、譲渡人又は譲受人の中央統括が行われる所とする。債務者が二以上の国に営業所を有する場合は、営業所は、原因契約に最も密接な関連を有する所とする。人が営業所を持たない場合には、その常居所による。

(i) 「法律」とは、ある国において効力を有する法律で、国際私法の規則ではないものをいう。

(j) 「proceeds（代償、代替財産）」とは、譲渡される債権に関して受け取られるあらゆるものをいい、全部若しくは一部の支払であるか又はその他の弁済態様であるかを問わない。proceedsに関して受け取られるあらゆるものを含むが、返却された物品を含まない。

(k) 「金融契約」とは、直物取引、先物取引、オプション取引又はスワップ取引であって、利率、商品、通貨、株式、社債、指数、その他の金融商品を伴うもの、買戻し又は証券貸借の取引その他類似の取引であって金融市場に入るもの及びこれらの取引を組み合せたものをいう。

(l) 「ネッティング合意」とは、次のいずれかを可能とする二以上の当事者間の合意をいう。

(i) 更改その他の方法による同一日に同一通貨により満期となる支払のネット決済

(ii) 当事者の倒産その他の債務不履行の場

default by a party, the termination of all outstanding transactions at their replacement or fair market values, conversion of such sums into a single currency and netting into a single payment by one party to the other; or

(iii) The set-off of amounts calculated as set forth in subparagraph (1)(ii) of this article under two or more netting agreements;

(m) "Competing claimant" means:

(i) Another assignee of the same receivable from the same assignor, including a person who, by operation of law, claims a right in the assigned receivable as a result of its right in other property of the assignor, even if that receivable is not an international receivable and the assignment to that assignee is not an international assignment;

(ii) A creditor of the assignor; or

(iii) The insolvency administrator.

Article 6
Party autonomy

Subject to article 19, the assignor, the assignee and the debtor may derogate from or vary by agreement provisions of this Convention relating to their respective rights and obligations. Such an agreement does not affect the rights of any person who is not a party to the agreement.

Article 7
Principles of interpretation

1. In the interpretation of this Convention, regard is to be had to its object and purpose as set forth in the preamble, to its international character and to the need to promote uniformity in its application and the observance of good faith in international trade.

2. Questions concerning matters governed by this Convention that are not expressly

合における、入れ替え又は公正な市場の価値によるすべての未決済の取引の終了、未決済の取引額の単一通貨への両替及び当事者の一方から他方への単一の支払へのネット

(ⅲ) 二以上のネッティング合意により、前項のもとで見込まれる算出額の相殺

(m) 「競合する権利の主張者」とは、次の者をいう。

(ⅰ) 同一譲渡人からの同一債権に関する別の譲受人。ただし、譲渡人のその他の財産に対する権利に基づいて、譲渡された債権に対する権利を法律上当然に主張する者も含む。債権が国際的ではない場合及びその譲受人への譲渡が国際譲渡ではない場合においても同様である。

(ⅱ) 譲渡人の債権者

(ⅲ) 倒産管財人

第6条　当事者自治

第19条の規定に従うほか、譲渡人、譲受人及び債務者は、それぞれの権利及び義務に関するこの条約の規定を合意によって排除又は変更することができる。その合意は、当該合意の当事者以外の者の権利に影響を及ぼさない。

第7条　解釈の原則

1．この条約の解釈にあたっては、前文に示されたその目的及び趣旨、その国際的性格並びにその適用の統一を促進する必要性及び国際取引における信義の遵守を考慮するものとする。

2．この条約の規律する事項であってこの条約により明示的に解決されない問題は、この条約

settled in it are to be settled in conformity with the general principles on which it is based or, in the absence of such principles, in conformity with the law applicable by virtue of the rules of private international law.

Chapter III
Effects of assignment

Article 8
Effectiveness of assignments

1. An assignment is not ineffective as between the assignor and the assignee or as against the debtor or as against a competing claimant, and the right of an assignee may not be denied priority, on the ground that it is an assignment of more than one receivable, future receivables or parts of or undivided interests in receivables, provided that the receivables are described:

　(a) Individually as receivables to which the assignment relates; or

　(b) In any other manner, provided that they can, at the time of the assignment or, in the case of future receivables, at the time of conclusion of the original contract, be identified as receivables to which the assignment relates.

2. Unless otherwise agreed, an assignment of one or more future receivables is effective without a new act of transfer being required to assign each receivable.

3. Except as provided in paragraph 1 of this article, article 9 and article 10, paragraphs 2 and 3, this Convention does not affect any limitations on assignments arising from law.

Article 9
Contractual limitations on assignments

1. An assignment of a receivable is effective notwithstanding any agreement between the initial or any subsequent assignor and the debtor or any subsequent assignee limiting in

の基礎となる一般原則に従い、そのような一般原則がない場合には、国際私法の規則による準拠法に従って解決するものとする。

第3章　譲渡の効果

第8条　譲渡の効力

1．複数の債権、将来債権、又は債権の部分又はその不可分の利益についての支配権の譲渡は、次の場合に、譲渡人と譲受人の間において、債務者に対して又は競合する権利の主張者に対して譲渡の効力を失わず、譲受人の権利は優先権を否定されない。

　(a) 譲渡に関連する債権として個別に特定されている場合

　(b) その他の方法により、譲渡の時（将来債権については、原因契約の締結時）に譲渡に関連する債権であることが特定できる場合

2．一又は複数の将来債権の譲渡は、別段の合意がない限り、個別の債権の譲渡に必要な新たな移転の行為なしに効力を有する。

3．第1項、第9条並びに第10条第2項及び第3項に定める場合を除き、この条約は、法律によるいかなる譲渡の制限にも影響を及ぼさない。

第9条　譲渡に関する契約による制限

1．最初の又は後続の譲渡人と債務者又は後続の譲受人との間の、譲渡人の債権を譲渡する譲渡人の権利を制限する合意にかかわらず、債権の譲渡は効力を有する。

any way the assignor's right to assign its receivables.

2. Nothing in this article affects any obligation or liability of the assignor for breach of such an agreement, but the other party to such agreement may not avoid the original contract or the assignment contract on the sole ground of that breach. A person who is not party to such an agreement is not liable on the sole ground that it had knowledge of the agreement.

3. This article applies only to assignments of receivables:

　　(a) Arising from an original contract that is a contract for the supply or lease of goods or services other than financial services, a construction contract or a contract for the sale or lease of real property;

　　(b) Arising from an original contract for the sale, lease or licence of industrial or other intellectual property or of proprietary information;

　　(c) Representing the payment obligation for a credit card transaction; or

　　(d) Owed to the assignor upon net settlement of payments due pursuant to a netting agreement involving more than two parties.

Article 10
Transfer of security rights

1. A personal or property right securing payment of the assigned receivable is transferred to the assignee without a new act of transfer. If such a right, under the law governing it, is transferable only with a new act of transfer, the assignor is obliged to transfer such right and any proceeds to the assignee.

2. A right securing payment of the assigned receivable is transferred under paragraph 1 of this article notwithstanding any agreement between the assignor and the debtor or

2．この条の規定は、前項の合意についての違反に対する譲渡人の義務又は責任に影響を及ぼさない。ただし、譲渡人以外のその合意の当事者は、その違反のみを理由として原因契約又は譲渡契約を取り消すことができない。前項の合意の当事者以外の者は、その合意を知っていたことのみを原因として責任を負わない。

3．この条の規定は、次の債権の譲渡にのみ適用する。

　(a) 物品若しくは金融サービスを除くサービスの供給契約若しくは賃貸借契約、建築契約又は不動産の売買契約若しくは賃貸借契約である原因契約から生じる債権

　(b) 工業その他の知的所有権若しくは財産的情報の売買、賃貸借又は使用許諾を目的とする原因契約から生じる債権

　(c) クレジットカード取引に基づく支払義務の立替払いによる債権

　(d) 三以上の者によるネッティング合意に従い、満期の支払のネット決済に基づく譲渡人の債権

第10条　担保権の移転

1．譲渡される債権の支払を担保する人的又は物的権利は、新たな移転行為なくして譲受人に移転する。その権利が、それを規律する法律に基づき、新たな移転行為によってのみ移転し得る場合には、譲渡人は譲受人に当該権利及びproceedsを移転する義務を負う。

2．譲渡される債権の支払を担保する権利は、譲渡人と債務者又は当該権利を設定する者との間でなされる、当該債権又は当該債権の支払を担保する権利を譲渡する譲渡人の権利を制限す

other person granting that right, limiting in any way the assignor's right to assign the receivable or the right securing payment of the assigned receivable.

3. Nothing in this article affects any obligation or liability of the assignor for breach of any agreement under paragraph 2 of this article, but the other party to that agreement may not avoid the original contract or the assignment contract on the sole ground of that breach. A person who is not a party to such an agreement is not liable on the sole ground that it had knowledge of the agreement.

4. Paragraphs 2 and 3 of this article apply only to assignments of receivables:

 (a) Arising from an original contract that is a contract for the supply or lease of goods or services other than financial services, a construction contract or a contract for the sale or lease of real property;

 (b) Arising from an original contract for the sale, lease or licence of industrial or other intellectual property or of proprietary information;

 (c) Representing the payment obligation for a credit card transaction; or

 (d) Owed to the assignor upon net settlement of payments due pursuant to a netting agreement involving more than two parties.

5. The transfer of a possessory property right under paragraph 1 of this article does not affect any obligations of the assignor to the debtor or the person granting the property right with respect to the property transferred existing under the law governing that property right.

6. Paragraph 1 of this article does not affect any requirement under rules of law other than this Convention relating to the form or registration of the transfer of any rights securing payment of the assigned receivable.

るいかなる合意にかかわらず、前項の規定に従い移転される。

3．この条の規定は、前項に基づくいかなる合意についての違反に対する譲渡人の義務又は責任にも影響を及ぼさない。ただし、譲渡人以外のその合意の当事者は、その違反のみを理由として原因契約又は譲渡契約を取り消すことができない。前項の合意の当事者以外の者は、その合意を知っていたことのみを原因として責任を負わない。

4．第2項及び前項の規定は、次の債権の譲渡にのみ適用される。

 (a) 物品若しくは金融サービスを除くサービスの供給契約若しくは賃貸借契約、建築契約又は不動産の売買契約若しくは賃貸借契約である原因契約から生じる債権

 (b) 工業その他の知的所有権若しくは財産的情報の売買、賃貸借又は使用許諾を目的とする原因契約から生じる債権

 (c) クレジットカード取引に基づく支払義務の立替払いによる債権

 (d) 三以上の者によるネッティング合意に従い、満期の支払のネット決済に基づく譲渡人の債権

5．第1項に基づく占有を伴う物的権利の移転は、移転される物に関してその物的権利を規律する法律に基づいて存在する、譲渡人の債務者又は権利設定者に対する義務に影響を及ぼさない。

6．第1項の規定は、譲渡される債権の支払を担保する権利の移転の形式又は登録に関するこの条約以外の法律の規則によるいかなる要件にも影響を及ぼさない。

Chapter IV
Rights, obligations and defences

Section I
Assignor and assignee

Article 11
Rights and obligations of the assignor and the assignee

1. The mutual rights and obligations of the assignor and the assignee arising from their agreement are determined by the terms and conditions set forth in that agreement, including any rules or general conditions referred to therein.

2. The assignor and the assignee are bound by any usage to which they have agreed and, unless otherwise agreed, by any practices they have established between themselves.

3. In an international assignment, the assignor and the assignee are considered, unless otherwise agreed, implicitly to have made applicable to the assignment a usage that in international trade is widely known to, and regularly observed by, parties to the particular type of assignment or to the assignment of the particular category of receivables.

Article 12
Representations of the assignor

1. Unless otherwise agreed between the assignor and the assignee, the assignor represents at the time of the conclusion of the contract of assignment that:

　(a)　The assignor has the right to assign the receivable;

　(b)　The assignor has not previously assigned the receivable to another assignee; and

　(c)　The debtor does not and will not have any defences or rights of set-off.

2. Unless otherwise agreed between the as-

第4章　権利、義務及び抗弁

第1節　譲渡人及び譲受人

第11条　譲渡人及び譲受人の権利及び義務

1．譲渡人と譲受人の合意から生ずる相互の権利及び義務は、当該合意中で引用された規則又は一般条項を含む、その合意中で定める条件により決定される。

2．譲渡人及び譲受人は、合意した慣習及び、別段の合意がある場合を除き、譲渡人と譲受人との間で確立されたあらゆる慣行に拘束される。

3．国際的譲渡においては、譲渡人及び譲受人は、別段の合意がある場合を除き、国際取引において広く知られ、特定の類型の譲渡又は特定の種類の債権の譲渡の当事者に通常遵守されている慣習を黙示にその譲渡に適用したものとする。

第12条　譲渡人の表示

1．譲渡人と譲受人との間で別段の合意のない限り、譲渡人は譲渡契約締結時に次の事項を表示する。

　(a)　譲渡人が債権を譲渡する権利を有すること

　(b)　譲渡人がこれまで他の譲受人に債権を譲渡したことがないこと

　(c)　債務者が抗弁又は相殺権を有さず、今後とも有しないであろうこと

2．譲渡人と譲受人との間で別段の合意のない

signor and the assignee, the assignor does not represent that the debtor has, or will have, the ability to pay.

Article 13
Right to notify the debtor

1. Unless otherwise agreed between the assignor and the assignee, the assignor or the assignee or both may send the debtor notification of the assignment and a payment instruction, but after notification has been sent only the assignee may send such an instruction.

2. Notification of the assignment or a payment instruction sent in breach of any agreement referred to in paragraph 1 of this article is not ineffective for the purposes of article 17 by reason of such breach. However, nothing in this article affects any obligation or liability of the party in breach of such an agreement for any damages arising as a result of the breach.

Article 14
Right to payment

1. As between the assignor and the assignee, unless otherwise agreed and whether or not notification of the assignment has been sent:

　(a) If payment in respect of the assigned receivable is made to the assignee, the assignee is entitled to retain the proceeds and goods returned in respect of the assigned receivable;

　(b) If payment in respect of the assigned receivable is made to the assignor, the assignee is entitled to payment of the proceeds and also to goods returned to the assignor in respect of the assigned receivable; and

　(c) If payment in respect of the assigned receivable is made to another person over whom the assignee has priority, the assignee is entitled to payment of the proceeds and also to goods returned to such person in

限り、譲渡人は債務者が支払い能力を有するか、又は有するであろうことは表示しない。

第13条　債務者へ通知する権利

1．譲渡人と譲受人との間で別段の合意のない限り、譲渡人、譲受人又はその双方は、債務者に譲渡通知及び支払指示を送付することができる。ただし、通知が送付された後は、譲受人のみがその指示を送付することができる。

2．前項に規定する合意に違反して送付された譲渡通知又は支払指示は、第17条の適用上、当該違反を理由として無効とされない。ただしこの条の規定は、当該違反によって生じた損害に関する当事者の義務又は責任に影響を及ぼさない。

第14条　支払請求権

1．譲渡人と譲受人との間で別段の合意がない限り、かつ譲渡通知が送付されたか否かにかかわらず、譲受人は次の権利を有する。

　(a) 譲渡された債権に関する支払が譲受人に対してされる場合、その譲渡された債権に関するproceeds及び返却された物品を保持する権利

　(b) 譲渡された債権に関する支払が譲渡人に対してされる場合、その債権に関するproceedsの支払に対する権利及び譲渡人に返却された物品に対する権利

　(c) 譲渡された債権の支払が譲受人が優先権を有する第三者に対してされる場合、その債権に関するproceedsの支払及び第三者へ返却された物品に対する権利

respect of the assigned receivable.

2. The assignee may not retain more than the value of its right in the receivable.

Section II
Debtor

Article 15
Principle of debtor protection

1. Except as otherwise provided in this Convention, an assignment does not, without the consent of the debtor, affect the rights and obligations of the debtor, including the payment terms contained in the original contract.

2. A payment instruction may change the person, address or account to which the debtor is required to make payment, but may not change:

　(a) The currency of payment specified in the original contract; or

　(b) The State specified in the original contract in which payment is to be made to a State other than that in which the debtor is located.

Article 16
Notification of the debtor

1. Notification of the assignment or a payment instruction is effective when received by the debtor if it is in a language that is reasonably expected to inform the debtor about its contents. It is sufficient if notification of the assignment or a payment instruction is in the language of the original contract.

2. Notification of the assignment or a payment instruction may relate to receivables arising after notification.

3. Notification of a subsequent assignment constitutes notification of all prior assignments.

２．譲受人は、債権に関する権利の価値以上のものを保持することができない。

第2節　債務者

第15条　債務者保護の原則

１．この条約に別段の定めのない限り、譲渡は、債務者の同意なしに、原因契約に定められた支払方法を含む債務者の権利及び義務に影響を及ぼさない。

２．支払指示は、債務者が支払をするべき者、住所又は口座を変更することができる。ただし、次の変更は許されない。

　(a)　原因契約で明定された支払通貨の変更

　(b)　原因契約で明定された支払をするべき国から債務者が所在する国以外の国への変更

第16条　債務者への通知

１．譲渡通知又は支払指示は、その内容を債務者に理解させることが合理的に期待しうる言語でされた場合は、債務者によって受領された時に効力を有する。譲渡通知又は支払指示が原因契約の言語による場合には、前段の言語でされたものとする。

２．譲渡通知又は支払指示は、通知後に生ずる債権に関するものも許容される。

３．後続譲渡の通知は、あらゆるそれ以前の譲渡の通知となる。

Article 17
Debtor's discharge by payment

1. Until the debtor receives notification of the assignment, the debtor is entitled to be discharged by paying in accordance with the original contract.
2. After the debtor receives notification of the assignment, subject to paragraphs 3 to 8 of this article, the debtor is discharged only by paying the assignee or, if otherwise instructed in the notification of the assignment or subsequently by the assignee in a writing received by the debtor, in accordance with such payment instruction.
3. If the debtor receives more than one payment instruction relating to a single assignment of the same receivable by the same assignor, the debtor is discharged by paying in accordance with the last payment instruction received from the assignee before payment.
4. If the debtor receives notification of more than one assignment of the same receivable made by the same assignor, the debtor is discharged by paying in accordance with the first notification received.
5. If the debtor receives notification of one or more subsequent assignments, the debtor is discharged by paying in accordance with the notification of the last of such subsequent assignments.
6. If the debtor receives notification of the assignment of a part of or an undivided interest in one or more receivables, the debtor is discharged by paying in accordance with the notification or in accordance with this article as if the debtor had not received the notification. If the debtor pays in accordance with the notification, the debtor is discharged only to the extent of the part or undivided interest paid.
7. If the debtor receives notification of the assignment from the assignee, the debtor is

第17条　債務者の支払による免責

1．債務者は、譲渡通知を受けるまでの間、原因契約に従った支払により免責される。

2．債務者は、譲渡通知を受領した後は、第3項から第8項までに従い、譲受人に対する支払によってのみ免責される。ただし、譲渡通知又はその後の譲受人による書面であって債務者がこれを受け取ったものに別段の指示がある場合は、当該指示に従った支払による。

3．債務者が同一の譲渡人による同一の債権の単一の譲渡に関する二以上の支払指示を受け取った場合には、債務者は支払前に譲受人から受け取った最後の支払指示に従う支払により免責される。

4．債務者が同一の譲渡人による同一の債権の二以上の譲渡に関する通知を受け取った場合には、債務者は、最初に受け取った通知に従う支払により免責される。

5．債務者が一又は複数の後続譲渡の通知を受け取った場合には、債務者は、最後の後続譲渡についての通知に従う支払により免責される。

6．債務者が一又は複数の債権における一部又はその不可分の利益についての支配権に関する譲渡通知を受け取った場合には、その通知に従った支払により、又はあたかも債務者が通知を受け取っていないかのようにこの条文に従った支払により、免責される。債務者が通知に従って支払をした場合には、支払われた部分又は不可分の利益についての支配権の範囲でのみ免責される。

7．債務者が譲受人から譲渡通知を受けた場合には、債務者は第一譲渡人から第一譲受人への

entitled to request the assignee to provide within a reasonable period of time adequate proof that the assignment from the initial assignor to the initial assignee and any intermediate assignment have been made and, unless the assignee does so, the debtor is discharged by paying in accordance with this article as if the notification from the assignee had not been received. Adequate proof of an assignment includes but is not limited to any writing emanating from the assignor and indicating that the assignment has taken place.

8. This article does not affect any other ground on which payment by the debtor to the person entitled to payment, to a competent judicial or other authority, or to a public deposit fund discharges the debtor.

譲渡及び全ての中間の譲渡に関する適切な証拠を合理的な期間内に求めることができる。譲受人がこれを提出しないときは、債務者は、譲受人からの通知を受けなかったものとしてこの条に従った支払により免責される。適切な証拠には、譲渡人が作成した書面であって譲渡が行われたことを示すものを含むが、これに限るものではない。

8．この条の規定は、支払を受け取る権限のある者、管轄権を有する裁判所若しくはその他の機関又は公的な供託機関に対する支払により債務者が免責される他のいかなる事由にも影響を及ぼさない。

Article 18
Defences and rights of set-off of the debtor

1. In a claim by the assignee against the debtor for payment of the assigned receivable, the debtor may raise against the assignee all defences and rights of set-off arising from the original contract, or any other contract that was part of the same transaction, of which the debtor could avail itself as if the assignment had not been made and such claim were made by the assignor.

2. The debtor may raise against the assignee any other right of set-off, provided that it was available to the debtor at the time notification of the assignment was received by the debtor.

3. Notwithstanding paragraphs 1 and 2 of this article, defences and rights of set-off that the debtor may raise pursuant to article 9 or 10 against the assignor for breach of an agreement limiting in any way the assignor's right to make the assignment are not available to the debtor against the assignee.

第18条 債務者の抗弁及び相殺

1．譲受人の債務者に対する譲渡される債権の支払に関する請求について、債務者は、譲受人に対し、原因契約又は同一の取引の一部である他の契約から生ずるすべての抗弁及び相殺の権利であって、譲渡がなされなければ譲渡人から請求されたときに主張し得るものを主張することができる。

2．債務者は譲受人に対し、譲渡通知を受け取った時に主張することができた他のいかなる相殺権をも主張することができる。

3．前二項の規定にかかわらず、債務者は、譲受人に対し、第9条又は第10条に基づき債務者が譲渡人に対して主張することができる譲渡人の譲渡をなす権利を制限するいかなる合意の違反に関する抗弁及び相殺の権利をも主張することができない。

Article 19
Agreement not to raise defences or rights of set-off

1. The debtor may agree with the assignor in a writing signed by the debtor not to raise against the assignee the defences and rights of set-off that it could raise pursuant to article 18. Such an agreement precludes the debtor from raising against the assignee those defences and rights of set-off.
2. The debtor may not waive defences:
    (a) Arising from fraudulent acts on the part of the assignee; or
    (b) Based on the debtor's incapacity.
3. Such an agreement may be modified only by an agreement in a writing signed by the debtor. The effect of such a modification as against the assignee is determined by article 20, paragraph 2.

Article 20
Modification of the original contract

1. An agreement concluded before notification of the assignment between the assignor and the debtor that affects the assignee's rights is effective as against the assignee, and the assignee acquires corresponding rights.
2. An agreement concluded after notification of the assignment between the assignor and the debtor that affects the assignee's rights is ineffective as against the assignee unless:
    (a) The assignee consents to it; or
    (b) The receivable is not fully earned by performance and either the modification is provided for in the original contract or, in the context of the original contract, a reasonable assignee would consent to the modification.
3. Paragraphs 1 and 2 of this article do not affect any right of the assignor or the assignee arising from breach of an agreement

第19条　抗弁及び相殺権の放棄の合意

1．債務者は、署名のある書面により、譲渡人との間において、前条に基づき主張することができる抗弁及び相殺の権利を主張しないことを合意することができる。この合意により、債務者は譲受人に対して当該抗弁及び相殺する権利を主張することができない。

2．債務者は次の抗弁を放棄することができない。
　(a)　譲受人側の詐欺的行為により生じる抗弁
　(b)　債務者の制限能力に基づく抗弁
3．第1項の合意は、債務者が署名した書面による合意によってのみ変更することができる。変更の譲受人に対する効果は、次条第2項により決定される。

第20条　原因契約の変更

1．譲渡人と債務者との間で譲渡通知前に締結された譲受人の権利に影響を与える合意は、譲受人に対して効力を有し、譲受人は、それに対応する権利を取得する。

2．譲渡人と債務者との間で譲渡通知後に締結された譲受人の権利に影響を与える合意は、次の場合を除き譲受人に対し効力を有さない。

　(a)　譲受人が同意した場合
　(b)　当該債権の履行が完全に終了していない場合において、原因契約により変更することができるとき又は原因契約の内容に照らし合理的な譲受人であれば変更に合意するとき

3．前二項の規定は、譲渡人又は譲受人の合意の違反から生じる権利に影響を及ぼさない。

between them.

Article 21
Recovery of payments

Failure of the assignor to perform the original contract does not entitle the debtor to recover from the assignee a sum paid by the debtor to the assignor or the assignee.

Section Ⅲ
Third parties

Article 22
Law applicable to competing rights

With the exception of matters that are settled elsewhere in this Convention and subject to articles 23 and 24, the law of the State in which the assignor is located governs the priority of the right of an assignee in the assigned receivable over the right of a competing claimant.

Article 23
Public policy and mandatory rules

1. The application of a provision of the law of the State in which the assignor is located may be refused only if the application of that provision is manifestly contrary to the public policy of the forum State.
2. The rules of the law of either the forum State or any other State that are mandatory irrespective of the law otherwise applicable may not prevent the application of a provision of the law of the State in which the assignor is located.
3. Notwithstanding paragraph 2 of this article, in an insolvency proceeding commenced in a State other than the State in which the assignor is located, any preferential right that arises, by operation of law, under the law of the forum State and is given priority over the rights of an assignee in insolvency proceedings under the law of that State may

第21条　支払の返還

債務者は、譲受人に対し、原因契約の履行についての譲渡人の過失によっては、譲渡人又は譲受人に支払った金銭の返還を求めることができない。

第3節　第三者

第22条　競合する権利に関する準拠法

この条約中の他の規定によって解決される事項を除き、また次条及び第24条の規定に従ったうえで、譲渡人が所在する国の法律は、譲渡される債権に関する譲受人の権利が、競合する権利の主張者の権利に対して有する優先権を規律する。

第23条　公序及び強行法規

1．譲渡人が所在する国の法律の規定の適用は、その規定の適用が法廷地国の公序に明らかに反する場合に限り、拒否することができる。

2．準拠法にかかわらず、法廷地国又はその他の国の強行法規は、譲渡人が所在する国の法律の規定の適用を妨げてはならない。

3．前項の規定にかかわらず、譲渡人が所在する国以外の国において開始された倒産手続において、法廷地国の法律により法律上当然に生じる優先的権利であって、かつ法廷地国の法律により倒産手続において譲受人の権利に対して優先権が与えられるあらゆる優先的権利は、第22条の規定にかかわらず、優先権を与えられる。国は、この優先的権利を特定する宣言をいつで

be given priority notwithstanding article 22. A State may deposit at any time a declaration identifying any such preferential right.

Article 24
Special rules on proceeds

1. If proceeds are received by the assignee, the assignee is entitled to retain those proceeds to the extent that the assignee's right in the assigned receivable had priority over the right of a competing claimant in the assigned receivable.

2. If proceeds are received by the assignor, the right of the assignee in those proceeds has priority over the right of a competing claimant in those proceeds to the same extent as the assignee's right had priority over the right in the assigned receivable of that claimant if:

　(a) The assignor has received the proceeds under instructions from the assignee to hold the proceeds for the benefit of the assignee; and

　(b) The proceeds are held by the assignor for the benefit of the assignee separately and are reasonably identifiable from the assets of the assignor, such as in the case of a separate deposit or securities account containing only proceeds consisting of cash or securities.

3. Nothing in paragraph 2 of this article affects the priority of a person having against the proceeds a right of set-off or a right created by agreement and not derived from a right in the receivable.

Article 25
Subordination

An assignee entitled to priority may at any time subordinate its priority unilaterally or by agreement in favour of any existing or future assignees.

第24条　proceedsに関する特則

1．proceedsを譲受人が受け取った場合において、譲渡される債権における当該譲受人の権利が譲渡される債権について競合する権利の主張者の権利に対して優先するときは、譲受人は、それらのproceedsを保持することができる。

2．proceedsを譲受人が受け取った場合において、次のいずれも満たすときには、譲受人のそれらのproceedsに対する権利は、譲受人の権利がその権利の主張者の譲渡される債権についての権利に優先するのと同一の限度において、当該proceedsについて競合する権利の主張者の権利に対して優先する。

　(a) 譲渡人が、譲受人のためにproceedsを保持するべき譲受人の指図に基づきproceedsを受け取ったとき

　(b) 譲渡人の保持するproceedsが、現金又は証券から成るproceedsのみのための分離預金口座又は証券口座のように、譲渡人の資産から分離されかつ合理的に特定されて保持されるとき

3．前項の規定は、proceedsに対して相殺権を有する者の優先権、又は合意によって創出され、債権に関する権利に由来しない権利を有する者の優先権に影響を及ぼさない。

第25条　順位の放棄又は譲渡

　優先権を持つ譲受人は、何時でも、一方的な意思表示又は合意により、現在又は将来の譲受人のためにその優先権を放棄又は譲渡することができる。

Chapter V
Autonomous conflict-of-laws rules

Article 26
Application of chapter V

The provisions of this chapter apply to matters that are:

(a) Within the scope of this Convention as provided in article 1, paragraph 4; and

(b) Otherwise within the scope of this Convention but not settled elsewhere in it.

Article 27
Form of a contract of assignment

1. A contract of assignment concluded between persons who are located in the same State is formally valid as between them if it satisfies the requirements of either the law which governs it or the law of the State in which it is concluded.

2. A contract of assignment concluded between persons who are located in different States is formally valid as between them if it satisfies the requirements of either the law which governs it or the law of one of those States.

Article 28
Law applicable to the mutual rights and obligations of the assignor and the assignee

1. The mutual rights and obligations of the assignor and the assignee arising from their agreement are governed by the law chosen by them.

2. In the absence of a choice of law by the assignor and the assignee, their mutual rights and obligations arising from their agreement are governed by the law of the State with which the contract of assignment is most closely connected.

第5章 独立の抵触規定

第26条 第5章の適用

この章の規定は次の事項に適用される。

(a) 第1条第4項によりこの条約の範囲内に属する事項

(b) 第1条第4項によらずにこの条約が適用される事項であって、この条約の他の部分では解決されない事項

第27条 譲渡契約の形式

1．同一の国に所在する人の間で締結された譲渡契約は、当該契約を規律する法律又は当該契約が締結された国の法律の要件を満たすときは、当事者間において形式上有効である。

2．異なる国に所在する人の間で締結された譲渡契約は、当該契約を規律する法律又はいずれかの国の法律の要件を満たすときは、当事者間において形式上有効である。

第28条 譲渡人と譲受人間の相互の権利及び義務の準拠法

1．譲渡人と譲受人との合意から生じた相互の権利及び義務は、譲渡人及び譲受人により選択された法律によって規律される。

2．譲渡人及び譲受人による法律の選択がない場合、譲渡人及び譲受人の合意から生じた相互の権利及び義務は、当該譲渡契約が最も密接な関連を有する国の法律によって規律される。

Article 29
Law applicable to the rights and obligations of the assignee and the debtor

The law governing the original contract determines the effectiveness of contractual limitations on assignment as between the assignee and the debtor, the relationship between the assignee and the debtor, the conditions under which the assignment can be invoked against the debtor and whether the debtor's obligations have been discharged.

Article 30
Law applicable to priority

1. The law of the State in which the assignor is located governs the priority of the right of an assignee in the assigned receivable over the right of a competing claimant.
2. The rules of the law of either the forum State or any other State that are mandatory irrespective of the law otherwise applicable may not prevent the application of a provision of the law of the State in which the assignor is located.
3. Notwithstanding paragraph 2 of this article, in an insolvency proceeding commenced in a State other than the State in which the assignor is located, any preferential right that arises, by operation of law, under the law of the forum State and is given priority over the rights of an assignee in insolvency proceedings under the law of that State may be given priority notwithstanding paragraph 1 of this article.

Article 31
Mandatory rules

1. Nothing in articles 27 to 29 restricts the application of the rules of the law of the forum State in a situation where they are mandatory, irrespective of the law otherwise applicable.

第29条 譲受人と債務者間の権利及び義務の準拠法

譲受人と債務者間の譲渡に関する契約上の制限の効力、譲受人と債務者の関係、譲渡を債務者に対して主張できる条件及び債務者の免責に関する問題は、原因契約を規律する法律によって決定される。

第30条 優先権に関する準拠法

1．競合する権利の主張者の権利に対する譲渡される債権の譲受人の権利の優先権は、譲渡人が所在する国の法律によって規律される。

2．準拠法にかかわらず、法廷地国又はその他の国の強行法規は、譲渡人が所在する国の法律の規定の適用を妨げてはならない。

3．前項の規定にかかわらず、譲渡人が所在する国以外の国において開始された倒産手続においては、法廷地国の法律により法律上当然に生じる優先的権利であって、かつ法廷地国の法律により倒産手続において譲受人の権利に対して優先権が与えられるあらゆる優先的権利は、第1項の規定にかかわらず、優先権を与えられる。

第31条 強行法規

1．第27条から第29条までの規定は、準拠法如何にかかわらず適用になる法廷地国の強行法規の適用を妨げない。

2. Nothing in articles 27 to 29 restricts the application of the mandatory rules of the law of another State with which the matters settled in those articles have a close connection if and in so far as, under the law of that other State, those rules must be applied irrespective of the law otherwise applicable.

Article 32
Public policy

With regard to matters settled in this chapter, the application of a provision of the law specified in this chapter may be refused only if the application of that provision is manifestly contrary to the public policy of the forum State.

Chapter VI
Final provisions

Article 33
Depositary

The Secretary-General of the United Nations is the depositary of this Convention.

Article 34
Signature, ratification, acceptance, approval, accession

1. This Convention is open for signature by all States at the Headquarters of the United Nations in New York, until 31 December 2003.
2. This Convention is subject to ratification, acceptance or approval by the signatory States.
3. This Convention is open to accession by all States that are not signatory States as from the date it is open for signature.
4. Instruments of ratification, acceptance, approval and accession are to be deposited with the Secretary-General of the United Nations.

2．第27条から第29条までの規定は、これらの規定によって解決される事項について、その事項と密接な関係を有する他の国の強行法規の適用を妨げない。ただし、当該他の国の法規が準拠法にかかわらず適用される限度に限る。

第32条　公序

この章で解決される事項に関し、この章で明定される法律の規定の適用は、当該規定の適用が法廷地国の公序に明らかに反する場合に限り、拒否することができる。

第6章　最終条項

第33条　寄託者

国際連合事務総長をこの条約の寄託者とする。

第34条　署名、批准、受託、承認及び加入

1．この条約は、ニューヨークの国際連合本部において2003年12月31日まで全ての国に署名のために開放される。

2．この条約は、署名国によって批准、受託又は承認される。

3．この条約は、署名のために開放されたときから、非署名国に加入のために開放される。

4．批准、受託、承認及び加入書は、国連事務総長に寄託されなくてはならない。

Article 35
Application to territorial units

1. If a State has two or more territorial units in which different systems of law are applicable in relation to the matters dealt with in this Convention, it may at any time declare that this Convention is to extend to all its territorial units or only one or more of them, and may at any time substitute another declaration for its earlier declaration.
2. Such declarations are to state expressly the territorial units to which this Convention extends.
3. If, by virtue of a declaration under this article, this Convention does not extend to all territorial units of a State and the assignor or the debtor is located in a territorial unit to which this Convention does not extend, this location is considered not to be in a Contracting State.
4. If, by virtue of a declaration under this article, this Convention does not extend to all territorial units of a State and the law governing the original contract is the law in force in a territorial unit to which this Convention does not extend, the law governing the original contract is considered not to be the law of a Contracting State.
5. If a State makes no declaration under paragraph 1 of this article, the Convention is to extend to all territorial units of that State.

Article 36
Location in a territorial unit

If a person is located in a State which has two or more territorial units, that person is located in the territorial unit in which it has its place of business. If the assignor or the assignee has a place of business in more than one territorial unit, the place of business is that place where the central administration of the assignor or the assignee is exercised. If

第35条　地域単位への適用

1．この条約で扱われる事項に関し、異なる法制度が適用される二以上の地域単位を有する国は、いつでもこの条約が地域単位のすべて又は一部に適用される旨宣言でき、またいつでも従前の宣言を他の宣言と置き換えることができる。

2．宣言には、この条約が適用される地域単位を明示しなければならない。

3．この条に基づく宣言により、この条約が国のすべての地域単位に適用されない場合であって、譲渡人若しくは債務者がこの条約の適用されない地域単位に所在する場合には、当該所在地は締約国には存在しないものとみなす。

4．この条に基づく宣言により、この条約が国のすべての地域単位に適用されない場合であって、原因契約を規律する法律がこの条約の適用されない地域単位において効力を有する法律である場合には、原因契約を規律する法律は締約国の法律ではないものとみなす。

5．第１項に基づく宣言がない場合、この条約はその国の全ての地域単位に適用される。

第36条　地域単位における所在

二以上の地域単位を有する国に人が所在する場合は、その人は営業所を有する地域単位に所在するものとする。譲渡人又は譲受人が二以上の地域単位に営業所を有する場合は、営業所は譲渡人又は譲受人の中央統括が行なわれる所とする。債務者が二以上の地域単位に営業所を有する場合は、営業所は原因契約に最も密接な関連を有する所とする。人が営業所を持たない場

the debtor has a place of business in more than one territorial unit, the place of business is that which has the closest relationship to the original contract. If a person does not have a place of business, reference is to be made to the habitual residence of that person. A State with two or more territorial units may specify by declaration at any time other rules for determining the location of a person within that State.

Article 37
Applicable law in territorial units

Any reference in this Convention to the law of a State means, in the case of a State which has two or more territorial units, the law in force in the territorial unit. Such a State may specify by declaration at any time other rules for determining the applicable law, including rules that render applicable the law of another territorial unit of that State.

Article 38
Conflicts with other international agreements

1. This Convention does not prevail over any international agreement that has already been or may be entered into and that specifically governs a transaction otherwise governed by this Convention.
2. Notwithstanding paragraph 1 of this article, this Convention prevails over the Unidroit Convention on International Factoring ("the Ottawa Convention"). To the extent that this Convention does not apply to the rights and obligations of a debtor, it does not preclude the application of the Ottawa Convention with respect to the rights and obligations of that debtor.

Article 39
Declaration on application of chapter V

A State may declare at any time that it

合は、その常居所による。二以上の地域単位を有する国は宣言によって、いつでも当該国内における人の所在を決定する他の規則を明定することができる。

第37条　地域単位における準拠法

この条約における国の法律の指定は、二以上の地域単位を有する国の場合、地域単位において効力を有する法律の指定を意味する。国は宣言によって、いつでも準拠法を決定する他の規則を明定することができる。ただし当該国の別の地域単位の法律を適用可能とする規定を含むことを妨げない。

第38条　他の国際約束との抵触

1．この条約は、この条約が規律する取引を特別に規律するいかなる既存の又は将来の国際約束に優先しない。

2．前項にかかわらず、この条約は、国際ファクタリングに関するユニドロワ条約（「オタワ条約」）に優先する。ただし、この条約が債務者の権利及び義務に適用されない範囲において、この条約は、債務者の権利及び義務に関するオタワ条約の適用を妨げない。

第39条　第5章の適用に関する宣言

国は、いつでも第5章に拘束されない旨宣言

will not be bound by chapter Ⅴ.

Article 40
Limitations relating to Governments and other public entities

A State may declare at any time that it will not be bound or the extent to which it will not be bound by articles 9 and 10 if the debtor or any person granting a personal or property right securing payment of the assigned receivable is located in that State at the time of the conclusion of the original contract and is a Government, central or local, any subdivision thereof, or an entity constituted for a public purpose. If a State has made such a declaration, articles 9 and 10 do not affect the rights and obligations of that debtor or person. A State may list in a declaration the types of entity that are the subject of a declaration.

Article 41
Other exclusions

1. A State may declare at any time that it will not apply this Convention to specific types of assignment or to the assignment of specific categories of receivables clearly described in a declaration.

2. After a declaration under paragraph 1 of this article takes effect:

　　(a) This Convention does not apply to such types of assignment or to the assignment of such categories of receivables if the assignor is located at the time of conclusion of the contract of assignment in such a State; and

　　(b) The provisions of this Convention that affect the rights and obligations of the debtor do not apply if, at the time of the conclusion of the original contract, the debtor is located in such a State or the law governing the original contract is the law of such a State.

することができる。

第40条　政府その他の公的機関に関する制限

国は、いつでも、譲渡される債権の支払を担保する人的又は物的な権利を設定した債務者その他の者が、原因契約締結時にその国に所在しており、かつ政府、中央若しくは地方の機関、その下部組織又は公の目的のために設立された機関である場合に第9条及び第10条に拘束されない旨、又は拘束されない範囲を宣言することができる。国がこの宣言をした場合、第9条及び第10条は、当該債務者その他の者の権利及び義務に影響を及ぼさない。国は、宣言の対象となる法主体の類型を宣言中にあげることができる。

第41条　他の除外事項

1．国は、いつでも宣言中に明白に掲げた特定の類型の譲渡、又は宣言中に明白に掲げた特定の種類の債権の譲渡にこの条約を適用しない旨宣言することができる。

2．前項に基づく宣言は、次の効力を生じる。

　　(a)　この条約は、譲渡人が譲渡契約締結時にそのような国に所在する場合、その類型の譲渡又はその種類の債権の譲渡に適用されない。

　　(b)　債務者の権利義務に影響するこの条約の規定は、原因契約締結時に債務者がそのような国に所在し、又は原因契約を規律する法がそのような国の法である場合、適用されない。

3. This article does not apply to assignments of receivables listed in article 9, paragraph 3.

Article 42
Application of the annex

1. A State may at any time declare that it will be bound by:

(a) The priority rules set forth in section I of the annex and will participate in the international registration system established pursuant to section II of the annex;

(b) The priority rules set forth in section I of the annex and will effectuate such rules by use of a registration system that fulfils the purposes of such rules, in which case, for the purposes of section I of the annex, registration pursuant to such a system has the same effect as registration pursuant to section II of the annex;

(c) The priority rules set forth in section III of the annex;

(d) The priority rules set forth in section IV of the annex; or

(e) The priority rules set forth in articles 7 and 9 of the annex.

2. For the purposes of article 22:

(a) The law of a State that has made a declaration pursuant to paragraph 1 (a) or (b) of this article is the set of rules set forth in section I of the annex, as affected by any declaration made pursuant to paragraph 5 of this article;

(b) The law of a State that has made a declaration pursuant to paragraph 1 (c) of this article is the set of rules set forth in section III of the annex, as affected by any declaration made pursuant to paragraph 5 of this article;

(c) The law of a State that has made a declaration pursuant to paragraph 1 (d) of this article is the set of rules set forth in section IV of the annex, as affected by any

3．この条は、第9条第3項において掲げる債権の譲渡には適用されない。

第42条　附属書の適用

1．国は、いつでも次のいずれかによって拘束されることを宣言することができる。

(a)　附属書第1部に規定する優先関係の規則に拘束され、附属書第2部に基づき設立される国際登録システムに参加すること

(b)　附属書第1部に規定する優先関係の規則に拘束され、かかる規則の目的を満たす登録システムを用いることにより、その優先関係の規則を実施すること。この場合において、附属書第1部の適用上、そのシステムに基づく登録は、附属書第2部に基づく登録と同様の効力を有する。

(c)　附属書第3部に規定する優先関係の規則

(d)　附属書第4部に規定する優先関係の規則

(e)　附属書第7条及び第9条に規定する優先関係の規則

2．第22条の適用上、

(a)　前項(a)号又は(b)号に基づく宣言を行う国の法律とは、第5項に基づいて行われた宣言による影響が及ぶ、附属書第1部に規定する規則をいう。

(b)　前項(c)号に基づく宣言を行う国の法律とは、第5項に基づいて行われた宣言による影響が及ぶ、附属書第3部に規定する規則をいう。

(c)　前項(d)号に基づく宣言を行う国の法律とは、第5項に基づいて行われた宣言による影響が及ぶ、附属書第4部に規定する規則をいう。

declaration made pursuant to paragraph 5 of this article; and

 (d) The law of a State that has made a declaration pursuant to paragraph 1(e) of this article is the set of rules set forth in articles 7 and 9 of the annex, as affected by any declaration made pursuant to paragraph 5 of this article;

3. A State that has made a declaration pursuant to paragraph 1 of this article may establish rules pursuant to which assignments made before the declaration takes effect become subject to those rules within a reasonable time.

4. A State that has not made a declaration pursuant to paragraph 1 of this article may, in accordance with priority rules in force in that State, utilize the registration system established pursuant to section II of the annex.

5. At the time a State makes a declaration pursuant to paragraph 1 of this article or thereafter, it may declare that:

 (a) It will not apply the priority rules chosen under paragraph 1 of this article to certain types of assignment or to the assignment of certain categories of receivables; or

 (b) It will apply those priority rules with modifications specified in that declaration.

6. At the request of Contracting or Signatory States to this Convention comprising not less than one third of the Contracting and Signatory States, the depositary shall convene a conference of the Contracting and Signatory States to designate the supervising authority and the first registrar and to prepare or revise the regulations referred to in section II of the annex.

Article 43
Effect of declaration

1. Declarations made under articles 35, par-

 (d) 前項(e)号に基づく宣言を行う国の法律とは、第5項に基づいて行われた宣言による影響が及ぶ、附属書第7条及び第9条に規定する規則をいう。

3．第1項に基づく宣言を行う国は、宣言が効力を生じるより前にされた譲渡が、合理的な期間内に、これらの規則の対象となるとする規則を定めることができる。

4．第1項に基づく宣言を行っていない国は、その国で有効な優先関係の規則に従い、附属書第2部に基づき設立した登録システムを用いることができる。

5．国が第1項に基づく宣言を行う時又はその後、その国は、次の事項を宣言することができる。

 (a) 一定の類型の譲渡又は一定の種類の債権の譲渡に、第1項の下で選択される優先関係の規則を適用しない旨

 (b) その宣言において特定された変更を加えてそれらの優先関係の規則を適用する旨

6．この条約の締約国及び署名国の3分の1以上から成る締約国又は署名国の要求があったときは、寄託者は、監督機関及び第一登録機関を指定し、附属書第2部に規定する規則を準備又は改訂するために、締約国及び署名国の会議を招集しなければならない。

第43条　宣言の効果

1．第35条第1項、第36条、第37条又は第39条

agraph 1, 36, 37 or 39 to 42 at the time of signature are subject to confirmation upon ratification, acceptance or approval.

2. Declarations and confirmations of declarations are to be in writing and to be formally notified to the depositary.

3. A declaration takes effect simultaneously with the entry into force of this Convention in respect of the State concerned. However, a declaration of which the depositary receives formal notification after such entry into force takes effect on the first day of the month following the expiration of six months after the date of its receipt by the depositary.

4. A State that makes a declaration under articles 35, paragraph 1, 36, 37 or 39 to 42 may withdraw it at any time by a formal notification in writing addressed to the depositary. Such withdrawal takes effect on the first day of the month following the expiration of six months after the date of the receipt of the notification by the depositary.

5. In the case of a declaration under articles 35, paragraph 1, 36, 37 or 39 to 42 that takes effect after the entry into force of this Convention in respect of the State concerned or in the case of a withdrawal of any such declaration, the effect of which in either case is to cause a rule in this Convention, including any annex, to become applicable:

(a) Except as provided in paragraph 5 (b) of this article, that rule is applicable only to assignments for which the contract of assignment is concluded on or after the date when the declaration or withdrawal takes effect in respect of the Contracting State referred to in article 1, paragraph 1(a);

(b) A rule that deals with the rights and obligations of the debtor applies only in respect of original contracts concluded on or after the date when the declaration or withdrawal takes effect in respect of the

から第42条までに基づいて署名の際に行なわれた宣言は、批准、受諾又は承認により確認されなければならない。

2．宣言及び宣言の確認は、書面で公式に寄託者に通報されなければならない。

3．宣言は、関係国に対して、条約の発効と同時に効力を生じる。寄託者が発効後に公式な速報を受領した場合は、宣言は、寄託者の受領後6か月を経過した翌月の最初の日に効力を生じる。

4．第35条第1項、第36条、第37条又は第39条から第42条までに基づく宣言を行った国は、寄託者に宛てた書面による通報により、いつでも当該宣言を撤回することができる。撤回は、寄託者の受領後6か月を経過した翌月の最初の日に効力を生じる。

5．関係国に対して、条約の発効後効力を生じる第35条第1項、第36条、第37条又は第39条から第42条までに基づく宣言又はその撤回においては、その効力はいずれの場合においても附属書を含むこの条約の規則を適用されることとする。

(a) 次号に定める場合を除き、第1条第1項(a)にいう締約国に対して、宣言又は撤回が効力を生じた日又はその日以降に締結された譲渡契約による譲渡についてのみ、その規則は適用される。

(b) 第1条第3項にいう締約国に対して、宣言又は撤回が効力を生じた日又はその日以降に締結された原因契約についてのみ、債務者の権利及び義務を扱う規則は適用される。

Contracting State referred to in article 1, paragraph 3.

6. In the case of a declaration under articles 35, paragraph 1, 36, 37 or 39 to 42 that takes effect after the entry into force of this Convention in respect of the State concerned or in the case of a withdrawal of any such declaration, the effect of which in either case is to cause a rule in this Convention, including any annex, to become inapplicable:

(a) Except as provided in paragraph 6 (b) of this article, that rule is inapplicable to assignments for which the contract of assignment is concluded on or after the date when the declaration or withdrawal takes effect in respect of the Contracting State referred to in article 1, paragraph 1(a);

(b) A rule that deals with the rights and obligations of the debtor is inapplicable in respect of original contracts concluded on or after the date when the declaration or withdrawal takes effect in respect of the Contracting State referred to in article 1, paragraph 3.

7. If a rule rendered applicable or inapplicable as a result of a declaration or withdrawal referred to in paragraph 5 or 6 of this article is relevant to the determination of priority with respect to a receivable for which the contract of assignment is concluded before such declaration or withdrawal takes effect or with respect to its proceeds, the right of the assignee has priority over the right of a competing claimant to the extent that, under the law that would determine priority before such declaration or withdrawal takes effect, the right of the assignee would have priority.

Article 44
Reservations

No reservations are permitted except those expressly authorized in this Conven-

6．関係国に対して、条約の発効後効力を生じる第35条第1項、第36条、第37条又は第39条から第42条までに基づく宣言又はその撤回においては、その効力はいずれの場合においても附属書を含むこの条約の規則を適用されないこととする。

(a)　次号に定める場合を除き、第1条第1項(a)にいう締約国に対して、宣言又は撤回が効力を生じた日又はその日以降に締結された譲渡契約による譲渡について、その規則は適用されない。

(b)　第1条第3項にいう締約国に対して、宣言又は撤回が効力を生じた日又はその日以降に締結された原因契約について、債務者の権利及び義務を扱う規則は適用されない。

7．第5項又は前項に規定する宣言又は撤回の結果、適用されることとされた、又は適用されないこととされた規則が、その宣言又は撤回が効力を生じる前に締結された譲渡契約の債権に関して、又は proceeds に関して、優先権の決定に関係がある場合、譲受人の権利は、その宣言又は撤回の前に優先権を決定する法律に基づき、それが優先権を有する限度で競合する権利の主張者の権利に優先する。

第44条　留保

この条約において、明示の規定がある場合を除き、留保は認められない。

tion.

Article 45
Entry into force

1. This Convention enters into force on the first day of the month following the expiration of six months from the date of deposit of the fifth instrument of ratification, acceptance, approval or accession with the depositary.

2. For each State that becomes a Contracting State to this Convention after the date of deposit of the fifth instrument of ratification, acceptance, approval or accession, this Convention enters into force on the first day of the month following the expiration of six months after the date of deposit of the appropriate instrument on behalf of that State.

3. This Convention applies only to assignments if the contract of assignment is concluded on or after the date when this Convention enters into force in respect of the Contracting State referred to in article 1, paragraph 1 (a), provided that the provisions of this Convention that deal with the rights and obligations of the debtor apply only to assignments of receivables arising from original contracts concluded on or after the date when this Convention enters into force in respect of the Contracting State referred to in article 1, paragraph 3.

4. If a receivable is assigned pursuant to a contract of assignment concluded before the date when this Convention enters into force in respect of the Contracting State referred to in article 1, paragraph 1 (a), the right of the assignee has priority over the right of a competing claimant with respect to the receivable to the extent that, under the law that would determine priority in the absence of this Convention, the right of the assignee would have priority.

第45条　発効

１．この条約は、寄託者への批准、受諾、承認又は加入についての第5番目の文書の寄託日から6か月を経過した翌月の初日に効力を生じる。

２．批准、受諾、承認又は加入についての第五番目の文書の寄託日以後、この条約の締約国となる国に対しては、この条約は、当該国の名で適式な文書で寄託された日から6か月を経過した翌月の初日に効力を生じる。

３．この条約は、第1条第1項(a)号にいう締約国に関してこの条約の効力が発生した日以降に譲渡契約が締結された譲渡にのみ適用される。ただし、その適用は、この条約で債務者の権利義務を規定する条項が、第1条第3項にいう締約国に関してこの条約の効力が発生した日以降に締結された原因契約から生じる債権の譲渡に限る。

４．第1条第1項(a)号にいう締約国に関してこの条約の効力が発生する日の前に締結された譲渡契約にしたがって債権が譲渡される場合、譲受人の権利は、この条約が存在しないとき優先関係を決定する法律のもとで譲受人の権利が優先する範囲で、債権について競合する権利の主張者の権利に優先する。

Article 46
Denunciation

1. A Contracting State may denounce this Convention at any time by written notification addressed to the depositary.
2. The denunciation takes effect on the first day of the month following the expiration of one year after the notification is received by the depositary. Where a longer period is specified in the notification, the denunciation takes effect upon the expiration of such longer period after the notification is received by the depositary.
3. This Convention remains applicable to assignments if the contract of assignment is concluded before the date when the denunciation takes effect in respect of the Contracting State referred to in article 1, paragraph 1 (a), provided that the provisions of this Convention that deal with the rights and obligations of the debtor remain applicable only to assignments of receivables arising from original contracts concluded before the date when the denunciation takes effect in respect of the Contracting State referred to in article 1, paragraph 3.
4. If a receivable is assigned pursuant to a contract of assignment concluded before the date when the denunciation takes effect in respect of the Contracting State referred to in article 1, paragraph 1 (a), the right of the assignee has priority over the right of a competing claimant with respect to the receivable to the extend that, under the law that would determine priority under this Convention, the right of the assignee would have priority.

Article 47
Revision and amendment

1. At the request of not less than one third of the Contracting States to this Convention, the depositary shall convene a conference

第46条　廃棄

1．締約国は、寄託者に宛てた書面による通告により、いつでもこの条約を廃棄することができる。
2．廃棄は、寄託者が通告を受領してから1年が経過した翌月の初日に効力を生じる。より長期の期間が通告中に明定されている場合は、廃棄は、通告が寄託者に受領された後、そのより長期の期間が経過することにより効力を生じる。

3．この条約で債務者の権利義務を規定する条項が、第1条第3項にいう締約国に関して廃棄が効力を発生する日の前に締結された原因契約から生じる債権の譲渡にのみ、なお適用することができる場合、第1条第1項(a)にいう締約国に関して廃棄が効力を発生する日の前に譲渡契約が締結されるとき、この条約は、なお譲渡に適用することができる。

4．第1条第1項(a)にいう締約国に関して廃棄が効力を発生する日の前に締結された譲渡契約にしたがって債権が譲渡される場合、譲受人の権利は、この条約において優先関係を決定する法律のもとで譲受人の権利が優先する範囲で、債権について競合する権利の主張者の権利に優先する。

第47条　改訂と改正

1．この条約の締約国のうち、少なくともその3分の1以上の要求で、寄託者は、この条約を改訂又は改正するために、締約国会議を招集し

of the Contracting States to revise or amend it.

2. Any instrument of ratification, acceptance, approval or accession deposited after the entry into force of an amendment to this Convention is deemed to apply to the Convention as amended.

Annex to the draft Convention

Section I
Priority rules based on registration

Article 1
Priority among several assignees

As between assignees of the same receivable from the same assignor, the priority of the right of an assignee in the assigned receivable is determined by the order in which data about the assignment are registered under section II of this annex, regardless of the time of transfer of the receivable. If no such data are registered, priority is determined by the order of the conclusion of the respective contract of assignment.

Article 2
Priority between the assignee and the insolvency administrator or creditors of the assignor

The right of an assignee in an assigned receivable has priority over the right of an insolvency administrator and creditors who obtain a right in the assigned receivable by attachment, judicial act or similar act of a competent authority that gives rise to such right, if the receivable was assigned, and data about the assignment were registered under section II of this annex, before the commencement of such insolvency proceeding, attachment, judicial act or similar act.

なければならない。

２．この条約の改正の発効後に寄託された、批准、受諾、承認又は加入についてのすべての文書は、改正された条約に適用されるものとみなす。

附属書

第１部　登録に基づく優先関係の規則

第１条　複数の譲受人間の優先関係

同一の譲渡人から同一の債権を譲り受けた者の間においては、譲渡される債権に対する譲受人の権利の優先関係は、債権の移転時にかかわらず、この附属書第２部に基づき、譲渡に関するデータが登録された順によって決定される。データが登録されていない場合、優先関係は各譲渡契約の締結順によって決定される。

第２条　譲受人と譲渡人の倒産管財人又は債権者との間の優先関係

倒産手続の開始、差押、裁判上の行為又は権限を有する機関による類似の行為の前に、債権が譲渡され、かつ譲渡に関するデータがこの附属書第２部に基づき登録された場合、譲渡される債権に対する譲受人の権利は、倒産管財人の権利及び差押、裁判上の行為又は類似の行為によって、譲渡される債権に対して権利を取得した債権者の権利に優先する。

Section II
Registration

Article 3
Establishment of a registration system

A registration system will be established for the registration of data about assignments, even if the relevant assignment or receivable is not international, pursuant to the regulations to be promulgated by the registrar and the supervising authority. Regulations promulgated by the registrar and the supervising authority under this annex shall be consistent with this annex. The regulations will prescribe in detail the manner in which the registration system will operate, as well as the procedure for resolving disputes relating to that operation.

Article 4
Registration

1. Any person may register data with regard to an assignment at the registry in accordance with this annex and the regulations. As provided in the regulations, the data registered shall be the identification of the assignor and the assignee and a brief description of the assigned receivables.
2. A single registration may cover one or more assignments by the assignor to the assignee of one or more existing or future receivables, irrespective of whether the receivables exist at the time of registration.
3. A registration may be made in advance of the assignment to which it relates. The regulations will establish the procedure for the cancellation of a registration in the event that the assignment is not made.
4. Registration or its amendment is effective from the time when the data set forth in paragraph 1 of this article are available to searchers. The registering party may specify, from options set forth in the regulations,

第2部 登録

第3条 登録システムの設立

譲渡又は債権が国際的なものではなくても、登録機関及び監督機関が制定する規則に従い、譲渡に関するデータの登録のための登録システムが設立される。この附属書に基づき登録機関及び監督機関が制定する規則は、この附属書に沿うものとなる。その規則は、登録システムを実施する方法及び実施に関する紛争を解決するための手続の細則を定める。

第4条 登録

1. 何人も、この附属書と規則に従い、登録機関に譲渡に関するデータを登録することができる。規則に基づき、登録されたデータは、譲渡人及び譲受人を特定し、かつ譲渡される債権を簡潔に記載するものとする。

2. 債権が登録時に存在しているかどうかにかかわらず、一の登録は、譲渡人の譲受人に対する既存の又は将来の債権の一又は複数の譲渡を含むことができる。

3. 登録は関係する譲渡の前にすることができる。規則は譲渡がなされなかった場合における登録の取消のための手続を確立する。

4. 登録又はその修正は、検索する者が第1項のデータを得ることができる時から有効となる。登録する者は、規則に基づく選択に従い、登録の有効期間を定めることができる。この定めのない場合、登録は5年間有効である。

a period of effectiveness for the registration. In the absence of such a specification, a registration is effective for a period of five years.

5. Regulations will specify the manner in which registration may be renewed, amended or cancelled and regulate such other matters as are necessary for the operation of the registration system.

6. Any defect, irregularity, omission or error with regard to the identification of the assignor that would result in data registered not being found upon a search based on a proper identification of the assignor renders the registration ineffective.

Article 5
Registry searches

1. Any person may search the records of the registry according to identification of the assignor, as set forth in the regulations, and obtain a search result in writing.

2. A search result in writing that purports to be issued by the registry is admissible as evidence and is, in the absence of evidence to the contrary, proof of the registration of the data to which the search relates, including the date and hour of registration.

Section III
Priority rules based on the time of the contract of assignment

Article 6
Priority among several assignees

As between assignees of the same receivable from the same assignor, the priority of the right of an assignee in the assigned receivable is determined by the order of conclusion of the respective contracts of assignment.

5．規則は、登録の更新、修正及び消除の方法並びにその他の登録制度の実施に必要な事項を定める。

6．譲渡人の特定に関する欠陥、異常、遺漏又は過誤により、譲渡人の正確な特定による検索では登録されたデータを発見できないこととなる場合、その登録は無効となる。

第5条　登録の検索

1．何人も、規則に基づき、譲渡人を特定することにより登録機関の記録を検索し、書面により検索の結果を得ることができる。

2．登録機関が発行する書面による検索の結果は証拠として認められ、反対の証拠のない限り、登録の日と時を含む検索に関するデータを証明するものとする。

第3部　譲渡契約の時に基づく優先関係の規則

第6条　複数の譲受人間の優先関係

　同一の譲渡人から同一の債権を譲り受けた者の間においては、譲渡される債権に対する譲受人の権利の優先関係は、各譲渡契約の締結の順序によって決定される。

Article 7
Priority between the assignee and the insolvency administrator or creditors of the assignor

The right of an assignee in an assigned receivable has priority over the right of an insolvency administrator and creditors who obtain a right in the assigned receivable by attachment, judicial act or similar act of a competent authority that gives rise to such right, if the receivable was assigned before the commencement of such insolvency proceeding, attachment, judicial act or similar act.

Article 8
Proof of time of contract of assignment

The time of conclusion of a contract of assignment in respect of articles 6 and 7 of this annex may be proved by any means, including witnesses.

Section Ⅳ
Priority rules based on the time of notification of assignment

Article 9
Priority among several assignees

As between assignees of the same receivable from the same assignor, the priority of the right of an assignee in the assigned receivable is determined by the order in which notification of the respective assignments is received by the debtor. However, an assignee may not obtain priority over a prior assignment of which the assignee had knowledge at the time of conclusion of the contract of assignment to that assignee by notifying the debtor.

第7条 譲受人と譲渡人の倒産管財人又は債権者間の優先関係

倒産手続の開始、差押、裁判上の行為又は権限を有する機関による類似の行為の前に、債権が譲渡された場合、譲渡される債権に対する譲受人の権利は、倒産管財人の権利及び差押、裁判上の行為又は類似の行為によって、譲渡される債権に対して権利を取得した債権者の権利に優先する。

第8条 譲渡契約時の証明

この附属書の第6条及び第7条に関する譲渡契約の締結時は、証人を含むあらゆる方法によって証明することができる。

第4部 譲渡通知の時に基づく優先関係の規則

第9条 複数の譲受人間の優先関係

同一の譲渡人から同一の債権を譲り受けた者の間においては、譲渡される債権に対する譲受人の権利の優先関係は、各譲渡の通知が債務者によって受領された順によって決定される。ただし、譲受人は、債務者に通知をすることによって、自らの譲渡契約の締結時に知っていた先行譲渡への優先権を取得することはできない。

Article 10
Priority between the assignee and the insolvency administrator or creditors of the assignor

The right of an assignee in an assigned receivable has priority over the right of an insolvency administrator and creditors who obtain a right in the assigned receivable by attachment, judicial act or similar act of a competent authority that gives rise to such right, if the receivable was assigned and notification was received by the debtor before the commencement of such insolvency proceeding, attachment, judicial act or similar act.

第10条 譲受人と譲渡人の倒産管財人又は債権者間の優先関係

倒産手続の開始、差押、裁判上の行為又は権限を有する機関による類似の行為の前に、債権が譲渡され、かつ通知が債務者によって受領された場合、譲渡される債権に対する譲受人の権利は、倒産管財人の権利及び差押、裁判上の行為又は類似の行為によって、譲渡される債権に対して権利を取得した債権者の権利に優先する。

(慶應義塾大学大学院国際債権流動化法研究会訳・小堀悟監訳、慶應義塾大学大学院国際新種契約法研究会修正)

初 出 一 覧

序　説　債権譲渡の実務と法理に関する国際的動向と電子化の要請
　　　　「債権譲渡の実務と法理に関する国際的動向とわが国の現状――国際商事契約原則や電子記録債権法にも言及しつつ」銀法21別冊『債権譲渡に関する最新判例と実務対応』（2007年9月）6頁以下をもとに書き下ろし

第1部　一括決済方式の進展――手形レス取引の模索
第1部の概要　書き下ろし
第1章　譲渡担保方式の問題点
　第1節　一括支払システム契約における国税徴収法による告知書発出時点で譲渡担保権を実行する合意の効力
　　　　「判批・最判平成15年12月19日」金融判例研究14号（金法1716号）（2004年9月）41頁以下
　第2節　一括支払システム契約の出発点からの誤謬
　　　　「『一括支払システム契約』の出発点からの誤謬」金判1222号（2005年8月）1頁
第2章　債務引受と債権譲渡・差押の競合――一括決済方式における債権譲渡方式と併存的債務引受方式の比較を契機に
　　　　「債務引受と債権譲渡・差押の競合――一括決済方式における債権譲渡方式と併存的債務引受方式の比較を契機に」法研77巻9号（2004年9月）1頁以下（一部は「一括決済方式における債権譲渡方式と併存的債務引受方式の比較(上)(下)――債務引受と債権譲渡・差押えの競合」銀法21・49巻7号（2005年6月）40頁以下、49巻8号（2005年7月）14頁以下にも収録）

第2部　国連国際債権譲渡条約の検討
第2部の概要　書き下ろし
第3章　UNCITRAL 国連国際債権譲渡条約の行方と国内の立法
　　　　「法務時報・UNCITRAL 国際債権譲渡条約の行方」銀法21・43巻12号（1999年10月）1頁に加筆
第4章　国連国際債権譲渡条約の論点分析と今後の展望
　　　　「UNCITRAL 国際債権譲渡条約草案――草案の紹介と完成までの経緯　付・「国際取引における債権譲渡に関する条約」草案（対訳）」NBL722号

(2001年10月) 27頁以下と「国連国際債権譲渡条約の論点分析と今後の展望(上)(下)」金法1640号 (2002年4月) 22頁以下、1641号 (2002年4月) 13頁以下を結合して整理

第5章 債権連鎖譲渡論――UNCITRAL 国際債権譲渡条約草案と民法・債権譲渡特例法
「債権連鎖譲渡論――UNCITRAL 国際債権譲渡条約草案と民法・債権譲渡特例法」曹時54巻1号 (2002年1月) 1頁以下

第6章 国連債権譲渡条約の進展と国内資金調達法制の整備
「国連債権譲渡条約の進展と国内資金調達法制の整備」金法1699号 (2004年2月) 1頁に加筆

第3部 電子記録債権法――立案から立法作業へ

第3部の概要 書き下ろし

第7章 金融システムの電子化についての法的検討――「電子債権」への新たな取組みを中心に
「金融システムの電子化についての法的検討――「電子債権」への新たな取組みを中心に―」銀法21・48巻8号 (2004年7月) 24頁以下

第8章 電子債権論序説――産業構造審議会小委員会報告書を契機に
「電子債権論序説――産業構造審議会小委員会報告書を契機に」NBL 790号 (2004年8月) 35頁以下

第9章 電子債権構想の具体化と立法への展望
「電子債権構想の具体化と立法への展望」Law & Technology 30号 (2006年1月) 4頁以下

第10章 電子債権法制の立法作業の開始
「法務時評・電子債権法制の立法作業の開始」銀法21・50巻3号 (2006年3月) 1頁

第11章 電子登録債権――中間試案の検討と若干の試論
「電子登録債権――中間試案の検討と若干の試論」金法1781号 (2006年9月) 8頁以下

第12章 電子登録債権法制立法試論――売掛債権活用の観点から
「電子登録債権法制立法試論――売掛債権活用の観点から――」金法1788号 (2006年12月) 10頁以下

第13章 一括決済方式の展開と電子記録債権法制への対応――最高裁平成15年「一括支払システム契約」判決の影響をふまえつつ
「一括決済方式の展開と電子記録債権法制への対応――最高裁平成15年『一括支払システム契約』判決の影響をふまえつつ」法研80巻5号 (2007年5

月）1頁以下

第4部　電子記録債権法──公布・施行から運用へ
第4部の概要　書き下ろし
第14章　電子記録債権法の展望と課題
「電子記録債権法の展望と課題」池田真朗＝小野傑＝中村廉平編『電子記録債権の理論と実務』別冊金融・商事判例（経済法令研究会・2008年）6頁以下に池田真朗＝太田穣『解説・電子記録債権法』（弘文堂・2010年）の総論部分（池田執筆）の一部を加筆
第15章　電子記録債権における匿名性と可視性・追跡可能性のバランス
「電子記録債権における匿名性と可視性・追跡可能性のバランス」日本学術会議IT社会と法分科会報告書「電子社会における匿名性と可視性・追跡可能性──その対立とバランス」（2008年7月）、13頁〜15頁、および24頁に注を付して再録した「電子記録債権と匿名性と可視性・追跡可能性」Law & Technology 42号（2009年1月）46頁以下
第16章　資金調達における電子記録債権の利便性・安全性と可能性──担保としての活用法を中心に
書き下ろし

第5部　フランス金融法の動向──ダイイ法の展開と電子化への接近
第5部の概要　書き下ろし
第17章　ダイイ法の展開
　第1節　ダイイ法に関する判例の展開I
「海外金融法の動向──フランス」金融法研究14号（1998年）144頁以下
　第2節　ダイイ法に関する判例の展開II
「海外金融法の動向──フランス」金融法研究15号（1999年）146頁以下
　第3節　ダイイ法に関する判例の展開IIIと通貨・金融法典
「海外金融法の動向──フランス」金融法研究18号（2002年）133頁以下
第18章　フランスにおける有価証券・流通証券の概念とコマーシャル・ペーパーの券面廃止
「海外金融法の動向──フランス」金融法研究16号（2000年）136頁以下
第19章　証拠法への情報技術の適合と電子署名とに関するフランス民法改正
「海外金融法の動向──フランス」金融法研究17号（2001年）159頁以下

第6部　債権譲渡と周辺問題
第6部の概要　書き下ろし

第20章　債権譲渡通知と詐害行為
　　　　「判批・最判平成10年6月12日」リマ19号（1999年7月）31頁以下（通知と詐害行為）
第21章　債権譲渡と債権準占有者に対する弁済（債権譲渡通知到達日に譲渡人に対してした弁済と債権の準占有者への弁済の成否）
　　　　「判批・東京高判平成11年8月26日」判タ1099号（2002年11月）74頁以下

第7部　民法（債権法）の改正と債権譲渡

第7部の概要　書き下ろし

第22章　民法（債権法）改正論議と債権譲渡規定のあり方
　　　　池田真朗「債権譲渡論」民法改正研究会（代表加藤雅信）『民法改正と世界の民法典』（信山社・2009年）307頁以下（池田真朗「民法（債権法）改正論議と債権譲渡規定のあり方」慶應義塾創立150年記念法学部論文集『慶應の法律学・民事法』（慶應義塾大学法学部・2008年）25頁以下を増補）

第23章　民法（債権法）改正論議と学者グループの提案
　　　　前半は池田真朗「民法（債権法）改正検討委員会試案の成果と課題」ビジネス法務2009年9月号51頁以下、後半は書き下ろし（2009年10月の福岡県弁護士会、同年11月の仙台弁護士会等での講演草稿に加筆）

第24章　債権譲渡規定の改正提案とその問題点
　　　　池田真朗「民法（債権法）改正における論点・課題――債権譲渡に係る規定を中心に」SFJ Journal（流動化・証券化協議会）Vol.2（2010）2頁以下に書き下ろし分（民法（債権法）改正検討委員会全体会議での提案内容）を加筆

第25章　民法（債権法）改正のプロセスと法制審議会部会への提言――債権譲渡関係規定による例証とともに
　　　　「民法（債権法）改正のプロセスと法制審議会部会への提言――債権譲渡関係規定による例証とともに」法律時報1019号（2010年）88頁以下

結　章
　　　　書き下ろし

付　国連国際債権譲渡条約条文対訳
　　　　「UNCITRAL国際債権譲渡条約草案―草案の紹介と完成までの経緯　付・「国際取引における債権譲渡に関する条約」草案（対訳）」NBL722号（2001年10月）27頁以下を修正して収録

事　項　索　引

3PL ···213, 274
ABA ···74
ABL··································6, 211, 273
accession ··117
ANNEX ···90
billet de trésorerie ·······················323
bordereau ··297
CCP ···215, 273
cessions subséquente··················97
chain assignment ························97
CISG ···117
CMS···215, 260
codification ······································311
CP ···119, 147
créance ···145
créance nominative ····················320
délégant ··56
délégataire ···56
délégation ··56
délégation imparfaite ···················56
délégation novatoire ·····················56
délégation parfaite ························56
délégation simple ··························56
délégué ··56
dématérialization ·························321
effet de commerce ·······················320
Europafactoring ······························74
FCI ·····························77, 89, 101
loi Dailly ··297
notification ······································298
PECL ···375
proceeds ··76
receivables·······································144
signification ·····································298
subsequent assignment·············97
titres à ordre ··································319
titres au porteur ···························319
titres de créances négociables ·······323
titres négociables ·······················319
titres nominatifs ··························319
UCC ···263, 375

UNCITRAL ································68, 72
undivided interests ························79
valeurs mobilières ·······················319

あ

IC タグ ···274
ICT 社会 ··171
IT 社会と法分科会 ·······················277
IT 政策パッケージ ·······················154
相手方に対する意思表示 ············253

い

e-Japan 戦略 ·······················125, 154
異議をとどめない承諾 ·········380, 414
一人計算 ·································273, 404
一括決済方式 ·········16, 27, 127, 225, 226
一括支払システム ··························226
一括支払システム契約 ·······16, 224
一般法化 ···402
印紙税 ··129

う

ウィーン売買条約 ··············94, 117, 397
売掛債権活用 ···································196
　——の資金調達支援機関 ········271
売掛債権担保融資保証制度 ···········26

お

オンライン化登記 ······························4

か

解除 ···401
確定日付付与権限 ··························149
囲い込み ···290
可視性 ·····································254, 276
貸付債権譲渡の支援機関 ············273
カタラ草案 ·······································386
加入 ···117
完全指図 ··56
観念通知 ···380
カンボジア民法典 ··························379

き

- 危機否認 …… 347
- 危険負担 …… 401
- 期限前資金化 …… 129
- 期限前弁済 …… 62
- 帰責事由 …… 400
- キャッシュ・マネジメント・システム …… 215, 260
- 競合する権利主張者 …… 88
- 共同申請主義 …… 182
- 銀行預金債権 …… 377
- 金融システム化 …… 124

け

- 経由機関 …… 163
- 決済尻 …… 215
- 原因債権 …… 132, 188
  - ——の別異の処分 …… 288
- 現代語化新民法典 …… 171
- 限定流通型 …… 126
- 券面廃止 …… 321
- 権利移転時期 …… 414
- 権利行使要件 …… 40
- 権利消滅の対抗(証明)要件 …… 266
- 権利推定効 …… 253
- 権利レベルでの決済可能性 …… 258

こ

- 更改的指図 …… 56
- 公署名義(フランス) …… 330
- 後続譲渡 …… 96
- 公的支援 …… 292
- 抗弁放棄 …… 380, 414
- 国際債権譲渡 …… 68
- 国際債権譲渡条約 …… 72, 263, 375
- 国際債権譲渡条約草案 …… 97
- 国際取引における債権譲渡 …… 72
- 国際取引における債権譲渡に関する国連条約 …… 72
- 国際ファクタリング …… 99, 100
- 国税徴収法 …… 17, 224, 228
- 国連国際商取引法委員会 …… 68, 72
- コピー …… 307
- コベナンツ条項 …… 265
- コマーシャル・ペーパー …… 119

さ

- サード・パーティ・ロジスティクス …… 274
- 債権者たる者が誰かという認識 …… 361
- 債権者たる者の外観 …… 361
- 債権者らしい外観 …… 355
- 債権準占有者 …… 354
  - ——への弁済 …… 350
- 債権譲渡禁止特約 …… 375
- 債権譲渡担保方式 …… 16
- 債権譲渡登記 …… 408
  - ——における共有(準共有)登記 …… 113
- 債権譲渡特例法 …… 4, 33, 69
- 債権譲渡特例法登記 …… 118
- 債権譲渡の通知 …… 342
- 債権譲渡の予約 …… 347
- 債権譲渡方式 …… 27
- 債権占有 …… 355
- 債権占有者 …… 354
- 債権属性情報 …… 278
- 債権法改正の基本方針 …… 392
- 債権連鎖譲渡 …… 95
- 債務者の抗弁事由 …… 113
- 債務者の免責規定 …… 112
- 債務承認 …… 380
- 債務引受 …… 55
- 債務不履行 …… 400
- 債務離脱の対抗要件 …… 267
- 詐害行為取消権 …… 337
- 指図 …… 56
- 指図人 …… 56

し

- 資金移動 …… 214
- 資金調達型 …… 136
- 資金調達取引推進立法 …… 222
- 時効研究会 …… 393
- 自己ノ為ニスル意思 …… 355
- 私署証書(フランス) …… 330
- 下請代金遅延等防止法 …… 28
- 実質法規定 …… 88
- 支払指示 …… 97
- 支払等記録 …… 239, 259
- 支払等登録 …… 190, 215
  - 相殺による—— …… 214
- 指名債権代替 …… 285

事項索引　477

指名債権電子化型 …………………… 196
指名債権の電子化 ……………… 126, 141
重要事項の不実告知 …………………… 403
準共有 ………………………………… 114
準占有 ………………………………… 355
準法律行為 …………………………… 380
証拠法（フランス） …………………… 327
承諾 …………………………………… 381
譲渡禁止特約 ………………………… 218
　見えない── ……………………… 220
譲渡人の住所変更 …………………… 88
譲渡の連鎖 …………………………… 97
承認 …………………………… 117, 382
消費者保護 …………………………… 260
消滅時効法の現状と改正提言 ……… 393
将来債権譲渡 ………………………… 413
将来債権譲渡担保契約 ……………… 208
将来債権の電子債権登録 …………… 169
将来債務引受契約 …………………… 52
書証（フランス） ………………… 309, 332
書証の端緒 …………………………… 307
書面（フランス） ………………… 309, 332
　──による証拠（フランス） ……… 330
真正債権譲渡方式 ………………… 22, 29
信託方式 …………………………… 29, 128
人的抗弁の切断 ……………………… 253
信用情報 ……………………………… 150
信用保証協会 ………………………… 130
心裡留保 ……………………………… 394

せ

善意取得 ……………………… 134, 253
善意無重過失 ………………………… 376
全国銀行協会 ………………………… 284
セントラル・カウンター・パーティ … 215

そ

相殺 …………………………………… 239
　──による支払等登録 …………… 214
送達 …………………………………… 298

た

ダイイ法 ……………………… 149, 297
対抗要件具備行為 …………………… 337
対抗要件主義との訣別 ……………… 257
対抗要件否認 ………………………… 346

対債務者権利行使要件 …………… 34, 408
第三債務者不特定 …………………… 79, 118
第三者限定対抗要件 …………………… 34
第三者対抗要件 …………………… 34, 408
代物弁済条項 ………………………… 18
単純指図 ……………………………… 56
担保利用型 …………………………… 136

ち

地域金融機関 ………………………… 292
地域密着型記録機関 ………………… 293
中間試案（電子登録債権） …………… 176
中間省略譲渡登記 …………………… 107
中間省略通知 ………………… 87, 96, 104
中間省略登記 ………………………… 104

つ

追跡可能性 …………………… 254, 276
通貨・金融法典 ……………………… 311
通知 …………………………………… 298
　──をしうる者 …………………… 111
通知型対抗要件システム …………… 384

て

停止条件付債権譲渡契約 …………… 347
停止条件付債権譲渡担保契約 ……… 346
抵触法規定 …………………………… 88
手形アナロジー ……………………… 204
手形代替型 …………………………… 196
手形代替の決済機関 ………………… 269
手形の電子化 ………………………… 126
手形振出 ……………………… 187, 202
　──とのアナロジー ……………… 202
手形割引 ……………………………… 128
デジタル・ディバイド ……………… 171
電子記録 ……………………………… 225
電子記録義務者 ……………………… 239
電子記録債権 ………………… 176, 225
　──の担保活用 …………………… 285
　──の担保としての適性 ………… 286
　──の用語の変遷 ………………… 249
電子記録債権法 ……………… 247, 421
電子記録保証 ………………………… 253
電子金融取引法案（韓国） …………… 131
電子契約の保存 ……………………… 148
電子債権 ……………………… 124, 144, 326

478　事項索引

電子債権管理機関 ･････････････････ 167, 173
電子債権記録機関 ････････････････････ 251
　　──の業務 ････････････････････ 269
　　──の業務規程 ･･････････････････ 251
電子債権研究会報告書 ･･･････････････ 160
電子債権原簿(仮称) ･････････････････ 173
電子債権制度(仮称)の骨子 ･･･････････ 173
電子債権立法 ･･･････････････････････ 124
電子CP ･･･････････････････････････ 135
電子署名(フランス) ･････････････････ 327
電子担保スキーム ･･･････････････････ 290
電子手形サービス ････････････････ 129, 151
電子手形の発行及び流通に関する法律(韓国)
　･･････････････････････････････ 132, 142
電子登録債権 ････････････････ 176, 177, 225
電子登録債権発行禁止特約 ･･･････････ 184
電子登録債権法 ･････････････････････ 176
電子方式売掛債権担保貸出(韓国) ････ 132
電子マネー ･････････････････････････ 148
転々譲渡 ･････････････････････････ 96, 97
転々流通型 ･････････････････････････ 126

と

同意 ･････････････････････････････････ 382
統一商事法典 ･･･････････････････ 375, 398
同期管理 ･････････････････････････････ 214
同期的管理 ･･･････････････････････････ 166
統合 ･････････････････････････････････ 402
当座貸越 ･････････････････････････････ 17
倒産管財人 ･･･････････････････････････ 414
動産債権譲渡特例法 ･･･････ 5, 34, 79, 118
動産債権担保融資 ････････････････ 6, 273
倒産手続 ･････････････････････････････ 413
登録型優先決定方式 ･････････････････ 385
登録免許税 ･･･････････････････････････ 225
特定債権法 ･････････････････････････････ 4
匿名性 ･･･････････････････････････････ 276
取引の安全 ･･･････････････････････････ 260
トレーサビリティ ･････････････････ 188, 254

な

内容の自由設計性 ･････････････････････ 257
なりすまし ･･･････････････････････････ 253

に

二重譲渡 ･･･････････････････ 185, 187, 207

二重譲渡リスク ･･････････････････ 201, 288
二重処分 ･････････････････････ 185, 187, 207
二重処分リスク ･････････････････････ 201
二重発行 ･････････････････････････････ 185
二重法定効果説 ･････････････････････ 380
日本学術会議 ･･････････････････････ 277, 283
任意的記録事項 ･････････････････････ 278

は

発生記録 ･････････････････････････････ 252
万人の錯誤 ･･･････････････････････････ 355

ひ

被指図人 ･････････････････････････････ 56
否認権行使 ･･･････････････････････････ 346

ふ

ファイナンス情報 ･････････････････････ 150
ファイリング ･････････････････････････ 385
ファイリング・システム ･･･････････････ 385
ファクタリング ･･･････････････････････ 2, 22
ファクタリング方式 ･･･････････ 22, 29, 128
ファックス ･･･････････････････････････ 306
不完全指図 ･･･････････････････････････ 56
不実表示 ･････････････････････････････ 402
附属書 ･･･････････････････････････････ 90
不動産登記 ･･･････････････････････････ 342
不動産物権変動 ･････････････････････ 337
フランス民法1690条 ･････････････････ 297
不利益事実の不告知 ･･･････････････････ 403
分割債権 ･････････････････････････････ 115

へ

併存的債務引受方式 ･････････････ 27, 29, 128
ペーパーレス化 ･････････････････････ 318
別異の処分 ･･･････････････････････････ 208

ほ

ボアソナード旧民法典 ･･･････････････ 421
法改正のプロセス ･･･････････････････ 420
法人限定 ･････････････････････････････ 118
法制審議会 ･････････････････････････ 419
法制審議会民法(債権関係)部会 ･･････ 425
法務局 ･･･････････････････････････････ 149

ま

マルチネッティング ……………………215

み

身分占有 …………………………………355
民法(債権法)改正 ………………………370
　——の基本思想 ………………………372
民法(債権法)改正検討委員会 …………392
民法改正研究会 …………………………393
民法改正 国民・法曹・学界有志案 ……393
民法施行法 ………………………149, 152
民法典の現代語化 ………………………1
民法典の性格づけ ………………………373

む

無因性 ……………………………134, 147
無権代理人の責任 ………………………253

め

明細書 ……………………………………297

も

モニタリング ……………………………291

ゆ

有価証券 …………………………………318

有価証券(フランス) ……………………319
u-Japan 政策 ……………………………171
優先関係規則 ……………………………91, 98
優先原則 …………………………………90
郵便認証司 ………………………………152
ユニドロワ国際商事契約原則 …………9, 375, 397

よ

ヨーロッパ契約法原則 …………………9, 375, 397

り

リスクシェア ……………………………291
リスクの低減 ……………………………285
立法学 ……………………………………171
立法哲学 …………………………………222
立法普及学 ………………………………194
流通債権証券(フランス) ………………323
流通証券(フランス) ……………………319
流動資産一体型担保融資 ………………6
了解 ………………………………………381
了知 ………………………………………381
リレーションシップ・バンキング ……290

れ

連鎖譲渡 …………………………89, 96, 97
連名の登記 ………………………………115

判　例　索　引

明　治

大判明40・3・11民録13-253 ……… *340, 344*
大判明44・5・4民録17-260 ……… *104*
大判明44・12・22民録17-877 ……… *104*

大　正

大判大4・9・21民録21-486 ……… *116*
大判大5・9・12民録22-1702 ……… *105*
大判大6・10・30民録23-1624 ……*339, 340, 341*
大判大7・7・15民録24-1453 ……… *340, 344*
大判大8・5・16民録25-776 ……… *105*
大判大12・7・27民集2-572 ……… *116*

昭　和

大判昭5・10・10民集9-948 ……… *112*
大判昭10・3・23法学4-1441 ……… *52*
大判昭10・8・8民集14-1541 ……… *355*
大判昭11・4・15民集15-781 ……… *46*
最判昭33・6・3民集12-9-1287、判時153-17
　　……… *212*
最判昭35・4・21民集14-6-946 ……… *105*
最判昭35・7・8民集14-9-1720、判時229-37
　　……*187, 202, 204, 237, 268*
最判昭37・8・21民集16-9-1809 ……… *356*
東京地判昭37・12・8下民集13-12-2455 ……*106*
最大判昭39・12・23民集18-10-2217 ……*233*
最判昭40・8・24民集19-6-1435、金法422-6
　　……… *212*
最判昭40・9・21民集19-6-1560 ……… *105*
最判昭41・12・20民集20-20-2139 ……… *46*
東京地判昭43・11・29金法536-24 ……*360, 365*
東京高判昭44・1・20金判172-10 ……*187, 203*
最判昭44・5・2民集23-6-951 ……… *105*
最大判昭45・6・24民集24-6-587、金法584-4
　　……*18, 20, 21, 228, 231, 233*
最判昭48・7・19民集27-7-823、金法693-24
　　……*185, 376*
最判昭49・3・7民集28-2-174 ……… *379*
最判昭51・6・17民集30-6-592、金法795-34
　　……*217, 258*
最判昭51・11・25民集30-10-939 ……… *228*

最判昭52・3・17民集31-2-308、金法823-34
　　……… *222*
最判昭53・12・15裁集民125-839 ……… *53*
最判昭55・1・11民集34-1-42 ……… *379*
最判昭55・1・24民集34-1-110 ……*339, 340, 341, 342, 348*
最判昭61・4・11民集40-3-558 ……*9, 336, 351, 357, 362*

平　成

最判平5・3・30民集47-4-3334 ……… *379*
最判平8・7・12民集50-7-1918 ……… *384*
東京地判平9・3・12金法1478-42 ……*17, 30, 226, 228*
東京高判平10・2・19金法1512-22 …*17, 30, 228*
最判平10・6・12民集52-4-1121 ……*336, 337*
大阪高判平10・7・31金判1050-3 ……… *346*
東京地判平11・1・27金判1062-17 ……… *352*
最判平11・1・29民集53-1-151、金法1541-6
　　……*53, 83, 383*
東京高判平11・8・26判タ1084-197、金判1074-6 ……*336, 350*
最判平12・4・21民集54-4-1562、金法1590-49
　　……*53, 83, 383*
最判平13・11・22民集55-6-1056 ……… *232*
最判平13・11・27民集55-6-1090 ……… *347*
最判平13・11・27金法1640-37 ……*19, 229*
大阪地判平15・5・15金法1700-103 ……*222, 378*
最判平15・12・19民集57-11-2292、金法1702-68、金判1182-13 ……*14, 16, 23, 25, 29, 30, 130, 140, 224, 227, 230, 234, 242*
最決平16・6・24金法1723-41 ……*185, 222*
最判平16・7・16民集58-5-1744 ……… *347*
東京高判平16・7・21金判1723-43 ……… *232*
東京地判平17・6・13金判1219-36、金法1745-43
　　……*14, 23*
最判平19・2・15民集61-1-243、金判1264-18
　　……*233, 268, 383*
最判平21・3・27民集63-3-449、金法1870-44
　　……… *412*

池田 真朗（いけだ・まさお）
1949年 東京都生まれ
1973年 慶應義塾大学経済学部卒業
1978年 慶應義塾大学大学院法学研究科博士課程修了
　　　 慶應義塾大学法学部助手・専任講師・助教授をへて
現　在 慶應義塾大学法学部教授（民法専攻），同大学院法務研究科教授，
　　　 博士（法学），日本学術会議会員
著　書 『債権譲渡の研究』（弘文堂，1993年［増補2版2004年］）
　　　 『債権譲渡法理の展開』（弘文堂，2001年）
　　　 『債権譲渡の発展と特例法』（弘文堂，2010年）
　　　 『スタートライン債権法』（日本評論社，1995年［第5版2010年］）
　　　 『スタートライン民法総論』（日本評論社，2006年）
　　　 『新標準講義民法債権総論』（慶應義塾大学出版会，2009年）
　　　 『新標準講義民法債権各論』（慶應義塾大学出版会，2010年）
　　　 『民法への招待』（税務経理協会，1997年［第4版2010年］）
　　　 『分析と展開 民法Ⅰ・Ⅱ』（共著，弘文堂，1997・1986年［Ⅰ・第3版2004年，Ⅱ・第5版2005年］）
　　　 『民法Ⅲ—債権総論』（共著，有斐閣，1988年［第3版2005年］）
　　　 『民法 Visual Materials』（編著，有斐閣，2008年）
　　　 『法の世界へ』（共著，有斐閣，1996年［第4版補訂2009年］）
　　　 『プレステップ法学』（編著，弘文堂，2009年）
　　　 『現代民法用語辞典』（編著，税務経理協会，2008年）
　　　 『基礎演習民法（財産法）』（共著，有斐閣，1993年）
　　　 『マルチラテラル民法』（共著，有斐閣，2002年）
　　　 『判例講義民法1・2』（共編著，悠々社，2002年）
　　　 『法学講義民法4債権総論』（共編著，悠々社，2007年）
　　　 『法学講義民法5契約』（共編著，悠々社，2008年）
　　　 『判例学習のA to Z』（編著，有斐閣，2010年）

債権譲渡と電子化・国際化──債権譲渡の研究 第4巻──

平成22年6月30日　初版1刷発行

著　者　池田　真朗
発行者　鯉渕　友南
発行所　株式会社　弘文堂　101-0062 東京都千代田区神田駿河台1の7
　　　　　　　　　　　　　TEL 03(3294)4801　振替 00120-6-53909
　　　　　　　　　　　　　http://www.koubundou.co.jp

印　刷　港北出版印刷
製　本　牧製本印刷

Ⓒ 2010 Masao Ikeda. Printed in Japan

JCOPY〈(社)出版者著作権管理機構 委託出版物〉
本書の無断複写は著作権法上での例外を除き禁じられています。複写される場合は、そのつど事前に、(社)出版者著作権管理機構（電話 03-3513-6969，FAX 03-3513-6979，e-mail:info@jcopy.or.jp）の許諾を得てください。

ISBN978-4-335-35456-4

―――― 好評既刊 ――――

債権譲渡の研究〈増補二版〉

池田真朗=著

債権譲渡法理の最高水準を示す基礎研究、最新の判例研究を加えた完結篇。対抗要件主義を解明して債権譲渡の基礎研究として学界を主導する基本文献となった旧版に、債務者の異議を留めない承諾に関する総合判例研究を書き下ろしで加えた、必読の増補決定版。　Ａ５判　584頁　7200円

債権譲渡法理の展開

債権譲渡の研究 第2巻　　池田真朗=著

債権譲渡特例法の立法・運用と国際債権譲渡条約の作成作業や将来債権譲渡と譲渡禁止特約の問題など理論的・実務的にも今日の最先端の論点を、判例法理を跡付けながら論じた、第2弾。債権流動化取引の発達のなかでの債権譲渡の理論と実務の劇的な進展を辿る。　Ａ５判　416頁　5800円

債権譲渡の発展と特例法

債権譲渡の研究 第3巻　　池田真朗=著

資金調達取引へのパラダイム転回を解明した「債権譲渡」研究、第3弾。債権譲渡から動産債権譲渡への特例法の立法、将来債権譲渡・譲渡禁止特約の判例法理の展開、さらに信用保証協会保証からABL(動産債権担保融資)までを論じる。債権法改正の必読参考文献。　Ａ５判　380頁　5500円

――――――― 弘文堂 ―――――――

＊定価(税抜)は、2010年6月現在